KB245362

HANGIL
GREAT BOOKS
28

삼국사기 Ⅱ

김부식 지음 | 이강래 옮김

한길사

HANGIL
GREAT BOOKS
28

Kim Pu-sik
Samguk-Sagi II

Translated by Lee Kang-lae

Published by Hangilsa Publishing Co. Ltd., Korea, 2021

광개토대왕비
고구려 광개토대왕의 공적을 기리기 위해 아들인 장수왕이 414년에 세운 비이다.
고구려의 수도였던 국내성 동쪽 국강상(國岡上)에 있다.

안악 3호분의 부인도

황해도 안악군 용순면 유순리에 있는 고구려 고분벽화로 웅장한 규모와 벽화의 풍부한 내용으로 보아
고구려 고분벽화 중에 최고로 친다. 묘의 구조는 여러 가지 점에서 중국묘 형식을 본받고 있으며
요동에서 넘어온 동수의 무덤으로 보는 견해가 있어 동수묘(冬壽墓)라고도 한다.

무용총의 수렵도

무용총은 중국 길림성 집안현 여산(如山)에 있는 4세기 말~5세기 초의 고구려 고분벽화이다.
무용총에는 인물도, 풍속도, 사신도, 접객도, 가무도, 수렵도 등이 그려져 있는데
이 무덤의 서벽에 말탄 기사 4명이 사냥하는 모습이 그려져 있다.

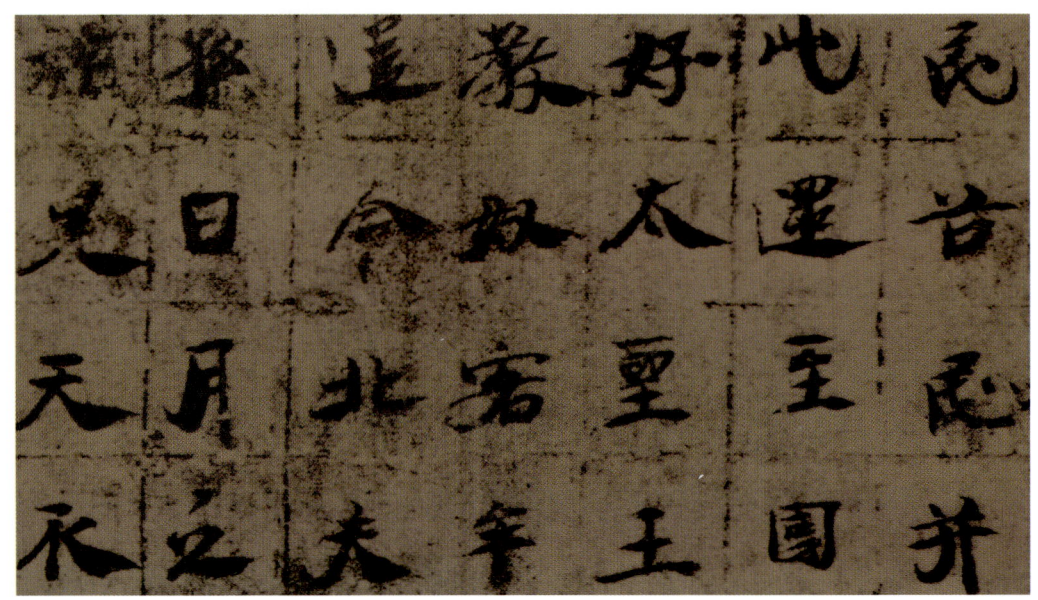

모두루묘지(牟頭婁墓誌)

광개토대왕 때 북부여 수사(守事)였던 모두루의 무덤에 쓰인 묵서(墨書)로
1935년 중국 길림성 집안현 동북 하양어두(下羊魚頭)에서 발견되었다.
4~5세기 고구려 왕권의 실상과 지방지배방식 등을 살펴볼 수 있다.

연가7년명금동여래입상(국보 제119호)

6세기 후반 고구려시대 금동불입상이다. 이 불상의 강인하고 격렬한 양식은 새로운 특징을
잘 보여준다고 하여 고구려의 대표적인 불상으로 본다. 국립중앙박물관 소장.

문양전(보물 제343호)

충남 부여군 규암면 외리에서 출토된 백제시대의 벽돌이다. 다양한 문양을 얕은 부조 형식으로 떠서 구운 것으로 연화문, 와운문, 봉황문, 반룡문, 귀형문, 산경문, 귀형산경문, 봉황산경문 등 문양전이 8장 나왔는데 그중 4개이다.

금동용봉봉래산향로(金銅龍鳳蓬萊山香爐)
충남 부여군 능산리의 절터에서 1993년에 발굴된 유물이다.
이 향로는 사비시대 백제인들의 정신세계와 예술적 역량이 함축된
백제공예품의 정수로 평가된다.

서산마애삼존불상(국보 제84호)

충남 서산군 운산면 용현리에 있는 삼존상으로 『법화경』에 나오는 석가불, 미륵보살,
제화갈라보상이다. 백제 마애불의 대표적인 유물로 꼽히는 이 삼존불로 『법화경』 사상이
백제사회에 유행한 사실을 알 수 있다.

금제관식(국보 제155호)
충남 공주시 금성동의 무령왕릉에서 출토된 백제시대 왕비의 금제관식 한 쌍이다.
문양은 연화(蓮花)와 인동초인데 중앙에는 복련(覆蓮) 받침 위에
놓인 것 같은 향로 형태가 있다.
국립공주박물관 소장.

미륵사지

전북 익산군 금마면 기양리에 있는 미륵사 터. 백제 무왕 때 창건됐으며
그 규모가 8천여 평에 달하였고 고려 후기까지 남아 있었던 것으로 보인다.
멀리 보이는 미륵사지 석탑(국보 제11호)은 우리나라에 남아 있는
가장 크고 가장 오래된 탑으로 원래 3쌍이었는데 지금은 하나만 있다.

삼국사기 II

김부식 지음 | 이강래 옮김

한길사

삼국사기 II

삼국사기 Ⅰ

삼국사기 권 제3

신라본기 제3

삼국사기 권 제4

신라본기 제4

삼국사기 권 제5

신라본기 제5

삼국사기 권 제6

신라본기 제6

삼국사기 권 제23

백제본기 제1
시조 온조왕, 다루왕, 기루왕,
개루왕, 초고왕

　　백제의 시조는 **온조왕**(溫祚王)이다. 그의 아버지는 추모(鄒牟)인데 혹
은 주몽(朱蒙)이라고도 한다.

　　주몽이 북부여(北扶餘)로부터 어려움을 피해 졸본부여(卒本扶餘)에
이르렀을 때 졸본부여 왕에게는 아들이 없고 세 딸만 있었는데, 주몽을
보고 보통 사람이 아닌 줄을 알고 둘째 딸을 그의 아내로 삼아주었다. 얼
마 되지 않아 부여 왕이 죽자 주몽이 왕위를 이었다. 두 아들을 낳았는데
큰아들이 비류(沸流)요, 둘째 아들이 온조였다〔혹은 주몽이 졸본에 도착
해 월군녀(越郡女)에게 장가들어 두 아들을 낳았다고도 한다〕.

　　주몽이 북부여에 있었을 때 낳은 아들이 찾아와 태자가 되매, 비류와
온조는 태자에게 용납되지 못할 것을 두려워해 마침내 오간(烏干)·마려
(馬黎) 등 열 명의 신하와 더불어 남쪽으로 떠나가자, 따르는 백성들이
많았다. 마침내 한산(漢山)에 이르러 부아악(負兒嶽)에 올라 살 만한 땅
을 찾아 둘러보았다. 비류가 바닷가에 살고자 하니, 열 명의 신하가 간하
여 말하기를 "생각해보건대 이 하남의 땅은 북으로 한수(漢水)를 두르
고, 동으로는 높은 산악에 의거하고 있으며, 남쪽으로 기름진 들이 바라
다보이고, 서로는 큰 바다로 막혀 있으니, 그 천연의 요충과 토지의 이로

움이란 얻기 어려운 형세입니다. 이곳에 도읍을 세우는 것이 적당하지 않겠습니까"라고 하였다. 비류는 그 말을 듣지 않고 자기 백성을 나누어 미추홀(彌鄒忽)로 가서 살았다. 온조는 하남의 위례성(慰禮城)에 도읍해 열 명의 신하를 보좌로 삼고 나라 이름을 '십제'(十濟)라고 하니, 이때는 전한(前漢) 성제(成帝) 홍가(鴻嘉) 3년(기원전 18)이었다.

비류는 미추의 땅이 습하고 물이 짜서 편안히 살 수 없다 하여 위례로 돌아와, 도읍이 탄탄히 안정되고 백성들은 태평한 것을 보더니 마침내 부끄러워하며 후회하다 죽고 말았으며, 그의 신하와 백성들은 모두 위례에 귀속하였다. 그 뒤 위례로 올 때 백성들이 기꺼이 따랐다고 하여 국호를 '백제'로 고쳤다.[1] 백제 왕실의 세계(世系)는 고구려와 함께 부여에서 나왔기 때문에 성씨를 '부여'(扶餘)라고 하였다〔일설에는 이러하다. "시조는 비류왕이다. 그의 아버지 우태(優台)는 북부여 왕 해부루(解扶婁)의 서손이다. 어머니 소서노(召西奴)는 졸본 사람 연타발(延陁勃)의 딸로 처음에 우태에게로 시집와서 아들 둘을 낳았는데, 맏이가 비류이고 그다음이 온조이다. 그녀는 우태가 죽자 졸본에서 홀로 살았다. 뒤에 주몽이 부여에서 용납되지 못해 전한 건소(建昭) 2년(기원전 37) 봄 2월에 남쪽으로 탈출해 졸본에 이르러 도읍을 세우고 국호를 '고구려'라고 하였으며, 소서노를 맞이해 왕비로 삼았다. 나라의 기틀을 열어 왕조

---

1) 백제의 국호로 알려진 것들은 여기에 보이는 '십제'와 '백제' 외에도『삼국지』와『후한서』동이전에 마한을 구성하는 여러 소국을 열거하는 가운데 등장하는 '백제'(伯濟), 성왕 16년(538)에 사비성으로 천도한 후 개칭한 '남부여'(南扶餘)가 있다. 또한『제왕운기』에 보이는 '응'(鷹)이나 '응준'(鷹準), 그리고『삼국유사』탑상 황룡사구층탑조에 보이는 '응유'(鷹遊)도 삼한시대 이래의 새 신앙과 관련해 백제를 지시하는 또 다른 별칭으로 간주되고 있다. 그리고 이것은 백제의 주민 구성이 상층부를 형성한 부여계 이주민과 저변을 이루는 마한의 토착 선주민으로 분별될 수 있는 이중성과 관련이 있을 듯하다. 예컨대『주서』49 열전 41 이역(異域)에는 "백제 왕의 성은 부여씨인데 '어라하'(於羅瑕)라고 부르며, 백성들은 '건길지'(鞬吉支)라고 부르니, 이것은 다 같이 중국 말로 왕을 이른다. 왕의 아내는 '어륙'(於陸)이라고 하는데 중국 말로 왕비를 이른다"라고 하여 지배계급과 하층민 사이의 언어 체계의 격절을 암시하고 있다.

를 창건하는 데에 자못 내조가 있었으므로 주몽이 그녀를 총애함이 특히 두터웠고, 비류 등을 대하는 것도 자기 아들인 양 하였다. 주몽이 부여에 있을 때 낳은 예씨(禮氏)의 아들 유류(孺留)가 찾아오게 되자 그를 태자로 세우더니, 유류가 왕위를 잇기에 이르렀다. 이에 비류는 아우 온조에게 이르기를 '처음에 대왕께서 부여에서의 환란을 피해 도망하여 이곳까지 왔을 때 우리 어머니가 집안의 재물을 쏟아부어 나라의 창업을 도와 이루었으니, 어머니의 수고로움과 공로가 많았던 것이다. 그런데 대왕께서 세상을 뜨시자 국가가 유류에게 돌아가니, 우리들이 공연히 여기 있으면서 군더더기 혹처럼 암울하고 답답하게 지내느니보다는 차라리 어머니를 모시고 남쪽으로 가서 땅을 점쳐 따로 나라의 도읍을 세우는 것이 나으리라'라고 하였다. 마침내 아우와 함께 동류의 무리들을 거느리고 패수(浿水)와 대수(帶水)를 건너 미추홀에 와서 살았다." 그런데 『북사』(北史)와 『수서』(隋書)에는 모두 이르기를 "동명(東明)의 후손에 구태(仇台)라는 이가 있었는데 매우 어질고 신실했으며, 처음으로 대방(帶方)의 옛 땅에 나라를 세웠다. 한의 요동태수(遼東太守) 공손도 (公孫度)가 자기 딸을 그의 처로 삼아주었다.[2] 그 뒤 마침내 동이 가운데 강국이 되었다"라고 하였다. 어느 것이 옳은지 알 수가 없다].[3]

원년(기원전 18) 여름 5월에 동명왕의 사당을 세웠다.

2년 봄 정월에 왕이 여러 신하에게 이르기를 "말갈(靺鞨)[4]이 우리의

---

2) 공손도는 후한 말 양평(襄平) 사람으로 요동태수가 되어 고구려와 오환(烏丸)을 공략해 위세를 떨쳤다. 190년 중국 내부의 동란을 틈타 자립하여 요동후(遼東侯)·평주목(平州牧)이라 하였다. 한편 『삼국지』 30 동이전 부여조에 따르면 공손도는 고구려와 선비의 사이에 있는 부여의 전략적 가치를 중시해, 자기 일족의 딸을 부여왕 위구태(尉仇台)에게 시집보냈다고 한다. 따라서 여기 『수서』 등에 보이는 백제 시조 구태와 공손도의 혼인은 부여 위구태의 일을 오인하였을 가능성이 있다.

3) 편찬자는 백제의 건국 주체에 대해 이른바 '시조 온조설'에 입각해 본문을 구성한 뒤, '시조 비류설'과, 『북사』 94 백제전과 『수서』 81 백제전의 '시조 구태설'을 분주에 열거하면서, 어느 것이 옳은지 알 수 없다고 하였다. 그러나 백제본기 자체는 '시조 온조설'에 충실한 계보로 정리하였다.

4) 말갈은 중국 사서의 경우 『북제서』 7 무성제기(武成帝紀) 하청(河淸) 2년(563)에야

북쪽 국경에 연접해 있거니와 그들은 용맹하면서도 속임수가 많으니, 마땅히 병장기를 손질하고 곡식을 비축해서 그들을 막아 지킬 계책을 세워야 한다"라고 하였다. 3월에 왕은 족부(族父) 을음(乙音)이 지식과 담력이 있다 하여 우보(右輔)로 임명하고 군사 관련 일을 맡겼다.

3년 가을 9월에 말갈이 북쪽 국경을 침범하므로 왕이 굳센 군사를 거느리고 급히 쳐서 크게 쳐부수니, 적들 가운데 살아서 돌아가는 이가 열에 한둘밖에 안 되었다. 겨울 10월에 우레가 쳤고, 복숭아나무와 오얏나무에 꽃이 피었다.

4년 봄과 여름에 가뭄이 들어 굶주렸으며 전염병이 돌았다. 가을 8월에 사신을 낙랑(樂浪)에 보내 우호를 닦았다.

5년 겨울 10월에 북쪽 변경을 순행하여 백성을 위무했으며 사냥을 해 신록(神鹿)을 잡았다.

6년 가을 7월 그믐 신미에 일식이 있었다.

8년 봄 2월에 말갈의 적도 3천 명이 와서 위례성을 에워쌌다. 왕이 성문을 닫고 나가지 않았다. 열흘이 지나자 적들은 군량이 다해 돌아갔다. 왕이 정예병들을 뽑아 대부현(大斧峴)까지 쫓아가서 한번에 싸워 이겨, 5백여 명을 죽이고 잡았다.

가을 7월에 마수성(馬首城)을 쌓고 병산책(瓶山柵)을 세웠다. 낙랑태수(樂浪太守)가 사자를 보내 통고하기를 "지난번에 사절을 교환하고 우호를 맺었기로 함께한 집안처럼 여겼더니, 이제 우리 강토를 핍박해 성

처음으로 등장하는 존재로서, 대체로는 중국 동북방의 미개한 이민족에 대한 총칭으로 이해되고 있다. 그러므로 『삼국사기』에서 이처럼 이른 시기에 빈번히 나타나 삼국 관계에 개입하고 있는 말갈은, 종래 그 실체가 의심되어왔다. 아마 이러한 현상은 『삼국사기』 편찬자들이 통일기 신라인들에 의해 재정리된 자료를 근거로 하여 무비판적으로 수록한 데 원인이 있는 것 같다. 즉 7세기 이후 신라인들은 인접한 발해에 대해 말갈의 나라로 폄하하고자 하는 의도를 가지고 있었던바, 그 당시 발해의 판도를 주거지로 한 과거의 주민들을 현재적 이해 관계에 따라 말갈로 환치했을 것이다. 여하튼 말갈의 문제는 삼국시대뿐만 아니라 발해의 주요 주민으로서도 우리 고대사에 적지 않은 비중을 가지고 있다.

과 목책을 만드니 혹시 잠식해 들어오려고 생각하는 것인가? 만약 옛날의 우호를 깨뜨리지 않으려거든 성을 허물고 목책을 뜯어내야 할 것이다. 그리하면 의심이 없을 것이나, 만약 그렇게 하지 않는다면 한번 싸워 승부를 가리자"라고 하였다. 왕이 회보하기를 "요새를 설치해 나라를 지키는 것은 예나 지금이나 당연한 일인데, 어찌 감히 이것을 가지고 화친과 우호에 변함이 있다 하겠는가? 전혀 귀하가 의심할 바는 아닌 것 같다. 만약 귀하가 강한 것을 믿고 군사를 낸다면 우리나라 역시 그에 대한 대응이 있을 뿐이다"라고 하였다. 이로 말미암아 낙랑과 화친을 잃었다.

10년 가을 9월에 왕이 사냥을 나갔다가 신록(神鹿)을 잡아 마한(馬韓)에 보냈다. 겨울 10월에 말갈이 북쪽 변경을 노략하였다. 왕이 군사 2백 명을 보내 곤미천(昆彌川) 가에서 막아 싸우게 하였다. 우리 군사가 패하여 청목산(青木山)에 의지해서 방비하게 되니, 왕이 친히 정예 기병 1백 명을 거느리고 봉현(烽峴)으로 나가 구원하였다. 적들이 이를 보고는 곧바로 물러갔다.

11년 여름 4월에 낙랑이 말갈을 시켜 병산책을 습격해 깨뜨리게 하고, 1백여 명을 죽이고 약탈해 갔다. 가을 7월에 독산(禿山)과 구천(狗川) 두 군데에 목책을 세워 낙랑으로 통하는 길을 막았다.

13년 봄 2월에 왕도에서 늙은 할미가 남자로 변하고, 다섯 마리의 호랑이가 궁성으로 들어왔다. 왕의 어머니가 죽으니 이때 나이가 61세였다.

여름 5월에 왕이 신하들에게 이르기를 "나라 동쪽에는 낙랑이 있고 북쪽에는 말갈이 있어 우리의 변경 강토를 침범하니 평안한 날이 적다. 하물며 이제는 요망한 조짐이 거듭 나타나고 국모마저 세상을 뜨시니, 형세가 이대로는 안도할 수 없으므로 필시 나라를 옮겨야겠다. 내가 어제 나가서 한수의 남쪽을 돌아보았는데 토양이 기름진지라, 그곳에 도읍해 길이 편안할 계책을 도모하는 것이 좋겠다"라고 하였다.

가을 7월에 한산 아래를 따라 목책을 세우고 위례성의 백성들을 옮겼다. 8월에 사신을 마한에 보내 도읍을 옮긴다고 알리고 마침내 강역을 획정하니, 북으로는 패하(浿河)에 이르고, 남으로는 웅천(熊川)까지였으며, 서로는 큰 바다에 닿고, 동으로는 주양(走壤)에 이르렀다. 9월에 성과 궁궐을 세웠다.

14년 봄 정월에 수도를 옮겼다. 2월에 왕이 부락을 돌아다니면서 백성들을 위무하고 힘써 농사를 장려하였다. 가을 7월에 한강 서북쪽에 성을 쌓고, 한성의 주민들을 그곳에 나누어 살게 하였다.

15년 봄 정월에 궁실을 새로 지었는데 검소하면서도 누추하지 않았으며, 화려하되 사치스럽지 않았다.

17년 봄에 낙랑이 쳐들어와 위례성을 불살랐다. 여름 4월에 사당을 세우고 국모에게 제사를 지냈다.

18년 겨울 10월에 말갈이 갑자기 들이닥치매, 왕이 군사를 거느리고 칠중하(七重河)에서 맞아 싸워 그들의 추장 소모(素牟)를 사로잡아 마한에 압송했으며, 그 나머지 적도들은 모두 파묻어버렸다. 11월에 왕이 낙랑의 우두산성(牛頭山城)을 습격하려 했는데, 구곡(臼谷)에 이르러 큰 눈을 만나 그냥 돌아오고 말았다.

20년 봄 2월에 왕이 큰 제단을 설치하고 친히 하늘과 땅에 제사를 지냈더니 기이한 새 다섯 마리가 날아왔다.

22년 가을 8월에 석두성(石頭城)과 고목성(高木城)을 쌓았다. 9월에 왕이 기병 1천 명을 거느리고 부현(斧峴) 동쪽에서 사냥을 하다가, 말갈의 적군을 만나 한 번 싸워서 깨뜨리고 포로들을 사로잡아 장수와 사졸들에게 나누어주었다.

24년 가을 7월에 왕이 웅천책(熊川柵)을 세우자 마한 왕이 사신을 보내 질책하기를 "왕이 처음 강을 건너왔을 때 발디딜 곳조차 없어 내가 동북쪽 1백 리의 땅을 베어 안주하게 했으니, 왕을 대우함이 후하지 않았다 할 수 없을 것이다. 그러므로 그에 보답할 것을 생각해야 할 것인데 이제 나라가 완정(完整)되고 백성이 모여들자 '나와 대적할 자가 없다'고 생각해 대거 성과 못을 설치해서 우리 강역을 침범하니, 이 어찌 의리라 하겠는가"라고 하였다. 왕이 부끄럽게 여기고 그 목책을 헐었다.

25년 봄 2월에 왕궁의 우물물이 갑자기 넘쳤다. 한성(漢城)의 인가에서 말이 소를 낳았는데, 머리 하나에 몸이 둘이었다. 일자(日者)가 말하기를 "우물물이 갑작스레 넘치는 것은 대왕께서 우쩍 융성하실 조짐이요, 소가 머리 하나에 몸이 둘인 것은 대왕께서 이웃 나라를 아우를 징조입니다"라고 하였다. 왕이 이 말을 듣고 기뻐하여 드디어 진한과 마한을 아우를 마음을 가지게 되었다.

26년 가을 7월에 왕이 말하기를 "마한이 점차 약해지고 위아래가 딴마음을 가지고 있으니, 그 형세가 오래갈 수 없으리라. 만약 마한이 다른 나라에 병합된다면 '입술이 없어지면 이가 시리다'⁵⁾는 격이 되리니, 그때는 후회해도 소용이 없을 것이다. 차라리 다른 사람보다 먼저 이를 빼앗아 뒷날의 어려움을 면하는 것이 낫겠다"라고 하였다.

겨울 10월에 왕이 군사를 출동하면서 거짓으로 사냥을 간다 하고, 은밀히 마한을 습격해 마침내 그 국읍(國邑)을 병탄하였다. 오직 원산(圓山)과 금현(錦峴)의 두 성만이 굳게 지켜 항복하지 않았다.

27년 여름 4월에 원산과 금현의 두 성이 항복해 그 주민들을 한산의 북쪽으로 옮기니, 마한은 마침내 멸망하였다. 가을 7월에 대두산성(大豆山城)을 쌓았다.

28년 봄 2월에 맏아들 다루(多婁)를 태자로 삼고, 그에게 중앙과 지방의 군사 관련 일을 맡겼다. 여름 4월에 서리가 내려 보리를 해쳤다.

31년 봄 정월에 나라 안의 민호들을 나누어 남부(南部)와 북부(北部)로 만들었다. 여름 4월에 우박이 내렸다. 5월에 지진이 있었고, 6월에 또 지진이 있었다.

---

5) 춘추시대 진(晉) 헌공(獻公)이 우(虞)에 길을 빌려 괵(虢)을 치고자 하매, 궁지기(宮之奇)가 이를 염려한 나머지 괵과 우의 관계를 입술과 이의 관계로 비유해 한 말이다. 『좌전』 희공(僖公) 5년. 『회남자』(淮南子) 설림훈(說林訓)에도 "내가 마르면 골짜기가 비게 되고, 언덕이 깎이면 못이 메워지며, 입술이 없어지면 이가 시리다"라고 하였다.

33년 봄과 여름에 크게 가물어 백성들이 굶주리자 서로 잡아먹고 도적들이 크게 일어나므로, 왕이 이들을 위무해 안정시켰다. 가을 8월에 동부(東部)와 서부(西部)의 두 부를 더 두었다.

34년 겨울 10월에 마한의 옛 장수 주근(周勤)이 우곡성(牛谷城)에 웅거해 반역하였다. 왕이 몸소 군사 5천 명을 거느리고 이를 치니, 주근은 스스로 목을 매었는지라, 그 시체의 허리를 베고 그의 처자식들까지 죽였다.

36년 가을 7월에 탕정성(湯井城)을 쌓고 대두성(大豆城)의 주민들을 나누어 살게 하였다. 8월에 원산과 금현의 두 성을 수리하고 고사부리성(古沙夫里城)을 쌓았다.

37년 봄 3월에 우박이 내렸는데 큰 것은 계란만 하였으며, 까마귀나 참새들이 맞으면 죽었다. 여름 4월에 가물더니 6월이 되어서야 비가 내렸다. 한수의 동북쪽 부락들에 흉년이 들어 고구려로 도망해 들어간 이들이 1천여 호나 되니, 패수와 대수 사이가 텅 비어 사는 사람이 없었다.

38년 봄 2월에 왕이 돌아다니면서 백성을 위무했는데, 동으로는 주양까지 이르고 북으로는 패하까지 갔다가 50일 만에 돌아왔다. 3월에 사신들을 내보내 농사와 누에치기를 권장하게 하고, 그다지 급하지 않은 일로 백성을 수고롭게 하는 일들은 모두 없애게 하였다. 겨울 10월에 왕이 큰 제단을 쌓아 하늘과 땅에 제사를 지냈다.

40년 가을 9월에 말갈이 와서 술천성(述川城)을 공격하더니, 겨울 11월에 또다시 부현성(斧峴城)을 습격해 1백여 명을 죽이고 약탈하였다. 왕이 강력한 기병 2백 명을 시켜서 막아 물리치게 하였다.

41년 봄 정월에 우보(右輔) 을음(乙音)이 죽자, 북부의 해루(解婁)를 우보로 삼았다. 해루는 본래 부여 사람인데 그 신묘한 식견이 깊고 그윽했으며, 나이 70세를 넘기고도 근력이 쇠하지 않았으므로 등용한 것이다. 2월에 한수 동북방의 여러 부락에서 나이 15세 이상된 이들을 징발해 위례성을 수리하였다.

43년 가을 8월에 왕이 아산(牙山)의 들에서 5일 동안 사냥하였다. 9월에 큰 기러기 1백여 마리가 왕궁에 모여들었다. 일자(日者)가 말하기를 "기러기는 백성의 형상이니 장차 멀리서부터 와서 의탁하는 사람이 있을 것입니다"[6]라고 하였다. 겨울 10월에 남옥저(南沃沮)의 구파해(仇頗解) 등 20여 가(家)가 부양(斧壤)에 와서 정성을 바쳐 복종해오니, 왕이 받아들여 한산의 서쪽에 안치하였다.

45년 봄과 여름에 크게 가물어 초목이 메말랐다. 겨울 10월에 지진이 있어 백성들의 가옥이 기울거나 무너졌다.

46년 봄 2월에 왕이 죽었다.

다루왕(多婁王)은 온조왕의 맏아들이다. 도량이 너그럽고 두터워서 위엄과 신망이 있었다. 온조왕이 왕위에 있은 지 28년에 태자로 세워졌다가, 46년에 왕이 죽자 왕위를 이었다.

2년(29) 봄 정월에 왕이 시조 동명묘(東明廟)에 참배하였다. 2월에 왕이 남쪽 제단에서 하늘과 땅에 제사를 지냈다.

3년 겨울 10월에 동부의 흘우(屹于)가 마수산(馬首山) 서쪽에서 말갈과 싸워 이겨, 죽이고 잡은 것이 매우 많았다. 왕이 기뻐해 흘우에게 말 열 필과 조(租) 5백 석을 상으로 주었다.

4년 가을 8월에 고목성(高木城)의 곤우(昆優)가 말갈과 싸워 크게 이기고, 2백여 명의 목을 베었다. 9월에 왕이 횡악(橫岳) 아래에서 사냥을 했는데 연이어 두 마리 사슴을 맞히니 여러 사람이 찬탄하였다.

6년 봄 정월에 맏아들 기루(己婁)를 태자로 삼고, 죄수를 크게 사면하였다. 2월에 나라 남쪽 지방의 주·군에 명령을 내려 처음으로 벼농사를 위한 논을 만들게 하였다.

7년 봄 2월에 우보 해루가 죽었는데, 나이가 90세였다. 동부의 흘우를 우보로 삼았다. 여름 4월에 동방에 붉은 기운이 있었다. 가을 9월에 말갈이 마수성을 쳐서 함락시키고 불을 질러 백성들의 가옥을 태웠다. 겨울

---

6) 이것은 『시경』 소아 홍안장(鴻鴈章)에서 유래한 풀이이다.

10월에 말갈이 또 병산책을 습격하였다.

10년 겨울 10월에 우보 흘우는 좌보(左輔)가 되고, 북부의 진회(眞會)가 우보가 되었다. 11월에 지진이 있었는데 소리가 우레 같았다.

11년 가을에 곡식이 익지 않았으므로 백성들이 사사로이 술빚는 것을 금하였다. 겨울 10월에 왕이 동부와 서부를 순행하며 백성들을 위무하고, 가난해 스스로 생활할 수 없는 이들에게는 사람마다 곡식 2석을 지급해주었다.

21년 봄 2월에 궁중의 큰 홰나무가 저절로 말라버렸다. 3월에 좌보 흘우가 죽으니 왕이 슬프게 울었다.

28년 봄과 여름에 가물자 왕이 죄수들을 다시 살펴서 사형수를 용서해주었다. 가을 8월에 말갈이 북쪽 변경을 침범하였다.

29년 봄 2월에 왕이 동부에 명해 우곡성(牛谷城)을 쌓아 말갈에 대비하였다.

36년 겨울 10월에 왕이 땅을 개척해 낭자곡성(娘子谷城)까지 이르렀다. 이리하여 사신을 신라에 보내 만나보기를 요청했으나, 신라가 거절하였다.

37년에 왕이 군사를 보내 신라의 와산성(蛙山城)을 쳤으나 이기지 못하자, 군사를 옮겨 구양성(狗壤城)을 쳤다. 신라는 기병 2천 명을 발동해 맞받아쳐서 물리쳤다.

39년에 와산성을 쳐서 빼앗고 2백 명을 남겨두어 지키게 했으나, 얼마 있다가 신라에 패하였다.

43년에 군사를 보내 신라를 침공하였다.

46년 여름 5월 그믐 무오에 일식이 있었다.

47년 가을 8월에 장수를 보내 신라를 침공하였다.

48년 겨울 10월에 다시 와산성을 쳐서 함락시켰다.

49년 가을 9월에 와산성이 신라에 의해 회복되었다.

50년 가을 9월에 왕이 죽었다.

기루왕(己婁王)은 다루왕의 맏아들이다. 품은 뜻과 식견이 넓고 원대하여 사소한 일에는 마음을 두지 않았다. 다루왕이 왕위에 있은 지 6년에 태자로 세워졌다가, 50년에 왕이 죽자 왕위를 이었다.

9년(85) 봄 정월에 군사를 보내 신라의 변경을 침공하였다. 여름 4월 을사에 객성(客星)이 자미성(紫微星) 자리에 들어갔다.

11년 가을 8월 그믐 을미에 일식이 있었다.

13년 여름 6월에 지진이 있어 땅이 갈라지고 백성들의 가옥이 함몰되었으며, 죽은 사람이 많았다.

14년 봄 3월에 크게 가물어 보리가 남아나지 못하였다. 여름 6월에 큰 바람이 불어 나무가 뽑혔다.

16년 여름 6월 초하루 무술에 일식이 있었다.

17년 가을 8월에 횡악의 큰 돌 다섯 개가 한꺼번에 떨어져내렸다.

21년 여름 4월에 용 두 마리가 한강에 나타났다.

23년 가을 8월에 서리가 내려 콩을 죽였다. 겨울 10월에 우박이 내렸다.

27년에 왕이 한산으로 사냥을 나가 신록(神鹿)을 잡았다.

29년에 사신을 신라에 보내 화친할 것을 청하였다.

31년 겨울에 물이 얼지 않았다.

32년 봄과 여름에 가물어 흉년이 들자 백성들이 서로 잡아먹었다. 가을 7월에 말갈이 우곡(牛谷)에 들어와 백성들을 약탈해 돌아갔다.

35년 봄 3월에 지진이 있었다. 겨울 10월에 다시 지진이 있었다.

37년에 사신을 보내 신라를 방문하였다.

40년 여름 4월에 황새가 도성의 성문 위에 둥지를 틀었다. 6월에 큰비가 열흘 동안이나 내려, 한강의 물이 불어나서 백성들의 가옥이 물에 떠내려가고 무너졌다. 가을 7월에 관련 부서에 명해 수해를 입은 농지를 복구하게 하였다.

49년 신라가 말갈의 침략을 받자 우리에게 글을 보내 군사를 요청하였다. 왕이 장군 다섯 명을 보내 구원하게 하였다.

52년 겨울 11월에 왕이 죽었다.

개루왕(蓋婁王)은 기루왕의 아들이다. 성품이 공순하고 바른 몸가짐이 있었다. 기루왕이 왕위에 있은 지 52년에 죽자 왕위를 이었다.

4년(131) 여름 4월에 왕이 한산에서 사냥을 하였다.

5년 봄 2월에 북한산성을 쌓았다.

10년 가을 8월 경자에 형혹성이 남두성(南斗星)⁷⁾ 자리를 침범하였다.

28년 봄 정월 그믐 병신에 일식이 있었다.

겨울 10월에 신라의 아찬 길선(吉宣)이 모반했다가 일이 발각되자 도망해왔다. 신라 왕이 글을 보내 길선의 송환을 요청했으나 보내지 않았다. 신라 왕이 노하여 군사를 출동시켜 쳐들어왔으나 여러 성이 굳게 진을 치고 스스로 지켜서 나오지 않으니, 신라 군사는 군량이 떨어져서 돌아갔다.⁸⁾

편찬자는 논평하여 말한다. 춘추시대에 거복(莒僕)이 노(魯)나라에 도망해오니 계문자(季文子)가 말하기를 "군주에게 예를 지키는 자를 보거든 효자가 부모 모시듯 섬기고, 군주에게 무례한 자를 보거든 매가 새를 쫓는 것처럼 죽이라 했습니다. 지금 제가 거복을 살펴보니 그의 행위는 모두 착한 일은 없고 흉덕한 것뿐입니다. 이 때문에 그를 내친 것입니다"라고 하였다. 지금 길선 역시 간악한 역적이거늘 백제 왕이 받아들여 숨겨주니, 이것은 계문자가 이른바 "도적을 비호하는 행위를 장(藏)이라 한다"라고 한 경우인 것이다.⁹⁾ 이로 말미암아 이웃 나라와의 화친을

---

7) 남두성(南斗星)은 천자의 수명과 재상 작록의 위(位)를 주관한다고 한다.

8) 이 사건은 신라본기(2)에 의거할 때 아달라 이사금 12년(165)조에 기록되어 있다. 따라서 두 본기 사이에 10년의 오차가 있거니와, 이 시기 두 나라 사이의 관계 기사는 주로 신라 측의 자료에 입각해 백제본기에도 편의적으로 편년 기사화했다고 생각되므로 신라본기 측의 연대가 옳다고 본다.

9) 전국시대 거(莒) 기공(紀公)이 태자 복(僕)과 계타(季他)를 낳았는데, 기공이 계타를 사랑해 복을 내쫓고 백성들에게 무례한 짓을 많이 하자, 태자 복이 나라 사람들

잃고 백성을 전쟁에 시달리게 했으니, 그 밝지 못함이 심하다.

39년에 왕이 죽었다.

초고왕(肖古王)[소고(素古)라고도 한다]은 개루왕의 아들이다. 개루가 왕위에 있은 지 39년에 죽자 왕위를 이었다.

2년(167) 가을 7월에 몰래 군사를 내서 신라 서쪽 변경의 두 성을 습격해 깨뜨리고, 남녀 1천 명을 사로잡아 돌아왔다. 8월에 신라 왕이 일길찬 흥선(興宣)을 보내 군사 2만 명을 거느리고 와 나라 동쪽의 여러 성을 침범하게 하였다. 신라 왕은 또 친히 정예 기병 8천 명을 거느리고 그 뒤를 이어 한수까지 엄습해왔다. 왕은 신라의 병력이 많아서 적대할 수 없겠다고 생각하고, 곧 이전에 약탈해 온 이들을 돌려보냈다.

5년 봄 3월 그믐 병인에 일식이 있었다. 겨울 10월에 군사를 출동해 신라 변경을 침공하였다.

에 의지하여 기공을 죽이고 재보를 가지고서 노 선공에게 바쳤다. 이때 선공은 그를 받아들이고 봉읍을 내려주고자 했는데, 계문자는 오히려 즉시 국경 밖으로 내쫓게 하였다. 이에 그 연유를 묻는 선공에게 계문자는 정연하게 논변하였다. 계문자의 답변 가운데 일부를 인용한다. "돌아가신 대부 장문중(臧文仲)께서 저에게 군주를 섬기는 예를 가르쳐주셨던바 저는 그 가르침을 받들어 지켜서 감히 어기지 않았나이다. 그분께서 이르시기를 '자기 임금에게 예를 지키는 이를 보거든 효자가 부모를 봉양하는 것처럼 그를 섬기고, 자기 임금에게 무례한 이를 보거든 매가 참새를 쫓는 것처럼 내치라'라고 했습니다. 또 선군 주공(周公)께서는……『서명』(誓命)을 지어 이르시기를 '법도를 훼손하는 것을 적(賊)이라 하고, 적을 엄호하는 것을 장(藏)이라 하고, 재물을 훔치는 것을 도(盜)라 하고, 나라의 기물을 훔치는 것을 간(姦)이라 하며, 도적을 비호하는 죄명을 차지하고 그 도적이 훔친 나라의 기물을 탐하는 것을 대흉덕(大凶德)이라 하니 이러한 경우에는 반드시 처형해 용서하지 않는다'라고 했습니다.……제가 이제 저 거복의 행위를 두루 살펴보니 법도에 맞는 것이 없습니다. 효(孝)·경(敬)·충(忠)·신(信)은 길덕(吉德)이옵고 도(盜)·적(賊)·장(藏)·간(姦)은 흉덕이온데, 저 거복의 경우는……착한 일은 하나도 없고 도리어 모두 흉덕한 것뿐입니다. 이러한 까닭에 그를 쫓아버린 것입니다." 『좌전』(左傳) 문공(文公) 18년.

21년 겨울 10월에 구름도 없이 우레가 치고, 혜성이 서북방에 나타났다가 20일 만에 없어졌다.

22년 여름 5월에 왕도의 우물과 한수가 모두 말라버렸다.

23년 봄 2월에 궁실을 중수하였다. 왕이 군사를 출동시켜 신라의 모산성(母山城)을 쳤다.

24년 여름 4월 초하루 병오에 일식이 있었다. 가을 7월에 우리 군사가 신라와 더불어 구양(狗壤)에서 싸우다 패배해, 죽은 이가 5백여 명이었다.

25년 가을 8월에 군사를 출동해 신라 서쪽 국경의 원산향(圓山鄕)을 습격하고 나아가 부곡성(缶谷城)을 에워싸니, 신라 장군 구도(仇道)가 기병 5백 명을 거느리고 나와 막았다. 우리 군사가 짐짓 물러났더니 구도가 쫓아와 와산까지 이르는지라, 우리 군사가 이를 반격해 크게 이겼다.

26년 가을 9월에 치우기성(蚩尤旗星)이 각성(角星)과 항성(亢星) 자리에 나타났다.

34년 가을 7월에 지진이 있었다. 군사를 보내 신라의 변경을 침공하였다.

39년 가을 7월에 군사를 출동해 신라의 요거성(腰車城)을 쳐서 함락시키고, 그 성주 설부(薛夫)를 죽였다. 신라 왕 내해(奈解)가 노하여 이벌찬 이음(利音)을 장수로 임명해, 6부의 정예병들을 거느리고 와 우리의 사현성(沙峴城)을 치게 하였다.[10] 겨울 10월에 혜성이 동정성(東井星)[11] 자리에 나타났다.

---

10) 신라본기 내해 이사금 19년(214)조와 일치한다. 이와 같이 같은 사건에 대해 10년의 오차가 있는 경우들은 대체로 기존의 자료가 간지를 사용해 연도를 표시한 데 연유하는 것 같다. 즉 천간이 10년마다 회귀하는 까닭에 원 자료를 옮겨 적는 과정에서 10년 단위의 오기가 쉽사리 저질러지는 것이다.

11) 동정성은 28수 가운데 하나로, 남방 주작7수(朱雀七宿)에 속한 정수(井宿)를 말한다. 법령 제도의 준칙을 관장한다고 한다.

40년 가을 7월에 태백성(太白星)이 달을 침범하였다.

43년 가을에 누리가 생기고 가물어서 곡식이 순조롭게 익지 못하니 도적들이 많이 일어나게 되는지라, 왕이 그들을 위무해 안정시켰다.

44년 겨울 10월에 큰 바람이 불어 나무가 뽑혔다.

45년 봄 2월에 적현(赤峴)과 사도(沙道)의 두 성을 쌓아 동부의 민호를 옮겼다. 겨울 10월에 말갈이 사도성에 쳐들어왔으나, 이기지 못하자 성문을 불태우고 돌아갔다.

46년 가을 8월에 나라 남쪽 지방에서 누리가 곡식을 해치니 백성들이 굶주렸다. 겨울 11월에 물이 얼지 않았다.

47년 여름 6월 그믐 경인에 일식이 있었다.

48년 가을 7월에 서부 사람 회회(茴會)가 흰 사슴을 잡아서 바치므로, 왕이 상서로운 동물이라 하여 곡식 1백 석을 내려주었다.

49년 가을 9월에 북부의 진과(眞果)에게 명해, 군사 1천 명을 거느리고 말갈의 석문성(石門城)을 습격해 빼앗게 하였다. 겨울 10월에 말갈이 강력한 기병으로 침범해와서 술천(述川)까지 이르렀다. 왕이 죽었다.

• 삼국사기 권 제23

삼국사기 권 제24

백제본기 제2
구수왕, 사반왕, 고이왕, 책계왕,
분서왕, 비류왕, 계왕, 근초고왕,
근구수왕, 침류왕

구수왕(仇首王)〔혹은 귀수(貴須)라고 한다〕은 초고왕의 맏아들이다. 키가 7척이나 되었으며 위엄스러운 풍채가 빼어나고 특이하였다. 초고왕이 왕위에 있은 지 49년에 죽자 왕위에 올랐다.

3년(216) 가을 8월에 말갈이 와서 적현성(赤峴城)을 에워쌌으나, 성주가 굳게 막자 적들이 물러나 돌아갔다. 왕이 강력한 기병 8백 명을 거느리고 그들을 쫓아 사도성(沙道城) 아래에서 싸워 깨뜨렸으며, 죽이고 사로잡은 것이 매우 많았다.

4년 봄 2월에 사도성 옆 두 곳에 목책을 세웠는데 동서로 거리가 10리였으며, 적현성의 사졸들을 나누어 지키게 하였다.

5년에 왕이 군사를 보내 신라의 장산성(獐山城)을 에워쌌다. 신라 왕이 친히 군사를 거느리고 와 쳐서 우리 군사가 패하였다.

7년 겨울 10월에 왕성의 서쪽 문에 화재가 있었다. 말갈이 북쪽 변경을 침구하므로 군사를 보내 막았다.

8년 여름 5월에 나라 동쪽에 홍수가 나서 산이 40여 군데나 무너졌다. 6월 그믐 무진에 일식이 있었다. 가을 8월에 한수 서쪽에서 군대를 크게 사열하였다.

9년 봄 2월에 관련 부서에 명해 제방을 수리하게 하였다. 3월에 명령을 내려 농사를 권장하였다. 여름 6월에 왕도에서 물고기가 섞인 비가 내렸다.

겨울 10월에 군사를 보내 신라 우두진(牛頭鎭)에 들어가 민가를 약탈하게 하였다. 신라 장수 충훤(忠萱)이 군사 5천 명을 거느리고 웅곡(熊谷)에서 우리를 맞아 싸우다 크게 패해 단신으로 도망하였다. 11월 그믐 경신에 일식이 있었다.

11년 가을 7월에 신라의 일길찬 연진(連珍)이 침입해 왔다. 우리 군사가 봉산(烽山) 아래에서 그를 맞아 싸웠으나 이기지 못하였다. 겨울 10월에 태백성(太白星)이 낮에 나타났다.

14년 봄 3월에 우박이 내렸다. 여름 4월에 크게 가물어서 왕이 동명묘에 가 빌었더니, 곧 비가 내렸다.

16년 겨울 10월에 왕이 한천(寒泉)에서 사냥을 하였다. 11월에 전염병이 크게 돌았다. 말갈이 우곡(牛谷) 지역에 들어와 사람과 재물을 약탈하였다. 왕이 정예병 3백 명을 보내 이를 막게 했으나 적들이 매복해 있다가 양쪽에서 끼고 치니, 우리 군사가 크게 패하였다.

18년 여름 4월에 우박이 내렸는데, 크기가 밤톨만큼이나 되어 새들이 맞으면 죽었다.

21년에 왕이 죽었다.

고이왕(古尒王)은 개루왕의 둘째 아들이다. 구수왕이 왕위에 있은 지 21년에 죽자, 그의 맏아들 **사반**(沙伴)이 왕위를 이었으나 나이가 어려서 정사를 감당하지 못하므로, 초고왕의 동복 아우[1]인 고이가 왕위에 올랐다.

3년(236) 겨울 10월에 왕이 서쪽 바다의 큰 섬에 사냥을 가서 직접 40

---

1) 원문에 '초고왕의 모제(母弟)'라고 했으므로, 이 '모제'를 '어머니의 아우'로 볼 여지도 있으나, 일단 '동모제'(同母弟)로 간주해 번역하였다.

마리의 사슴을 쏘아 맞혔다.

5년 봄 정월에 하늘과 땅에 제사를 지냈는데, 북과 피리를 사용하였다. 2월에 왕이 부산(釜山)에 사냥을 가서 50일 만에야 돌아왔다. 여름 4월에 왕궁의 문기둥에 벼락이 치더니, 그 문에서 황룡이 나와 날아갔다.

6년 봄 정월에 비가 오지 않더니, 여름 5월이 되어서야 비가 내렸다.

7년에 군사를 보내 신라를 침공하였다. 여름 4월에 진충(眞忠)을 좌장(左將)으로 임명해 중앙과 지방의 군사 관련 일을 맡겼다. 가을 7월에 석천(石川)에서 군대를 크게 사열하다가 석천 위에서 기러기 두 마리가 날아오르자, 왕이 쏘아 모두 맞혔다.

9년 봄 2월에 나라 사람들에게 명해 남쪽 택지에다가 벼농사 지을 논을 개간하게 하였다. 여름 4월에 왕의 숙부 질(質)을 우보로 삼았다. 질은 성품이 충직하고 굳세었으며, 일을 계획하는 데 실수가 없었다. 가을 7월에 왕이 서쪽 문에 나와 활쏘는 것을 구경하였다.

10년 봄 정월에 큰 제단을 설치하고, 하늘과 땅과 산천에 제사를 지냈다.

13년 여름에 크게 가물어 보리가 남아나지 않았다.

가을 8월에 위의 유주자사(幽州刺史) 관구검(毌丘儉)이 낙랑태수 유무(劉茂), 삭방태수(朔方太守) 왕준(王遵)과 함께 고구려를 치자, 왕이 그 빈 틈을 타서 좌장 진충을 보내 낙랑의 변경 주민들을 습격해 잡아왔다. 유무가 이를 듣고 노하니, 왕은 침공을 당할까 염려해 그 주민들을 돌려보냈다.[2]

---

2) 이 사건은 『삼국지』 동이전 한조의 "부종사(部從事) 오림(吳林)은 낙랑이 본래 한국(韓國)을 통할했다는 이유로 진한의 여덟 나라를 분할해 낙랑 관하에 넣으려 했는데, 통역하는 관리가 말을 옮기는 과정에서 다르게 설명한 대목이 있게 되자 신지(臣智)와 한인들이 격분해 대방군의 기리영(崎離營)을 공격하였다. 이때 대방태수 궁준(弓遵)과 낙랑태수 유무(劉茂)가 군사를 일으켜 이들을 치다가 궁준은 전사하였지만, 두 군은 마침내 한을 멸하였다"라고 한 부분 및 같은 책 예조의 "정시(正始) 6년(245)에 낙랑태수 유무와 대방태수 궁준은 단단대령(單單大領) 동쪽의 예가 고구려에 복속되었다 하여 군사를 일으켜 쳤다"라고 한 부분과 대응시켜 이해할 수

14년 봄 정월에 남쪽 제단에서 하늘과 땅에 제사를 지냈다. 2월에 진충을 우보로 임명하고, 진물(眞勿)을 좌장으로 삼아 군사 관련 일을 맡겼다.

15년 봄과 여름에 가물었다. 겨울에 백성들이 굶주리므로 창고를 열어 구휼했으며, 또 1년 동안의 납세를 면제해주었다.

16년 봄 정월 갑오에 태백성이 달을 침범하였다.

22년 가을 9월에 군사를 출동시켜 신라를 침공하였다. 괴곡(槐谷) 서쪽에서 신라 군사와 싸워 쳐부수고 신라 장수 익종(翊宗)을 죽였다. 겨울 10월에 군사를 보내 신라의 봉산성(烽山城)을 쳤으나 이기지 못하였다.

24년 봄 정월에 크게 가물어 나무들이 모두 말랐다.

25년 봄에 말갈 추장 나갈(羅渴)이 좋은 말 열 필을 바쳤다. 왕이 그 사자를 너그러이 위로해 돌려보냈다.

26년 가을 9월에 푸르고 자줏빛 도는 구름이 궁궐 동쪽에서 피어올랐는데 마치 누각과 같았다.

27년 봄 정월에 내신좌평(內臣佐平)을 두어 왕명의 출납에 관한 일을 맡게 하고, 내두좌평(內頭佐平)에게는 창고 관련 일을, 내법좌평(內法佐平)에게는 예법과 의례에 관한 일을, 위사좌평(衛士佐平)에게는 숙위와 군사 관련 일을, 조정좌평(朝廷佐平)에게는 형벌과 감옥에 관한 일을, 병관좌평(兵官佐平)에게는 지방의 군사 관련 일을 맡게 하였다.

또 달솔(達率), 은솔(恩率), 덕솔(德率), 한솔(扞率), 나솔(奈率) 및 장덕(將德), 시덕(施德), 고덕(固德), 계덕(季德), 대덕(對德), 문독(文督), 무독(武督), 좌군(佐軍), 진무(振武), 극우(克虞)를 두었다.

여섯의 좌평은 1품, 달솔은 2품, 은솔은 3품, 덕솔은 4품, 한솔은 5품, 나솔은 6품, 장덕은 7품, 시덕은 8품, 고덕은 9품, 계덕은 10품, 대덕은 11품, 문독은 12품, 무독은 13품, 좌군은 14품, 진무는 15품, 극우는 16품이

있겠다.

다.[3]

2월에 명령을 내려 6품 이상은 자색 옷을 입고 은제 꽃으로 관을 장식하며, 11품 이상은 비색 옷을 입고, 16품 이상은 청색 옷을 입게 하였다. 3월에 왕의 아우 우수(優壽)를 내신좌평으로 삼았다.

28년 봄 정월 초하루에 왕이 큰 소매의 자색 도포와 청색 비단 바지를 입고, 금제 꽃으로 장식한 검은 비단 관을 쓰고,[4] 흰 가죽띠와 검은 가죽신 차림으로 남당(南堂)에 앉아 정사를 처리하였다. 2월에 진가(眞可)를 내두좌평으로, 우두(優豆)를 내법좌평으로, 고수(高壽)를 위사좌평으로, 곤노(昆奴)를 조정좌평으로, 유기(惟己)를 병관좌평으로 임명하였다. 3월에 사신을 신라에 보내 화친을 청했으나, 신라 측에서 거절하였다.

29년 봄 정월에 명령을 내려 무릇 관인으로서 재물을 받거나 도둑질한 이는 장물의 3배를 징수하며, 종신토록 금고형에 처하도록 하였다.

33년 가을 8월에 군사를 보내 신라의 봉산성을 쳤는데, 성주 직선(直宣)이 장사 2백 명을 거느리고 나와 쳐서 우리가 패하였다.

36년 가을 9월에 혜성이 자미궁(紫微宮) 자리에 나타났다.

39년 겨울 11월에 군사를 보내 신라를 침공하였다.

45년 겨울 10월에 군사를 출동시켜 신라를 침공해 괴곡성(槐谷城)을 에워쌌다.

50년 가을 9월에 군사를 보내 신라의 변경을 침공하였다.

53년 봄 정월에 사신을 신라에 보내 화친을 청하였다.

겨울 11월에 왕이 죽었다.

---

3) 이 관제 정비 기사는 『주서』(周書)와 『구당서』에 보이는 백제의 관제 기사와 일치한다. 그러므로 6좌평 16관등제는 이때 완비되었다기보다는, 뒷날 사비시대에까지 걸쳐 완비된 관제를 여기에 소급하여 기재한 것으로 본다.
4) 원문에 오라관(烏羅冠)이라고 한 것으로, 백제 왕의 복색에 관한 이 구절은 『구당서』및 『신당서』백제전에 보인다.

책계왕(責稽王)〔혹은 청계(靑稽)라고 한다〕은 고이왕의 아들이다. 몸이 장대하고 뜻과 기개가 헌걸찼다. 고이가 죽자 왕위에 올랐다.

왕이 장정들을 징발해 위례성을 보수하였다. 고구려가 대방을 치자 대방에서는 우리에게 구원을 요청하였다. 이보다 앞서 왕이 대방왕의 딸 보과(寶菓)를 맞이해 부인으로 삼았던 까닭으로 "대방은 우리와는 장인과 사위 사이의 나라이니 그 요청을 좇아 따르지 않을 수 없다" 하고, 드디어 군사를 출동시켜 대방을 구원하였다. 고구려가 이를 원망하자, 왕은 그들이 침구해올까 염려하여 아단성(阿旦城)과 사성(蛇城)을 수리해 대비하였다.

2년(287) 봄 정월에 동명묘에 참배하였다.

13년 가을 9월에 한나라가 맥인(貊人)들과 함께 와서 침입하였다. 왕이 나가 막다가 적병에게 해를 입고 죽었다.

분서왕(汾西王)은 책계왕의 맏아들이다. 어려서부터 총명하고 어질었으며 풍채가 아름답고 빼어나니, 왕이 그를 사랑해 옆에서 떼어놓지 않았다. 왕이 죽자 뒤를 이어 왕위에 올랐다.

겨울 10월에 죄수를 크게 사면하였다.

2년(299) 봄 정월에 동명묘에 참배하였다.

5년 여름 4월에 혜성이 낮에 나타났다.

7년 봄 2월에 은밀하게 군사를 내서 낙랑의 서쪽 현을 습격해 빼앗았다.

겨울 10월에 왕이 낙랑태수가 보낸 자객에게 살해되었다.

비류왕(比流王)은 구수왕의 둘째 아들이다. 성품이 너그럽고 인자해 다른 사람들을 아꼈으며, 또 힘이 세고 활을 잘 쏘았다. 오랫동안 민간에서 살았는데 훌륭한 명성이 널리 퍼져 소문이 났다. 분서왕이 죽었을 때 비록 아들들은 있었지만, 모두 어려서 왕으로 세울 수가 없었다. 이 때문에 그가 신하와 백성들에게 추대되어 왕위에 올랐다.

5년(308) 봄 정월 초하루 병자에 일식이 있었다.

9년 봄 2월에 사신들을 파견해 돌아다니면서 백성들의 질고(疾苦)를 찾아 살피게 하고 홀아비, 과부, 고아, 자식 없는 늙은이 등 스스로 생활할 수 없는 이들에게 사람마다 곡식 3석을 내려주었다. 여름 4월에 동명 묘에 참배하였다. 해구(解仇)를 병관좌평으로 임명하였다.

10년 봄 정월에 남쪽 교외에서 하늘과 땅에 제사를 지냈는데, 왕이 몸소 제물 고기를 베었다.

13년 봄에 가뭄이 들고 큰 별이 서방으로 흘러 떨어졌다. 여름 4월에 왕도의 우물물이 넘치더니, 흑룡이 그 속에서 나타났다.

17년 가을 8월에 궁궐 서쪽에 활쏘는 누대를 쌓고, 매월 초하루와 보름에 활쏘기를 익혔다.

18년 봄 정월에 왕의 서제 우복(優福)을 내신좌평으로 삼았다. 가을 7월에 태백성이 낮에 나타나고, 나라 남쪽 지방에서는 누리가 곡식을 해쳤다.

22년 겨울 10월에 하늘에서 소리가 들렸는데, 마치 풍랑이 서로 부딪치는 것 같았다. 11월에 왕이 구원(狗原) 북쪽에서 사냥을 했는데, 몸소 활을 쏘아 사슴을 잡았다.

24년 가을 7월에 붉은 까마귀같이 생긴 구름이 양쪽에서 해를 끼고 있었다. 9월에 내신좌평 우복이 북한성(北漢城)에 웅거해 반역하니, 왕이 군사를 발동해 토벌하였다.

28년 봄과 여름에 크게 가물어서 풀과 나무가 마르고 강물조차 고갈되었는데, 가을 7월이 되어서야 비가 내렸다. 이해에 흉년이 들어 사람들이 서로 잡아먹었다.

30년 여름 5월에 별이 떨어지고, 왕궁에 화재가 일어나 번져서 백성들의 집들이 불탔다. 가을 10월에 궁실을 수리하였다. 진의(眞義)를 내신좌평으로 임명하였다. 겨울 12월에 우레가 있었다.

32년 겨울 10월 초하루 을미에 일식이 있었다.

33년 봄 정월 신사에 혜성이 규성(奎星) 자리에 나타났다.

34년 봄 2월에 신라가 사신을 보내와 방문하였다.

41년 겨울 10월에 왕이 죽었다.

계왕(契王)은 분서왕의 맏아들이다. 타고난 자질이 강직하고 용맹했으며, 말타기와 활쏘기를 잘하였다. 처음에 분서왕이 죽었을 때는 계왕이 어려서 왕위에 오를 수 없었는데, 비류왕이 왕위에 있은 지 41년에 죽자 왕위에 올랐다.

3년(346) 가을 9월에 왕이 죽었다.

근초고왕(近肖古王)은 비류왕의 둘째 아들이다.[5] 체격과 용모가 대단히 훌륭했으며 원대한 식견이 있었다. 계왕이 죽자 왕위를 이었다.

2년(347) 봄 정월에 하늘과 땅의 신명에 제사를 지냈다. 진정(眞淨)을 조정좌평으로 임명하였다. 진정은 왕후의 친척으로 성품이 패악스럽고 어질지 못하며, 일을 처리함에서는 까다롭고 잔소리 투성이인데다 권세를 믿고 제멋대로 하니, 나라 사람들이 그를 미워하였다.

21년 봄 3월에 사신을 보내 신라를 방문하였다.

23년 봄 3월 초하루 정사에 일식이 있었다. 사신을 신라에 파견해 좋은 말 두 필을 보냈다.

24년 가을 9월에 고구려 왕 사유(斯由)[6]가 보병과 기병 2만 명을 거느

---

5) 근초고왕은『진서』(晉書)에 '여구'(餘句)라는 이름으로 나오며,『고사기』(古事記)·
『일본서기』·『신찬성씨록』(新撰姓氏錄) 등 일본 측 자료에는 '조고왕'(照古王)·'초
고왕'(肖古王)·'속고왕'(速古王)으로 기재되어 있다. 따라서 '근'이라는 접두어는
선대 초고왕을 염두에 둔 것으로 볼 일이다. 이와 같은 예는 근초고왕의 후계 왕인
근구수왕과 5세기 말의 근개루왕, 즉 개로왕이 각각 선대의 구수왕이나 개루왕과 가
지고 있는 관계에서도 간취할 수 있다. 물론 이 경우 선대와 후대 왕들의 실재(實在)
에 대해서 쉽게 단정하기는 힘들다. 여하튼 그렇다면 고구려 동천왕의 이름 '위궁'
(位宮)이 그의 선조인 태조왕의 이름 궁(宮)에서 유래했다는 사례와 비교해 볼 수도
있겠다. 말하자면 고구려에서는 서로 닮은 것을 일러 '위'라고 했던 것을 백제에서
는 '근'이라고 했던 것이므로 백제 측 사례가 상대적으로 더욱 한화(漢化)가 진행된
단계의 표현인 셈이다. 고구려본기 산상왕 즉위년조 주석을 참조할 것.

리고 치양(雉壤)에 와서 진을 치고 군사를 나누어 우리 민가를 침범하고 약탈하였다. 왕이 태자에게 군사를 주어 보내 지름길로 치양에 이르게 하여 그들을 급히 쳐부수고 5천여 명의 목을 얻었으며, 노획한 물건들은 장졸들에게 나누어주었다. 겨울 11월에 한수의 남쪽에서 군대를 크게 사열했는데, 깃발들은 모두 황색을 썼다.

26년에 고구려가 군사를 일으켜 왔다. 왕이 이를 듣고 패하 가에 군사를 숨겨두고 그들이 이르기를 기다렸다가 갑자기 치니, 고구려 군사들이 패배하였다. 겨울에 왕이 태자와 함께 정예병 3만 명을 거느리고 고구려에 침입해 평양성을 공격하였다. 고구려 왕 사유가 힘껏 싸워 막다가 날아온 화살에 맞아 죽자, 왕이 군사를 이끌어 물러났다. 도읍을 한산(漢山)으로 옮겼다.

27년 봄 정월에 사신을 진(晉)에 들여보내 조공하였다. 가을 7월에 지진이 있었다.

28년 봄 2월에 사신을 진에 들여보내 조공하였다. 가을 7월에 청목령(靑木嶺)에 성을 쌓았다. 독산성(禿山城) 성주가 3백 명을 이끌고 신라로 달아났다.

30년 가을 7월에 고구려가 북쪽 변경에 쳐들어와 수곡성(水谷城)을 함락시켰다. 왕이 장수를 보내 막게 했으나 이기지 못하였다. 왕이 다시 장차 군사를 크게 일으켜 보복하려고 했으나, 흉년이 들어 실행하지 못하였다.

겨울 11월에 왕이 죽었다.

『고기』(古記)에 이르기를 "백제가 나라를 연 이래 문자로 일을 기록하는 것이 없었는데, 이때 와서 박사 고흥(高興)을 얻어 비로소 '서기'(書記)[7]가 있게 되었다"라고 한다. 그러나 고흥은 한 번도 다른 책에 나타

---

6) 사유는 고구려 고국원왕의 이름이다.

7) 이 '서기'를 신라 진흥왕대의 『국사』와 동일한 맥락에서 이해할 수 있을 것인지에 대해서는 일부 이견이 있지만, 백제사의 전개 과정에서 차지하는 근초고왕의 위상은 이 시기에 자국사에 대한 정리의 의욕을 발휘하기에 충분하다고 생각한다. 아울

난 적이 없으니, 그가 어떤 사람인지는 알 수 없다.

근구수왕(近仇首王)〔이름이 수(須)라고도 한다〕은 근초고왕의 아들이다.

이에 앞서 고구려의 국강왕(國岡王) 사유가 직접 쳐들어왔을 때, 근초고왕이 태자를 보내 이를 막게 하였다. 태자가 반걸양(半乞壤)에 이르러 장차 싸우려 할 때였다. 고구려 사람 사기(斯紀)는 본래 백제 사람으로서 실수로 국마(國馬)의 발굽을 다치게 해 죄를 받을까 두려워 고구려로 달아났던 이인데, 이때 돌아와서 태자에게 알리기를 "저들의 군사가 비록 많기는 하지만 모두 수를 채우기 위한 허깨비에 불과하고, 그 가운데 날래고 용맹한 부대는 오직 붉은 깃발의 휘하뿐입니다. 만약 이것을 먼저 깨뜨린다면 그 나머지야 치지 않아도 제풀에 무너질 것입니다"라고 하였다. 태자가 그 말에 따라 진격해 크게 이기고, 달아나는 적들을 추격해서 수곡성의 서북쪽까지 이르렀다. 장군 막고해(莫古解)가 간하여 말하기를 "일찍이 도가(道家)의 말을 들었던바 '만족할 줄을 알면 곤욕을 당하지 않을 것이요, 그칠 줄을 알면 위태롭지 않다'[8] 하였습니다. 지금까지 거둔 성과도 많은데 어찌 반드시 더 많은 것을 바라겠습니까"라고 하였다. 태자가 그의 말을 옳게 여겨 쫓는 것을 멈추었다. 그러고는 돌을 쌓아 표적을 만들고, 그 위에 올라서서 좌우의 신하들을 돌아보고 말하기를 "오늘 이후 누가 다시 이곳까지 올 수 있겠는가!"라고 하였다. 그곳에는 말발굽 모양으로 틈이 벌어진 바위가 있는데, 사람들은 지금까지도 이것을 태자의 말발굽 자국이라고 부른다.

근초고왕이 왕위에 있은 지 30년에 죽자, 태자가 왕위에 올랐다.

2년(376)에 왕의 외삼촌 진고도(眞高道)를 내신좌평으로 삼아 정사를

러 백제인들의 역사 편찬 전통에 대해서는 『일본서기』에 인용된 『백제기』(百濟記)·『백제본기』(百濟本記)·『백제신찬』(百濟新撰) 등 백제계 사서의 존재도 함께 고려해야 할 것이다.

8) 이 말은 『노자』 44장에 나오는 말이다.

맡겼다. 겨울 11월에 고구려가 북쪽 변경을 침입해왔다.

3년 겨울 10월에 왕이 군사 3만 명을 거느리고 고구려의 평양성을 침공하였다. 11월에 고구려가 침입해왔다.

5년 봄 3월에 사신을 진에 보내 조알하게 했는데, 그 사신이 바다에서 모진 바람을 만나 진에 도달하지 못하고 돌아왔다. 여름 4월에 흙비가 종일토록 내렸다.

6년에 전염병이 크게 돌았다. 여름 5월에 땅이 갈라져서 깊이가 5장이요 가로 폭이 3장이었는데, 3일 만에야 합해졌다.

8년 봄부터 6월까지 비가 오지 않아 백성들이 굶주려 자식을 파는 이까지 있게 되자, 왕이 관청 곡식을 내어 갚아서 물러주었다.

10년 봄 2월에 햇무리가 세 겹으로 생기고, 궁궐의 큰 나무가 저절로 뽑혔다.

여름 4월에 왕이 죽었다.

침류왕(枕流王)은 근구수왕의 맏아들이다. 어머니는 아이(阿尒)부인이다. 아버지를 이어 왕위에 올랐다.

가을 7월에 사신을 진(晉)에 들여보내 조공하였다. 9월에 호승(胡僧) 마라난타(摩羅難陁)가 진에서 왔다. 왕이 그를 궁궐 안으로 맞이해 예우하고 경배하였다. 불법(佛法)이 이때부터 비롯되었다.[9]

2년(385) 봄 2월에 한산에 가람을 창건하고 승려 열 명에게 도첩을 주었다.

겨울 11월에 왕이 죽었다.

• 삼국사기 권 제24

---

9) 백제에 불교가 처음 전래된 사정과 이후의 전개 과정에 대해서는 『삼국유사』 흥법 난타벽제(難陁闢濟)조에 자세하다.

삼국사기 권 제25

백제본기 제3
진사왕, 아신왕, 전지왕, 구이신왕,
비유왕, 개로왕

  진사왕(辰斯王)은 근구수왕의 둘째 아들이요 침류왕의 아우이다.[1] 사람됨이 억세고 용감했으며, 총명하고 어질어서 지략이 많았다. 침류왕이 죽었을 때 태자가 어렸으므로, 숙부인 진사가 왕위에 올랐다.[2]

  2년(386) 봄에 나라 안의 나이 15세 이상 된 이들을 징발해 관방(關防)을 설치했는데, 청목령(靑木嶺)에서 북쪽으로 팔곤성(八坤城)에 이르고, 서쪽으로는 바다에 닿았다. 가을 7월에 서리가 내려 곡식을 해쳤다. 8월에 고구려가 침입해왔다.

  3년 봄 정월에 진가모(眞嘉謨)를 달솔로 임명하고, 두지(豆知)를 은솔로 삼았다. 가을 9월에 말갈과 관미령(關彌嶺)에서 싸웠으나 이기지 못하였다.

  5년 가을 9월에 왕이 군사를 보내 고구려의 남쪽 변경을 침범하고 노략하게 하였다.

---

1) 『진서』(晋書) 9 효무제기(孝武帝紀) 태원(太元) 11년(386)조에는 '백제왕세자 여휘(餘暉)'라고 하였다.
2) 『일본서기』 9 신공황후(神功皇后) 65년조에는 진사왕의 즉위를 찬탈이라고 하였다.

6년 가을 7월에 혜성이 북하(北河)[3] 자리에 나타났다. 9월에 왕이 달솔 진가모를 시켜서 고구려를 치게 해 도곤성(都坤城)을 함락시키고, 2백여 명을 사로잡았다. 왕이 진가모를 병관좌평으로 임명하였다. 겨울 10월에 왕이 구원(狗原)에 사냥을 나가 7일 만에 돌아왔다.

7년 봄 정월에 궁실을 중수했으며, 못을 파고 산을 만들어 기이한 새들을 기르고 진기한 화초를 가꾸었다. 여름 4월에 말갈이 북쪽 변경의 적현성(赤峴城)을 쳐서 함락시켰다. 가을 7월에 나라 서쪽의 큰 섬에서 사냥했는데 왕이 친히 사슴을 쏘아 맞혔다. 8월에 또 횡악(橫岳) 서쪽에서 사냥하였다.

8년 여름 5월 초하루 정묘에 일식이 있었다. 가을 7월에 고구려 왕 담덕(談德)[4]이 군사 4만 명을 거느리고 북쪽 변경으로 쳐들어와서, 석현(石峴) 등 10여 성을 함락시켰다. 왕은 담덕이 용병에 뛰어나다는 말을 듣고 나가 막지를 못하니, 한수 북쪽의 여러 부락을 대부분 빼앗겼다. 겨울 10월에 고구려가 관미성(關彌城)을 쳐서 함락시켰다. 왕이 구원(狗原)에서 사냥해 열흘이 지나도 돌아오지 않았다.

11월에 왕이 구원의 행궁(行宮)에서 죽었다.[5]

아신왕(阿莘王)〔혹은 아방(阿芳)이라고 한다〕은 침류왕의 맏아들이다. 처음에 한성의 별궁에서 태어날 때 신비로운 광채가 밤에 비추더니, 장성하자 뜻과 기개가 호방했으며 매사냥과 말타기를 좋아하였다. 침류왕이 죽었을 때는 나이가 어렸기 때문에 숙부인 진사가 왕위를 이었는데, 진사왕이 왕위에 있은 지 8년 만에 죽자 그가 왕위에 올랐다.

2년(393) 봄 정월에 동명묘에 참배하고, 또 남쪽 제단에서 하늘과 땅에 제사를 지냈다. 진무(眞武)를 좌장으로 임명해 군사 관련 일을 맡겼

---

3) 북하는 28수 가운데 남방 7수의 첫 번째 성수인 정수(井宿)의 북쪽에 있는 세 별을 말한다. 그 남쪽의 세 별은 남하(南河)라고 한다.
4) 담덕은 고구려 광개토왕의 이름이다.
5) 『일본서기』 10 응신천황(應神天皇) 3년조에는 진사왕이 피살되었다고 하였다.

다. 진무는 왕의 외삼촌으로서 침착하고 군세었으며, 큰 지략이 있었으므로 당시 사람들이 그에게 복종하였다. 가을 8월에 왕이 진무에게 이르기를 "관미성은 우리 북쪽 변경의 요충인데 지금 고구려의 소유가 되어 있다. 이야말로 내가 매우 유감으로 여기는 바이니, 그대도 마땅히 마음을 기울여 치욕을 씻어야 할 것이다"라고 하였다. 마침내 군사 1만 명을 거느리고 고구려의 남쪽 변경을 치고자 계획하였다. 진무가 몸소 사졸들보다 앞에 서서 화살과 돌을 무릅쓰고서, 석현성 등 5개 성을 회복할 것을 작정하고 먼저 관미성을 에워쌌다. 고구려 사람들이 성을 둘러 견고하게 지키자, 진무는 군량 소송이 이어지지 않는다 하여 군사를 이끌고 돌아왔다.

3년 봄 2월에 맏아들 전지(腆支)를 태자로 삼고, 죄수를 크게 사면했으며, 왕의 서제 홍(洪)을 내신좌평으로 임명하였다. 가을 7월에 고구려와 더불어 수곡성 아래에서 싸웠으나 패배하였다. 태백성이 낮에 나타났다.

4년 봄 2월에 혜성이 서북방에 나타나더니 20일 만에야 사라졌다. 가을 8월에 왕이 좌장 진무 등에게 명해 고구려를 치게 하였다. 고구려 왕 담덕은 친히 군사 7천 명을 거느리고 패수 가에 진을 치고서 우리를 막아 싸우게 되었다. 우리 군사가 크게 패해 죽은 이가 8천 명이었다. 겨울 11월에 왕이 패수의 패전을 보복하기 위해 친히 군사 7천 명을 거느리고 한수를 건너 청목령 아래 이르렀을 때, 마침 큰 눈이 쏟아져 사졸들이 많이 얼어 죽으므로, 군사를 되돌려 한산성(漢山城)으로 와서 군사들을 위로하였다.

6년 여름 5월에 왕이 왜국과 더불어 우호를 맺고, 태자 전지(腆支)를 볼모로 보냈다.[6] 가을 7월에 한수 남쪽에서 군대를 크게 사열하였다.

---

6) 비록 『삼국사기』에 보이는 백제와 왜의 통교 기사는 이것이 처음이지만, 이전부터 교류는 지속되었을 것이다. 특히 양자의 관계를 보여주는 유물로는 칠지도(七支刀)가 저명하나, 판독과 연대 추정에 의견이 분분하다. 한편 『일본서기』 10 응신천황 8년조에는 『백제기』를 인용해 백제가 '왕자 직지(直支)'를 보냈다고 하였다.

7년 봄 2월에 진무를 병관좌평으로 삼고, 사두(沙豆)를 좌장으로 삼았다. 3월에 쌍현성(雙峴城)을 쌓았다. 가을 8월에 왕이 장차 고구려를 치려고 군사를 출동시켜 한산 북쪽의 목책에 이르렀다. 그날 밤 큰 별이 군영 가운데 소리를 내면서 떨어지자 왕이 매우 언짢게 여겨 그만 중지하였다. 9월에 도성 사람들을 모아 서쪽 누대에서 활쏘기를 익혔다.

8년 가을 8월에 왕이 고구려를 침입하고자 군사와 말들을 크게 징발하였다. 백성들이 이 일에 시달려 많이 신라로 달아나니, 호구 수가 줄어들었다.

9년 봄 2월에 혜성이 규성(奎星)과 누성(婁星) 자리에 나타났다.[7] 여름 6월 초하루 경진에 일식이 있었다.

11년 여름에 크게 가물어 벼의 모가 말라 타들어갔다. 왕이 친히 횡악에서 제사를 지내자 곧 비가 내렸다. 5월에 사신을 왜국에 보내 큰 구슬을 구해왔다.

12년 봄 2월에 왜국의 사신이 왔다. 왕이 이들을 영접하고 위로함이 특히 후하였다. 가을 7월에 군사를 보내 신라의 변경을 침범하였다.

14년 봄 3월에 흰 기운이 왕궁 서쪽에서 일어났는데, 마치 피륙을 편 듯하였다.

가을 9월에 왕이 죽었다.

전지왕(腆支王)〔혹은 직지(直支)라고 한다〕은 『양서』(梁書)에 '이름은 영(映)'이라고 하였으며, 아신왕의 맏아들이다. 아신왕이 왕위에 있은 지 3년에 태자로 세워졌고, 같은 왕 6년에는 왜국에 볼모로 나가게 되었다. 14년에 아신왕이 죽자 왕의 둘째 아우 훈해(訓解)가 정사를 대리

---

7) 규성은 28수 가운데 하나로, 백호7수(白虎七宿) 가운데 첫째 성수이다. 규수(奎宿)는 봉시좌(封豕座)라고도 하는데, 16개의 별로 이루어졌으며 하늘의 무기고라 한다. 안드로메다와 물고기 자리에 해당한다. 누성 역시 서방 백호7수(白虎七宿) 가운데 두 번째 성수로 규수의 서남쪽에 있고, 양 자리에 해당한다. 군사를 일으키고 군중을 모으는 일을 관장한다고 한다.

하면서 태자의 귀국을 기다렸는데, 막내 아우 설례(碟禮)가 훈해를 죽이고 자신이 스스로 왕이 되었다. 전지는 왜에 있던 중 부음을 듣고 소리내어 슬피 울면서 돌아갈 것을 청하였다. 왜 왕은 병사 1백 명으로 그를 호송하였다. 전지가 이윽고 국경에 들어서자 한성 사람 해충(解忠)이 와서 알리기를 "대왕께서 세상을 뜨신 후 왕의 아우 설례가 형을 죽이고 자기가 왕이 되었습니다. 원컨대 태자께서는 경솔하게 들어가지 마소서"라고 하였다. 전지가 왜인들을 머무르게 하여 스스로 지키면서 섬에 의거해 기다렸더니, 나라 사람들이 설례를 죽이고 전지를 맞이해 왕위에 오르게 하였다. 왕비는 팔수(八須)부인이며, 아들 구이신(久尒辛)을 낳았다.

2년(406) 봄 정월에 왕이 동명묘에 참배하고 남단(南壇)에서 하늘과 땅에 제사를 지냈으며, 죄수를 크게 사면하였다. 2월에 사신을 진에 들여보내 조공하였다. 가을 9월에 해충을 달솔로 삼고, 한성의 조(租) 1천 석을 내려주었다.

3년 봄 2월에 왕의 서제 여신(餘信)을 내신좌평으로 임명하고, 해수(解須)를 내법좌평으로, 해구(解丘)를 병관좌평으로 삼으니, 모두 왕의 친척이었다.

4년 봄 정월에 여신을 상좌평(上佐平)으로 임명해 군사와 국정에 관한 일을 맡겼다. 상좌평의 직책이 여기에서 비롯했으니, 마치 지금의 총재(冢宰)와 같은 것이다.

5년에 왜국에서 사신을 시켜 야명주(夜明珠)를 보내오자, 왕이 융숭한 예로 대접하였다.

11년 여름 5월 갑신에 혜성이 나타났다.

12년에 동진(東晉) 안제(安帝)가 사신을 보내와서 왕을 사지절도독백제제군사진동장군백제왕(使持節都督百濟諸軍事鎭東將軍百濟王)으로 책명하였다.

13년 봄 정월 초하루 갑술에 일식이 있었다. 여름 4월에 가물어 백성들이 굶주렸다. 가을 7월에 동부와 북부에서 나이 15세 이상 된 이들을 징발해 사구성(沙口城)을 쌓고, 병관좌평 해구로 하여금 공사를 감독하게 하였다.

14년 여름에 사신을 왜국에 파견해 흰 면포 10필을 보냈다.

15년 봄 정월 무술에 혜성이 태미(太微) 자리에 나타났다. 겨울 11월 초하루 정해에 일식이 있었다.

16년 봄 3월에 왕이 죽었다.

구이신왕(久尒辛王)은 전지왕의 맏아들이다. 전지왕이 죽자 왕위에 올랐다.

8년(427) 겨울 12월에 왕이 죽었다.

비유왕(毗有王)은 구이신왕의 맏아들이다[혹은 전지왕의 서자라고도 하니, 어느 것이 옳은지 알 수 없다]. 아름다운 자태와 용모에다가 말솜씨가 있어서 사람들이 떠받들고 중히 여기더니, 구이신왕이 죽자 왕위에 올랐다.

2년(428) 봄 2월에 왕이 4부를 돌면서 백성을 위무하고, 가난한 이들에게 곡식을 차등있게 내려주었다. 왜국의 사신이 왔는데 수행하는 사람이 50명이었다.

3년 가을에 사신을 송에 들여보내 조공하였다. 겨울 10월에 상좌평 여신이 죽었으므로, 해수를 상좌평으로 삼았다. 11월에 지진이 있었고 큰 바람이 불어 기와를 날렸다. 12월에 물이 얼지 않았다.

4년 여름 4월에 송 문황제(文皇帝)가 왕이 다시 조공을 바르게 닦는다 하여 사신을 보내 책문(冊文)으로 선왕 영(暎)의 작위와 칭호를 주었다 [전지왕 12년에 동진에서 왕을 책명해 사지절도독백제제군사진동장군백제왕(使持節都督百濟諸軍事鎭東將軍百濟王)으로 삼았다].

7년 봄과 여름에 비가 내리지 않았다. 가을 7월에 사신을 신라에 들여보내 화친을 청하였다.

8년 봄 2월에 사신을 신라에 보내 좋은 말 두 필을 선사하고, 가을 9월에 또 흰 매를 보냈다. 겨울 10월에 신라가 좋은 금과 빛나는 구슬을 보내 답례하였다.

14년 여름 4월 초하루 무오에 일식이 있었다. 겨울 10월에 사신을 송에 들여보내 조공하였다.

21년 여름 5월에 궁궐 남쪽 못 가운데 불이 났는데, 그 화염이 수레바퀴 같았으며 온 밤이 지나서야 꺼졌다. 가을 7월에 가뭄이 들어 곡식이 여물지 않았다. 백성들은 굶주려서 신라로 흘러들어가는 이들이 많았다.

28년에 별들이 비오듯 떨어지고 혜성이 서북방에 나타났는데, 빛 꼬리가 2장쯤 되었다. 가을 8월에 누리가 곡식을 해쳐서 흉년이 들었다.

29년 봄 3월에 왕이 한산에서 사냥하였다.

가을 9월에 흑룡이 한강에 나타났다가, 잠시 후 구름과 안개가 어두컴컴하게 끼더니 날아가버렸다. 왕이 죽었다.

개로왕(蓋鹵王)〔혹은 근개루(近蓋婁)라고 한다〕은 이름이 경사(慶司)이고, 비유왕의 맏아들이다. 비유왕이 왕위에 있은 지 29년에 죽자 그 뒤를 이었다.

14년 겨울 10월 초하루 계유에 일식이 있었다.

15년 가을 8월에 장수를 보내 고구려의 남쪽 변경을 침공하였다. 겨울 10월에 쌍현성(雙峴城)을 보수하고 청목령(靑木嶺)에 큰 목책을 세웠으며, 북한산성(北漢山城)의 사졸들을 나누어서 지키게 하였다.

18년에 사신을 위(魏)에 보내 방문하고 표문을 올려 말하기를 "우리나라는 동쪽 끝에 있어 승냥이와 이리가 길을 가로막으니, 비록 대대로 훌륭한 덕화를 입으면서도 번국(藩國)의 도리를 받들어 올릴 수 없는지라, 멀리에서 천자의 궁궐을 우러러 바라만 보매 그곳으로 치달리는 마음 끝닿을 데 없건마는, 서늘한 바람만이 살며시 응답합니다. 엎드려 생각건대 황제 폐하께서는 하늘의 아름다운 도리에 마음을 합해 화합하시니, 이끌려 사모하는 정을 이기지 못하겠나이다. 삼가 제가 임명한 관군장군부마도위불사후장사(冠軍將軍駙馬都尉弗斯侯長史) 여례(餘禮)와 용양장군대방태수사마(龍驤將軍帶方太守司馬) 장무(張茂) 등을 보내 험한 파도에 배를 던지고 아득한 나루를 향해 지름길을 찾아, 목숨은 자연의 운수에 맡긴 채로 제 정성을 만분의 일이라도 바치고자 합니다. 바라옵건대 천지신명이 감응을 드리우고 황제의 신령이 널리 뒤덮어 천자의 뜰에 도달해 저의 뜻을 밝게 보여드릴 수만 있다면, 비록 아침에 폐하의 분부를 듣고 저녁에 죽는다 해도 길이 여한이 없겠나이다"라고 하였다.

또 말하기를 "우리나라는 고구려와 함께 그 근원이 부여(扶餘)에서 나왔으므로 선대 때에는 서로 옛 정의를 돈독히 다하였는데, 고구려의 조상 쇠(釗)[8]가 경솔하게도 이웃과의 우호를 저버리고 친히 군사를 거느려 함부로 우리나라 지경에 침입했습니다. 이에 저의 조상 수(須)가 군사를 정돈해 번개같이 내달아 기회를 타고 달려들어 치니, 화살과 돌이 잠시 어우러진 다음 쇠(釗)의 목을 베어 달았던 것입니다. 이러한 뒤로는 그들이 감히 남쪽을 넘보지 못하더니, 풍씨(馮氏)[9]의 운수가 다하고 그 남은 무리들이 고구려로 도망해 숨어들면서부터 추악한 부류가 점차로 많아졌습니다. 마침내 우리는 업신여김과 핍박을 받게 되니 원한이 맺히고 병란이 이어진 것이 30여 년이나 되었는지라, 재정은 파탄되고 힘은 고갈되어 나라가 점점 잔약하고 위축되어갔습니다. 폐하의 어질고 곡진하게 보살피시는 마음은 아무리 먼 곳이라 해도 미치지 않음이 없사오니, 만약 속히 한 사람의 장수를 보내 우리나라를 구원해주신다면, 응당 저의 딸을 보내 후궁에서 비질하게 할 것이고, 자제들을 보내 바깥 마구간에서 말을 기르게 할 것이며, 한 치의 땅이나 한 명의 백성조차 감히 스스로 차지하지 않겠습니다"라고 하였다.

---

8) 쇠는 『위서』·『자치통감』 등 중국 사서에 보이는 고국원왕의 이름이다. 본서 고구려본기에는 '사유'(斯由)라고 하였으니, 두 음을 합해 쇠(釗)로 표기한 것이다.
9) 풍씨는 풍발(馮跋)·풍홍(馮弘) 등의 북연(北燕)을 가리킨다. 이에 대해서는 고구려본기 장수왕 23·24년조 주석을 참조할 것.

또 말하기를 "지금 연(璉)[10]은 죄가 있는지라 나라 안을 짓밟아 결단을 내고, 대신들과 권세있는 족속들의 살육이 그치지 않으며, 죄악이 쌓이고 넘쳐서 백성들은 허물어져 이산되고 있으니, 이야말로 그들이 멸망할 시기요 폐하께서 손을 쓰실 때입니다. 게다가 풍씨 일족의 군사들은 본래의 주인을 그리워하는 마음[11]을 가지고 있으며, 낙랑 등 여러 군민도 고향으로 돌아가려는 마음[12]을 간절히 품고 있으니, 여기에다 천조의 위엄을 한 번 들어 보인다면 죄인들에 대한 응징이 있을 뿐 다투어 싸우는 일은 없을 것입니다. 제가 비록 민첩하지는 못하나 마음과 힘을 다해 마땅히 휘하의 군사를 이끌고 폐하의 위풍을 받들어 호응하겠습니다. 또 고구려는 정의롭지 못해 배반하고 간사한 것이 한 가지가 아니니, 겉으로는 외효(隗囂)[13]가 번방(藩邦)으로서 겸손하게 스스로를 낮추는 말을 모범으로 생각하는 듯하면서도, 속으로는 흉측한 앙화와 무모한 행동을 품고 있으므로, 혹은 남쪽으로 유씨(劉氏)[14]와 내통하고 혹

10) '연'은 고구려 장수왕의 이름으로, '연'(連)·'거련'(巨連)이라고도 한다.

11) 원문에 '조축지련'(鳥畜之戀)이라고 하였다. 이것은 '견마지정'(犬馬之情)과 같은 뜻으로, 신하가 주군을 따르는 마음을 말한다.

12) 원문에 '수구지심'(首丘之心)이라고 하였다. 『예기』 단궁(檀弓) 상편에 주나라 태공이 영구(營丘)에 봉해졌다가 죽게 되자 주의 호경(鎬京)으로 돌아와 장사 지냈으며, 그의 자손들 역시 본받아 반장(反葬)한 사례가 있는데, 여기에 이어 "옛사람이 말하기를 '여우가 죽을 때는 머리를 본래 살던 언덕으로 향하나니, 그 근본을 잊지 않는 것이다'라고 하였다"라고 한 데서 '수구지심'이라는 말이 연유하였다. 아울러 이 말은 충신이 왕실로부터 떨어지지 않으려는 것을 의미한다.

13) 외효(隗囂, ?~33)는 중국 후한 초기 군웅의 한 사람으로 처음 왕망 시대에 유흠(劉歆)의 속관이 되었다가 뒤에 경시제(更始帝)에게로 갔으며, 이윽고 떨어져나와 서주상장군(西州上將軍)이라고 자칭하면서 농서(隴西) 지방에 세력을 구축하더니 후한 광무제와 친교를 맺었다. 그러나 다시 촉(蜀)의 공손술(公孫述)과 연맹해 후한에 저항하다가, 32년에 광무제의 친정군에게 격파되고 이듬해 병사하였다. 『후한서』 13 외효전.

14) 남조의 하나인 송(420~478)을 이른다. 팽성(彭城) 사람 유유(劉裕)가 동진 공제(恭帝)로부터 선양을 받아 송나라를 건국하고 즉위해 무제가 되었다. 건강(建康)에 도읍했는데, 8대 59년 만에 순제(順帝)가 무신 소도성(蕭道成)에게 양위해 망하였다.

은 북쪽으로 연연(蠕蠕)[15]과 밀약해서 서로 함께 입술과 이 같은 사이가 되어 천자의 다스림을 능멸하려 꾀하고 있습니다. 옛날 요임금은 지극한 성인이셨으되 단수(丹水)[16]를 쳐서 벌하였으며, 맹상군(孟嘗君)은 어질기로 이름났지만 길거리의 비방까지도 흘려 듣지 않았습니다.[17] 실개천의 물도 늦지 않게 막아야 하는 것이니, 지금 만약 고구려를 거두어들이지 않는다면 앞으로 후회를 남기게 될 것입니다. 지난 경진년 후에 우리나라 서쪽 경계의 소석산(小石山) 북쪽 바다 가운데서 시체 10여 구를 발견하고 아울러 옷가지, 그릇, 말안장, 굴레 등을 주웠는데, 살펴보매 고구려의 물건은 아니었습니다. 그 뒤 듣자하니 이들은 바로 황제의 사신들로서 우리나라에 오다가 큰 뱀이 길을 막아 바다에 빠졌다 하니, 비록 확실하게 단정할 일은 아니겠지만 매우 분한 생각을 가지게 되었습니다. 옛날 송(宋)에서 신주(申舟)를 죽이자 초(楚) 장왕(莊王)이 맨발로 뛰어나갔으며,[18] 새매가 풀어놓은 비둘기를 그러쥐자 신릉군(信陵

---

15) 4세기 중엽부터 6세기 중엽에 걸쳐 몽고 일대를 지배했던 유목민족으로서 유연(柔然) · 유연(蝚蠕) · 예예(芮芮) · 여여(茹茹)라고도 한다. 초기에 부견(苻堅)의 전진(前秦)이나 탁발부(拓跋部)의 북위(北魏)와 갈등하다가, 402년 사륜(社崙)이 가한(可汗)을 일컬으면서 세력을 키워 대단(大檀) 때에 와서 전성기를 맞았다. 그러나 6세기에 들어와 돌궐 · 거란 · 북제 등에 시달리다 패멸되었다.

16) 단하(丹河) · 단연(丹淵) · 단강(丹江)이라고도 하며, 섬서성 상현(商縣) 서북쪽에서 발원해 남동쪽으로 흘러 하남성으로 들어간다. 이곳은 요임금이 단수포(丹水浦)에서 싸워 묘만(苗蠻)을 정복한 곳이며, 순임금이 요임금의 아들 단주(丹朱)를 봉한 곳이기도 하다.

17) 전국시대 제나라의 명재상으로 이름은 전문(田文)이고, 산동성의 설(薛) 지역에 봉지를 가지고 있었으며, 수천 명의 식객을 거느렸다. 일찍이 맹상군 일행이 조나라를 지나게 되었는데 조나라 사람들이 그의 외양을 비웃자, 이에 격분해 수행하던 이들과 함께 수백 명을 베어 죽여서 한 개 현(縣)을 몰살시켰다 한다. 『사기』 맹상군전.

18) 초 장왕(莊王)이 신주를 제에 보냈는데 신주를 미워하던 송나라 사람들이 그를 죽였다. 장왕이 이 소식을 듣고 군사를 일으켜 송나라를 치고자 앉은자리에서 옷소매를 떨치고 일어나 달려나가는 통에, 신은 궁전의 토방에서 신게 되고 칼은 침실 문 밖에서 찼으며, 수레는 시가지에서 탔다는 고사가 있다. 『좌전』 선공(宣公) 14년.

君)[19]이 밥을 먹지 않았습니다. 적을 이겨 이름을 세우는 것은 아름답고 융성하기가 다함이 없는 일인지라, 저 구구하게 치우친 변방의 작은 나라도 오히려 만대의 신망을 생각하거늘, 하물며 폐하께서는 기개가 하늘과 땅에 걸맞고 세력이 산과 바다를 뒤엎을 지경인데, 어찌 어린아이로 하여금 천조에 가는 길을 걸터막게 하겠습니까? 이제 습득한 말안장을 올리오니 이것 하나만으로도 충분한 증거가 될 것입니다"라고 하였다.[20]

현조(顯祖)[21]는 백제의 사신이 밀고 외진 곳에서 위험을 무릅쓰고 조공을 바쳤다 하여 매우 두텁게 예우하고, 사신 소안(邵安)을 보내 백제 사신과 함께 돌아가게 하였다. 또 조서를 내려 말하였다.

"글을 받고 소식을 들으매 별 탈이 없다 하니 매우 기쁘도다. 그대는 동쪽 구석 5복(五服)의 바깥[22]에 있는데도 산과 바다를 멀다 하지 않고 우리 위의 조정에 정성을 바치니, 그 지극한 성의를 흐뭇하고 가상히 여겨 마음속에 거두어두는 바이다. 내가 만대를 이어나갈 위업을 받들어서 온 누리에 군림해 모든 생령을 거느려 제어하게 되었나니, 이제 천하는 깨끗이 통일되고 사방 팔방에서 정의를 붙좇아서 포대기로 어린아이

---

19) 신릉군은 전국시대 위(魏) 소왕(昭王)의 공자인데, 이름은 무기(無忌)이고 문하에 식객 3천 명을 거느려 제(齊)의 맹상군(孟嘗君), 초의 춘신군(春信君), 조(趙)의 평원군(平原君)과 함께 전국 말의 4군(四君)으로 알려진 인물이다.『사기』77 위공자전.

20) 이 상표문은 대체로『위서』(魏書) 100 열전 88 백제국조의 내용을 전재한 것이다.

21) 현조는 북위 고종 문성제(文成帝)의 아들인 제5대 황제 헌문제(獻文帝) 탁발홍(拓跋弘)의 묘호이다.

22) 왕의 직할령인 왕기(王畿)를 중심으로 하여 주위를 순차적으로 나눈 다섯 구역을 전복(甸服)·후복(侯服)·수복(綏服)·요복(要服)·황복(荒服)이라 하였다. '복'은 복속을 의미하는데, 1복은 5백 리 지역이니 사방 거리는 5천 리가 된다.『서경』익직(益稷)편에 그 용례가 있다. 그러므로 5복의 바깥이라 함은 지극히 먼 외지로서 만이(蠻夷)의 땅을 의미한다. 왕을 세계의 중심에 두고 그 위광이 점차 외방에 미친다는 생각에서 이끌어낸 유가의 관념적 정치지도 구획으로서, 실재한 제도는 아니다.

를 업고 이르는 자들이 이루 헤아릴 수 없이 많으며,[23] 풍속이 화평스럽고 군사와 마필이 왕성한 것들은 모두 여례(餘禮) 등이 직접 듣고 본 그대로이다. 그대가 고구려와 더불어 화목하지 못하고 여러 차례 능멸과 침범을 당했거니와, 진실로 정의에 순응해 어진 태도로 지킬 수만 있다면 또한 원수라 한들 무엇을 근심하겠는가? 지난번에 사신들을 보내서 바다를 건너 머나먼 바깥 나라들을 위무하게 했던바, 그로부터 몇 해가 지나도록 가서는 돌아오지 않으니 살았는지 죽었는지 잘 도착하였는지 아닌지를 알 도리가 없었다. 그대가 보내온 말안장은 예전에 쓰던 것과 비교해 보건대 중국의 물건은 아니므로, 있을 수 있는 일이라 하여 반드시 그러했으리라고 죄과를 단정할 수는 없을 것이다. 고구려에 대해 조처할 요긴한 사항들은 다른 조서에 갖추어 이르겠다.”

또 조서를 내려 말하였다.

“고구려가 강토를 틀어막고 그대의 땅을 침노하면서, 선대 임금의 옛 원수를 갚는다고 꾸며대 백성을 편안히 쉬게 하는 큰 덕을 저버리며, 전쟁이 여러 해 동안 어우러지고 환란이 변경에까지 얽히매, 그대의 사신은 신포서(申包胥)의 정성을 겸비하고[24] 그대의 나라는 초(楚)·월(越)과 같이 위급한 것을[25] 내가 알고 있다. 그러하니 응당 의로운 손길을 펴서 약한 자를 도와 기회를 타고 번개처럼 쳐야 하리라. 다만 고구려는 선

---

23) 『논어』 자로(子路)편에서 유래한 말로서, 공자는 위에서 예(禮)와 의(義)와 신(信)을 좋아하면 사방의 백성들이 강보에 아이를 업고서 제 발로 찾아올 것이라고 하였다.

24) 신포서는 춘추시대 초나라 사람으로 성은 공손(公孫)인데, 초의 대부가 되어 신(申)에 봉해졌으므로 신초서라고 부르게 되었다. 그는 오가 초를 침입해 수도 영(郢)을 점령하고 초 소왕(昭王)마저 나라 밖으로 달아났을 때, 진(秦)에 가서 궁정 담에 기대어 7주야를 울면서 구원병을 요청해 마침내 오나라 군사를 물리쳤다. 『좌전』 정공(定公) 4년.

25) 초 소왕이 오의 침입을 받아 나라 밖으로 달아나고 진(秦)에 구원을 청하던 일이나, 월(越) 왕 구천(句踐)이 오 왕 부차(夫差)에게 패해 회계산(會稽山)에서 화평을 간청하던 것과 같이 위급한 형세를 말한다. 『사기』 31 오태백세가(吳太伯世家), 『좌전』 정공(定公) 4년 및 애공(哀公) 원년.

대부터 번국(藩國)을 자처하고 조공을 바쳐온 지가 오래이니, 그대에게는 비록 예부터의 틈이 있다 하나 나에게는 명령을 거스른 허물이 없다. 그런데 그대가 처음 사신을 보내면서 갑작스레 토벌해줄 것을 청하니, 그 사유의 합당함을 깊이 살펴 찾아보았으나 역시 아무래도 이치가 닿지 않는다. 그러므로 지난해에 예(禮) 등을 평양에 보내서 그 연유와 실상을 확인하고자 했으나 고구려의 주청이 빈번하고 그 말의 논리가 모두 통하는지라, 사신은 그들의 요청을 억제할 수 없었고 법관은 그들을 꾸짖을 거리를 찾지 못하였다. 그러므로 그들이 말하는 바를 들어주고 예(禮) 등으로 하여금 돌아오게 했던 것이다. 이제 만약 그들이 다시 내 뜻을 어긴다면 허물이 더욱 드러날 것이요, 그 뒤에는 비록 아무리 변명한다 해도 죄에서 벗어날 도리가 없을 것이니, 그런 다음에는 군사를 일으켜 치더라도 의리에 들어맞을 것이다.

9이(九夷)[26]의 나라들은 대대로 바다 바깥에 살면서, 우리의 왕도가 드날리면 번국(藩國)으로서 중국을 받들고 은혜를 거두게 되면 자기 강역을 보존하게 마련인지라, 중국에 속박해 두는 것은 지난 사적에 드러나 있으나 호시(楛矢)[27]를 바치는 일은 연중 조공에서 빠진 경우가 많았던 것이다. 그대가 강하고 약한 형세를 갖추어 말하고 지난 시대의 일들을 일일이 나열했거니와, 풍속이 다르고 형편도 같지 않으니 그에 견주는 것은 나의 생각에 어긋나는 바요, 우리의 큰 규례와 관대한 방략을 이룰 날이야 아직 그대로 남아 있으리라. 이제 중국이 평정되어 하나가 되고 나라 안에 근심이 없으니, 매양 높은 위엄을 동쪽 끝까지 뻗치고 나라

---

26) 9이는 아홉 종류의 동이(東夷)를 말한다. 『후한서』85 동이열전 서문에는 9이로 견이(畎夷)·우이(于夷)·방이(方夷)·황이(黃夷)·백이(白夷)·적이(赤夷)·현이(玄夷)·풍이(風夷)·양이(陽夷)를 들었다. 한편 『이아』(爾雅) 석지(釋地)에는 현도(玄菟)·낙랑(樂浪)·고려(高麗)·만식(滿飾)·부경(鳧更)·색가(索家)·동도(東屠)·왜인(倭人)·천비(天鄙)를 9이라고 하였다.

27) 호시(楛矢)는 호나무로 만든 화살인데, 주 무왕대 이후 숙신씨(肅愼氏)의 공물로 유명하다. 돌을 깎아 촉을 만들고 길이는 1척 8촌이라고 하였다. 『공자가어』(孔子家語) 변물(辯物).

밖에 깃발을 드날려 외진 곳의 굶주린 백성들을 구원하고 먼 지역에까지 황제의 위풍을 펴 보이고자 했으나, 자못 고구려가 제때 상황을 진술했기 때문에 미처 정벌할 생각을 하지 않았던 것이다. 지금이라도 그들이 만약 나의 조칙을 따르지 않는다면 그대가 제시한 계책이 나의 뜻에 들어맞으니, 큰 군사가 출정의 길을 떠나는 것도 장차 머지않을 것이다.

그대는 모름지기 미리 군사를 정돈해 두어 함께 일어날 수 있도록 갖추어서 사태에 대비할 것이며, 때때로 사신을 보내 보고하여 그들의 실정을 재빨리 알릴 일이다. 군사를 일으키는 날에 그대가 길을 안내하는 선두에 선다면, 크게 승리한 뒤에 또한 으뜸가는 공로로 상을 받을 것이니, 이 역시 좋은 일이 아니겠는가. 그대가 바친 비단 포백과 해산물들은 비록 다 이르지는 않았으나, 그대의 지극한 마음이야 충분히 알게 되었다. 이제 내가 회사(回賜)하는 여러 물목은 별지와 같다.”

또 고구려 왕 연(璉)에게 조서를 내려 소안(邵安) 등을 호송하게 했으나, 소안 등이 고구려에 이르자 연(璉)은 옛날 여경(餘慶)과 원수진 일이 있다 하여 동쪽으로 지나가지 못하게 하였다. 소안 등이 이에 모두 돌아오고 마니, 곧 고구려에 조서를 내려 준절하게 나무랐다. 뒤에 소안 등으로 하여금 동래(東萊)에서 바다를 건너가 여경(餘慶)에게 조서를 주어 그의 정성과 절개를 칭찬하게 했는데, 소안 등이 바닷가에 이르자 바람을 만나 배가 나부끼므로 결국 백제에 이르지 못하고 돌아왔다. 왕은 고구려 사람들이 자주 변경을 침범하기 때문에 위에 표문을 올려 군사를 청했던 것인데 이를 들어주지 않으므로, 왕이 그를 원망해 마침내 조공을 끊어버렸다.

21년 가을 9월에 고구려 왕 거련(巨璉)이 군사 3만 명을 거느리고 와서 왕도 한성(漢城)을 에워쌌다. 왕이 성문을 닫고서 나가 싸우지 못하였다. 고구려 사람들은 군사를 나누어 네 갈래 길로 끼고서 공격하였다. 또 바람을 타고 불을 놓아 성문을 태우니, 사람들의 마음이 위기감과 두려움에 휩싸여 혹간 성을 나가 항복하려는 이들도 있었다. 왕은 형세가 군색해 어찌할 바를 몰라 하다가 기병 수십 명을 거느리고 성문을 나가 서쪽으로 달아났는데, 고구려 사람들이 쫓아와 살해하였다.

이보다 앞서 고구려 장수왕이 은밀히 백제를 치고자 계획해 그곳에 가서 간첩활동을 할 만한 이를 구하였다. 이때 승려 도림(道琳)이 응모해 말하기를 "어리석은 소승은 원래 도를 알지는 못하나 나라의 은혜를 갚을 길이 없을까 생각하던 터이오니, 원컨대 대왕께서는 저를 어질지 못하다 하지 마시고 지목해 시켜주신다면 왕명을 욕되게 하지 않겠습니다"라고 하였다. 왕이 기뻐하여 몰래 그로 하여금 백제를 속이게 하였다. 이리하여 도림은 짐짓 죄를 지어 도망하는 것처럼 해 백제로 달아나 들어갔다.

이때 백제 왕 근개루(近蓋婁)는 장기와 바둑을 좋아하였다. 도림이 왕궁 문에 이르러 고하기를 "제가 젊어서부터 바둑을 배워 자못 절묘한 경지에 들었으니 왕의 측근에게 소개해주기 바랍니다"라고 하였다. 왕이 그를 불러들여 바둑을 상대해보니 과연 국수(國手)였다. 드디어 그를 상객으로 우대하고 몹시 가까이 두고 아끼면서, 서로 만난 것이 늦은 것을 한탄하였다.

도림이 하루는 왕을 모시고 앉아서 조용히 말하기를 "제가 다른 나라 사람인데도 주상께서는 저를 소원하게 하지 않으시고 은혜를 매우 풍족하게 베풀어주셨습니다. 그러나 저는 오직 한 가지 재주만으로 받들었을 뿐, 한 번도 털끝만 한 이익조차 드리지 못했습니다. 이제 한마디 올리고자 하거니와 주상의 생각이 어떠한지를 모를 따름입니다"라고 하였다. 왕이 말하기를 "차근차근 말해보라. 만약 나라에 이로움이 있다면야 이야말로 선생에게 바라는 바이다"라고 하였다. 도림이 말하기를 "대왕의 나라는 사방이 모두 산과 구릉과 강과 바다이니, 이는 하늘이 베푼 요새요 사람이 만들 수 있는 형세가 아닙니다. 이 때문에 사방 이웃 나라들이 감히 엿볼 마음을 가지지 못하고 다만 받들어 섬기는 데 겨를이 없는 것입니다. 그러므로 왕께서는 마땅히 숭고한 기세와 풍요한 사업으로 사람들이 보고 들음에 두려워 옹송그리도록 해야 할 것인데, 성곽은 정비되지 않고 궁실은 수리되지 않았으며 선왕의 해골은 맨 땅 위에 임시로 묻혀 있고 백성들의 가옥은 번번이 강물에 허물어지니, 저는 대왕을 위해 그대로 둘 수 없는 일이라고 생각합니다"라고 하였다. 왕이 말하기를 "알겠다. 내가 그리하리라"고 하였다.

이리하여 나라 사람들을 온통 징발해 흙을 구워 성을 쌓고 그 안 가득히 궁실과 누각과 정자를 지었는데, 웅장하고 화려하지 않음이 없었다. 또 욱리하(郁里河)에서 큰 돌들을 가져다가 돌곽을 만들어서 아버지의 유골을 장사 지내고, 강을 따라 둑을 세워 사성(蛇城) 동쪽에서부터 숭산(崇山) 북쪽까지 이르게 하였다. 이 때문에 창고들이 텅 비고 인민들은 곤궁해지니, 나라의 위태로움이 알을 쌓아놓은 것보다도 심하였다.

이렇게 되자 도림이 도망해 돌아와서 그 사실을 보고하였고, 장수왕은 기뻐하여 바야흐로 백제를 치고자 곧 장수들에게 군사를 주었다. 근개루(近蓋婁)가 이를 듣고 아들 문주(文周)에게 이르기를 "내가 어리석고 밝지 못해 간사한 사람의 말을 신용하다가 이 지경에 이르렀다. 백성들은 잔약해지고 군사들은 허약해졌으니 비록 위태로운 일이 있다 한들 누가 기꺼이 나를 위해 힘써 싸우겠는가. 나는 마땅히 사직을 위해 죽어야 할 것이나 너는 여기 있다가 함께 죽어도 이로울 것이 없으니, 어찌 어려움을 피했다가 왕통을 잇지 않을 것인가"라고 하였다.

문주는 곧 목협만치(木劦滿致)와 조미걸취(祖彌桀取)[목협(木劦)과 조미(祖彌)는 모두 두 자 성인데 『수서』에는 목(木)과 협(劦)을 두 가지 성으로 하였으니, 어느 것이 옳은지 알 수 없다]28)를 데리고 남쪽으로 떠났다. 이때 고구려의 대로(對盧)인 제우(齊于)와 재증걸루(再曾桀婁)와 고이만년(古尒萬年)[재증(再曾)과 고이(古尒)는 모두 두 자 성이다] 등

---

28) 『수서』 81 열전 46 백제전에는 "나라 안에 대성(大姓) 8족이 있는데 사씨(沙氏)·연씨(燕氏)·협씨(劦氏)·해씨(解氏)·정씨(貞氏)·국씨(國氏)·목씨(木氏)·묘씨(苗氏)이다"라고 하였다. 한편 『통전』 185 동이 백제조에는 묘씨가 '백씨'(苩氏)로, 정씨가 '진씨'(眞氏)로 되어 있다. 백제 당대 자료 가운데 여기 보이는 성씨가 적용된 것으로는 부여에서 발견된 「사택지적비」(砂宅智積碑)가 있다. 또한 백제 유민이 조성한 것으로 보이는 「계유명삼존천불비상」(癸酉銘三尊千佛碑像)에는 '진모씨'(眞牟氏)가 보인다.

이 군사를 거느리고 북쪽 성을 쳐서 7일 만에 함락시키고, 군사를 옮겨 남쪽 성을 치니 성안이 위기감과 두려움에 휩싸이고 왕은 탈출해 달아났다.[29] 고구려 장수 걸루 등이 왕을 발견하자 말에서 내려 절을 하더니, 이윽고 왕의 얼굴을 향해 세 번 침을 뱉고 곧 죄목을 헤아린 다음, 아차성(阿且城) 아래로 묶어 보내 죽이고 말았다. 걸루와 만년 등은 본래 백제 사람들인데 죄를 짓고 고구려로 도망해 숨었던 이들이다.

편찬자는 논평하여 말한다. 초(楚) 소왕(昭王)이 도망왔을 때 운공(鄖公) 신(辛)의 아우 회(懷)가 소왕을 죽이고자 하여 "평왕(平王)이 우리 아버지를 죽였으니 내가 그의 아들을 죽이는 것은 또한 옳지 않은가"라고 하니, 신이 말하기를 "군주가 신하를 죽임에 누가 감히 그를 원수로 삼겠는가? 군주의 명령은 곧 하늘의 명이니 만약 천명으로 죽였다 할진대, 장차 누구를 원수로 삼겠는가"라고 하였다.[30] 걸루 등은 자신들의 죄로 나라에서 용서받지 못했는데 도리어 적병을 끌어들여 예전의 임금을 포박해 해쳤으니 그 의롭지 못함이 심하다. 혹 이르기를 "그렇다면 오자서(伍子胥)[31]가 영(郢)에 들어가서 평왕의 시체에 채찍질한 것은 어

---

29) 『일본서기』 14 웅략천황(雄略天皇) 20년조에는 『백제기』(百濟記)를 인용해 "개로왕 을묘년 겨울에 박(狛)의 대군이 와서 대성(大城)을 7일 밤낮 동안 공격해 왕성이 함락되고 마침내 위례성을 잃었으며, 국왕 및 대후·왕자 등이 모두 적의 손에 죽었다"라고 하였다.

30) 원문에는 '명왕'(明王)이라고 했으나, 이것은 고려 광종의 이름이 소(昭)였던 까닭에 그를 피하기 위한 것이니, 소왕을 이른다. 처음에 초나라 투성연(鬬成然)이 공이 있어 절제하지 않자, 평왕이 그를 죽이고 그의 아들 투신(鬬辛)을 운(鄖) 지역에 살게 했으니, 이가 곧 운공이다. 그 후 평왕의 아들 소왕이 오의 침입을 받아 운(鄖)으로 도망해 오자, 운공의 아우 회(懷)가 그를 죽여 아버지의 원수를 갚고자 했다. 이에 운공이 본문의 말로 아우를 말렸다 한다. 운공은 이어서 말하기를 "강한 상대는 회피하고 약한 이를 능멸하는 것은 용기가 아니요, 다른 사람의 궁색한 처지를 틈타는 것은 어질지 못함이며, 종가를 패멸시켜서 조상에 대한 제사를 끊어지게 하는 것은 효도가 아니고, 행동함에 아름다운 이름이 없는 것은 지혜가 아니다. 네가 굳이 그런 일을 저지른다면 나는 너를 죽이고야 말 것이다"라고 하였다. 『좌전』 소공(昭公) 14년 및 정공(定公) 4년.

떠한가"라고 할지도 모르겠다. 그것은 양자(揚子)의 『법언』(法言)에 평하여 오자서의 행위는 덕으로 말미암은 것이 아니라고 하였다.[32] 이른바 덕이란 인(仁)과 의(義)일 뿐이니, 오자서의 사나움은 운공의 어짊만 못한 것이다. 이로써 논하건대 걸루 등이 옳지 못한 것은 명백하다.

• 삼국사기 권 제25

---

31) 오자서는 춘추시대 사람으로 초 평왕이 그의 아버지 오사(伍奢)와 그의 형 오상(伍尙)을 죽이자, 오로 달아나 오왕 합려(闔閭)에게 채용되었다. 그 후 군사를 거느리고 초를 쳐서 그 수도 영(郢)까지 들어왔으며, 평왕의 아들 소왕에게 복수하려 했으나 소왕의 탈출로 뜻을 이루지 못하자, 평왕의 무덤을 파헤치고 관을 열어서 그 시체에 채찍질 300번을 함으로써 자기 아버지의 원수를 갚았다. 『사기』 66 오자서전.

32) 『법언』(法言) 중려편(重黎篇)에 나오는 평가로, "오로 하여금 변란을 일으켜 초를 쳐부수게 하고, 그 수도 영에 들어가 평왕의 시체에 채찍질하고 궁인들을 유린한 것은 모두 덕에서 말미암은 것이 아니다"라고 하였다.

삼국사기 권 제26

백제본기 제4
문주왕, 삼근왕, 동성왕,
무령왕, 성왕

　　문주왕(文周王)〔혹은 '문주'(汶洲)로도 쓴다〕은 개로왕의 아들이다. 처음에 비유왕(毗有王)이 죽고 개로가 왕위를 잇자, 문주가 그를 보좌해 직위가 상좌평(上佐平)까지 이르렀다. 개로가 왕위에 있은 지 21년에 고구려가 쳐들어와 한성을 에워싸자, 개로는 성을 둘러 자체 수비를 단단히 하면서 문주로 하여금 신라에 구원을 청하게 하였다. 문주가 군사 1만명을 얻어 돌아오니 고구려 군사들은 비록 물러났지만 한성은 함락되고 왕은 죽었는지라, 마침내 그가 왕위에 올랐다. 그의 성품은 우유부단했지만, 역시 백성을 아끼고 백성 또한 그를 사랑하였다.

　　겨울 10월에 수도를 웅진(熊津)으로 옮겼다.

　　2년(476) 봄 2월에 대두산성(大豆山城)을 수리하고 보수하여 한수 북쪽의 민호들을 옮겼다. 3월에 사신을 보내 송을 방문하게 했는데, 고구려가 길을 가로막아 이르지 못하고 돌아왔다. 여름 4월에 탐라국(耽羅國)이 방물을 바쳤다. 왕이 기뻐하여 그 사신을 은솔로 임명하였다. 가을 8월에 해구(解仇)를 병관좌평으로 임명하였다.

　　3년 봄 2월에 궁실을 중수하였다. 여름 4월에 왕의 아우 곤지(昆支)를 내신좌평으로 임명하고, 맏아들 삼근(三斤)을 책봉해 태자로 삼았다. 5

월에 검은 용이 웅진에 나타났다. 가을 7월에 내신좌평 곤지가 죽었다.

4년[1] 가을 8월에 병관좌평 해구가 권력을 멋대로 부리고 법을 문란하게 하며 임금을 업신여기는 마음을 가졌으나, 왕이 제어하지 못하였다.

9월에 왕이 사냥을 나가 외지에서 묵게 되었는데, 해구가 도적을 시켜 해치니 마침내 왕이 죽었다.

삼근왕(三斤王)[혹은 임걸(壬乞)이라고 한다]은 문주왕의 맏아들이다. 왕이 죽자 왕위를 이었으니 이때 나이가 13세였다. 군사 기밀과 국가에 관한 정사 일체가 좌평 해구에게 맡겨졌다.

2년(478) 봄에 좌평 해구와 은솔 연신(燕信)이 무리를 끌어모아 대두성(大豆城)에 웅거해 반란하였다. 왕이 좌평 진남(眞男)에게 명해 군사 2천 명을 가지고 그들을 치게 했으나 이기지 못하였다. 다시 덕솔 진로(眞老)에게 명해 정예병 5백 명을 거느리고 치게 하여 해구를 죽였다. 연신은 고구려로 달아났으므로, 그의 처자들을 잡아 웅진의 저자에서 목베었다.

편찬자는 논평하여 말한다. 『춘추』의 논법에, 임금이 시해당했는데 그 역적을 토벌하지 않으면 깊이 나무람하여 신자(臣子)다운 신자가 없다고 하였다.[2] 해구가 문주왕을 시해했는데 문주의 아들 삼근이 왕위를 이어 그를 처단하지 못했을 뿐만 아니라 또다시 그에게 국정을 맡겼고, 그가 한 성에 의거해 반란을 일으키는 지경에 이른 다음에야 두 차례나 대병을 일으켜 물리쳤으니, 이것은 이른바 "서리를 밟고서도 경계하지 않

---

1) 연표에 따르면 문주왕은 재위 3년째인 정사년(477)에 죽고, 그해가 곧 삼근왕 즉위 원년이라고 하였다. 그러므로 백제본기의 '4년'은 잘못 들어간 것으로서, '8월' 이하 내용은 모두 3년 7월조 뒤에 이어지는 것으로 보는 것이 일반적이다.

2) 『공양전』(公羊傳) 은공(隱公) 11년조에서 논의된 말로서, 여기에 이어 "임금이 시해당했는데 신하가 그 역적을 토벌하지 않으면 신하가 아니요, 복수하지 않으면 자식이 아니다"라고 하였다.

으면 어느덧 굳은 얼음에 맞닥뜨리게 되며, 반짝이는 불씨가 꺼지지 않으면 타오르는 불꽃에 이른다"라고 하는 격이라, 그 말미암는 바가 점차로 이루어지는 것이다.[3] 그러나 당 헌종(憲宗)이 시해되었을 때도 3대 이후에야 겨우 그 역적을 죽일 수 있었으니,[4] 하물며 바다 귀퉁이의 황벽한 곳에 있는 삼근 같은 어린아이야 또한 어찌 족히 말할 나위가 있으랴!

3월 초하루 기유에 일식이 있었다.

3년 봄과 여름에 크게 가물었다. 가을 9월에 대두성을 두곡(斗谷)으로

---

3) 『주역』 곤괘(坤卦) 초육(初六)에 "서리를 밟으니 굳은 얼음이 도래한다"라고 한 것과 같은 논리이다. 즉 서리를 밟는다는 것은 가을의 모습이고, 굳은 얼음이 어는 것은 겨울의 모습이니, 일이 점차로 되어가는 것을 비유한 것이다. 다시 말해 '필연적 순서'를 말한 것으로, 나쁜 일이 아직 경미할 때 더 이상 커지지 못하도록 방지해야 한다는 의미이다.

4) 『구당서』 15 헌종본기(憲宗本紀) 하 원화(元和) 15년(820) 1월 경자조에는 "이날 저녁 주상께서 대명궁(大明宮)의 중화전(中和殿)에서 붕어하시니 향년 43세였다. 그때 갑작스레 붕어하셨는지라 모두들 내관(內官) 진홍지(陳弘志)가 시역한 것이라고 했으나, 사씨(史氏)가 꺼려 기록하지 않았다"라고 하였다. 또 『신당서』 208 열전 133 환자(宦者) 하 왕수징(王守澄)전에는 "원화 15년에……왕수징과 내상시(內常侍) 진홍지가 중화전에서 황제를 시해하였다"라고 하였다. 한편 『구당서』 184 열전 134 환관(宦官) 왕수징전에 따르면 문종(文宗)이 평소 원화 연간의 역당들을 처단할 생각을 가지고 있어, 한 차례 한림학사(翰林學士) 송갑석(宋甲錫)을 매개로 환관 세력 거세를 도모했으나 실패하고, 마침내 태화(太和) 9년(835) 11월 좌군중위(左軍中尉) 구사량(仇士良)의 힘을 빌려 환관의 무리를 죽였으며, 이어 선종(宣宗)이 즉위하기까지 많은 환관이 제거되었다. 따라서 헌종 사후 그의 셋째 아들이 목종(穆宗)으로 즉위했고, 목종의 장자 경종(敬宗)을 이은 문종은 목종의 셋째 아들이었으니, 대개 왕대수로 3대 만에 복수가 이루어진 것이다. 그런데 앞서 『춘추』의 논법을 빈 대목도 이미 당 헌종의 시해 사건과 관련한 『신당서』의 논찬에 그대로 쓰인 바 있다. 즉 『신당서』 8 목종·경종·문종·무종·선종본기에는 "논찬해 말한다. 『춘추』의 논법에 임금이 시해당했는데 그 역적을 토벌하지 않으면 그 나라를 깊이 꾸짖어 신자다운 신자가 없다고 하였다. 그런데 헌종이 시해되고 3세대를 지나도록 역적들은 여전히 건재하였고, 문종 때에 와서도 진홍지 등의 죄악을 규명해 나라의 법전을 바로잡지 못하고 겨우 그들을 죽였을 뿐이니, 이는 한탄스러운 일이다"라고 했던 것이다.

옮겼다.

겨울 11월에 왕이 죽었다.

동성왕(東城王)은 이름이 모대(牟大)〔혹은 '마모'(摩牟)로도 쓴다〕이
고, 문주왕의 아우인 곤지의 아들이다. 담력이 남보다 뛰어났으며, 활을
잘 쏘아 백발백중이었다. 삼근왕이 죽자 그가 왕위에 올랐다.

4년(482) 봄 정월에 진로(眞老)를 병관좌평으로 임명하고 중앙과 지방
의 군사에 관한 일을 겸하여 맡아보게 하였다. 가을 9월에 말갈이 한산
성(漢山城)을 습격해 깨뜨리고 3백여 호를 사로잡아 돌아갔다. 겨울 10
월에 큰 눈이 내려 1장 남짓이나 쌓였다.

5년 봄에 왕이 사냥을 나갔다가 한산성에 이르러 군사와 주민들을 위
무하고 열흘 만에 돌아왔다. 여름 4월에 웅진의 북쪽으로 사냥을 나가서
신록(神鹿)을 잡았다.

6년 봄 2월에 왕이 남제(南齊)의 태조 소도성(蕭道成)이 고구려 왕 거
련(巨璉)을 표기대장군(驃騎大將軍)으로 책봉했다는 말을 듣고는, 사신
을 남제에 보내 표문을 올리고 속국이 되기를 청하자 남제에서 허락하
였다. 가을 7월에 내법좌평 사약사(沙若思)를 남제에 보내 조공하게 했
는데, 사약사가 서해 가운데 이르렀을 때 고구려 군사와 마주쳐서 나가
지 못하였다.

7년 여름 5월에 사신을 보내 신라를 방문하였다.

8년 봄 2월에 백가(苩加)를 위사좌평으로 임명하였다. 3월에 사신을
남제에 보내 조공하였다. 가을 7월에 궁실을 중수하고 우두성(牛頭城)을
쌓았다. 겨울 10월에 궁궐 남쪽에서 군대를 크게 사열하였다.

10년에 위가 군사를 보내와 치다가 우리에게 패하였다.[5]

---

5) 『자치통감』 136 제기(齊紀) 2 무제 영명(永明) 6년조의 기사에 근거한 것이다. 중국
  측 사서에는 이즈음을 전후하여 백제와 위와의 전쟁 및 그에 연유해 백제 왕이 남
  제에 대해 전공이 있는 자국의 신하들에게 관작을 내려줄 것을 요청하고, 남제는
  이에 화답하는 기록이 산견된다. 『남제서』(南齊書) 58 열전 39 동남이 백제국.

11년 가을에 크게 풍년이 들었다. 나라 남쪽 바다의 어촌에 사는 사람이 이삭이 맞붙은 벼를 바쳤다. 겨울 10월에 왕이 제단을 설치하고, 하늘과 땅에 제사를 지냈다. 11월에 왕이 남당(南堂)에서 여러 신하에게 잔치를 베풀었다.

12년 가을 7월에 북부의 15세 이상 주민들을 징발해 사현성(沙峴城)과 이산성(耳山城)을 쌓았다. 9월에 왕이 나라 서쪽 사비(泗沘)의 들에서 사냥을 하였다. 연돌(燕突)을 달솔로 임명하였다. 겨울 11월에 물이 얼지 않았다.

13년 여름 6월에 웅천(熊川)의 물이 불어서 왕도의 2백여 가옥이 물에 떠내려가거나 잠겼다. 가을 7월에 백성들이 굶주려서 신라로 도망해 들어간 이가 6백여 가구나 되었다.

14년 봄 3월에 눈이 내렸다. 여름 4월에 바람이 크게 불어 나무가 뽑혔다. 겨울 10월에 왕이 우명곡(牛鳴谷)에서 사냥을 했는데 친히 사슴을 쏘아 잡았다.

15년 봄 3월에 왕이 사신을 신라에 보내 혼인을 청하자, 신라 왕이 이찬 비지(比智)의 딸을 시집보냈다.

16년 가을 7월에 고구려와 신라가 살수(薩水)의 들에서 싸웠는데, 신라가 이기지 못하고 물러나 견아성(犬牙城)에서 지키고 있었더니, 고구려가 이를 에워쌌다. 왕이 군사 3천 명을 보내 구원해 포위를 풀어주었다.

17년 여름 5월 초하루 갑술에 일식이 있었다. 가을 8월에 고구려가 와서 치양성(雉壤城)을 에워쌌다. 왕이 사신을 신라에 보내 구원을 요청했더니, 신라 왕이 장군 덕지(德智)에게 명해 군사를 거느리고 와서 구원하게 하였다. 이에 고구려 군사가 물러나 돌아갔다.

19년 여름 5월에 병관좌평 진로가 죽었으므로 달솔 연돌을 병관좌평으로 임명하였다. 여름 6월에 큰비가 내려 백성들의 가옥이 물에 떠내려가고 허물어졌다.

20년에 웅진교(熊津橋)를 가설하였다. 가을 7월에 사정성(沙井城)을 쌓고 한솔 비타(毗陁)를 시켜 지키게 하였다. 8월에 왕이 탐라가 공물과 조세를 바치지 않는다 하여 친히 치고자 무진주(武珍州)에 이르니, 탐라가 이를 듣고 사신을 보내 사죄하므로 그만 중지하였다〔탐라는 곧 탐모라(耽牟羅)이다〕.

21년 여름에 크게 가물어 백성들이 굶주려서 서로 잡아먹고 도적들이 많이 일어나자, 신료들이 창고를 풀어 진휼해 구제하기를 청했으나 왕이 듣지 않았다. 한산(漢山) 사람으로 고구려에 도망해 들어간 이들이 2천 명이었다. 겨울 10월에 전염병이 크게 돌았다.

22년 봄에 궁궐 동쪽에 임류각(臨流閣)을 세웠는데 높이가 5장이었다. 또 못을 파고 진기한 새를 길렀다. 간하는 신하들이 항의해 글을 올렸으나 대답하지 않고, 다시 간하는 이가 있을까 염려해 궁궐 문을 닫아 걸었다.

편찬자는 논평하여 말한다. 좋은 약은 입에 쓰나 병에는 이로우며, 충신의 말은 귀에 거슬리나 행동에는 이로운 것이다.[6] 이 때문에 옛날 밝은 임금들은 자기를 비우고 정사를 물었으며, 온화한 낯빛으로 간하는 말을 받아들이면서 오히려 사람들이 말하지 않을 것을 두려워해 '감간(敢諫)의 북'을 걸어두고 '비방(誹謗)의 나무'를 세워 마지않았던 것이다.[7] 지금 모대왕은 간하는 글을 올려도 자신을 살피지 않고 게다가 문

---

[6] 『공자가어』(孔子家語) 육본편(六本篇) 및 『설원』(說苑) 정간편(正諫篇)에 "공자께서 이르기를 '좋은 약은 입에는 쓰나 병에는 이로우며, 충신의 말은 귀에는 거슬리나 행동에는 이로운 것이다. 그러므로 탕임금과 무왕에게는 직언하는 신하가 있었기에 창성하였고, 걸과 주에게는 그저 임금의 뜻에 영합하는 신하들만 있었기에 망했던 것이다'라고 하였다. 또 『사기』(55) 유후세가(留侯世家) 장량전(張良傳)에도 같은 말이 인용되어 있다.

[7] 요·순 시대의 고사로서, 간고(諫鼓)는 조정 문 밖에 북을 매달아두어 백성들이 신원할 일이 있을 때 이를 쳐서 알리게 한 것이고, 비방목은 천자의 과실을 쓴 표목을 이르는바, 큰 나무를 거리에 세워놓고 백성들에게 정치의 득실을 쓰게 해 반성했다 한다. 『회남자』(淮南子) 주술훈(主術訓)에 "요임금께서 감간의 북을 설치하시고, 순임금께서는 비방의 나무를 세우셨다"라고 하였다. 『대대례』(大戴禮) 보부(保傅).

을 닫고 거부했으니, 장자(莊子)가 이른바 "허물을 알고도 고치지 않으며 간하는 말을 듣고도 더욱 심한 것을 강퍅하다고 한다"[8]라는 말은 아마도 모대왕을 이르는 말일진저!

여름 4월에 왕이 우두성(牛頭城)에서 사냥하다가 우박을 만나자 곧 중지하였다. 5월에 가물었다. 왕은 측근들과 함께 임류각에서 잔치를 벌여 밤이 새도록 마음껏 즐겼다.

23년 봄 정월에 왕도에서 노파가 여우로 변해 사라졌다. 남산에서는 두 마리 호랑이가 싸웠는데, 잡으려 했으나 잡지 못하였다. 3월에 서리가 내려 보리를 해쳤다. 여름 5월부터 가을까지 비가 내리지 않았다. 7월에 탄현(炭峴)에 목책을 설치해 신라를 방비하였다. 8월에 가림성(加林城)을 쌓고 위사좌평 백가(苩加)를 시켜 지키게 하였다. 겨울 10월에 왕이 사비(泗沘)의 동쪽 들에서 사냥을 하였다.

11월에 웅천의 북쪽 들에서 사냥을 하고 또 사비의 서쪽 들에서 사냥을 했는데, 큰 눈으로 길이 막혀 마포촌(馬浦村)에서 묵게 되었다. 처음에 왕이 백가를 시켜 가림성을 지키게 했을 때, 백가가 가고 싶지 않았는지라 병을 핑계로 사양했으나 왕이 허락하지 않았기 때문에 왕을 원망하고 있었는데, 이때 와서 사람을 시켜 왕을 찌르게 하니, 12월이 되어 왕이 그만 죽었다.[9] 시호를 동성왕이라 하였다〔『책부원귀』에는 이렇

---

8) 『장자』(莊子) 잡편(雜篇) 어부(漁父)에 "사람에게는 여덟 가지 허물이 있고, 일에는 네 가지 걱정이 있다"라고 한 다음, 네 가지 걱정을 설명하기를 "즐겨 큰일을 하려 하며 범상한 것을 고치고 바꾸어서 공명을 올리려 하는 것을 주제넘다고 하고, 지식을 내두르며 멋대로 행동하고 남을 침탈해 제것으로 삼는 것을 탐욕스럽다고 하며, 허물을 알고도 고치지 않으며 간하는 말을 듣고도 더욱 심한 것을 강퍅하다고 하고, 자기와 의견이 같은 사람은 용납하고 자기와 같지 않은 경우는 비록 착해도 착하지 않다 하는 것을 교만하다고 한다"라고 하였다.

9) 『일본서기』 16 무열천황(武烈天皇) 4년조에는 『백제신찬』을 인용해 국인이 '말다왕'(末多王), 즉 동성왕을 제거하고, 곤지왕자(琨支王子)의 아들 '사마'(斯麻)가 무령왕으로 즉위하였다고 하였다.

게 말하였다. "남제(南齊) 건원(建元) 2년(480)에 백제 왕 모도(牟都)가 사신을 보내 공물을 바쳤다. 이에 조서를 내려 말하기를 '하늘의 명령을 새로이 받게 되매 그 혜택이 머나먼 곳까지 미치는도다. 모도는 대대로 동쪽 바깥의 번신(藩臣)으로서 멀리 외지에서 자기 직분을 지키고 있으니, 이제 사지절도독백제제군사진동대장군(使持節都督百濟諸軍事鎭東大將軍)을 수여한다'라고 하였다. 또 영명(永明) 8년(490)에 백제 왕 모대(牟大)가 사신을 보내 표문을 올렸다. 이에 알자복야(謁者僕射) 손부(孫副)를 보내 모대를 책명해 그의 죽은 조부 모도의 관작을 계승하게 하고 백제 왕으로 삼으면서 말하기를 '아아! 그대는 대대로 충성과 근면을 이어받아 그 정성이 머나먼 밖에서도 두드러지며 바닷길은 가지런히 맑아지고 긴요한 공물을 빠뜨리지 않으므로, 떳떳한 법전에 따라 영예스러운 책명을 잇게 하는 것이니 삼갈 일이다. 아름다운 위업을 엄숙하게 이어받거늘 어찌 삼가지 않을 수 있으랴! 행도독백제제군사진동대장군백제왕(行都督百濟諸軍事鎭東大將軍百濟王)을 삼노라'라고 하였다." 그러나 『삼한고기』(三韓古記)[10]에는 모도가 왕이 되었던 일이 없고, 또 살펴보면 모대는 개로왕의 손자 즉 개로의 둘째 아들 곤지의 아들이거니와 그의 할아버지가 모도라고 말하지는 않았으니, 『제서』(齊書)에 실린 바를 의심하지 않을 수 없다].[11]

---

10) 『삼한고기』는 고구려본기와 제사지에 보이는 『해동고기』와 함께 일찍부터 그 실체에 대한 논의가 있어왔다. 일례로 『증보문헌비고』(增補文獻備考) 244 예문고(藝文考) 3에서는 "『삼한고기』를 편찬한 사람의 성명은 헤아릴 수 없으나, 『삼국사』 역시 이를 많이 인용했으니, 아마도 『해동고기』와 함께 같은 한 책이 아닌가 한다"라고 하였다. 그러나 '삼한'은 '해동'과 마찬가지로 중국에 대한 '우리'를 의미하는 관형적 표현으로, 특히 중국 사서와의 비교를 시도할 경우 사용한 명칭으로서, 특정한 자료명이 아니라 여러 『고기』 자료에 대한 편의적 지칭으로 볼 수 있을 것이다. 또한 "『삼한고기』에는 모도라는 자가 왕노릇을 한 일이 없다"라고 한 찬자의 표현에 따른다면, 이른바 『삼한고기』로 불린 자료에는 백제 왕들에 관한 적지 않은 정보가 있었던 것 같다.

11) 이것은 동성왕 '모대'의 조부라고 하는 '모도'의 실재 여부에 대해 논의한 분주이다. 분주에 인용한 『책부원귀』 내용은 권 963 외신부(外臣部) 봉책(封冊) 1에서 확

무령왕(武寧王)은 이름이 사마(斯摩)[혹은 융(隆)이라고 한다]이고, 모대왕의 둘째 아들이다. 키가 8척이고 눈썹과 눈이 그림 같았다. 인자하고 관대해 백성들의 마음이 흔연히 그를 따랐다. 모대가 왕위에 있은 지 23년에 죽자, 그가 왕위에 올랐다.[12]

봄 정월에 좌평 백가가 가림성에 웅거해 반란하였다. 왕이 군사를 거느리고 우두성에 나가서, 한솔 해명(解明)에게 명해 토벌하게 하였다. 백가가 나와 항복하자 왕이 그의 목을 베어 백강(白江)에 던졌다.

편찬자는 논평하여 말한다. 『춘추』에 이르기를 "신하된 이는 군주를 넘보려는 마음을 가지지 못하는 것이니, 그런 경우에는 반드시 죽여야 한다"[13]라고 하였다. 백가와 같이 극악한 악인은 하늘과 땅이 용서하지

인된다. 또 '모도'와 '모대'를 조손의 관계로 파악한 것은 『남제서』 58 백제전에서 연유한 것이다. 한편 『양서』 54와 『남사』 79의 백제전에는 두 사람이 부자 관계로 나타난다. 여하튼 분주를 단 사람의 주안점은 '모도'라는 인물이 중국 사서에 기록되어 전하고 있으나, 『삼한고기』에는 그런 왕이 없다는 것이다. 한편 동성왕 '모대'가 개로왕의 손자이며, 개로왕의 둘째 아들 곤지의 아들이라고 한 판단은 앞서 본문의 동성왕 즉위년조 기록과 일치한다. 따라서 백제본기의 왕대력은 결과적으로 『삼한고기』의 내용에 충실한 반면, 중국 사서가 전하는 바를 부정하고 있는 셈이다.

12) 전왕인 동성왕이 재위 23년(501) 12월에 죽었으므로, 유월칭원법에 따른다 해도 무령왕의 즉위년은 502년이 되어야 옳을 것이다. 물론 무령왕의 졸년은 그의 능에서 나온 지석(誌石)에 의해 『삼국사기』 기록의 정확성이 입증된 바 있다. 따라서 즉위년에서 저질러진 오류는 『삼국사기』 편찬자가 최초의 사론에서 천명하였듯이 유월칭원이라는 원칙을 경직되게 적용하는 과정에서 야기된 현상이라고 본다. 이른바 '사실이 원칙 적용의 희생이 된 사례'라고 할 수 있겠다.

13) 『공양전』(公羊傳) 소공(昭公) 원년조를 인용한 것이다. 본문의 "인신무장 장이필주"(人臣無將 將而必誅)는 『공양전』에 따르면 "군친무장(君親無將) 장이필주"라고 하였다. 그러므로 원전의 '군친'이 인용과정에서 '인신'으로 개필된 것이다. 애초에 소공 원년조의 해당 대목은 진(陳)의 공자(公子) 초(招)에 대한 필법을 논하였다. 즉 그는 진후(陳侯)의 아우인데 원년조에서 그를 진후의 아우라 하지 않고 그냥 이름을 쓴 이유는, 그가 소공 8년 봄에 진후의 세자 언사(偃師)를 죽였기 때문에 폄한 것이라는 설명이다. 물론 진후는 『좌전』 소공 8년조에 따르면 '진후 애공(哀公)이 목을 매 죽었다'고 하였으니, 정작 초가 직접 살해한 것은 아니었다.

못할 자인데 그 즉시 처형하지 못하고, 이때 와서 제 스스로 죄를 모면하기 어려울 것을 알고 모반한 다음에야 처단했으니, 이는 때늦은 것이다.

　겨울 11월에 달솔 우영(優永)을 보내 군사 5천 명을 거느리고 가서 고구려의 수곡성(水谷城)을 습격하게 하였다.

　2년(502) 봄에 백성들이 굶주리고 또 전염병이 돌았다. 겨울 11월에 군사를 보내 고구려의 변경을 침공하였다.

　3년 가을 9월에 말갈이 마수책(馬首柵)을 불사르고 고목성(高木城)으로 진공해 왔다. 왕이 군사 5천 명을 보내 쳐서 물리쳤다. 겨울에 물이 얼지 않았다.

　6년 봄에 전염병이 크게 돌았다. 3월부터 5월까지 비가 내리지 않아 내와 못이 말랐다. 백성들이 굶주리므로 창고를 열어 구휼하였다. 가을 7월에 말갈이 쳐들어와서 고목성을 깨뜨렸으며 6백여 명을 죽이고 잡아갔다.

　7년 여름 5월에 고목성의 남쪽 두 곳에 목책을 세우고 또 장령성(長嶺城)을 쌓아 말갈을 방비하였다. 겨울 10월에 고구려 장수 고로(高老)가 말갈과 모의해 한성을 치고자 횡악 아래로 나아와 주둔하므로, 왕이 군

그러나 소공 원년조에서 이미 초를 폄한 것은 "장차 이로부터 임금을 죽이게 될 것임을 말한 것"이다. 다시 말해 "세자라는 것은 임금의 보좌인데 이제 이를 살해한 것은 그가 이로부터 뒤에 임금을 죽이려는 마음을 가진 것이 분명한 것이다"라고 하였다. 이러한 맥락에서 보면 '군친'은 진후의 아우 초를 비유한 것이고, '장'(將)은 '세자를 죽였으니 이로부터 틀림없이 군주를 시해하고자 하는 마음이 있게 되었을 논리 과정'을 의미한다. 다만 『삼국사기』 찬자가 '군친'을 '인신'으로 개필한 것은 우선 백가의 경우가 '인신'의 군주에 대한 사례이기도 하지만, 이보다는 김부식이 정계에 입사할 무렵 고려의 숙종이 조카 헌종의 폐위를 이어 왕위에 오른 이였던데, 이러한 경험은 그로 하여금 예종대에 왕숙들을 처단했다거나, 인종의 즉위를 전후해 예종의 다른 아우들이 화를 입었다는 사실 따위를 고려하게 했을 것이다. 또 정작 『삼국사기』가 편찬되던 인종조 후반에도 왕위계승 후보를 둘러싼 긴장 국면이 있었으므로, '군친'의 발호를 직접 언급하는 것을 회피하려는 김부식의 의도가 여기에 은연중 작용했을 것이다.

사를 출동시켜서 싸워 물리쳤다.

10년 봄 정월에 명령을 내려 제방을 튼튼히 완비하게 하고, 중앙과 서울에서 하는 일 없이 놀고 먹는 이들을 내몰아 농사를 짓게 하였다.

12년 여름 4월에 사신을 양(梁)에 들여보내 조공하였다. 가을 9월에 고구려가 가불성(加弗城)을 습격해 빼앗고 군사를 옮겨 원산성(圓山城)을 깨뜨렸으며, 죽이고 노략해 간 이들이 매우 많았다. 왕이 용맹한 기병 3천 명을 거느리고 위천(葦川)의 북쪽에 나가 싸웠다. 고구려 사람들은 왕의 군사가 적은 것을 보고 만만하게 여기고 진을 치지 않았다. 이에 왕이 기묘한 계략을 세워 급격히 쳐서 크게 깨뜨렸다.

16년 봄 3월 초하루 무진에 일식이 있었다.

21년 여름 5월에 홍수가 났다. 가을 8월에 누리가 곡식을 해쳤다. 백성들이 굶주려 신라로 도망해 들어간 이가 9백 호였다.

겨울 11월에 사신을 양에 들여보내 조공하였다. 이에 앞서 고구려에 격파당해 쇠약해진 것이 여러 해가 되었는데 이때 와서 표문을 올렸으되, 여러 차례 고구려를 깨뜨리고 비로소 우호를 맺게 되었다고 하였으니, 다시 강국이 되었던 것이다.

12월에 양 고조(高祖)가 조서로 왕을 책봉해 말하기를 "행도독백제제군사진동대장군백제왕(行都督百濟諸軍事鎭東大將軍百濟王) 여륭(餘隆)은 바다 밖의 번방(藩邦)을 지키면서 멀리 조공을 바치고 직분을 다해 그의 정성스러운 마음이 이르게 되니, 내가 이를 가상히 여기는도다. 마땅히 옛 법전에 의거해 이 영예로운 책명을 수여하여 사지절도독백제제군사영동대장군(使持節都督百濟諸軍事寧東大將軍)으로 삼는다"라고 하였다.

22년 가을 9월에 왕이 호산(狐山)의 들에서 사냥을 하였다. 겨울 10월에 지진이 있었다.

23년 봄 2월에 왕이 한성에 행차해 좌평 인우(因友)와 달솔 사오(沙烏) 등을 시켜서 한수 북쪽 주·군의 백성 가운데 나이가 15세 이상 되는 이들을 징발해 쌍현성(雙峴城)을 쌓게 하였다. 3월에 왕이 한성에서 돌아왔다.

여름 5월에 왕이 죽었다.[14] 시호를 무령이라 하였다.

성왕(聖王)은 이름이 명농(明禯)이고 무령왕의 아들이다. 지혜와 식견이 뛰어났으며 일을 잘 결단하였다. 무령이 죽자 그가 왕위를 이었다. 나라 사람들이 그를 성왕이라고 일컬었다.

가을 8월에 고구려 군사가 패수에 이르니, 왕이 좌장(左將) 지충(志忠)에게 명해 보병과 기병 1만 명을 거느리고 나가 싸워 물리치게 하였다.

2년(524)에 양 고조가 조서를 내려 왕을 지절도독백제제군사수동장군백제왕(持節都督百濟諸軍事綏東將軍百濟王)으로 책봉하였다.

3년 봄 2월에 신라와 사절을 교환하였다.

4년 겨울 10월에 웅진성을 수리 보수하고 사정책(沙井栅)을 세웠다.

7년 겨울 10월에 고구려 왕 흥안(興安)이 직접 군사를 거느리고 쳐들어와 북쪽 변경의 혈성(穴城)을 함락시켰다. 왕이 좌평 연모(燕謨)에게 명해 보병과 기병 3만 명을 거느리고 오곡(五谷)의 들에서 막아 싸웠으나, 이기지 못하고 2천여 명이 죽었다.

10년 가을 7월 갑진에 별이 비오듯 떨어졌다.

12년 봄 3월에 사신을 양에 들여보내 조공하였다. 여름 4월 정묘에 형혹성이 남두성(南斗星) 자리를 침범하였다.

16년 봄에 도읍을 사비(泗沘)〔일명 소부리(所夫里)라고 한다〕로 옮기고 국호를 '남부여'(南扶餘)라고 하였다.

18년 가을 9월에 왕이 장군 연회(燕會)에게 명해 고구려의 우산성(牛山城)을 치게 했으나 이기지 못하였다.

---

14) 이해는 계묘년(523)이 되는데, 『양서』 45 열전 48 제이(諸夷) 백제전에는 왕의 졸년을 보통(普通) 5년(524)으로 기록하였다. 그러나 무령왕릉 출토 묘지(墓誌)에 따르면 "영동대장군백제사마왕(寧東大將軍百濟斯麻王)은 나이 62세 되던 해인 계묘 5월 병술 삭 7일 임진에 붕어하셨다"라고 했으므로 『삼국사기』의 기록이 정확한 것을 알 수 있다.

19년에 왕이 사신을 양에 들여보내 조공하고, 겸하여 표문을 올려『모시』(毛詩) 박사와『열반경』(涅槃經) 등의 경의(經義) 및 공장(工匠)·화사(畵師) 등을 요청했더니, 양에서 이를 들어주었다.

25년 봄 정월 초하루 기해에 일식이 있었다.

26년 봄 정월에 고구려 왕 평성(平成)[15]이 예(濊)와 함께 모의해 한수 북쪽의 독산성(獨山城)을 치자, 왕이 사신을 보내 신라에 구원을 요청하였다. 신라 왕이 장군 주진(朱珍)에게 명해 갑옷을 갖춘 군사 3천 명을 거느리고 출발하게 하였다. 주진이 밤낮으로 길을 가서 독산성 아래 이르러 고구려 군사와 한 번 싸워 크게 깨뜨렸다.

27년 봄 정월 경신에 흰 무지개가 해를 꿰뚫었다. 겨울 10월에 왕이 양나라 수도에 반란의 적도가 있는 것을 알지 못하고 사신을 보내 조공하게 하였다. 사신이 그곳에 이르러 성과 궁궐이 황폐하게 무너진 것을 보고 모두들 대궐문 밖에서 소리내 울자, 길가던 사람들이 보고는 눈물을 뿌리지 않는 이가 없었다. 후경(侯景)[16]이 이를 듣고 크게 노하여 그들을 잡아 가두었다. 그 후 후경이 평정된 뒤에야 귀국할 수 있었다.

28년 봄 정월에 왕이 장군 달기(達己)를 보내 군사 1만 명을 거느리고 고구려의 도살성(道薩城)을 쳐서 빼앗게 하였다. 3월에 고구려 군사가 금현성(金峴城)을 에워쌌다.

31년 가을 7월에 신라가 동북쪽 변경을 탈취해 신주(新州)를 설치하였다. 겨울 10월에 왕의 딸이 신라로 시집갔다.

32년 가을 7월에 왕이 신라를 습격하고자 하여 친히 보병과 기병 50명

---

15) 평성은 고구려 양원왕의 이름이다.

16) 후경(503~552)은 북위(北魏) 말의 장군으로 동위(東魏)에서 벼슬하다가 뒤에 양 무제에게 투신했는데, 양과 동위의 국교가 호전되자 양을 등지고 거병해 건강성(建康城)을 포위하고 549년 대성(臺城)을 함락시키니, 무제는 그해에 울분 속에서 죽었다. 그 뒤 후경은 다시 간문제(簡文帝)를 폐위하고 예장왕(豫章王)을 세웠으며, 스스로 한왕(漢王)을 일컫다가 551년 선양의 형식을 취해 한제(漢帝)가 되었다. 이 과정에서 건강은 황폐화되었고, 남조의 귀족문화는 대타격을 입었다. 후경은 552년 원제(元帝)의 군사에 패해 잡혀 죽었다.

을 거느리고 밤에 구천(狗川)에 이르렀는데, 신라의 복병이 튀어나와 더불어 싸우다가 혼전 중에 병사들에게 살해되어 죽었다.[17] 시호를 성(聖)이라 하였다.

• 삼국사기 권 제26

17) 신라본기 진흥왕 15년조에서 좀더 자세한 내용을 확인할 수 있다. 한편 『일본서기』19 흠명천황(欽明天皇) 15년조에는 성왕의 아들 여창(餘昌)이 반대를 무릅쓰고 신라 정벌을 추진하매, 성왕이 그를 위로하러 가다가 좌지촌(佐知村)의 사마노(飼馬奴) 고도(苦都)에게 피살되었다고 하였다.

삼국사기 권 제27

백제본기 제5
위덕왕, 혜왕, 법왕, 무왕

위덕왕(威德王)은 이름이 창(昌)이고, 성왕의 맏아들이다. 성왕이 왕위에 있은 지 32년에 죽자 왕위를 이었다.

원년(554) 겨울 10월에 고구려가 크게 군사를 일으켜 와서 웅천성(熊川城)을 침공했다가, 우리에게 패배당하고 돌아갔다.

6년 여름 5월 초하루 병진에 일식이 있었다.

8년 가을 7월에 군사를 보내 신라의 변경을 침략했는데, 신라 군사의 출격으로 우리가 패배당해 죽은 이가 1천여 명이었다.[1]

14년 가을 9월에 사신을 진(陳)에 들여보내 조공하였다.

17년에 고씨의 북제(北齊) 후주(後主)가 왕을 사지절시중거기대장군대방군공백제왕(使持節侍中車騎大將軍帶方郡公百濟王)으로 임명하였다.

18년에 북제의 후주가 또다시 왕을 사지절도독동청주제군사동청주자사(使持節都督東靑州諸軍事東靑州刺史)로 삼았다.

19년에 사신을 북제에 들여보내 조공하였다. 가을 9월 초하루 경자에

---

1) 신라본기 진흥왕 23년(562)의 기록과 일치하는 사건이나, 백제본기에는 1년 이르게 편년되어 있다.

일식이 있었다.

24년 가을 7월에 사신을 진(陳)에 들여보내 조공하였다. 겨울 10월에 신라 서쪽 변경의 주·군을 침공했는데, 신라의 이찬 세종(世宗)이 군사를 거느리고 쳐서 우리를 깨뜨렸다. 11월에 사신을 우문씨(宇文氏)의 북주(北周)에 들여보내 조공하였다.

25년에 사신을 우문씨의 북주에 들여보내 조공하였다.

26년 겨울 10월에 혜성이 하늘에 길게 뻗쳐 빛을 내다가 20일 만에 사라졌다. 지진이 있었다.

28년에 왕이 사신을 수(隋)에 들여보내 조공하였다. 수 고조(高祖)가 조서를 내려 왕을 상개부의동삼사대방군공(上開府儀同三司帶方郡公)으로 임명하였다.

29년 봄 정월에 사신을 수에 들여보내 조공하였다.

31년 겨울 11월에 사신을 진에 들여보내 조공하였다.

33년에 사신을 진에 들여보내 조공하였다.

36년에 수가 진(陳)을 평정하였다. 전선 한 척이 표류해 탐모라국(耽牟羅國)까지 왔는데, 그 배가 돌아가는 길에 국경을 통과하였다. 왕이 매우 후하게 도와서 호송하고 아울러 사신을 보내 표문을 올려서 진을 평정한 데 대해 축하하였다. 수 고조(高祖)가 흡족하게 여기고 조서를 내려 말하기를 "백제 왕이 진나라가 평정되었다는 소식을 듣자 곧바로 먼 길을 와 표문을 바치게 하였다. 오고 가는 길이 지극히 험난하니, 만약 풍랑을 만나게 되면 인명을 상하고 재물의 손실을 입기 십상일 것이다. 백제 왕의 마음씀이 순직하고 지극한 것은 내가 이미 자세히 알고 있는 터에, 서로 떨어져 있는 것이 비록 멀다 하나 사정이 대면해 말하는 것과 같으니, 어찌 반드시 자주 사신을 보내 와서 서로 직접 샅샅이 알려야만 할 것인가? 이제부터 이후로는 모름지기 해마다 들어와 조공할 것은 없고, 나 역시 사신을 보내지 않을 것이니, 왕은 의당 그 점을 염두에 둘 일이다"라고 하였다.

39년 가을 7월 그믐 임신에 일식이 있었다.

41년 겨울 11월 계미에 혜성이 각성(角星)과 항성(亢星)[2] 자리에 나타났다.

45년 가을 9월에 왕이 장사(長史) 왕변나(王辯那)로 하여금 수에 들어가 조공하게 하였다. 왕은 수가 요동에서 전쟁을 일으킨다는 말을 듣고, 사신을 보내 표문을 올려서 수나라 군사의 길잡이가 되기를 청하였다. 이에 황제가 조서를 내려 말하기를 "지난날 고구려가 조공을 바치지 않고 신하로서의 예법이 없었기 때문에 장수에게 명령해 그들을 토벌하게 했으나, 고원(高元)의 조정에서 임금과 신하들이 겁에 질려 두려워하면서 죄를 청하기에 내가 이미 용서했는지라 정벌을 일으킬 수가 없다" 하고 우리 사신을 후대해 돌려보냈다.[3] 고구려가 그 일을 고깝게 여겨 군사를 몰아서 국경을 침략하였다.

겨울 12월에 왕이 죽었다. 여러 신하가 시호를 의논해 위덕(威德)이라 하였다.

혜왕(惠王)은 이름이 계(季)이고, 명왕(明王)의 둘째 아들이다. 창왕이 죽자 왕위에 올랐다.

2년(599)에 왕이 죽었다. 시호를 혜(惠)라 하였다.

법왕(法王)은 이름이 선(宣)〔혹은 효순(孝順)이라고 한다〕이고, 혜왕의 맏아들이다. 혜왕이 죽자, 아들 선이 왕위를 이었다〔『수서』에는 선(宣)을 창왕(昌王)의 아들이라고 하였다〕.

겨울 12월에 법령을 내려 살생을 금지하고, 민가에서 기르는 매와 새매를 거두어 풀어 놓아주었으며, 고기잡고 사냥하는 도구들을 불태우게

---

2) 각성과 항성은 28수 가운데 동방 창룡7수(蒼龍七宿)의 첫째와 둘째 성수에 해당하는 별 이름이다.

3) 『수서』 81 열전 46 동이 백제의 개황(開皇) 18년조에 근거한 것이다. 수의 조서에 이른바 '고원'은 고구려 영양왕을 가리킨다.

하였다.[4]

2년(600) 봄 정월에 왕흥사(王興寺)를 창건하고, 승려 30명에게 도첩을 주었다. 크게 가물자 왕이 칠악사(漆岳寺)에 가서 비를 빌었다.

여름 5월에 왕이 죽었다. 시호를 올려 법(法)이라 하였다.

무왕(武王)은 이름이 장(璋)이고, 법왕의 아들이다. 풍채가 빼어나고 헌걸찼으며, 품은 뜻과 기개가 호걸스러웠다. 법왕이 왕위에 오른 이듬해에 죽으니, 아들로서 왕위를 이었다.[5]

3년(602) 가을 8월에 왕이 군사를 출동해 신라의 아막산성(阿莫山城) 〔일명 모산성(母山城)이라고 한다〕을 에워쌌더니, 신라 왕 진평이 정예기병 수천 명을 보내 막아 싸웠다. 우리 군사가 불리해 돌아왔다. 신라는 소타(小陁)·외석(畏石)·천산(泉山)·옹잠(甕岑)의 네 성을 쌓고 우리 강토를 침범해 핍박하였다. 왕이 노하여 좌평 해수(解讎)를 시켜 보병과 기병 4만 명을 거느리고 진격해 그 네 성을 치게 했더니, 신라 장군 건품(乾品)과 무은(武殷)이 군사를 거느리고 막아 싸웠다. 해수가 불리해 군사를 이끌고 천산(泉山)의 서쪽 대택(大澤) 가운데로 물러나 군사를 매복해 두고 기다렸다. 무은이 승세를 타고 갑옷을 갖춘 병졸 1천 명을 거느리고 추격해 대택에 이르자, 복병이 내달아 급작스럽게 치니 무은은 말에서 떨어지고 사졸들은 놀라자빠져 어찌할 바를 몰랐다. 이때 무은의 아들 귀산(貴山)이 큰 소리로 말하기를 "내가 일찍이 스승에게 가르침을 받았거니와 '군사는 싸움터에서 물러섬이 없어야 한다!' 하였으니, 어찌 감히 달아나 물러서서 스승의 가르침을 저버리랴!" 하고는 말을 아버지에게 주고 곧바로 소장(小將) 추항(箒項)과 함께 창을 휘둘러 힘껏 싸우다가 죽었다. 나머지 군사들이 이를 보고 더욱 분발하게 되니 우리

---

4) 이 조처는 『삼국유사』 법왕금살(法王禁殺)조에 자세하다.
5) 『삼국유사』 기이 2 무왕조에 따르면 무왕을 지룡(池龍)의 소생 서동(薯童)이라고 하였으며, 미륵사(彌勒寺) 창건 연기설화와 함께 백제본기와는 사뭇 다른 정보를 전하고 있다.

군사가 패했으며, 해수는 겨우 모면해 단신으로 돌아왔다.

6년 봄 2월에 각산성(角山城)을 쌓았다. 가을 8월에 신라가 동쪽 변경을 침범하였다.

7년 봄 3월에 왕도에 흙이 섞인 비가 내리고, 낮인데도 어두웠다. 여름 4월에 크게 가물었다. 흉년이 들었다.

8년 봄 3월에 한솔 연문진(燕文進)을 수에 들여보내 조공하였다. 또 좌평 왕효린(王孝鄰)을 들여보내 공물을 바치게 하면서, 겸하여 고구려 토벌을 요청하였다. 양제(煬帝)가 이를 허락하고 고구려의 동정을 엿보라고 하였다. 여름 5월에 고구려가 와서 송산성(松山城)을 공격하다 함락시키지 못하자, 군사를 옮겨 석두성(石頭城)을 습격해서 남녀 3천 명을 사로잡아 돌아갔다.

9년 봄 3월에 사신을 수에 들여보내 조공하였다. 수의 문림랑(文林郎) 배청(裴淸)이 왜국에 사절로 가면서 우리나라 남쪽 길을 경유하였다.

12년 봄 2월에 사신을 수에 들여보내 조공하였다. 수 양제가 장차 고구려를 정벌하려 하니, 왕이 국지모(國智牟)로 하여금 수에 들어가 군사의 일정을 묻게 하였다. 양제가 기뻐해 상을 후하게 더해주고, 상서기부랑(尙書起部郎) 석률(席律)을 보내와 왕과 상의하게 하였다. 가을 8월에 적암성(赤嵒城)을 쌓았다. 겨울 10월에 신라의 가잠성(椵岑城)을 에워싸서 성주 찬덕(讚德)을 죽이고 그 성을 없애버렸다.

13년에 수의 6군이 요수를 건넜다. 왕은 국경에서 군비를 엄중히 하고서 수를 돕는다고 공언했으나, 실제로는 두 마음을 가지고 있었다. 여름 4월에 왕궁 남쪽 문에 벼락이 쳤다. 5월에 홍수가 나서 민가가 떠내려가고 물에 잠겼다.

17년 겨울 10월에 달솔 백기(苩奇)에게 명해 군사 8천 명을 거느리고 신라의 모산성(母山城)을 치게 하였다. 11월에 수도에 지진이 있었다.

19년에 신라의 장군 변품(邊品) 등이 쳐들어와 가잠성(椵岑城)을 회복하였다. 해론(奚論)이 여기에서 전사하였다.

22년 겨울 10월에 사신을 당에 들여보내 과하마(果下馬)를 바쳤다.

24년 가을에 군사를 보내 신라의 늑노현(勒弩縣)을 침공하였다.

25년 봄 정월에 대신을 당에 들여보내 조공하였다. 당 고조(高祖)가 그 정성을 가상히 여겨 사신을 보내와 왕을 대방군왕백제왕(帶方郡王百濟王)으로 책봉하였다. 가을 7월에 사신을 당에 들여보내 조공하였다. 겨울 10월에 신라의 속함(速含)·앵잠(櫻岑)·기잠(歧岑)·봉잠(烽岑)·기현(旗懸)·용책(冗柵) 등 여섯 성을 쳐서 빼앗았다.

26년 겨울 11월에 사신을 당에 들여보내 조공하였다.

27년에 사신을 당에 들여보내 명광개(明光鎧)를 바치면서, 고구려가 길을 가로막고 상국에 입조하지 못하게 한다고 호소하였다. 고조가 산기상시(散騎常侍) 주자사(朱子奢)를 보내와서 조서로 우리와 고구려를 타일러 원한을 풀라고 하였다. 가을 8월에 군사를 보내 신라의 왕재성(王在城)을 치고 성주 동소(東所)를 잡아죽였다. 겨울 12월에 사신을 당에 들여보내 조공하였다.

28년 가을 7월에 왕이 장군 사걸(沙乞)에게 명해 신라 서쪽 변경의 두 성을 함락시키고, 남녀 3백여 명을 사로잡았다. 왕이 신라가 침탈해간 땅을 회복하고자 하여 크게 군사를 일으켜 웅진으로 나가 주둔하였다. 신라 왕 진평이 이를 듣고 사신을 당에 보내 위급함을 알렸다. 왕이 이 사실을 알고 그만 중지하였다. 가을 8월에 왕의 조카 복신(福信)을 당에 들여보내 조공하였다.

태종(太宗)은 우리가 신라와 더불어 대대로 원수가 되어 빈번히 서로 침공한다 하여 왕에게 조서를 내려 말하기를 "왕은 역대를 이어온 군주가 되어 동쪽 번방(蕃邦)을 진무하면서, 바다 한 끝 머나먼 곳에서 바람과 파도가 험난하게 가로막음에도 충성이 지극해 조공이 끊이지 않으니, 그 아름다운 생각을 귀하게 여기며 매우 기뻐하는 바이다. 내가 삼가 영화로운 대명을 받들어 천하에 군림하매 바른 도리를 넓히고 만백성을 사랑으로 기르고자 하며, 배와 수레가 통하고 비바람이 미치는 곳마다 타고난 성명을 완수해 모두들 평안하기를 바라는도다. 신라 왕 김진평(金眞平)은 나의 번신(蕃臣)이요 왕의 이웃이거늘, 그대가 매양 군사를 보내 정토하기를 그치지 않는다고 하니, 무력으로 을러 대고 잔인한 짓에 편안한 것은 내가 바라는 바에 매우 어그러지는 것이다. 내가 이미 왕의 조카 복신 및 고구려와 신라의 사신들을 마주 대해 서로 화친하도록 자세히 조칙하여 모두들 서로 화목할 것을 기약했으니, 왕은 모름지기 지난 원한을 잊고 나의 본뜻을 이해하여 함께 이웃의 정의를 돈독히 하고 즉시 전쟁을 그만둘 일이다"라고 하였다. 왕이 이로 인해 사신을 보내 표문을 올려서 사정을 밝히고 사죄하였다. 비록 겉으로는 명령에 순종하겠다고 했으나, 속으로는 정작 서로 원수같이 여기는 것이 예전과 마찬가지였다.

29년 봄 2월에 군사를 보내 신라 가잠성(椵岑城)을 쳤으나 이기지 못하고 돌아왔다.

30년 가을 9월에 사신을 당에 들여보내 조공하였다.

31년 봄 2월에 사비의 궁궐을 중수하였다. 왕이 웅진성에 행차하였다. 여름에 가물어 사비의 역사를 중단하였다. 가을 7월에 왕이 웅진에서 돌아왔다.

32년 가을 9월에 사신을 당에 들여보내 조공하였다.

33년 봄 정월에 맏아들 의자(義慈)를 태자로 책봉하였다. 2월에 마천성(馬川城)을 고쳐 쌓았다. 가을 7월에 군사를 발동해 신라를 쳤으나 불리하였다. 왕이 생초(生草)의 들에서 사냥을 하였다. 겨울 12월에 사신을 당에 들여보내 조공하였다.

34년 가을 8월에 장수를 보내 신라의 서곡성(西谷城)을 공격해 13일 만에 함락시켰다.

35년 봄 2월에 왕흥사(王興寺)가 완성되었다. 그 절은 강가에 있었는데, 채색으로 웅장하고 화려하게 꾸몄다. 왕은 매번 배를 타고 절에 들어가 행향(行香)하였다.[6] 3월에 궁궐 남쪽에 못을 파서 물을 20여 리나 끌

---

6) 행향은 향로를 들고 향을 사르거나 향가루를 뿌리면서 불교의 법회 가운데를 돌아다니는 것을 이른다. 동위(東魏)의 정제(靜帝)는 항상 법회를 베풀고서 연(輦)을 타

어들이고 사방 언덕에 버드나무를 심었으며, 물 가운데 섬을 만들어 방장선산(方丈仙山)[7]에 비겼다.

37년 봄 2월에 사신을 당에 들여보내 조공하였다. 3월에 왕이 측근 신하들을 거느리고 사비하(泗沘河) 북쪽 포구에서 잔치를 베풀어 놀았다. 양쪽 언덕에는 기암괴석이 얽혀 서 있고, 그 사이에 기묘한 꽃과 특이한 풀들이 한 폭의 그림 같았다. 왕은 술을 마시고 마음껏 즐겨 거문고를 타면서 직접 노래를 불렀으며, 따라온 이들도 여러 차례 춤을 추었다. 당시 사람들은 그곳을 일러 대왕포(大王浦)라고 하였다.

여름 5월에 왕이 장군 우소(于召)에게 명해 갑옷을 갖춘 군사 5백 명을 거느리고 가서, 신라의 독산성(獨山城)을 습격하게 하였다. 우소는 옥문곡(玉門谷)에 이르자 해가 저물어 말안장을 풀고 군사들을 쉬게 하였다. 신라 장군 알천(閼川)이 군사를 거느리고 갑자기 들이닥쳐 다 죽일 기세로 무찔러 왔다. 우소가 큰 바위 위에 올라 활을 당겨 막아 싸우다 화살이 떨어져 사로잡히고 말았다. 6월에 가물었다. 가을 8월에 왕이 망해루(望海樓)에서 여러 신하에게 잔치를 베풀었다.

38년 봄 2월에 왕도에 지진이 있었는데, 3월에 또다시 지진이 있었다. 겨울 12월에 사신을 당에 들여보내 철제 갑옷과 아로새긴 도끼를 바쳤다. 태종이 사신을 넉넉하게 위로하고 비단 도포와 채색 비단 3천 단을 내려주었다.

39년 봄 3월에 왕이 궁녀들과 함께 큰 못에 배를 띄웠다.

40년 겨울 10월에 다시 사신을 당에 보내 금제 갑옷과 아로새긴 도끼를 바쳤다.

41년 봄 정월에 혜성이 서북방에 나타났다. 2월에 자제들을 당에 보내 국학(國學)에 들여줄 것을 요청하였다.

고 행향을 했는데, 그 뒤를 신하가 향로를 들고 따라다녔다 한다.
7) 바다 가운데 신선이 살고 있다고 하는 산으로, 『사기』 진시황기(秦始皇紀)에 "바다 가운데 세 신산(神山)이 있는데 봉래(蓬萊)·방장(方丈)·영주(瀛州)라고 하며, 그 곳에는 신선이 살고 있다"라고 하였다.

42년 봄 3월에 왕이 죽었다. 시호를 무(武)라 하였다. 사신이 당에 들어가 소복을 입고 표문을 올려 말하기를 "저희 임금인 외신(外臣) 부여장(扶餘璋)이 운명했습니다"라고 하였다. 황제가 현무문(玄武門)에서 애도식을 거행하고 조서를 내려 말하기를 "먼 나라를 위로하는 도리로는 영화로운 책명보다 앞서는 것이 없으며, 죽은 이의 마지막을 장식하는 의리는 아무리 먼 곳이라 해도 막힘이 없는 것이다. 타계한 주국대방군왕백제왕(柱國帶方郡王百濟王) 부여장은 산을 넘고 바다를 건너 멀리 와서 정삭(正朔)을 받았으며, 공물을 바치고 글을 올려 시종일관 굳건히 하다가 갑자기 운명하게 되었으니, 그를 추도하는 슬픔이 깊은지라 마땅히 보통의 예법 이상으로 애도의 영예를 표하노라" 하고, 광록대부(光祿大夫)를 추증하고 부의를 매우 후하게 내려주었다.

• 삼국사기 권 제27

삼국사기 권 제28

백제본기 제6
의자왕

의자왕(義慈王)은 무왕의 맏아들이다. 빼어나게 용맹스러웠으며 담대한 결단력이 있었다. 무왕이 왕위에 있은 지 33년에 태자로 세워졌다. 부모를 효성으로 섬기고 형제와 우애해 당시에 해동증자(海東曾子)로 불렸다. 무왕이 죽자 태자로서 왕위를 이었다.

당 태종이 사부랑중(祠部郎中) 정문표(鄭文表)를 보내 왕을 주국대방군왕백제왕(柱國帶方郡王百濟王)으로 책명하였다. 가을 8월에 사신을 당에 들여보내 감사의 뜻을 밝히고, 겸하여 방물을 바쳤다.

2년(642) 봄 정월에 사신을 당에 들여보내 조공하였다. 2월에 왕이 주·군을 돌아다니면서 백성들을 위무하고 죄수들을 살펴서, 사형죄 이외는 모두 용서해주었다. 가을 7월에 왕이 친히 군사를 거느리고 신라를 침공해 미후(獼猴) 등 40여 성을 함락시켰다.

8월에 장군 윤충(允忠)을 보내 군사 1만 명을 거느리고 가서 신라의 대야성(大耶城)을 치게 하자, 성주 품석(品釋)이 처자와 함께 나와서 항복하였다. 윤충은 이들을 모조리 죽여버리고 품석의 목을 베어 왕도로 보내왔으며, 남녀 1천여 명을 사로잡아 나라 서쪽의 주와 현에 나누어 살게 하고, 군사를 머물러 두어 그 성을 지키게 하였다. 왕은 윤충의 공로를 표창해 말 20필과 곡식 1천 석을 주었다.

3년 봄 정월에 사신을 당에 들여보내 조공하였다. 겨울 11월에 왕이 고구려와 화친을 맺고 신라의 당항성(黨項城)을 빼앗아서 당에 입조하는 길을 막고자 계획하여 마침내 군사를 발동해 신라를 쳤더니, 신라 왕 덕만(德曼)이 당에 사신을 보내 구원을 요청하였다.[1] 왕이 이 일을 듣고서 군사를 철수하였다.

4년 봄 정월에 사신을 당에 들여보내 조공하였다. 태종이 사농승(司農丞) 상리현장(相里玄獎)을 보내 두 나라에게 알아듣도록 타일렀다. 왕이 표문을 올려 사정을 밝히고 사과하였다. 왕자 융(隆)을 태자로 삼고 죄수를 크게 사면하였다. 가을 9월에 신라의 장군 유신이 군사를 거느리고 침공해 와서 일곱 성을 빼앗아갔다.

5년 여름 5월에 왕은 태종이 직접 고구려를 치면서 신라에서 군사를 징발했다는 말을 듣고, 그 틈을 타 신라의 일곱 성을 습격해 빼앗았다. 신라에서는 장군 유신을 보내 쳐들어왔다.

7년 겨울 10월에 장군 의직(義直)이 보병과 기병 3천 명을 거느리고, 신라의 무산성(茂山城) 아래로 나아가 주둔하고, 병력을 나누어 감물(甘勿)과 동잠(桐岑)의 두 성을 쳤다. 신라 장군 유신이 직접 사졸을 격려해 결사적으로 싸워 크게 깨뜨리니, 의직은 단신으로 돌아왔다.

8년 봄 3월에 의직이 신라 서쪽 변경을 습격해 요거(腰車) 등 10여 성을 빼앗고, 여름 4월에 옥문곡(玉門谷)으로 진군하였다. 신라 장군 유신이 이를 막아서는지라, 다시 싸웠으나 크게 패하고 말았다.

9년 가을 8월에 왕이 좌장(左將) 은상(殷相)을 보내 정예병 7천 명을 거느리고, 신라의 석토(石吐) 등 일곱 성을 쳐서 빼앗게 하였다. 신라 장

---

1) 『구당서』199 상 열전 149 상 동이 백제국에 "정관 16년(642)에 의자가 군사를 일으켜서 신라의 40여 성을 쳤으며, 또다시 군사를 출동시켜 지키면서 고구려와 화친하고 우호를 통해 당항성을 빼앗아 신라가 당으로 조공해 오는 길을 끊으려고 계획하니, 이에 신라가 사신을 보내 위급함을 알리고 구원을 요청하였다"라고 한 대목과 상당 부분 대응하나, 서로 1년의 오차가 있다.

군 유신·진춘(陳春)·천존(天存)·죽지(竹旨) 등이 이를 맞받아 쳐오니, 사세가 불리해 흩어진 사졸들을 거두어 도살성(道薩城) 아래 주둔하고 다시 싸웠으나, 우리 군사가 패배하였다. 겨울 11월에 우레가 치고 물이 얼지 않았다.

11년에 사신을 당에 들여보내 조공하였다. 당 고종이 조서를 보내 왕을 타일렀다.

"해동의 세 나라는 기업(基業)을 연 것이 오래이고, 강토의 경계를 나란히 하여 토지의 형세가 실로 서로 맞물려 있는데, 근자에 이르러서는 혐의가 생기고 틈이 벌어져 전쟁을 번갈아 일으켜 거의 평안한 해가 없게 되었다. 이리하여 마침내 삼한의 백성들로 하여금 칼 도마에 오른 고기 목숨이 되게 하고, 무기를 마련해 분풀이를 멋대로 하는 것이 아침저녁으로 거듭되고 있으니, 내가 하늘을 대신해 만물을 다스리는 터에 매우 안타깝고 불쌍하게 여기는 바이다.

지난해 고구려와 신라 등의 사신들이 함께 와서 입조했을 때, 내가 이같은 원한을 풀고 다시 경애와 화목을 돈독히 하라 했더니, 신라 사신 김법민(金法敏)이 아뢰기를 '고구려와 백제가 입술과 이처럼 서로 한통속이 되더니 마침내 군사를 일으켜 번갈아 침범하고 핍박하여 큰 성과 중요한 진(鎭)들을 모두 백제가 아우르게 되었습니다. 강토는 날로 찌그러들고 위력마저 사그라드니, 청하옵건대 백제에 조칙을 내리시어 침탈해간 성들을 되돌려주게 하소서. 만일 그들이 조칙을 받들어 실행하지 않는다면 즉시 우리 스스로 군사를 일으켜 칠 것이로되, 다만 옛 땅을 찾기만 하면 곧 청하여 화친을 맺겠습니다'라고 하였다. 나는 그의 말이 다 사리에 맞는지라 허락하지 않을 수 없었다. 옛날 제 환공(桓公)은 열국의 제후인데도 오히려 멸망하는 나라를 보존해 주었거늘,[2] 하물며 내

---

2) 춘추시대 초기 제의 군주로 춘추 5패(五覇)의 한 사람이다. 산융(山戎)을 토벌해 연을 구원하고, 노의 내란을 평정했으며, 이적의 침입을 받아 멸망한 형(邢)과 위(衛)를 옮겨 부흥시킨 바 있다. 『사기』 32 제태공세가(齊太公世家).

가 만국의 임금으로서 어찌 위태로운 번방(藩邦)을 구휼하지 않으랴!

왕은 겸병한 신라의 성들을 모두 그 본국에게 돌려주어야 할 것이며, 신라가 잡아간 백제의 포로들 역시 왕에게 돌려보낼 일이다. 그런 다음에라야 환란이 풀리고 분쟁이 해소될 것이며, 무기를 거두고 갑옷을 풀어놓아 백성들은 무거운 어깨를 쉬고자 하는 바람을 이루고, 세 나라에는 전쟁의 수고로움이 없을 것이니, 대저 변방의 망대에 피가 흐르고 강토에 시체가 쌓이며 농사와 길쌈이 모두 폐지되어 남녀가 손을 놓고 근심하는 것에 비한다면, 어찌 한 가지로 말할 수가 있겠는가! 왕이 만약 이 분부를 따르지 않는다면 나는 이전 법민의 소청대로 그들이 왕과 더불어 결전하게 내버려둘 것이며, 또한 고구려에도 미리 약속하도록 하여 멀리에서 서로 구원하지 못하게 할 것이다. 고구려가 만약 명령을 받들지 않는다면 즉각 거란의 여러 번진(藩鎭)들로 하여금 요수를 건너 깊이 들어가 노략하게 할 것이다. 왕은 나의 말을 깊이 생각해 스스로 많은 복을 구할 것이며, 좋은 대책을 강구해 후회함이 없게 하라."

12년 봄 정월에 사신을 당에 들여보내 조공하였다.

13년 봄에 크게 가물어 백성들이 굶주렸다. 가을 8월에 왕이 왜국과 우호를 맺었다.

15년 봄 2월에 태자궁을 수리했는데 극도로 사치스럽고 화려하게 했으며, 왕궁 남쪽에 망해정(望海亭)을 세웠다. 여름 5월에 붉은 말이 북악(北岳)의 오함사(烏含寺)에 들어와 울면서 며칠 동안이나 불당을 돌다가 죽었다. 가을 7월에 마천성(馬川城)을 증수하였다.

8월에 왕이 고구려, 말갈과 함께 신라를 침공해 30여 성을 깨뜨렸다. 신라 왕 김춘추(金春秋)는 사신을 보내 당에 조알하고 표문을 올려서 "백제가 고구려·말갈과 함께 우리의 북쪽 경계를 쳐서 30여 성을 함몰시켰습니다"라고 하였다.

16년 봄 3월에 왕이 궁녀들과 절제없이 음란하고 쾌락에 탐닉해 술 마시는 것을 그치지 않자 좌평 성충(成忠)〔혹은 정충(淨忠)이라고 한다〕이 극력 간하였다. 왕은 노하여 그를 옥에 가두었다. 이로 말미암아 감히 더 이상 말하는 이가 없었다. 성충은 여위어 죽고 말았는데 임종할 때 글을 올려 말하기를 "충신은 죽으면서도 임금을 잊지 않는 것이니 한 말씀만 올리고 죽고자 합니다. 제가 평소 시운의 변화를 살펴보건대 필시 전쟁이 있을 듯합니다. 무릇 용병을 하는 데는 반드시 그 지형지세를 살펴가려야 하거니와 상류에서 적군을 맞아야만 보전할 수 있습니다. 만약 다른 나라의 군사가 오거든 육로로는 침현(沈峴)을 지나지 못하게 하고, 수군은 기벌포(伎伐浦)의 언덕에 오르지 못하게 하여, 험하고 좁은 곳에 웅거해서 막아야만 될 것입니다"라고 하였다. 그러나 왕은 그 말을 살피지 않았다.

17년 봄 정월에 왕의 서자 41명을 좌평으로 임명하고 각각에게 식읍을 내려주었다. 여름 4월에 크게 가뭄이 들어 아무것도 거둘 작물이 없는 땅이 되고 말았다.

19년 봄 2월에 여우떼가 궁궐 안에 들어왔는데, 흰 여우 한 마리가 상좌평의 책상에 올라앉았다. 여름 4월에 태자궁의 암탉이 참새와 교미를 하였다. 왕이 장수를 보내 신라의 독산과 동잠(桐岑) 두 성을 침공하였다. 5월에 왕도 서남쪽 사비하에서 큰 물고기가 나와 죽었는데 길이가 3장이나 되었다. 가을 8월에 웬 여인의 시체가 생초진(生草津)에 떠올랐는데 길이가 18척이나 되었다. 9월에는 궁궐의 홰나무가 울었는데 마치 사람이 곡하는 소리 같았으며, 밤에는 궁궐 남쪽 길에서 귀신이 곡을 하였다.

20년 봄 2월에 왕도의 우물물이 핏빛이 되고, 서쪽 바닷가에 작은 고기들이 물 밖으로 나와 죽었는데 백성들이 다 먹을 수가 없을 지경이었으며, 사비하의 물도 핏빛처럼 붉었다. 여름 4월에 두꺼비 수만 마리가 나무 위에 모여들었다. 왕도의 시정 사람들이 까닭도 없이 누가 잡으러 오기나 하는 것처럼 놀라 달음질하여 나동그라져 죽은 이가 1백여 명이었고, 재물을 잃어버린 것은 이루 셀 수조차 없었다. 5월에 느닷없이 비바람이 몰아쳐서 천왕(天王)과 도양(道讓) 두 절의 탑에 벼락을 치더니, 또다시 백석사(白石寺) 강당에도 벼락을 쳤으며, 용과 같은 검은 구름이 동쪽과 서쪽 허공 가운데서 서로 부딪쳐 싸웠다.

6월에는 왕흥사(王興寺)의 여러 승려 모두가 마치 웬 배 돛대 같은 것이 큰 물을 따라 절 문으로 들어오는 것을 보았다. 들사슴처럼 생긴 개 한 마리가 서쪽에서부터 사비하 기슭으로 와서 왕궁을 향해 짖어대더니 금세 간 곳을 알 수 없었으며, 왕도의 뭇 개가 길 위에 모여서 짖기도 하고 울기도 하다가 얼마 후에 곧 흩어졌다. 또 웬 귀신 하나가 궁궐에 들어와서 큰 소리로 "백제가 망한다! 백제가 망한다!" 외치고는 곧 땅으로 들어가버렸다. 왕이 괴이쩍게 여겨 사람을 시켜서 땅을 파보게 하니 깊이 3척쯤 되는 곳에 웬 거북 한 마리가 있었는데, 그 등에 글씨가 있는 바 "백제는 둥근 달과 같고 신라는 초승달과 같다"라고 하였다. 왕이 무당에게 물으니 대답하기를 "둥근 달과 같다는 것은 가득 찬 것이니 가득 차면 이지러지는 것이요, 초승달과 같다는 것은 아직 차지 않은 것이니 아직 차지 않은 것이라면 점점 차게 되는 것입니다"라고 하였다. 왕이 노하여 그를 죽여버렸다. 어떤 이가 말하기를 "둥근 달과 같다는 것은 왕성한 것이요, 초승달과 같다는 것은 미약한 것이니, 생각건대 우리나라는 왕성해지고 신라는 차츰 쇠약해지는가 싶습니다"라고 하였다. 이에 왕이 기뻐하였다.

당 고종이 조서를 내려 좌무위대장군(左武衛大將軍) 소정방(蘇定方)을 신구도행군대총관(神丘道行軍大摠管)으로 삼아 좌효위장군(左驍衛將軍) 유백영(劉伯英), 우무위장군(右武衛將軍) 풍사귀(馮士貴), 좌효위장군(左驍衛將軍) 방효공(龐孝公)를 거느리고 군사 13만 명을 지휘해와 백제를 치게 했으며, 겸하여 신라 왕 김춘추를 우이도행군총관(嵎夷道行軍摠管)으로 삼아 자기 나라 군사를 거느리고 합세하게 하였다. 소정방이 군사를 이끌고 성산(城山)에서 바다를 건너 나라의 서쪽 덕물도(德物島)에 이르자, 신라 왕은 장군 김유신을 보내 정예병 5만 명을 거느리고 달려가게 하였다.

왕이 이 말을 듣고 여러 신하를 모아 싸우고 지키는 옳은 대책을 물었다. 좌평 의직(義直)이 나아와 말하기를 "당나라 군사는 멀리 바다를 건너오느라 물에 익숙하지 못한 자들이 배에 있다보니 피곤해졌을 것이므로, 그들이 처음 육지에 올라 병사들의 기운이 미처 회복되지 않았을 때 급히 몰아치면 뜻대로 될 것입니다. 신라인들은 큰 나라의 응원을 믿고서 우리를 가벼이 여기는 마음을 가지고 있으니, 만약 당나라 군사가 불리한 것을 보게 된다면 틀림없이 머뭇거리면서 두려워해 감히 날카롭게 나오지 못할 것입니다. 그러므로 먼저 당나라 군사와 결전해야 할 줄로 압니다"라고 하였다.

달솔 상영(常永) 등은 말하기를 "그렇지 않습니다. 당나라 군사는 멀리에서 왔으므로 빨리 싸우려 들 것이니 그 서슬을 감당할 수 없지만, 신라인들은 지난날 여러 차례 우리 군사에게 패배를 당했기 때문에 이제 우리 군사의 기세를 보게 되면 두려워하지 않을 수 없을 것이니, 오늘의 계책으로는 당나라 사람들의 길목을 막아 그들의 군사가 피로해지기를 기다리면서 우선은 일단의 군사로 하여금 신라군을 쳐서 그 날카로운 기세부터 꺾어놓는 것이 좋겠습니다. 그런 다음에 형편을 보아가며 합세해 싸우면 군사를 온전히 하면서 나라를 보전할 수 있을 것입니다"라고 하였다.

왕이 머뭇거리며 어느 쪽 말을 따라야 할지 몰랐다. 이때 좌평 흥수(興首)가 죄를 짓고 고마미지현(古馬彌知縣)에 유배되어 있었는데, 왕이 그에게 사람을 보내 묻기를 "사태가 위급하다. 어찌해야 좋겠는가"라고 하였다. 흥수가 말하기를 "당나라 군사들은 숫자가 많고 군대의 기율이 엄숙하고 확실하며, 게다가 신라와 더불어 앞뒤로 작전을 함께하고 있으니, 만일 평탄한 벌판이나 너른 들에 진을 치고 상대하다가는 승패를 장담할 수 없을 것입니다. 그런데 백강(白江)〔혹은 기벌포(伎伐浦)라고 한다〕과 탄현(炭峴)〔혹은 침현(沈峴)이라고 한다〕은 우리나라의 요충지로서 한 사람이 창 한 자루만 들고 있어도 만 명이 이를 당해내지 못할 것이니, 날랜 군사를 가려 뽑아서 그곳에 보내 지키게 하여 당나라 군사가 백강에 들어오지 못하게 하고, 신라 군사는 탄현을 넘지 못하게 해야 합니다. 또 대왕께서는 성문을 겹겹이 닫아 걸고 굳게 지키면서 그들의 물자와 군량이 떨어지고 사졸들이 피로해지기를 기다렸다가, 그런 다음에 떨쳐 일어나 친다면 그들을 쳐부수게 될 것이 틀림없습니다"라고 하였다.

이때 대신들은 이 말을 믿지 않고 말하기를 "흥수는 오랫동안 옥에 갇힌 몸인지라 임금을 원망하고 나라를 사랑하지 않을 것이니, 그의 말을 채택해서는 안 될 것입니다. 차라리 당나라 군사로 하여금 백강에 들어와서 강물을 따라 배를 나란히 할 수 없게 하고, 신라 군사도 탄현에 올라 좁은 길 때문에 말을 나란히 할 수 없게 하는 편이 낫습니다. 이때 우리가 군사를 풀어 그들을 친다면, 비유하건대 마치 조롱에 든 닭과 그물에 걸린 고기를 잡는 일이나 같을 것입니다"라고 하였다. 왕이 이 말을 수긍하였다.

그러자 또 당과 신라의 군사가 백강과 탄현을 지났다는 말을 듣게 되니, 장군 계백(堦伯)을 보내 결사대 5천 명을 거느리고 황산(黃山)으로 출동하게 하였다. 이에 신라 군사와 네 차례 싸워 모두 승리했지만, 병력은 적고 힘은 다해 끝내는 패했으며 계백은 죽고 말았다. 그제야 군사를 모아 웅진강(熊津江) 어귀를 막고 강을 따라 병력을 배치하자, 소정방이 강 왼쪽으로 나와 산에 올라 진을 치므로 더불어 싸웠으나 우리 군사가 크게 패하였다. 당나라 군사들이 조수를 타고 배들을 앞뒤로 잇대어 북을 두드리며 떠들어댔다. 소정방은 보병과 기병을 거느리고 곧장 도성으로 짓쳐와 30리 밖에서 멈추었다. 우리 군사가 다 동원되어 막았으나 역시 패하니 죽은 이가 1만여 명이었고, 당나라 군사는 승세를 타고 성에 육박하였다.

왕은 사태를 모면할 수 없음을 알고 탄식해 말하기를 "성충의 말을 듣지 않다가 이 지경에 이른 것이 후회스럽구나" 하고, 드디어 태자 효(孝)와 함께 북쪽 변경으로 달아났다. 소정방이 성을 에워싸자 왕의 둘째 아들 태(泰)가 스스로 왕이 되어 군사를 거느리고 굳게 지켰다. 태자의 아들 문사(文思)가 왕자 융(隆)에게 이르기를 "왕께서 태자와 함께 빠져나갔는데 숙부가 멋대로 왕이 되었으니, 만약 당나라 군사가 포위를 풀고 돌아가게 되면 저희들이 어떻게 목숨을 보전할 수 있겠습니까" 하고는, 마침내 측근들을 데리고서 동아줄을 드리워 성을 빠져나가니 백성들이 모두 그들을 따르는지라, 태가 만류하지 못하였다.

소정방이 사졸들로 하여금 성가퀴에 뛰어올라 당나라 깃발을 세우게 하였다. 태는 형세가 급박해지자 성문을 열고 목숨을 청하였다. 이에 왕과 태자 효가 여러 성과 함께 모두 항복하였다. 소정방은 왕과 태자 효[3]와 왕자 태·융·연(演) 및 대신과 장병 88명, 백성 1만 2천 8백 7명을 당의 수도로 압송하였다.

백제는 본래 5부, 37군, 2백 성, 76만 호로 되어 있었는데,[4] 이때 와서 웅진·마한·동명(東明)·금련(金漣)·덕안(德安)의 다섯 도독부(都督府)를 나누어 두고 각각 주와 현을 통할하게 했으며, 우두머리를 발탁해 도독·자사(刺史)·현령을 삼아 다스리게 하였다. 또 낭장 유인원(劉仁願)에게 도성을 지키도록 명하고, 좌위랑장(左衛郞將) 왕문도(王文度)를 웅진도독으로 삼아 남은 백성들을 위무하게 하였다. 소정방이 잡아온 이들을 황제에게 바쳐 뵈었더니, 황제가 그들을 꾸짖고 용서해주었다. 왕이 병으로 죽자 금자광록대부위위경(金紫光祿大夫衛尉卿)을 추증해주고, 옛 신하들이 가서 조문하는 것을 허락했으며, 조서를 내려 손호(孫皓)와 진숙보(陳叔寶)의 무덤 옆에 장사 지내고,[5] 아울러 비를 세우게 하였다. 융에게는 사가경(司稼卿) 직을 수여하였다. 왕문도가 바다를 건너와 곧 죽자, 유인궤(劉仁軌)로 하여금 그를 대신하게 하였다.

무왕의 조카 복신(福信)은 일찍이 군사를 거느렸던바, 이때 승려 도침(道琛)과 함께 주류성(周留城)에 웅거해 당에 반기를 들고 전왕의 아들

---

3) 「대당평백제국비명」과 3년 뒤인 663년에 건립한 「유인원기공비」(劉仁願紀功碑)에는 융(隆)을 태자로 기록하였다.

4) 이때 새긴 「대당평백제국비명」(大唐平百濟國碑銘)에는 백제를 5도독·37주·250현으로 편제하고 24만 호 6백 20만 인구를 편호로 정리하였다고 하였다.

5) 손호는 삼국시대 오나라 손권의 손자로 진(晋)에 항복해 '귀명후'(歸命侯)로 불린 이이며, 진숙보는 남조 진(陳)의 마지막 왕 후주(後主)를 말한다. 『삼국지』 48 오서(吳書) 3 손호전(孫皓傳) 및 『진서』(陳書) 6 후주기.

로서 이전에 왜국에 볼모로 가 있던 부여풍(扶餘豊)을 맞아다가 왕으로 세우니, 서북부 지역이 모두 호응해 군사를 이끌고 도성의 유인원을 에워쌌다. 황제가 조서를 내려 유인궤(劉仁軌)를 기용해 검교대방주자사(檢校帶方州刺史)로 삼아서 왕문도의 군사를 거느리고 편의대로 신라 군사를 징발해 유인원을 구하도록 하였다. 유인궤가 기뻐해 말하기를 "하늘이 장차 이 늙은이를 부귀하게 하려는구나!" 하더니, 당의 책력과 묘휘(廟諱)를 청해 가지고 떠나면서 "내가 동이(東夷)를 쓸어 평정한 다음 우리 대당의 정삭을 바다 건너에 반포하고자 한다"라고 말하였다.

유인궤가 군사를 엄정하게 통솔해 이동 중에 싸우면서 나아오니 복신 등은 웅진강 어귀에 두 목책을 세워 막았다. 유인궤가 신라 군사와 합세해 공격하므로 우리 군사는 물러나 목책 안으로 뛰어들었는데, 물이 가로막고 다리가 비좁아서 물에 빠지거나 싸우다 죽은 이들이 1만여 명이었다. 복신 등이 결국 도성의 포위를 풀고 퇴각해 임존성(任存城)을 확보하자, 신라인들은 군량이 떨어져서 군사를 이끌고 돌아갔다. 이때가 용삭(龍朔) 원년(661) 3월이었다.

이때 도침은 스스로 영군장군(領軍將軍)이라 일컫고, 복신은 상잠장군(霜岑將軍)이라 일컬으면서, 무리들을 불러모아 그 세력이 더욱 불어나자, 사람을 시켜 유인궤에게 이르기를 "듣자 하니 당은 신라와 약속을 하여 백제 사람들은 늙은이 젊은이 할 것 없이 모조리 죽여버리고 그런 다음 나라를 신라에 넘겨주기로 했다 하니, 앉아서 죽음을 당할 바에야 어찌 싸우다가 죽는 것만 같으랴 하는 생각으로 이렇게 집결해 스스로 굳게 지키는 것일 따름이다"라고 하였다. 유인궤는 이에 편지에다 앙화와 복락의 길을 상세히 설명하고 사람을 보내 타이르도록 하였다. 도침 등은 수가 많은 것을 믿고서 교만하게 버티고 앉아 유인궤의 사자를 바깥 숙소에 방치해둔 채 거만하게 알리기를 "사자는 관품이 보잘것없고, 나는 일국의 대장이라 말상대가 되지 않는다"라고 하면서, 답장도 없이 그냥 돌려보내고 말았다. 유인궤는 군사가 적은지라 유인원의 군사와 합해 사졸들을 휴식시키고, 표문을 올려 신라와 힘을 합해 치게 해줄 것을 요청하였다. 신라 왕 김춘추가 조칙을 받들어 그의 장수 김흠(金欽)을 보내 병력을 거느리고 가서 유인궤 등을 구원하게 했는데, 고사(古泗)에 이르러 복신에게 요격당해 패하고 김흠은 갈령(葛嶺) 방면 길로 달아나 돌아오니, 신라에서는 감히 다시 출병하지 못하였다.

얼마 후 복신이 도침을 죽이고 그의 군사를 아우르자, 풍(豊)도 그를 통제하지 못하고 다만 제의(祭儀)만을 주재할 뿐이었다. 복신 등은 유인원 등이 고립된 성에서 원조받을 곳이 없다고 여겨, 사신을 보내 짐짓 위로하며 말하기를 "대사들은 언제 서쪽으로 돌아가시려오? 의당 사람을 보내 인도해 전송하리다"라고 하였다.

2년(662) 7월에 유인원과 유인궤 등이 복신의 남은 군사를 웅진 동쪽에서 크게 깨뜨리고, 지라성(支羅城)과 윤성(尹城)·대산(大山)·사정(沙井) 등지의 목책을 뽑아내니, 죽이고 사로잡은 사람이 매우 많았으며, 이내 병력을 나누어서 진압하고 지키게 하였다. 복신 등이 진현성(眞峴城)은 강을 끼고 있으며 높고 험준해 요충이 될 만하다고 여겨 병력을 더해 지키고 있었는데, 유인궤가 밤에 신라 군사들을 독려해 성가퀴 아래 바짝 붙어 있다가 날이 밝을 무렵 성안으로 들어가 8백 명을 베어 죽이니, 마침내 신라의 군량 수송로가 통하게 되었다. 유인원이 병력을 더해줄 것을 주청하자 조서를 내려 치(淄)·청(靑)·내(萊)·해(海)의 군사 7천 명을 징발하고, 좌위위장군(左威衛將軍) 손인사(孫仁師)를 보내 군사를 통솔해 바다를 건너가서 유인원의 군사를 증원해주게 하였다.

이때 복신은 이미 권력을 오로지해 부여풍과 더불어 점차 서로 시기하게 되었다. 복신이 병을 핑계로 굴속 방에 드러누워 풍이 문병하러 오는 것을 기다렸다가 잡아죽이려고 하였다. 풍이 이를 알아차려 가까운 심복들을 거느리고 복신을 엄습해 죽이고, 사신을 고구려와 왜국에 보내 군사를 요청해서 당나라 군사에 저항하였다. 손인사가 도중에 이들을 맞아 쳐부수고, 드디어 유인원의 군사와 서로 합세하니 군사들의 기세가 크게 떨쳤다. 이에 여러 장수가 공격 목표를 의논하는데 어떤 이가 "가림성(加林城)은 수륙의 요충지이니 먼저 이곳을 쳐야 합니다"라고 하자, 유인궤가 말하기를 "병법에는 '충실한 곳을 피하고 비어 있는 곳을 치라'[6] 했거니와, 가림성은 험하고 공고해 치자면 군사들이 상할 것이요 지키려 들면 오래 버틸 것이지만, 주류성(周留城)은 백제의 소굴로서 무리들이 여기에 모여 있으니, 만약 이곳을 장악하게만 된다면 모든 성은 제풀에 항복할 것이다"라고 하였다.

이리하여 손인사와 유인원 및 신라 왕 김법민은 육군을 거느려 나아가고, 유인궤 및 별장 두상(杜爽)과 부여융(扶餘隆)은 수군과 군량 수송선을 거느리고 웅진강(熊津江)으로부터 백강(白江)으로 가서 육군과 회동해 함께 주류성으로 내달리는데, 백강 어귀에서 왜인을 만나 네 번 싸워 모두 이기고 그들의 배 4백 척을 불사르니, 연기와 화염이 하늘을 찌르고 바닷물을 붉게 물들였다.[7] 이때 왕 부여풍은 몸을 빼내 도망해 있는 곳을 모르게 되었는데, 어떤 이는 그가 고구려로 달아났다고도 하였다. 당나라 군사가 그의 보검을 노획하였다. 왕자 부여충승(扶餘忠勝)과 충지(忠志) 등이 그들 무리를 거느리고 왜인들과 더불어 함께 항복했는데, 유독 지수신(遲受信)만이 임존성에 웅거해 항복하지 않았다.

처음에 흑치상지(黑齒常之)가 도망하고 흩어져간 무리들을 불러모으니, 열흘 사이에 돌아와 붙어 따르는 이가 3만여 명이었다. 소정방이 군사를 보내 쳤으나, 흑치상지는 막아 싸워 물리치고 2백여 성을 회복해 장악하니 소정방이 제압할 수가 없었다. 이처럼 흑치상지는 별부장(別部將) 사타상여(沙吒相如)와 함께 험준한 곳에 의거해 복신과 호응하다가 이때 와서 모두 항복했던 것이다. 유인궤는 그들에게 꾸밈없는 마음을 보이면서, 임존성을 빼앗아 스스로 정성을 드러내라 하고 즉시 갑옷과 병장기와 군량 등을 주었다. 이에 손인사가 말하기를 "그들의 야심을 믿기 어려운 터에 만일 무기를 주고 군량을 제공한다면, 이는 도적의 편

---

6) 원문에 '피실격허'(避實擊虛)라고 하였는바, 이는 『손자』 허실(虛實)편에 있는 말이다.

7) 백강 전투의 전말과 백제 유민들의 도일에 대해서는 『일본서기』 27 천지천황(天智天皇) 2년조에 자세하다.

의를 돕는 것입니다"라고 하였다. 유인궤가 말하기를 "내가 상여와 상지를 보건대 충성스럽고 지모가 있는지라 기회를 얻으면 공을 세울 것이니, 오히려 무엇을 의심할 것인가"라고 하였다. 두 사람이 마침내 그 성을 빼앗게 되니, 지수신은 처자를 버려두고 고구려로 달아났으며 잔당들이 모두 평정되었다.[8] 손인사 등은 군대를 정돈해 돌아갔다.

당에서는 유인궤를 남겨 군사를 통솔하고 진압해 지키게 하였다. 전쟁의 여파로 집집마다 스산하고 쓰러진 시체가 풀더미 같았는데, 유인궤가 비로소 해골을 파묻게 하고 호구를 등록해 촌락들을 추스렸다. 관리를 임명하고 도로를 개통하며 교량을 세웠고, 제방을 보수하고 저수지를 복구하였다. 또 농사와 양잠을 권장하고 빈핍한 이들을 구휼하며 고아와 늙은이를 보살피고 당의 사직을 세워 정삭(正朔)과 황제의 묘휘(廟諱)를 반포하자,[9] 백성들이 모두 기뻐하고 각기 제자리를 찾아 안착하게 되었다. 황제가 부여융을 웅진도독(熊津都督)으로 삼고, 그에게 귀국해 신라와의 묵은 감정을 풀고 살아남은 백성들을 불러 돌아오게 하였다.

인덕(麟德) 2년(665) 신라 왕과 웅진성에서 만나 백마를 잡아 맹세하였다. 유인궤가 맹약문을 지어 금으로 쓰고 쇠로 문서를 만들어 신라 종묘 안에 두었는데, 맹약문은 '신라기'(新羅紀) 가운데 보인다. 유인원 등이 돌아가자 부여융 역시 군사들이 뿔뿔이 흩어질까 두려워 당의 수도로 돌아가버렸다.

의봉(儀鳳) 연간에 부여융을 웅진도독대방군왕(熊津都督帶方郡王)으로 삼아 귀국시켜 남은 백성들을 안정시키게 하고, 아울러 안동도호부

---

8) 본서 44 흑치상지전에 자세하다.

9) 정삭은 정월의 삭일(朔日)을 말한다. 옛날 제왕이 새로 나라를 세우면 그 세수(歲首)를 고쳐서 새로운 역을 천하에 발포하고 백성들은 모두 그것을 준봉했기 때문에, 신민이 되는 것을 정삭을 받든다고 하였다. 하, 은, 주 삼대의 정삭은 각각 인통(人統), 지통(地統), 천통(天統)이라 하여 음력 정월, 12월, 11월로 하였다. 묘휘는 천자가 죽으면 그의 위패를 태묘에 모셔두기 때문에, 죽은 황제의 이름을 묘휘라고 한다.

(安東都護府)를 신성(新城)으로 옮겨 관할하게 했더니, 이때 신라가 강성했는지라 부여융이 감히 옛 나라로 들어가지 못하고 고구려에 의탁해 있다가 죽었다.[10] 무후(武后)가 다시 그 손자 경(敬)으로 하여금 왕위를 잇게 했으나, 그 땅이 이미 신라와 발해말갈에게로 나뉘어버려 나라의 계통이 마침내 끊어졌다.[11]

편찬자는 논평하여 말한다. 신라의 옛 사적에는 하늘이 금궤를 내렸으므로 성을 김씨라 했다 하는데, 그 말은 괴이해 믿을 수가 없다. 그러나 내가 역사를 수찬하면서 그 전한 바가 오래인지라 그 말을 깎아 없애지 못하였다. 그런데 또 한편 들으니 신라 사람들은 자기들이 소호(小昊) 금천씨(金天氏)의 후예인지라 성을 김씨라고 했다고도 한다[12][이것은 신라의 국자박사(國子博士) 설인선(薛因宣)이 지은 「김유신비」 및 박거물(朴居勿)이 짓고 요극일(姚克一)이 글씨를 쓴 「삼랑사비문」(三郞寺碑文)에 보인다].[13] 고구려 역시 고신씨(高辛氏)[14]의 후예라 성을 고씨라

---

10) 1920년에 중국 낙양(洛陽)에서 출토된 「부여융묘지명」(扶餘隆墓誌銘)에 따르면 그는 영순(永淳) 원년(682) 당에서 죽었다.

11) 『구당서』 199 상 동이 백제국조에 "그 땅은 이로부터 신라와 발해말갈로 나누어져 백세의 종족이 마침내 끊어졌다"라고 하였고, 『신당서』 220 동이 백제조에도 같은 표현이 있다.

12) 본서 김유신전 상에 "신라인들은 스스로 소호(少昊) 금천씨(金天氏)의 후예인지라 성을 김씨로 한다 하는데, 「유신비」(庾信碑)에도 역시 '헌원(軒轅)의 후예요 소호(少昊)의 자손'이라 하였다"라고 하였으며, 「김인문비」(金仁問碑)에도 같은 인식이 보인다. 소호와 헌원에 대해서는 김유신전의 주석을 참조할 것.

13) 「삼랑사비문」은 『삼국유사』 감통(感通) 경흥우성(憬興遇聖)조에 승려 현본(玄本)이 찬한 것으로 나와 있다. 한편 박거물과 요극일은 「황룡사구층목탑찰주본기」도 함께 짓고 썼다.

14) 고신씨는 중국 고대의 제왕 제곡(帝嚳)을 말한다. 황제(黃帝)의 큰아들 현효(玄囂)의 손자로, 전욱(顓頊)을 이어 즉위하였다. 그는 태어나자마자 스스로 자신의 이름을 말하였고, 해와 달의 운행을 근거로 하여 역법을 제정했다 한다. 『사기』 오제본기(五帝本紀).

고 했다 한다〔이것은『진서』(晉書) 재기(載記)에 보인다〕.15) 고사(古史)
에도 이르기를 "백제와 고구려는 다 같이 부여에서 나왔다"16) 하고, 또
"진·한 시대의 난리 때 중국인이 많이 해동으로 왔다"고도 한다. 그러
니 삼국의 선조는 옛 성인의 후예일 것인바, 그들이 나라를 향유한 것 또
한 그 얼마나 장구했던가! 백제는 말기에 이르러 행동하는 바가 많이 도
리에 어긋나고, 또 대대로 신라와 원수가 되어 고구려와 함께 화통해 침
공했으며, 유리한 기회만 있으면 신라의 중요한 성과 큰 진들을 베어가
고 빼앗아가기를 마지않았으니, 이른바 '어진 이와 친하고 이웃 나라와
잘 지내는 것이 나라의 보배'17)라는 말과는 달랐다. 이에 당의 천자가 거
듭 조서를 내려 그 원한을 풀도록 했으나, 겉으로는 따르는 체하면서도
속으로는 어겨 대국에 죄를 지었던 것이니, 그들의 패망 역시 당연한 일
이다.

• 삼국사기 권 제28

---

15)『진서』(晉書) 124 재기(載記) 24 모용운(慕容雲)조에 "모용운은 자가 자우(子雨)
인데, 모용보의 양자이다. 그의 조부 고화(高和)는 고구려 왕실에서 갈려나온 혈
족인데, 스스로 이르기를 고양씨(高陽氏)의 후예이므로 고씨라고 했다 한다"라
고 하였다. 본서 고구려본기 6 광개토왕 17년 3월조에도 같은 내용이 인용되어 있
다. 그런데 고양씨는 황제의 둘째 아들 창의(昌意)의 아들로, 황제를 이어 즉위한
인물이다. 그러므로『삼국사기』찬자가 소개한 고신씨 후예설과는 약간의 차이가
있다.『사기』오제본기(五帝本紀).

16) 백제본기 시조 온조왕 즉위전 기사에 "백제 왕실의 세계(世系)는 고구려와 더불
어 함께 부여에서 나왔기 때문에 성씨를 부여라고 하였다"라고 한 것이나,『위서』
100 열전 88 백제전에 인용된 개로왕의 표문을 참조할 수 있다.

17) 이것은『좌전』은공(隱公) 6년 5월 경신조에서 진(陳)의 오보(五父)가 한 말을 인
용한 것이다. 그런데 진(陳)의 군주가 정(鄭)의 화친 요구를 거절하고, 오보(五父)
의 이와 같은 충고마저 물리치더니, 이때 와서 정의 침공을 받아 크게 패했다는
것이다.

삼국사기 권 제29

연표 상

　해동에 나라가 있은 지는 오래이다. 기자(箕子)가 주나라 왕실에서 봉작을 받고 위만(衛滿)이 한나라 초에 왕호를 참칭한 때로부터[1] 연대가 요원하고 기록이 소략하여 도저히 자세히 알 수는 없으나, 세 나라가 솥의 발처럼 대치함에 이르러서는 왕대들의 전수함이 더욱 많았으니 신라는 56왕 992년이요 고구려는 28왕 705년이요[2] 백제는 31왕 678년이었던바, 그 시초와 종말을 상고할 수 있으므로 세 나라의 연표를 작성한다〔당나라 가언충(賈言忠)이 "고려는 한나라 때부터 나라가 있었으니 지금 9백 년이 되었다"라고 한 것은 잘못이다〕.[3]

---

1) 기자와 위만에 대한 언급은 『삼국지』 위서 오환선비동이열전(烏丸鮮卑東夷列傳) 30 예전(濊傳)과 『후한서』 85 동이열전 예(濊)조의 기록을 염두에 둔 것이다.
2) 697년 당에서 죽은 고구려 유민 고자(高慈)의 묘지명에는 "고구려가 처음 세워진 후 나라가 망하기까지 708년 30대"라고 하였다. 그러므로 그 존속 연대는 『삼국사기』의 정보에 근접하고 있다.
3) 가언충은 당나라 하남(河南) 낙양(洛陽) 사람으로 건봉(乾封) 연간에 시어사(侍御史)가 되어 요동 방면의 군량을 지원하였으며, 고종에게 고구려 정벌을 고무하고 이적(李勣) 등 장수들을 추천하였다. 여기 인용한 가언충의 말은 고구려본기 보장왕 27년조에도 당 고종과 대화하던 중 『고구려비기』를 인용하여 언급한 바 있다. 『구당서』 190 중 문원(文苑) 및 『신당서』 119 열전 44.

간지(서력)	중국	신라	고구려	백제
갑자 (기원전 57)	전한(前漢) 효선제(孝宣帝) 순(詢)의 17년이니, 오봉(五鳳) 원년.	시조 박혁거세 거서간(朴赫居世居西干) 즉위 원년. 이로부터 진덕에 이르기까지는 성골(聖骨)이다.		
을축(56)	2	2		
병인(55)	3	3		
정묘(54)	4	4		
무진(53)	감로(甘露) 원년.	5		
기사(52)	2	6		
경오(51)	3	7		
신미(50)	4	8		
임신(49)	황룡(黃龍) 원년.	9		
계유(48)	효원제(孝元帝) 석(奭)의 초원(初元) 원년.	10		
갑술(47)	2	11		
을해(46)	3	12		
병자(45)	4	13		
정축(44)	5	14		
무인(43)	영광(永光) 원년.	15		
기묘(42)	2	16		
경진(41)	3	17		
신사(40)	4	18		
임오(39)	5	19		
계미(38)	건소(建昭) 원년.	20		
갑신(37)	2	21	시조 동명성왕(東明聖王)의 성은 고씨이고 이름은 주몽(朱蒙)이니, 그의 즉위 원년.	

간지(서력)	중국	신라	고구려	백제
을유(36)	3	22	2	
병술(35)	4	23	3	
정해(34)	5	24	4	
무자(33)	경녕(竟寧) 원년, 성제(成帝) 오(鶩).	25	5	
기축(32)	건시(建始) 원년.	26	6	
경인(31)	2	27	7	
신묘(30)	3	28	8	
임진(29)	4	29	9	
계사(28)	하평(河平) 원년.	30	10	
갑오(27)	2	31	11	
을미(26)	3	32	12	
병신(25)	4	33	13	
정유(24)	양삭(陽朔) 원년.	34	14	
무술(23)	2	35	15	
기해(22)	3	36	16	
경자(21)	4	37	17	
신축(20)	홍가(鴻嘉) 원년.	38	18	
임인(19)	2	39	19. 동명왕이 승하하고, 유리명왕(瑠璃明王) 유리(類利)의 즉위 원년.	
계묘(18)	3	40	2	시조 온조왕(溫祚王)의 즉위 원년.
갑진(17)	4	41	3	2
을사(16)	영시(永始) 원년.	42	4	3
병오(15)	2	43	5	4
정미(14)	3	44	6	5
무신(13)	4	45	7	6
기유(12)	원연(元延) 원년.	46	8	7
경술(11)	2	47	9	8

간지(서력)	중국	신라	고구려	백제
신해(10)	3	48	10	9
임자(9)	4	49	11	10
계축(8)	수화(綏和) 원년.	50	12	11
갑인(7)	2. 효애제(孝哀帝) 흔(欣).	51	13	12
을묘(6)	건평(建平) 원년.	52	14	13
병진(5)	2	53	15	14
정사(4)	3	54	16	15
무오(3)	4	55	17	16
기미(2)	원수(元壽) 원년.	56	18	17
경신(1)	2. 효평제(孝平帝) 간(衎).	57	19	18
신유 (기원후 1)	원시(元始) 원년.	58	20	19
임술(2)	2	59	21	20
계해(3)	3	60	22	21
갑자(4)	4	61. 시조 혁거세가 죽고, 남해 차차웅 (南解次次雄) 즉위 원년.	23	22
을축(5)	5	2	24	23
병인(6)	유자(孺子) 영(嬰), 왕망(王莽) 거섭(居攝) 원년.	3	25	24
정묘(7)	2	4	26	25
무진(8)	3.초시(初始) 원년.	5	27	26
기사(9)	신(新)나라 시건국(始建國) 원년.	6	28	27
경오(10)	2	7	29	28
신미(11)	3	8	30	29
임신(12)	4	9	31	30
계유(13)	5	10	32	31

간지(서력)	중국	신라	고구려	백제
갑술(14)	천봉(天鳳) 원년.	11	33	32
을해(15)	2	12	34	33
병자(16)	3	13	35	34
정축(17)	4	14	36	35
무인(18)	5	15	37. 유리명왕이 죽고, 대무신왕(大武神王) 무휼(無恤)의 즉위 원년.	36
기묘(19)	6	16	2	37
경진(20)	지황(地皇) 원년.	17	3	38
신사(21)	2	18	4	39
임오(22)	3	19	5	40
계미(23)	4. 유성공(劉聖公) 경시(更始) 원년.	20	6	41
갑신(24)	2	21. 남해 차차웅이 죽고, 유리 이사금(儒理尼師今) 즉위 원년.	7	42
을유(25)	후한(後漢) 광무제(光武帝) 수(秀)의 건무(建武) 원년.	2	8	43
병술(26)	2	3	9	44
정해(27)	3	4	10	45
무자(28)	4	5	11	46. 온조왕이 죽고, 다루왕(多婁王) 즉위 원년.
기축(29)	5	6	12	2
경인(30)	6	7	13	3
신묘(31)	7	8	14	4
임진(32)	8	9	15	5
계사(33)	9	10	16	6

간지(서력)	중국	신라	고구려	백제
갑오(34)	10	11	17	7
을미(35)	11	12	18	8
병신(36)	12	13	19	9
정유(37)	13	14	20	10
무술(38)	14	15	21	11
기해(39)	15	16	22	12
경자(40)	16	17	23	13
신축(41)	17	18	24	14
임인(42)	18	19	25	15
계묘(43)	19	20	26	16
갑진(44)	20	21	27. 대무신왕이 죽고, 민중왕(閔中王) 해색주(解色朱)의 즉위 원년.	17
을사(45)	21	22	2	18
병오(46)	22	23	3	19
정미(47)	23	24	4	20
무신(48)	24	25	5. 민중왕이 죽고, 모본왕(慕本王) 해우(解憂)의 즉위 원년.	21
기유(49)	25	26	2	22
경술(50)	26	27	3	23
신해(51)	27	28	4	24
임자(52)	28	29	5	25
계축(53)	29	30	6. 모본왕이 죽고, 국조왕(國祖王) 궁(宮)의 즉위 원년.	26
갑인(54)	30	31	2	27
을묘(55)	31	32	3	28

간지(서력)	중국	신라	고구려	백제
병진(56)	건무(建武) 중원(中元) 원년.	33	4	29
정사(57)	2. 효명제(孝明帝) 장(莊).	34. 유리 이사금이 죽고, 탈해 이사금(脫解尼師今) 즉위 원년.	5	30
무오(58)	영평(永平) 원년.	2	6	31
기미(59)	2	3	7	32
경신(60)	3	4	8	33
신유(61)	4	5	9	34
임술(62)	5	6	10	35
계해(63)	6	7	11	36
갑자(64)	7	8	12	37
을축(65)	8	9	13	38
병인(66)	9	10	14	39
정묘(67)	10	11	15	40
무진(68)	11	12	16	41
기사(69)	12	13	17	42
경오(70)	13	14	18	43
신미(71)	14	15	19	44
임신(72)	15	16	20	45
계유(73)	16	17	21	46
갑술(74)	17	18	22	47
을해(75)	18. 효장황제(孝章皇帝) 달(炟).	19	23	48
병자(76)	건초(建初) 원년.	20	24	49
정축(77)	2	21	25	50. 다루왕이 죽고, 기루왕(己婁王) 즉위 원년.
무인(78)	3	22	26	2
기묘(79)	4	23	27	3

간지(서력)	중국	신라	고구려	백제
경진(80)	5	24. 탈해 이사금이 죽고, 파사 이사금(婆娑尼師今) 즉위 원년.	28	4
신사(81)	6	2	29	5
임오(82)	7	3	30	6
계미(83)	8	4	31	7
갑신(84)	원화(元和) 원년.	5	32	8
을유(85)	2	6	33	9
병술(86)	3	7	34	10
정해(87)	장화(章和) 원년.	8	35	11
무자(88)	2. 효화황제(孝和皇帝) 조(肇).	9	36	12
기축(89)	영원(永元) 원년.	10	37	13
경인(90)	2	11	38	14
신묘(91)	3	12	39	15
임진(92)	4	13	40	16
계사(93)	5	14	41	17
갑오(94)	6	15	42	18
을미(95)	7	16	43	19
병신(96)	8	17	44	20
정유(97)	9	18	45	21
무술(98)	10	19	46	22
기해(99)	11	20	47	23
경자(100)	12	21	48	24
신축(101)	13	22	49	25
임인(102)	14	23	50	26
계묘(103)	15	24	51	27
갑진(104)	16	25	52	28

간지(서력)	중국	신라	고구려	백제
을사(105)	원흥(元興) 원년, 효상제(孝殤帝) 융(隆).	26	53	29
병오(106)	연평(延平) 원년, 효안제(孝安帝) 우(祐).	27	54	30
정미(107)	영초(永初) 원년.	28	55	31
무신(108)	2	29	56	32
기유(109)	3	30	57	33
경술(110)	4	31	58	34
신해(111)	5	32	59	35
임자(112)	6	33. 파사 이사금이 죽고, 지마 이사금 (祇摩尼師今) 즉 위 원년.	60	36
계축(113)	7	2	61	37
갑인(114)	원초(元初) 원년.	3	62	38
을묘(115)	2	4	63	39
병진(116)	3	5	64	40
정사(117)	4	6	65	41
무오(118)	5	7	66	42
기미(119)	6	8	67	43
경신(120)	영녕(永寧) 원년.	9	68	44
신유(121)	건광(建光) 원년.	10	69	45
임술(122)	연광(延光) 원년.	11	70	46
계해(123)	2	12	71	47
갑자(124)	3	13	72	48
을축(125)	효순제(孝順帝) 보(保).	14	73	49
병인(126)	영건(永建) 원년.	15	74	50
정묘(127)	2	16	75	51

간지(서력)	중국	신라	고구려	백제
무진(128)	3	17	76	52. 기루왕이 죽고, 개루왕(蓋婁王) 즉위 원년.
기사(129)	4	18	77	2
경오(130)	5	19	78	3
신미(131)	6	20	79	4
임신(132)	양가(陽嘉) 원년.	21	80	5
계유(133)	2	22	81	6
갑술(134)	3	23. 지마 이사금이 죽고, 일성 이사금(逸聖尼師今) 즉위 원년.	82	7
을해(135)	4	2	83	8
병자(136)	영화(永和) 원년.	3	84	9
정축(137)	2	4	85	10
무인(138)	3	5	86	11
기묘(139)	4	6	87	12
경진(140)	5	7	88	13
신사(141)	6	8	89	14
임오(142)	한안(漢安) 원년.	9	90	15
계미(143)	2	10	91	16
갑신(144)	건강(建康) 원년, 효충제(孝沖帝) 병(炳).	11	92	17
을유(145)	영가(永嘉) 원년, 효질제(孝質帝) 찬(纘).	12	93	18
병술(146)	본초(本初) 원년, 효환제(孝桓帝) 지(志).	13	94. 국조왕이 왕위를 사양하여 후궁으로 물러나 앉고, 차대왕(次大王) 수성(遂成)의 즉위 원년.	19
정해(147)	건화(建和) 원년.	14	2	20

간지(서력)	중국	신라	고구려	백제
무자(148)	2	15	3	21
기축(149)	3	16	4	22
경인(150)	화평(和平) 원년.	17	5	23
신묘(151)	원가(元嘉) 원년.	18	6	24
임진(152)	2	19	7	25
계사(153)	영흥(永興) 원년.	20	8	26
갑오(154)	2	21. 일성 이사금이 죽고, 아달라 이사금(阿達羅尼師今) 즉위 원년.	9	27
을미(155)	영수(永壽) 원년.	2	10	28
병신(156)	2	3	11	29
정유(157)	3	4	12	30
무술(158)	연희(延熹) 원년.	5	13	31
기해(159)	2	6	14	32
경자(160)	3	7	15	33
신축(161)	4	8	16	34
임인(162)	5	9	17	35
계묘(163)	6	10	18	36
갑진(164)	7	11	19	37
을사(165)	8	12	20. 국조왕(國祖王)은 3월에, 차대왕(次大王)은 2월에 죽고, 신대왕(新大王) 백고(伯固)의 즉위 원년.	38
병오(166)	9	13	2	39. 개루왕이 죽고, 초고왕(肖古王) 즉위 원년.
정미(167)	영강(永康) 원년.	14	3	2
무신(168)	효령제(孝靈帝) 굉(宏)의 건녕(建寧) 원년.	15	4	3

간지(서력)	중국	신라	고구려	백제
기유(169)	2	16	5	4
경술(170)	3	17	6	5
신해(171)	4	18	7	6
임자(172)	희평(熹平) 원년.	19	8	7
계축(173)	2	20	9	8
갑인(174)	3	21	10	9
을묘(175)	4	22	11	10
병진(176)	5	23	12	11
정사(177)	6	24	13	12
무오(178)	광화(光和) 원년.	25	14	13
기미(179)	2	26	15. 신대왕이 죽고, 고국천왕(故國川王) 남무(男武)의 즉위 원년.	14
경신(180)	3	27	2	15
신유(181)	4	28	3	16
임술(182)	5	29	4	17
계해(183)	6	30	5	18
갑자(184)	중평(中平) 원년.	31. 아달라 이사금이 죽고, 벌휴 이사금(伐休尼師今) 즉위 원년.	6	19
을축(185)	2	2	7	20
병인(186)	3	3	8	21
정묘(187)	4	4	9	22
무진(188)	5	5	10	23

간지(서력)	중국	신라	고구려	백제
기사(189)	6. 홍농왕(洪農王) 변(辯)이 즉위하여 연호를 광희(光熹)로 고쳤다가 다시 명녕(明寧)으로 고쳤으며, 효헌제(孝獻帝) 협(協)이 연호를 영한(永漢)으로 고치다.	6	11	24
경오(190)	초평(初平) 원년.	7	12	25
신미(191)	2	8	13	26
임신(192)	3	9	14	27
계유(193)	4	10	15	28
갑술(194)	흥평(興平) 원년.	11	16	29
을해(195)	2	12	17	30
병자(196)	건안(建安) 원년.	13. 벌휴 이사금이 죽고, 내해 이사금(奈解尼師今) 즉위 원년.	18	31
정축(197)	2	2	19. 고국천왕이 죽고, 산상왕(山上王) 연우(延優)의 즉위 원년.	32
무인(198)	3	3	2	33
기묘(199)	4	4	3	34
경진(200)	5	5	4	35
신사(201)	6	6	5	36
임오(202)	7	7	6	37
계미(203)	8	8	7	38
갑신(204)	9	9	8	39
을유(205)	10	10	9	40
병술(206)	11	11	10	41
정해(207)	12	12	11	42

간지(서력)	중국	신라	고구려	백제
무자(208)	13	13	12	43
기축(209)	14	14	13	44
경인(210)	15	15	14	45
신묘(211)	16	16	15	46
임진(212)	17	17	16	47
계사(213)	18	18	17	48
갑오(214)	19	19	18	49. 초고왕이 죽고, 구수왕(仇首王) 즉위 원년.
을미(215)	20	20	19	2
병신(216)	21	21	20	3
정유(217)	22	22	21	4
무술(218)	23	23	22	5
기해(219)	24	24	23	6
경자(220)	연강(延康) 원년, 위문제(魏文帝) 조비(曹丕)의 황초(皇初) 원년.	25	24	7
신축(221)	2. 촉(蜀)의 선주(先主) 유비(劉備)가 성도(成都)에서 제위에 올라 연호를 장무(章武)라 함.	26	25	8
임인(222)	3. 오(吳)의 대제(大帝) 손권(孫權)이 무창(武昌)에 도읍하고 연호를 황무(黃武)라 함. 이로부터 3국이 나누어지다.	27	26	9
계묘(223)	4. 촉의 후주(後主) 선(禪)이 즉위하여 연호를 건흥(建興)으로 고치다.	28	27	10

간지(서력)	중국	신라	고구려	백제
갑진(224)	5	29	28	11
을사(225)	6	30	29	12
병오(226)	7. 명황제(明皇帝) 예(睿).	31	30	13
정미(227)	태화(太和) 원년.	32	31. 산상왕이 죽고, 동천왕(東川王) 우위거(憂位居)의 즉위 원년.	14
무신(228)	2	33	2	15
기유(229)	3. 오나라가 연호를 황룡(黃龍)으로 고치고, 도읍을 건업(建業)으로 옮기다.	34	3	16
경술(230)	4	35. 내해 이사금이 죽고, 조분 이사금(助賁尼師今) 즉위 원년.	4	17
신해(231)	5	2	5	18
임자(232)	6. 오나라가 연호를 가화(嘉禾)로 고치다.	3	6	19
계축(233)	청룡(靑龍) 원년.	4	7	20
갑인(234)	2	5	8	21. 구수왕이 죽고, 맏아들 사반왕(沙伴王)이 왕위를 이었으나 어려서 폐위되니, 고이왕(古尒王) 즉위 원년.
을묘(235)	3	6	9	2
병진(236)	4	7	10	3
정사(237)	경초(景初) 원년.	8	11	4

간지(서력)	중국	신라	고구려	백제
무오(238)	2. 촉나라가 연호를 연희(延熙)로 고치고, 오나라가 연호를 적오(赤烏)로 고치다.	9	12	5
기미(239)	3. 제왕(齊王) 방(芳).	10	13	6
경신(240)	정시(正始) 원년.	11	14	7
신유(241)	2	12	15	8
임술(242)	3	13	16	9
계해(243)	4	14	17	10
갑자(244)	5	15	18	11
을축(245)	6	16	19	12
병인(246)	7	17	20	13
정묘(247)	8	18. 조분 이사금이 죽고, 첨해 이사금(沾解尼師今) 즉위 원년.	21	14
무진(248)	9	2	22. 동천왕이 죽고, 중천왕(中川王) 연불(然弗)의 즉위 원년.	15
기사(249)	가평(嘉平) 원년.	3	2	16
경오(250)	2	4	3	17
신미(251)	3. 오나라가 연호를 태원(太元)으로 고치다.	5	4	18
임신(252)	4. 오나라 회계왕(會稽王) 양(亮)이 즉위하여 연호를 건흥(建興)으로 고치다.	6	5	19
계유(253)	5	7	6	20
갑술(254)	6. 고귀향공(高貴鄕公) 모(髦)의 정원(正元) 원년.	8	7	21

간지(서력)	중국	신라	고구려	백제
을해(255)	2	9	8	22
병자(256)	감로(甘露) 원년, 오나라가 연호를 태평(太平)으로 고치다.	10	9	23
정축(257)	2	11	10	24
무인(258)	3. 촉나라가 연호를 경요(景耀)로 고치고, 오주(吳主) 휴(休)가 즉위하여 연호를 영안(永安)으로 고치다.	12	11	25
기묘(259)	4	13	12	26
경진(260)	5. 진류왕(陳留王) 환(奐)의 경원(景元) 원년.	14	13	27
신사(261) ·	2	15. 첨해 이사금이 죽다.	14	28
임오(262)	3	미추 이사금(味鄒尼師今) 즉위 원년.	15	29
계미(263)	4. 촉나라가 연호를 염흥(炎興)으로 고치고, 10월에 위나라에 항복하니, 촉나라는 두 임금에 43년이다.	2	16	30
갑신(264)	함희(咸熙) 원년. 오주 손호(孫皓)가 즉위하여 연호를 원흥(元興)으로 고치다.	3	17	31
을유(265)	2. 위나라가 진(晉)나라에 양위하니 서진(西晉) 세조(世祖) 무황제(武皇帝) 염(炎)의 태시(泰始) 원년.	4	18	32

간지(서력)	중국	신라	고구려	백제
병술(266)	2. 오나라가 연호를 보정(寶鼎)으로 고치다.	5	19	33
정해(267)	3	6	20	34
무자(268)	4	7	21	35
기축(269)	5. 오나라가 연호를 건형(建衡)으로 고치다.	8	22	36
경인(270)	6	9	23. 중천왕이 죽고, 서천왕(西川王) 약로(藥盧)의 즉위 원년.	37
신묘(271)	7	10	2	38
임진(272)	8. 오나라가 연호를 봉황(鳳凰)으로 고치다.	11	3	39
계사(273)	9	12	4	40
갑오(274)	10	13	5	41

• 삼국사기 권 제29

삼국사기 권 제30

연표 중

간지(서력)	중국	신라	고구려	백제
을미(275)	서진 함녕(咸寧) 원년, 오나라가 연호를 천책(天冊)으로 고치다.	미추 이사금 14.	서천왕 6.	고이왕 42.
병신(276)	2. 오나라가 연호를 천새(天璽)로 고치다.	15	7	43
정유(277)	3. 오나라가 연호를 천기(天紀)로 고치다.	16	8	44
무술(278)	4	17	9	45
기해(279)	5	18	10	46
경자(280)	태강(太康) 원년, 오주(吳主)가 진나라에 항복하니 오나라는 네 임금에 59년이다.	19	11	47
신축(281)	2	20	12	48
임인(282)	3	21	13	49
계묘(283)	4	22	14	50

간지(서력)	중국	신라	고구려	백제
갑진(284)	5	23. 미추 이사금이 죽고, 유례 이사금(儒禮尼師今) 즉위 원년.	15	51
을사(285)	6	2	16	52
병오(286)	7	3	17	53. 고이왕이 죽고, 책계왕(責稽王) 즉위 원년.
정미(287)	8	4	18	2
무신(288)	9	5	19	3
기유(289)	10	6	20	4
경술(290)	태희(太熙) 원년, 효혜제(孝惠帝) 충(衷)의 영희(永熙) 원년.	7	21	5
신해(291)	영평(永平) 원년, 원강(元康) 원년.	8	22	6
임자(292)	2	9	23. 서천왕이 죽고, 봉상왕(烽上王) 상부(相夫)의 즉위 원년.	7
계축(293)	3	10	2	8
갑인(294)	4	11	3	9
을묘(295)	5	12	4	10
병진(296)	6	13	5	11
정사(297)	7	14	6	12
무오(298)	8	15. 유례 이사금이 죽고, 기림 이사금(基臨尼師今) 즉위 원년.	7	13. 책계왕이 죽고, 분서왕(汾西王) 즉위 원년.
기미(299)	9	2	8	2
경신(300)	10. 영강(永康) 원년.	3	9. 봉상왕이 죽고, 미천왕(美川王) 을불(乙弗)의 즉위 원년.	3
신유(301)	영녕(永寧) 원년.	4	2	4

간지(서력)	중국	신라	고구려	백제
임술(302)	태안(太安) 원년.	5	3	5
계해(303)	2	6	4	6
갑자(304)	영안(永安) 원년, 건무(建武) 원년, 영흥(永興) 원년.	7	5	7. 분서왕이 죽고, 비류왕(比流王) 즉위 원년.
을축(305)	2	8	6	2
병인(306)	광희(光熙) 원년, 효회제(孝懷帝) 치(熾).	9	7	3
정묘(307)	영가(永嘉) 원년.	10	8	4
무진(308)	2	11	9	5
기사(309)	3	12	10	6
경오(310)	4	13. 기림 이사금이 죽고, 흘해 이사금 (訖解尼師今) 즉 위 원년.	11	7
신미(311)	5	2	12	8
임신(312)	6	3	13	9
계유(313)	효민황제(孝愍皇 帝) 업(鄴)의 건흥 (建興) 원년.	4	14	10
갑술(314)	2	5	15	11
을해(315)	3	6	16	12
병자(316)	4. 전조(前趙)의 유요(劉曜)가 장 안(長安)을 함락 시키고, 민제(愍 帝)가 이듬해에 유 총(劉聰)에게 살 해되니 서진은 네 임금에 52년이다.	7	17	13
정축(317)	5. 동진(東晉) 중 종(中宗) 원황제 (元皇帝) 예(睿) 의 건무(建武) 원 년.	8	18	14

간지(서력)	중국	신라	고구려	백제
무인(318)	태흥(太興) 원년.	9	19	15
기묘(319)	2	10	20	16
경진(320)	3	11	21	17
신사(321)	4	12	22	18
임오(322)	영창(永昌) 원년.	13	23	19
계미(323)	숙종황제(肅宗皇帝) 소(紹)의 태령(太寧) 원년.	14	24	20
갑신(324)	2	15	25	21
을유(325)	3. 현종황제(顯宗皇帝) 연(衍).	16	26	22
병술(326)	함화(咸和) 원년.	17	27	23
정해(327)	2	18	28	24
무자(328)	3	19	29	25
기축(329)	4	20	30	26
경인(330)	5	21	31	27
신묘(331)	6	22	32. 미천왕이 죽고, 고국원왕(故國原王) 사유(斯由)의 즉위 원년.	28
임진(332)	7	23	2	29
계사(333)	8	24	3	30
갑오(334)	9	25	4	31
을미(335)	함강(咸康) 원년.	26	5	32
병신(336)	2	27	6	33
정유(337)	3	28	7	34
무술(338)	4	29	8	35
기해(339)	5	30	9	36
경자(340)	6	31	10	37
신축(341)	7	32	11	38
임인(342)	8. 강황제(康皇帝) 악(岳).	33	12	39

간지(서력)	중국	신라	고구려	백제
계묘(343)	건원(建元) 원년.	34	13	40
갑진(344)	2. 효종(孝宗) 목황제(穆皇帝).	35	14	41. 비류왕이 죽고, 계왕(契王) 즉위 원년.
을사(345)	영화(永和) 원년.	36	15	2
병오(346)	2	37	16	3. 계왕이 죽고, 근초고왕(近肖古王) 즉위 원년.
정미(347)	3	38	17	2
무신(348)	4	39	18	3
기유(349)	5	40	19	4
경술(350)	6	41	20	5
신해(351)	7	42	21	6
임자(352)	8	43	22	7
계축(353)	9	44	23	8
갑인(354)	10	45	24	9
을묘(355)	11	46	25	10
병진(356)	12	47. 흘해 이사금이 죽고, 내물 이사금(奈勿尼師今) 즉위 원년.	26	11
정사(357)	승평(升平) 원년.	2	27	12
무오(358)	2	3	28	13
기미(359)	3	4	29	14
경신(360)	4	5	30	15
신유(361)	5. 애황제(哀皇帝) 비(丕).	6	31	16
임술(362)	융화(隆和) 원년.	7	32	17
계해(363)	흥녕(興寧) 원년.	8	33	18
갑자(364)	2	9	34	19
을축(365)	3. 폐제(廢帝) 해서공(海西公).	10	35	20

간지(서력)	중국	신라	고구려	백제
병인(366)	태화(太和) 원년.	11	36	21
정묘(367)	2	12	37	22
무진(368)	3	13	38	23
기사(369)	4	14	39	24
경오(370)	5	15	40	25
신미(371)	간문황제(簡文皇帝) 함안(咸安) 원년.	16	41. 고국원왕이 죽고, 소수림왕(小獸林王) 구부(丘夫)의 즉위 원년.	26
임신(372)	2. 효무황제(孝武皇帝) 요(曜).	17	2	27
계유(373)	영강(寧康) 원년.	18	3	28
갑술(374)	2	19	4	29
을해(375)	3	20	5	30. 근초고왕이 죽고, 근구수왕(近仇首王) 즉위 원년.
병자(376)	태원(太元) 원년.	21	6	2
정축(377)	2	22	7	3
무인(378)	3	23	8	4
기묘(379)	4	24	9	5
경진(380)	5	25	10	6
신사(381)	6	26	11	7
임오(382)	7	27	12	8
계미(383)	8	28	13	9
갑신(384)	9	29	14. 소수림왕이 죽고, 고국양왕(故國壤王) 이련(伊連)의 즉위 원년.	10. 근구수왕이 죽고, 침류왕(枕流王) 즉위 원년.
을유(385)	10	30	2	2. 침류왕이 죽고, 진사왕(辰斯王) 즉위 원년.
병술(386)	11	31	3	2

간지(서력)	중국	신라	고구려	백제
정해(387)	12	32	4	3
무자(388)	13	33	5	4
기축(389)	14	34	6	5
경인(390)	15	35	7	6
신묘(391)	16	36	8	7
임진(392)	17	37	9. 고국양왕이 죽고, 광개토왕(廣開土王) 담덕(談德)의 즉위 원년.4)	8. 진사왕이 죽고, 아신왕(阿莘王) 즉위 원년.
계사(393)	18	38	2(3)	2
갑오(394)	19	39	3(4)	3
을미(395)	20	40	4(5)	4
병신(396)	21. 덕종(德宗) 안황제(安皇帝).	41	5(6)	5
정유(397)	융안(隆安) 원년.	42	6(7)	6
무술(398)	2	43	7(8)	7
기해(399)	3	44	8(9)	8
경자(400)	4	45	9(10)	9
신축(401)	5	46	10(11)	10
임인(402)	원흥(元興) 원년.	47. 내물 이사금이 죽고, 실성 이사금(實聖尼師今) 즉위 원년.	11(12)	11
계묘(403)	2	2	12(13)	12
갑진(404)	3	3	13(14)	13
을사(405)	의희(義熙) 원년.	4	14(15)	14. 아신왕이 죽고, 전지왕(腆支王) 즉위 원년.

4) 연표의 연대관은 고구려본기와 일치하지만, 「광개토왕비」에 따르면 광개토왕은 신묘년에 즉위하였으므로 고국양왕 8년이 곧 광개토왕의 즉위 원년이 되어야 한다. 이하 ( ) 안의 숫자는 광개토왕비에 의거한 수정 연대임.

간지(서력)	중국	신라	고구려	백제
병오(406)	2	5	15(16)	2
정미(407)	3	6	16(17)	3
무신(408)	4	7	17(18)	4
기유(409)	5	8	18(19)	5
경술(410)	6	9	19(20)	6
신해(411)	7	10	20(21)	7
임자(412)	8	11	21(22)	8
계축(413)	9	12	22(23). 광개토왕이 죽고, 장수왕(長壽王) 거련(巨連)의 즉위 원년.	9
갑인(414)	10	13	2	10
을묘(415)	11	14	3	11
병진(416)	12	15	4	12
정사(417)	13	16. 실성 이사금이 죽고, 눌지 마립간(訥祇麻立干) 즉위 원년.	5	13
무오(418)	14. 공제(恭帝) 덕문(德文).	2	6	14
기미(419)	원희(元熙) 원년, 송(宋)나라에 양위하니 동진은 열두 임금에 104년이다. 서진(西秦)이 연호를 건홍(建弘)으로 고치다.	3	7	15
경신(420)	송나라 고조(高祖) 무제(武帝) 유유(劉裕)의 영초(永初) 원년.	4	8	16. 전지왕이 죽고, 구이신왕(久尒辛王) 즉위 원년.
신유(421)	2	5	9	2
임술(422)	3. 소제(少帝) 의부(義符).	6	10	3

간지(서력)	중국	신라	고구려	백제
계해(423)	경평(景平) 원년.	7	11	4
갑자(424)	2. 태조(太祖) 문황제(文皇帝)의 릉(義隆)의 원가(元嘉) 원년.	8	12	5
을축(425)	2	9	13	6
병인(426)	3	10	14	7
정묘(427)	4	11	15	8. 구이신왕이 죽고, 비유왕(毗有王) 즉위 원년.
무진(428)	5	12	16	2
기사(429)	6	13	17	3
경오(430)	7	14	18	4
신미(431)	8	15	19	5
임신(432)	9	16	20	6
계유(433)	10	17	21	7
갑술(434)	11	18	22	8
을해(435)	12	19	23	9
병자(436)	13	20	24	10
정축(437)	14	21	25	11
무인(438)	15	22	26	12
기묘(439)	16	23	27	13
경진(440)	17	24	28	14
신사(441)	18	25	29	15
임오(442)	19	26	30	16
계미(443)	20	27	31	17
갑신(444)	21	28	32	18
을유(445)	22	29	33	19
병술(446)	23	30	34	20
정해(447)	24	31	35	21
무자(448)	25	32	36	22

간지(서력)	중국	신라	고구려	백제
기축(449)	26	33	37	23
경인(450)	27	34	38	24
신묘(451)	28	35	39	25
임진(452)	29	36	40	26
계사(453)	30. 원흉(元凶) 소(邵)의 태초(太初) 원년, 세조(世祖) 효무황제(孝武皇帝) 준(駿).	37	41	27
갑오(454)	효건(孝建) 원년.	38	42	28
을미(455)	2	39	43	29. 비유왕이 죽고, 개로왕(蓋鹵王) 경사(慶司)의 즉위 원년.
병신(456)	3	40	44	2
정유(457)	대명(大明) 원년.	41	45	3
무술(458)	2	42. 눌지 마립간이 죽고, 자비 마립간(慈悲麻立干) 즉위 원년.	46	4
기해(459)	3	2	47	5
경자(460)	4	3	48	6
신축(461)	5	4	49	7
임인(462)	6	5	50	8
계묘(463)	7	6	51	9
갑진(464)	8. 전 폐제(廢帝)의 아들 업(業).	7	52	10
을사(465)	영광(永光) 원년, 경화(景和) 원년, 태종(太宗) 명황제(明皇帝) 욱(彧)의 태시(泰始) 원년.	8	53	11
병오(466)	2	9	54	12

간지(서력)	중국	신라	고구려	백제
정미(467)	3	10	55	13
무신(468)	4	11	56	14
기유(469)	5	12	57	15
경술(470)	6	13	58	16
신해(471)	7	14	59	17
임자(472)	태예(泰豫) 원년, 후폐제(後廢帝) 욱(昱).	15	60	18
계축(473)	원휘(元徽) 원년.	16	61	19
갑인(474)	2	17	62	20
을묘(475)	3	18	63	21. 개로왕이 죽고, 문주왕(文周王) 즉위 원년.
병진(476)	4	19	64	2
정사(477)	5. 순황제(順皇帝) 준(準)의 승명(昇明) 원년.	20	65	3. 문주왕이 죽고, 삼근왕(三斤王) 즉위 원년.
무오(478)	2	21	66	2
기미(479)	3. 남제(南齊) 태조 고황제(高皇帝) 도성(道成)의 건원(建元) 원년.	22. 자비 마립간이 죽고, 소지 마립간(炤知麻立干) 즉위 원년.	67	3. 삼근왕이 죽고, 동성왕(東城王) 모대(牟大)의 즉위 원년.
경신(480)	2	2	68	2
신유(481)	3	3	69	3
임술(482)	4. 세조(世祖) 무황제(武皇帝) 색(賾).	4	70	4
계해(483)	영명(永明) 원년.	5	71	5
갑자(484)	2	6	72	6
을축(485)	3	7	73	7
병인(486)	4	8	74	8
정묘(487)	5	9	75	9
무진(488)	6	10	76	10

간지(서력)	중국	신라	고구려	백제
기사(489)	7	11	77	11
경오(490)	8	12	78	12
신미(491)	9	13	79. 장수왕이 죽다.	13
임신(492)	10	14	문자명왕(文咨明王) 나운(羅雲)의 즉위 원년.	14
계유(493)	11. 폐제(廢帝) 울림왕(鬱林王).	15	2	15
갑술(494)	융창(隆昌) 원년, 폐제 해릉왕(海陵王) 소문(昭文)의 연흥(延興) 원년, 고종(高宗) 명황제(明皇帝) 난(鸞)의 건무(建武) 원년.	16	3	16
을해(495)	2	17	4	17
병자(496)	3	18	5	18
정축(497)	4	19	6	19
무인(498)	영태(永泰) 원년, 폐제.	20	7	20
기묘(499)	영원(永元) 원년.	21	8	21
경진(500)	2	22. 소지 마립간이 죽고, 지증 마립간(智證麻立干) 즉위 원년.	9	22
신사(501)	3. 화제(和帝) 보융(寶融)의 중흥(中興) 원년.	2	10	23. 동성왕이 죽고, 무령왕(武寧王) 사마(斯摩)의 즉위 원년.
임오(502)	2. 양(梁)나라 고조 무황제(武皇帝) 연(衍)의 천감(天監) 원년.	3	11	2
계미(503)	2	4	12	3

간지(서력)	중국	신라	고구려	백제
갑신(504)	3	5	13	4
을유(505)	4	6	14	5
병술(506)	5	7	15	6
정해(507)	6	8	16	7
무자(508)	7	9	17	8
기축(509)	8	10	18	9
경인(510)	9	11	19	10
신묘(511)	10	12	20	11
임진(512)	11	13	21	12
계사(513)	12	14	22	13
갑오(514)	13	15. 지증 마립간이 죽고, 법흥왕(法興王) 원종(原宗)의 즉위 원년.	23	14
을미(515)	14	2	24	15
병신(516)	15	3	25	16
정유(517)	16	4	26	17
무술(518)	17	5	27	18
기해(519)	18	6	28. 문자명왕이 죽고, 안장왕(安臧王) 흥안(興安)의 즉위 원년.	19
경자(520)	보통(普通) 원년.	7	2	20
신축(521)	2	8	3	21
임인(522)	3	9	4	22
계묘(523)	4	10	5	23. 무령왕이 죽고, 성왕(聖王) 명농(明襛)의 즉위 원년.
갑진(524)	5	11	6	2
을사(525)	6	12	7	3
병오(526)	7	13	8	4

간지(서력)	중국	신라	고구려	백제
정미(527)	대통(大通) 원년.	14	9	5
무신(528)	2	15	10	6
기유(529)	중대통(中大通) 원년.	16	11	7
경술(530)	2	17	12	8
신해(531)	3	18	13. 안장왕이 죽고, 안원왕(安原王) 보연(寶延)의 즉위 원년.	9
임자(532)	4	19	2	10
계축(533)	5	20	3	11
갑인(534)	6	21	4	12
을묘(535)	대동(大同)원년.	22	5	13
병진(536)	2	23. 처음으로 연호를 일컬어 건원(建元) 원년이라 함.	6	14
정사(537)	3	24	7	15
무오(538)	4	25	8	16
기미(539)	5	26	9	17
경신(540)	6	27. 법흥왕이 죽고 진흥왕(眞興王) 삼맥종(彡麥宗)의 즉위 원년.	10	18
신유(541)	7	2	11	19
임술(542)	8	3	12	20
계해(543)	9	4	13	21
갑자(544)	10	5	14	22
을축(545)	11	6	15. 안원왕이 죽고, 양원왕(陽原王) 평성(平成)의 즉위 원년.	23
병인(546)	중대동(中大同) 원년.	7	2	24

간지(서력)	중국	신라	고구려	백제
정묘(547)	태청(太淸) 원년.	8	3	25
무진(548)	2	9	4	26
기사(549)	3. 태종(太宗) 간문황제(簡文皇帝) 강(綱).	10	5	27
경오(550)	대보(大寶) 원년.	11	6	28
신미(551)	2. 예장왕(豫章王) 동(棟)의 천정(天正) 원년, 위한(僞漢) 후경제(侯景帝)의 태시(太始) 원년, 세조(世祖) 효원제(孝元帝) 역(繹).	12. 연호를 개국(開國)으로 고치다.	7	29
임신(552)	승성(承聖) 원년.	13	8	30
계유(553)	2	14	9	31
갑술(554)	3. 경황제(敬皇帝) 방지(方智).	15	10	32. 성왕이 죽고, 위덕왕(威德王) 창(昌)의 즉위 원년.
을해(555)	4. 정양후(正陽侯), 천성(天成) 원년, 소태(紹泰) 원년.	16	11	2
병자(556)	태평(太平) 원년.	17	12	3
정축(557)	진(陳) 나라 고조 무황제(武皇帝) 패선(覇先)의 영정(永定) 원년.	18	13	4
무인(558)	2	19	14	5
기묘(559)	3. 세조(世祖) 문황제(文皇帝).	20	15. 양원왕이 죽고, 평원왕(平原王) 양성(陽成)의 즉위 원년.	6
경진(560)	천가(天嘉) 원년.	21	2	7
신사(561)	2	22	3	8

간지(서력)	중국	신라	고구려	백제
임오(562)	3	23	4	9
계미(563)	4	24	5	10
갑신(564)	5	25	6	11
을유(565)	6	26	7	12
병술(566)	천강(天康) 원년, 폐제(廢帝) 백종(伯宗).	27	8	13
정해(567)	광대(光大) 원년.	28	9	14
무자(568)	2. 고종(高宗) 효선황제(孝宣皇帝) 욱(頊).	29. 연호를 대창(大昌)으로 고치다.	10	15
기축(569)	태건(太建) 원년.	30	11	16
경인(570)	2	31	12	17
신묘(571)	3	32	13	18
임진(572)	4	33. 연호를 홍제(鴻濟)로 고치다.	14	19
계사(573)	5	34	15	20
갑오(574)	6	35	16	21
을미(575)	7	36	17	22
병신(576)	8	37. 진흥왕이 죽고, 진지왕(眞智王) 금륜(金輪)의 즉위 원년.	18	23
정유(577)	9	2	19	24
무술(578)	10	3	20	25
기해(579)	11	4. 진지왕이 죽고, 진평왕(眞平王) 백정(白淨)의 즉위 원년.	21	26
경자(580)	12	2	22	27
신축(581)	13. 수(隋)나라 고조 문황제(文皇帝) 양견(楊堅)의 개황(開皇) 원년.	3	23	28

간지(서력)	중국	신라	고구려	백제
임인(582)	14. 후주(後主) 숙보(叔寶).	4	24	29
계묘(583)	지덕(至德) 원년.	5	25	30
갑진(584)	2	6. 연호를 건복(建福)으로 고치다.	26	31
을사(585)	3	7	27	32
병오(586)	4	8	28	33
정미(587)	정명(禎明) 원년.	9	29	34
무신(588)	2	10	30	35
기유(589)	3. 진(陳)씨 멸망하다.	11	31	36
경술(590)	수나라 개황 10년.	12	32. 평원왕이 죽고, 영양왕(嬰陽王) 원(元)의 즉위 원년.	37
신해(591)	11	13	2	38
임자(592)	12	14	3	39
계축(593)	13	15	4	40
갑인(594)	14	16	5	41
을묘(595)	15	17	6	42
병진(596)	16	18	7	43
정사(597)	17	19	8	44
무오(598)	18	20	9	45. 위덕왕이 죽고, 혜왕(惠王) 계(季)의 즉위 원년.
기미(599)	19	21	10	2. 혜왕이 죽고, 법왕(法王) 선(宣)의 즉위 원년.
경신(600)	20	22	11	2. 법왕이 죽고, 무왕(武王) 장(璋)의 즉위 원년.
신유(601)	인수(仁壽) 원년.	23	12	2
임술(602)	2	24	13	3
계해(603)	3	25	14	4

간지(서력)	중국	신라	고구려	백제
갑자(604)	4. 양황제(煬皇帝) 광(廣).	26	15	5
을축(605)	대업(大業) 원년.	27	16	6
병인(606)	2	28	17	7
정묘(607)	3	29	18	8
무진(608)	4	30	19	9

• 삼국사기 권 제30

삼국사기 권 제31

연표 하

간지(서력)	중국	신라	고구려	백제
기사(609)	5. 수나라 대업(大業) 5년.	진평왕 31년.	영양왕 20년.	무왕 10년.
경오(610)	6	32	21	11
신미(611)	7	33	22	12
임신(612)	8	34	23	13
계유(613)	9	35	24	14
갑술(614)	10	36	25	15
을해(615)	11	37	26	16
병자(616)	12	38	27	17
정축(617)	13. 공황제(恭皇帝) 유(楡)의 의령(義寧) 원년.	39	28	18
무인(618)	당(唐)나라 고조 신요황제(神堯皇帝) 연(淵)의 무덕(武德) 원년.	40	29. 영양왕이 죽고, 영류왕(榮留王) 건무(建武)의 즉위 원년.	19
기묘(619)	2	41	2	20
경진(620)	3	42	3	21
신사(621)	4	43	4	22

간지(서력)	중국	신라	고구려	백제
임오(622)	5	44	5	23
계미(623)	6	45	6	24
갑신(624)	7	46	7	25
을유(625)	8	47	8	26
병술(626)	9. 태종(太宗) 문무대성황제(文武大聖皇帝) 세민(世民).	48	9	27
정해(627)	정관(貞觀) 원년.	49	10	28
무자(628)	2	50	11	29
기축(629)	3	51	12	30
경인(630)	4	52	13	31
신묘(631)	5	53	14	32
임진(632)	6	54. 진평왕이 죽고, 선덕왕(善德王) 덕만(德曼)의 즉위 원년.	15	33
계사(633)	7	2	16	34
갑오(634)	8	3. 연호를 인평(仁平)으로 고치다.	17	35
을미(635)	9	4	18	36
병신(636)	10	5	19	37
정유(637)	11	6	20	38
무술(638)	12	7	21	39
기해(639)	13	8	22	40
경자(640)	14	9	23	41
신축(641)	15	10	24	42. 무왕이 죽고, 의자왕(義慈王) 즉위 원년.
임인(642)	16	11	25. 영류왕이 죽고, 보장왕(寶藏王) 즉위 원년.	2
계묘(643)	17	12	2	3

간지(서력)	중국	신라	고구려	백제
갑진(644)	18	13	3	4
을사(645)	19	14	4	5
병오(646)	20	15	5	6
정미(647)	21	16. 선덕왕이 죽고, 진덕왕(眞德王) 승만(勝曼)의 즉위 원년.	6	7
무신(648)	22	2. 연호를 태화(太和)로 고치다.	7	8
기유(649)	23. 고종(高宗) 대성효황제(大聖孝皇帝) 치(治).	3	8	9
경술(650)	영휘(永徽) 원년.	4. 처음으로 중국의 정삭(正朔)을 시행하다.	9	10
신해(651)	2	5	10	11
임자(652)	3	6	11	12
계축(653)	4	7	12	13
갑인(654)	5	8. 진덕왕이 죽고, 태종왕(太宗王) 춘추(春秋)의 즉위 원년이니 이로부터 이하는 진골(眞骨)이다.	13	14
을묘(655)	6	2	14	15
병진(656)	현경(顯慶) 원년.	3	15	16
정사(657)	2	4	16	17
무오(658)	3	5	17	18
기미(659)	4	6	18	19
경신(660)	5	7	19	20. 당나라 장수 소정방(蘇定方)이 신라 사람들과 함께 쳐서 왕 의자가 항복하니, 백제는 31왕 678년 만에 멸망하다.

간지(서력)	중국	신라	고구려	백제
신유(661)	용삭(龍朔) 원년.	태종이 죽고, 문무왕(文武王) 법민(法敏)의 즉위 원년.	20	
임술(662)	2	2	21	
계해(663)	3	3	22	
갑자(664)	인덕(麟德) 원년.	4	23	
을축(665)	2	5	24	
병인(666)	건봉(乾封) 원년.	6	25	
정묘(667)	2	7	26	
무진(668)	총장(摠章) 원년.	8	27. 당나라 장수 이적(李勣)이 군사를 몰아 신라 사람들과 함께 쳐부수고 왕을 사로잡아 가니, 고씨는 28왕 705년 만에 멸망하다.	
기사(669)	2	9		
경오(670)	함형(咸亨) 원년.	10		
신미(671)	2	11		
임신(672)	3	12		
계유(673)	4	13		
갑술(674)	상원(上元) 원년.	14		
을해(675)	2	15		
병자(676)	의봉(儀鳳) 원년.	16		
정축(677)	2	17		
무인(678)	3	18		
기묘(679)	조로(調露) 원년.	19		
경진(680)	영륭(永隆) 원년.	20		
신사(681)	개요(開耀) 원년.	21. 문무왕이 죽고, 신문왕(神文王) 정명(政明)의 즉위 원년.		

간지(서력)	중국	신라	고구려	백제
임오(682)	영순(永淳) 원년.	2		
계미(683)	홍도(弘道) 원년, 중종(中宗) 대성효황제(大聖孝皇帝) 현(顯), 측천순성황후(則天順聖皇后) 무조(武曌).	3		
갑신(684)	사성(嗣聖) 원년, 예왕(豫王) 단(旦)의 문명(文明) 원년·광택(光宅) 원년.	4. 광택의 연호는 신라에서 쓰지 않다.		
을유(685)	수공(垂拱) 원년.	5		
병술(686)	2	6		
정해(687)	3	7		
무자(688)	4	8		
기축(689)	영창(永昌) 원년.	9		
경인(690)	재초(載初) 원년, 주(周)의 천수(天授) 원년.	10		
신묘(691)	2	11		
임진(692)	여의(如意) 원년, 장수(長壽) 원년.	12. 신문왕이 죽고, 효소왕(孝昭王) 이홍(理洪)의 즉위 원년.		
계사(693)	2	2		
갑오(694)	연재(延載) 원년.	3		
을미(695)	증성(證聖) 원년, 천책만세(天冊萬歲) 원년.	4. 천책만세의 연호는 신라에서 쓰지 않다.		
병신(696)	만세등봉(萬歲登封) 원년, 만세통천(萬歲通天) 원년.	5. 등봉의 연호는 신라에서 쓰지 않다.		
정유(697)	신공(神功) 원년.	6		
무술(698)	성력(聖曆) 원년.	7		

간지(서력)	중국	신라	고구려	백제
기해(699)	2	8		
경자(700)	구시(久視) 원년.	9		
신축(701)	대족(大足) 원년, 장안(長安) 원년.	10		
임인(702)	2	11. 효소왕이 죽고, 성덕왕(聖德王) 흥광(興光)의 즉위 원년.		
계묘(703)	3	2		
갑진(704)	4	3		
을사(705)	당나라 중종(中宗)의 신룡(神龍) 원년.	4		
병오(706)	2	5		
정미(707)	경룡(景龍) 원년.	6		
무신(708)	2	7		
기유(709)	3	8		
경술(710)	4. 예종(睿宗) 대성효황제(大聖孝皇帝) 온(溫)의 경운(景雲) 원년.	9		
신해(711)	2	10		
임자(712)	태극(太極) 원년, 연화(延和) 원년, 현종(玄宗) 대성황제(大聖皇帝) 융기(隆基)의 선천(先天) 원년.	11		
계축(713)	개원(開元) 원년.	12		
갑인(714)	2	13		
을묘(715)	3	14		
병진(716)	4	15		
정사(717)	5	16		
무오(718)	6	17		

간지(서력)	중국	신라	고구려	백제
기미(719)	7	18		
경신(720)	8	19		
신유(721)	9	20		
임술(722)	10	21		
계해(723)	11	22		
갑자(724)	12	23		
을축(725)	13	24		
병인(726)	14	25		
정묘(727)	15	26		
무진(728)	16	27		
기사(729)	17	28		
경오(730)	18	29		
신미(731)	19	30		
임신(732)	20	31		
계유(733)	21	32		
갑술(734)	22	33		
을해(735)	23	34		
병자(736)	24	35		
정축(737)	25	36. 성덕왕이 죽고, 효성왕(孝成王) 승경(承慶)의 즉위 원년.		
무인(738)	26	2		
기묘(739)	27	3		
경진(740)	28	4		
신사(741)	29	5		
임오(742)	천보(天寶) 원년.	6. 효성왕이 죽고, 경덕왕(景德王) 헌영(憲英)의 즉위 원년.		
계미(743)	2	2		

간지(서력)	중국	신라	고구려	백제
갑신(744)	3	3		
을유(745)	4	4		
병술(746)	5	5		
정해(747)	6	6		
무자(748)	7	7		
기축(749)	8	8		
경인(750)	9	9		
신묘(751)	10	10		
임진(752)	11	11		
계사(753)	12	12		
갑오(754)	13	13		
을미(755)	14	14		
병신(756)	15. 숙종황제(肅宗皇帝) 형(亨)의 지덕(至德) 원년.	15. 지덕의 연호는 신라에서 쓰지 않고, 여전히 천보의 연호를 쓰다.		
정유(757)	2	16		
무술(758)	건원(乾元) 원년.	17		
기해(759)	2	18		
경자(760)	상원(上元) 원년.	19		
신축(761)	2	20		
임인(762)	보응(寶應) 원년, 대종황제(代宗皇帝) 예(預).	21		
계묘(763)	광덕(廣德) 원년.	22. 광덕의 연호는 신라에서 쓰지 않고, 여전히 보응의 연호를 쓰다.		
갑진(764)	2	23		
을사(765)	영태(永泰) 원년.	24. 경덕왕이 죽고, 혜공왕(惠恭王) 건운(乾運)의 즉위 원년.		

간지(서력)	중국	신라	고구려	백제
병오(766)	대력(大曆) 원년.	2		
정미(767)	2	3		
무신(768)	3	4		
기유(769)	4	5		
경술(770)	5	6		
신해(771)	6	7		
임자(772)	7	8		
계축(773)	8	9		
갑인(774)	9	10		
을묘(775)	10	11		
병진(776)	11	12		
정사(777)	12	13		
무오(778)	13	14		
기미(779)	14. 덕종황제(德宗皇帝) 괄(适).	15		
경신(780)	건중(建中) 원년.	16. 혜공왕이 죽고, 선덕왕(宣德王) 양상(良相)의 즉위 원년.		
신유(781)	2	2		
임술(782)	3	3		
계해(783)	4	4		
갑자(784)	흥원(興元) 원년.	5		
을축(785)	정원(貞元) 원년.	6. 선덕왕이 죽고, 원성왕(元聖王) 경신(敬信)의 즉위 원년.		
병인(786)	2	2		
정묘(787)	3	3		
무진(788)	4	4		
기사(789)	5	5		
경오(790)	6	6		

간지(서력)	중국	신라	고구려	백제
신미(791)	7	7		
임신(792)	8	8		
계유(793)	9	9		
갑술(794)	10	10		
을해(795)	11	11		
병자(796)	12	12		
정축(797)	13	13		
무인(798)	14	14. 원성왕이 죽다.		
기묘(799)	15	소성왕(昭聖王) 준옹(俊邕)의 즉위 원년.		
경진(800)	16	2. 소성왕이 죽고, 애장왕(哀莊王) 중희(重熙)의 즉위 원년.		
신사(801)	17	2		
임오(802)	18	3		
계미(803)	19	4		
갑신(804)	20	5		
을유(805)	21. 순종황제(順宗皇帝) 송(誦)의 영정(永貞) 원년, 헌종황제(憲宗皇帝) 순(純).	6		
병술(806)	원화(元和) 원년.	7		
정해(807)	2	8		
무자(808)	3	9		
기축(809)	4	10. 애장왕이 죽고, 헌덕왕(憲德王) 언승(彦昇)의 즉위 원년.		
경인(810)	5	2		
신묘(811)	6	3		

간지(서력)	중국	신라	고구려	백제
임진(812)	7	4		
계사(813)	8	5		
갑오(814)	9	6		
을미(815)	10	7		
병신(816)	11	8		
정유(817)	12	9		
무술(818)	13	10		
기해(819)	14	11		
경자(820)	15. 목종황제(穆宗皇帝) 항(恒).	12		
신축(821)	장경(長慶) 원년.	13		
임인(822)	2	14		
계묘(823)	3	15		
갑진(824)	4. 경종황제(敬宗皇帝) 담(湛).	16		
을사(825)	보력(寶曆) 원년.	17		
병오(826)	2. 문종황제(文宗皇帝) 앙(昂).	18. 헌덕왕이 죽고, 흥덕왕(興德王) 경휘(景徽)의 즉위 원년.		
정미(827)	태화(太和) 원년.	2		
무신(828)	2	3		
기유(829)	3	4		
경술(830)	4	5		
신해(831)	5	6		
임자(832)	6	7		
계축(833)	7	8		
갑인(834)	8	9		
을묘(835)	9	10		
병진(836)	개성(開成) 원년.	11. 흥덕왕이 죽고, 희강왕(僖康王) 제륭(悌隆)의 즉위 원년.		

간지(서력)	중국	신라	고구려	백제
정사(837)	2	2		
무오(838)	3	3. 희강왕이 죽고, 민애왕(閔哀王) 명(明)의 즉위 원년.		
기미(839)	4	2. 민애왕이 죽고, 신무왕(神武王) 우징(祐徵)이 즉위했다가 해를 넘기지 못하고 죽으니, 문성왕(文聖王) 경응(慶膺)의 즉위 원년.		
경신(840)	5. 무종황제(武宗皇帝) 염(炎).	2		
신유(841)	회창(會昌) 원년.	3		
임술(842)	2	4		
계해(843)	3	5		
갑자(844)	4	6		
을축(845)	5	7		
병인(846)	6. 선종황제(宣宗皇帝) 침(忱).	8		
정묘(847)	대중(大中) 원년.	9		
무진(848)	2	10		
기사(849)	3	11		
경오(850)	4	12		
신미(851)	5	13		
임신(852)	6	14		
계유(853)	7	15		
갑술(854)	8	16		
을해(855)	9	17		
병자(856)	10	18		
정축(857)	11	19. 문성왕이 죽고, 헌안왕(憲安王) 의정(誼靖)의 즉위 원년.		

간지(서력)	중국	신라	고구려	백제
무인(858)	12	2		
기묘(859)	13. 의종황제(懿宗皇帝) 최(漼).	3		
경진(860)	함통(咸通) 원년.	4		
신사(861)	2	5. 헌안왕이 죽고, 경문왕(景文王) 응렴(膺廉)의 즉위 원년.		
임오(862)	3	2		
계미(863)	4	3		
갑신(864)	5	4		
을유(865)	6	5		
병술(866)	7	6		
정해(867)	8	7		
무자(868)	9	8		
기축(869)	10	9		
경인(870)	11	10		
신묘(871)	12	11		
임진(872)	13	12		
계사(873)	14. 희종황제(僖宗皇帝) 현(儇).	13		
갑오(874)	건부(乾符) 원년.	14		
을미(875)	2	15. 경문왕이 죽고, 헌강왕(憲康王) 정(晸)의 즉위 원년, 2월 22일에야 중국에서 연호를 고친 것을 알고 건부 2년이라고 하다.		
병신(876)	3	2		
정유(877)	4	3		
무술(878)	5	4		

간지(서력)	중국	신라	고구려	백제
기해(879)	6	5		
경자(880)	광명(廣明) 원년.	6		
신축(881)	중화(中和) 원년.	7		
임인(882)	2	8. 5월 25일에 중국에서 연호를 고친 것을 알고 곧 중화 2년이라고 하다.		
계묘(883)	3	9		
갑진(884)	4	10		
을사(885)	광계(光啓) 원년.	11		
병오(886)	2	12. 헌강왕이 죽고, 정강왕(定康王) 황(晃)의 즉위 원년, 6월에 중국에서 연호를 고친 것을 알고 곧 광계 2년이라고 하다.		
정미(887)	3	2. 정강왕이 죽고, 진성왕(眞聖王) 만(曼)의 즉위 원년.		
무신(888)	문덕(文德) 원년, 소종황제(昭宗皇帝) 엽(曄).	2		
기유(889)	용기(龍紀) 원년.	3		
경술(890)	대순(大順) 원년.	4		
신해(891)	2	5	궁예(弓裔)가 처음 일어나 도적에 투신하다.	
임자(892)	경복(景福) 원년.	6		후백제(後百濟)의 견훤(甄萱)이 스스로 왕을 일컫다.
계축(893)	2	7. 중국에서 연호를 고친 것을 알고 곧 경복 2년이라고 하다.		2

간지(서력)	중국	신라	고구려	백제
갑인(894)	건녕(乾寧) 원년.	8		3
을묘(895)	2	9		4
병진(896)	3	10		5
정사(897)	4	11. 진성왕이 왕위를 태자에게 양위한 다음 후궁에서 죽고, 효공왕(孝恭王) 요(嶢)의 즉위 원년.		6
무오(898)	광화(光化) 원년.	2	궁예가 송악군(松嶽郡)에 도읍하다.	7
기미(899)	2	3		8
경신(900)	3	4		9
신유(901)	천복(天復) 원년.	5	궁예가 스스로 왕을 일컫다.	10
임술(902)	2	6	2	11
계해(903)	3	7	3	12
갑자(904)	천우(天祐) 원년, 애황제(哀皇帝) 축(柷).	8	4. 국호를 마진(摩震), 연호를 무태(武泰)라고 하다.	13
을축(905)	2	9	5. 궁예가 도읍을 철원(鐵圓)으로 옮기고, 연호 무태를 고쳐 성책(聖冊) 원년이라고 하다.	14
병인(906)	3	10	6	15
정묘(907)	4. 양(梁)나라 태조황제(太祖皇帝) 주황(朱晃)의 개평(開平) 원년.	11	7	16
무진(908)	2	12	8	17
기사(909)	3	13	9	18
경오(910)	4	14	10	19

간지(서력)	중국	신라	고구려	백제
신미(911)	건화(乾化) 원년.	15	11. 국호를 태봉(泰封), 연호를 수덕만세(水德萬歲)로 고치다.	20
임신(912)	2. 영왕(郢王) 우규(友珪).	16. 효공왕이 죽고, 신덕왕(神德王) 경휘(景暉)의 즉위 원년.	12	21
계유(913)	3. 말제(末帝) 진(瑱).	2	13	22
갑술(914)	4	3	14. 연호를 정개(政開)로 고치고, 태조(太祖)가 백선장군(百船將軍)이 되다.	23
을해(915)	정명(貞明) 원년.	4	15	24
병자(916)	2	5	16	25
정축(917)	3	6. 신덕왕이 죽고, 경명왕(景明王) 승영(昇英)의 즉위 원년.	17	26
무인(918)	4	2	18. 궁예 휘하의 인심이 갑자기 변하여 태조를 왕으로 추대하고, 궁예는 부하에게 살해되니, 태조가 즉위하여 원년을 일컫다.	27
기묘(919)	5	3		28
경진(920)	6	4		29
신사(921)	용덕(龍德) 원년.	5		30
임오(922)	2	6		31
계미(923)	3. 후당(後唐)의 동광(同光) 원년.	7		32
갑신(924)	2	8. 경명왕이 죽고, 경애왕(景哀王) 위응(魏膺)의 즉위 원년.		33

간지(서력)	중국	신라	고구려	백제
을유(925)	3	2		34
병술(926)	4. 명종황제(明宗皇帝) 단(亶)의 천성(天成) 원년.	3		35
정해(927)	2	4. 경애왕이 죽고, 경순왕(敬順王) 부(傅)의 즉위 원년.		36
무자(928)	3	2		37
기축(929)	4	3		38
경인(930)	장흥(長興) 원년.	4		39
신묘(931)	2	5		40
임진(932)	3	6		41
계사(933)	4. 민제(閔帝) 종후(從厚).	7		42
갑오(934)	응순(應順) 원년, 말제(末帝) 종가(從珂)의 청태(淸泰) 원년.	8		43
을미(935)	2	9. 왕이 우리 태조에게 글을 보내 스스로 항복하고 땅을 바치니, 신라는 56왕 992년 만에 멸망하다.		44
병신(936)	3. 진(晉)나라 고조 석경당(石敬瑭)의 천복(天福) 원년.			45. 견훤이 아들 신검(神劍)이 아비를 가두고 왕위를 빼앗아 스스로 장군을 일컬으니, 견훤은 금성(錦城)으로 달아나 태조에게 투항하다.

• 삼국사기 권 제31

삼국사기 권 제32

잡지(雜志) 제1
제사, 악(樂)

제사(祭祀)

신라의 종묘제도를 살펴보면 이러하다. 제2대 남해왕 3년(6) 봄에 처음으로 시조 혁거세의 사당을 세우고 네 계절에 제사를 지냈는데 친누이 아로(阿老)로 하여금 제사를 주관하게 하였다. 제22대 지증왕은 시조가 탄강하신 곳인 나을(奈乙)에 신궁(神宮)을 창립해 제사를 지냈다. 제36대 혜공왕 때에 와서 비로소 5묘(五廟)를 정했는데, 미추왕을 김씨의 시조로 하고, 태종대왕과 문무대왕은 백제와 고구려를 평정한 큰 공덕이 있으므로 모두 대대로 훼절하지 않을 조상으로 삼았으며, 아버지와 할아버지의 사당 둘을 합해 5묘로 하였다. 제37대 선덕왕(宣德王) 때에 와서 사직단(社稷壇)[1]을 세웠다.

---

1) 사는 토지의 신이요, 직은 오곡의 신이다. 사와 직이 합쳐져서 일정한 지역공동체의 상징이 되었으며, 사직은 뒤에 나라를 의미하는 대명사로 쓰였다. 사직단은 사직을 제사하는 곳이다. 『예기』 예운(禮運)편에 "천자는 천지에 제사하고, 제후는 사직에 제사한다"라고 했으며, "상제(上帝)를 교(郊)에서 제사하는 것은 하늘의 위치를 정하는 것이요, 사직을 나라에서 제사하는 것은 땅의 은혜에 감사를 베푸는 것이다"라고 하였다.

또 『사전』(祀典)에 나타난 바로는 국내의 산천에 제사를 지내면서도 하늘과 땅에까지는 미치지 않았으니, 이것은 아마 『예기』 왕제(王制)편에 "천자는 7묘요, 제후는 5묘이니 2소(二昭)와 2목(二穆)[2]에다 태조의 사당을 더해 5묘이다"라고 하였고, 또 "천자는 하늘과 땅과 천하의 명산대천에 제사를 지내고, 제후는 사직(社稷)과 그 국내에 있는 명산대천에 제사를 지낸다"라고 했으므로, 감히 예법의 분수에 넘치는 제사를 지낼 수 없었기 때문인 듯하다. 그러나 그 사직단과 사당의 높낮이, 담과 문의 안팎, 신위 순서의 존비, 제물을 진설하고 오르내리는 절차, 술잔과 제기와 제육과 축문의 예법들은 헤아릴 수가 없으므로 다만 그저 그 대략만을 기록해둘 따름이다.

일 년에 여섯 번 5묘에 제사를 지내는바, 그것은 정월 2일과 5일, 5월 5일, 7월 상순, 8월 1일과 15일을 이른다. 12월 인일(寅日)에는 신성(新城) 북문에서 팔자(八禩)[3]에 제사를 지내는데, 풍년에는 대뢰(大牢)를 쓰고 흉년에는 소뢰(小牢)를 쓴다.[4] 입춘(立春) 뒤의 해일(亥日)에는 명활성(明活城) 남쪽 웅살곡(熊殺谷)에서 선농(先農)[5]에 제사를 지낸다. 입하

---

2) 소목은 묘(廟)의 순위를 이른 것이다. 종묘의 제도에 태조의 묘는 중앙에 위치하고, 2세·4세·6세는 왼편에 배열하여 '소'라 하고, 3세·5세·7세는 오른편에 배열하여 '목'이라고 한다. 묘차(廟次)는 바뀌어도 소목의 반열은 일정하여 옮기지 않는다. 본서 신라본기 원성왕 즉위년조의 '5묘'에 대한 주석을 참조할 것.

3) '자'(禩)는 '사'(蜡)와 같은 것으로, 한 해를 마무리하는 12월에 만물의 신령을 합제하여 감사하고, 명년의 복을 비는 제사를 말한다. 납제(臘祭)라고도 한다. 주대에 천자가 친히 제사하는 경우를 대사(大蜡)라고 했는데, 그 가운데 중요한 여덟 신령을 들어 '팔자'(八禩)라고 한 것이다. 『예기』 예운(禮運) 및 교특생(郊特牲).

4) 대뢰는 천자가 사직에 제사할 때 소·양·돼지의 세 가지 희생물이 갖추어진 것을 말하고, 소뢰는 양과 돼지의 희생을 갖춘 경우를 말한다. 『예기』 왕제편에 "천자가 사직에 지내는 제사에는 언제나 태뢰(太牢)를 쓰고, 제후의 사직 제사에는 소뢰(少牢)를 쓴다"라고 하였다.

5) 선농은 처음으로 백성들에게 경작하는 법을 가르친 신으로 신농(神農)이라고 하며, 옛날에는 전조(田祖)라고 했으니, 곧 『사기』 삼황본기의 염제(炎帝)를 말한다. 매년 중춘(仲春) 해일(亥日)에 선농단(先農壇)에서 선농에게 제사를 지낸다.

(立夏) 뒤의 해일(亥日)에는 신성 북문에서 중농(中農)에 제사를 지낸다. 입추(立秋) 뒤의 해일(亥日)에는 산원(蒜園)에서 후농(後農)에 제사를 지낸다. 입춘 뒤의 축일(丑日)에는 견수곡문(犬首谷門)에서 풍백(風伯)에 제사를 지낸다. 입하 뒤의 신일(申日)에는 탁저(卓渚)에서 우사(雨師)에 제사를 지낸다. 입추 뒤의 진일(辰日)에는 본피유촌(本彼遊村)에서 영성(靈星)[6]에 제사를 지낸다[여러 『예전』(禮典)을 조사해보면 다만 선농에만 제사를 지냈고, 중농이나 후농의 경우는 없다].[7]

3산(三山)과 5악(五岳) 이하의 명산대천에 지내는 제사는 대사·중사·소사로 나뉜다.[8]

대사(大祀)는 3산(三山)에 지내는데 첫째 나력(奈歷)[습비부(習比部)], 둘째 골화(骨火)[절야화군(切也火郡)], 셋째 혈례(穴禮)[대성군(大城郡)]이다.[9]

중사(中祀)의 경우 **5악**(五岳)[10]은 동쪽의 토함산(吐含山)[대성군(大

---

6) 영성은 농사를 맡고 있는 천전성(天田星)으로서, 한 고조 8년에 처음으로 진일(辰日)에 동남방에서 제사하여 풍년을 기원했다 하며, 혹은 후직(后稷)을 가리킨다고도 한다. 『풍속통』 사전(祀典). 한편 풍백·우사·영성에 대한 제례의 일정은 당의 경우와 일치하는 것으로 보아 당의 사전(祀典)을 모델로 하였음을 알 수 있다. 『당령습유』(唐令拾遺).

7) 찬자가 주에서 언급한 것처럼 중농과 후농은 일반적으로 예전(禮典)에서 찾을 수 없다. 다만 『고려사』 세가 7 문종 2년 6월에 후농에 제사했다는 기록이 있는 것으로 미루어, 신라의 농사 관련 제례가 고려에서도 존속되었던 것을 알 수 있다.

8) 신라의 대사·중사·소사 등 삼사(三祀)제도 자체는 『주례』 춘관(春官) 사사(肆師)에서 유래한 것이지만, 그 구체적 대상이 반드시 일치하는 것은 아니다.

9) 『삼국유사』 기이 1 김유신조에는 나림(奈林)·혈례(穴禮)·골화(骨火)의 세 호국신들이 여인의 몸으로 현신한 사례가 있다.

10) 『예기』 왕제(王制)편에 "5악은 삼공(三公)에 비긴다"라고 하였고, 『이아』(爾雅) 석산(釋山)에 "태산(泰山)은 동악, 화산(華山)은 서악, 곽산(霍山)은 남악, 항산(恒山)은 북악, 숭고산(嵩高山)은 중악이다"라고 했으니, 천자가 천하를 순행할 때 꼭 들러야 하는 산들이다.

城郡)], 남쪽의 지리산(地理山)[청주(菁州)], 서쪽의 계룡산(雞龍山)[웅천주(熊川州)], 북쪽의 태백산(太伯山)[나기군(奈己郡)], 중앙의 부악(父岳)[공산(公山)이라고도 한다. 압독군(押督郡)]이다. **4진**(四鎭)[11]은 동쪽의 온말근(溫沫懃)[아곡정(牙谷停)], 남쪽의 해치야리(海耻也里)[실제(悉帝)라고도 한다. 추화군(推火郡)], 서쪽의 가야갑악(加耶岬岳)[마시산군(馬尸山郡)], 북쪽의 웅곡악(熊谷岳)[비열홀군(比烈忽郡)]이다. **4해**(四海)[12]는 동쪽의 아등변(阿等邊)[근오형변(斤烏兄邊)이라고도 한다. 퇴화군(退火郡)], 남쪽의 형변(兄邊)[거칠산군(居柒山郡)], 서쪽의 미릉변(未陵邊)[시산군(屎山郡)], 북쪽의 비례산(非禮山)[실직군(悉直郡)]이다. **4독**(四瀆)[13]은 동쪽의 토지하(吐只河)[참포(槧浦)라고도 한다. 퇴화군(退火郡)], 남쪽의 황산하(黃山河)[삽량주(歃良州)], 서쪽의 웅천하(熊川河)[웅천주(熊川州)], 북쪽의 한산하(漢山河)[한산주(漢山州)]이다. 이외에 속리악(俗離岳)[삼년산군(三年山郡)], 추심(推心)[대가야군(大加耶郡)], 상조음거서(上助音居西)[서림군(西林郡)], 오서악(烏西岳)[결기군(結己郡)], 북형산성(北兄山城)[대성군(大城郡)], 청해진(淸海鎭)[조음도(助音島)]에서도 지낸다.

　소사(小祀)의 경우는 상악(霜岳)[고성군(高城郡)], 설악(雪岳)[수성군(㳌城郡)], 화악(花岳)[근평군(斤平郡)], 겸악(鉗岳)[칠중성(七重城)], 부

---

11) 4진은 4방의 진이 되는 큰 산을 말하는 것으로, 『주례』춘관(春官) 대사악(大司樂)에는 양주(揚州)의 회계산(會稽山), 청주(靑州)의 기산(沂山), 유주(幽州)의 의무려산(醫無閭山), 기주(冀州)의 곽산(霍山)이라고 하였다.

12) 『예기』 왕제(王制)편에 중국의 넓음을 표시하여 서쪽은 유사(流沙)에 이르고, 남쪽은 형산(衡山)에 이르고, 동쪽은 동해(東海)에 이르고, 북쪽은 항산(恒山)에 이른다 하고, "무릇 4해의 안에서 긴 것을 떼어 짧은 것에 보태 계산하면 사방 3천 리가 된다"라고 하였다.

13) 『예기』 왕제(王制)편에 "4독은 제후에 비긴다"라고 하였고, 『이아』(爾雅) 석수(釋水)에 장강(長江)·황하(黃河)·회수(淮水)·제수(濟水)를 4독이라고 했으니, 나라의 큰 물줄기를 말한다.

아악(負兒岳)〔북한산주(北漢山州)〕, 월나악(月奈岳)〔월나군(月奈郡)〕, 무진악(武珍岳)〔무진주(武珍州)〕, 서다산(西多山)〔백해군(伯海郡) 난지가현(難知可縣)〕, 월형산(月兄山)〔나토군(奈吐郡) 사열이현(沙熱伊縣)〕, 도서성(道西城)〔만노군(萬弩郡)〕, 동로악(冬老岳)〔진례군(進禮郡) 단천현(丹川縣)〕, 죽지(竹旨)〔급벌산군(及伐山郡)〕, 웅지(熊只)〔굴자군(屈自郡) 웅지현(熊只縣)〕, 악발(岳髮)〔발악(髮岳)이라고도 한다. 우진야군(于珍也郡)〕, 우화(于火)〔생서량군(生西良郡) 우화현(于火縣)〕, 삼기(三岐)〔대성군(大城郡)〕, 훼황(卉黃)〔모량(牟梁)〕, 고허(高墟)〔사량(沙梁)〕, 가아악(嘉阿岳)〔삼년산군(三年山郡)〕, 파지곡원악(波只谷原岳)〔아지현(阿支縣)〕, 비약악(非藥岳)〔퇴화군(退火郡)〕, 가림성(加林城)〔가림현(加林縣). 어떤 기록에는 영암산(靈嵒山)·우풍산(虞風山)이 들어 있고 가림성은 없다〕, 가량악(加良岳)〔청주(菁州)〕, 서술(西述)〔모량(牟梁)〕에서 지낸다.

4성문제(四城門祭)는 첫째 대정문(大井門), 둘째 토산량문(吐山良門), 셋째 습비문(習比門), 넷째 왕후제문(王后梯門)에서 지낸다. **부정제**(部庭祭)는 양부(梁部)에서 지낸다. **4천상제**(四川上祭)는 첫째 견수(犬首), 둘째 문열림(文熱林), 셋째 청연(靑淵), 넷째 박수(樸樹)에서 지낸다. 문열림(文熱林)에서는 **일월제**(日月祭)를 지내고, 영묘사(靈廟寺) 남쪽에서는 **5성제**(五星祭)를 지내며, 혜수(惠樹)에서는 **기우제**(祈雨祭)를 지낸다. **4대도제**(四大道祭)는 동쪽의 고리(古里), 남쪽의 첨병수(簷幷樹), 서쪽의 저수(渚樹), 북쪽의 활병기(活幷岐)에서 지낸다. **압구제**(壓丘祭)와 **벽기제**(辟氣祭)도 지낸다. 위에 든 것들은 혹은 별도의 제정을 거치거나, 혹은 수재와 한재로 말미암아 시행되는 것들이다.

고구려와 백제의 제사 예법은 분명하지 않으므로 여기서는 다만 『고기』와 중국 사서에 실린 것들만을 상고해 기록해둔다.

『후한서』에는 이르기를 "고구려는 귀신과 사직과 영성(零星)[14]에 제사 지내는 것을 좋아한다. 10월에 하늘에 제사를 지내는데 크게 집회를 열어 동맹(東盟)이라고 이름한다. 그 나라 동쪽에는 큰 굴이 있는데 수신(襚神)이라 하고, 역시 10월에 맞이해 제사를 지낸다"라고 하였다.[15]

『북사』에는 이르기를 "고구려는 항상 10월에 하늘에 제사를 지내며, 부정한 귀신을 모시는 사당이 많다. 신묘(神廟)는 두 군데가 있는데, 하나는 부여신(夫餘神)이라 하여 나무를 깎아 부인의 형상을 만들어 두고, 다른 하나는 고등신(高登神)이라 하는데 이가 시조인 부여신의 아들이라 한다. 이들에는 모두 관아를 두고 사람을 파견해 수호하는데, 대개 하백(河伯)의 딸과 주몽(朱蒙)을 말하는 것이다"라고 하였다.[16]

『양서』에는 이르기를 "고구려는 왕궁 왼편에 큰 집을 세우고 귀신에게 제사를 지내며, 또 영성과 사직에 제사를 지낸다"라고 하였다.[17]

『당서』에는 이르기를 "고구려의 풍속에는 부정한 귀신을 모시는 사당이 많으며 영성 및 해, 기자(箕子), 가한(可汗) 등 신에게 제사를 지낸다. 나라의 동쪽에는 큰 굴이 있는데 신의 굴이라고 하여 매년 10월이면 왕들이 모두 직접 제사를 지낸다"라고 하였다.[18]

『고기』에는 이르기를 "동명왕 14년(기원전 24) 가을 8월에 왕의 어머니 유화(柳花)가 동부여에서 죽자 그 나라 왕 금와(金蛙)가 태후의 예를 갖추어 장사 지내고 마침내 신묘(神廟)를 세웠다. 태조왕 69년(121) 겨울 10월에 왕이 부여에 행차하여 태후묘(太后廟)에 제사를 지냈다. 신대왕 4년(168) 가을 9월에 왕이 졸본으로 가서 시조묘(始祖廟)에 제사를 지냈다. 고국천왕 원년(179) 가을 9월과 동천왕 2년(228) 봄 2월과 중천왕 13년(260) 가을 9월과 고국원왕 2년(332) 봄 2월과 안장왕 3년(521)

---

14) 영성(靈星)과 같은 것으로, 진일(辰日)에 동남쪽에서 진성(辰星)을 제사하는 것을 말한다. 신라의 제사 내용 가운데 '영성'에 대한 주석을 참조할 것.
15) 『후한서』 85 고구려전.
16) 『북사』 94 고구려전.
17) 『양서』 54 고구려전.
18) 『신당서』 220 고려전.

여름 4월과 평원왕 2년(560) 봄 2월과 건무왕(建武王) 2년(619) 여름 4월에도 모두 위와 같이 제사를 지냈다. 고국양왕 9년[19] 봄 3월에는 국사(國社)[20]를 세웠다"라고 하였다.[21] 또 이르기를 "고구려는 늘 3월 3일에 낙랑의 언덕에 모여 사냥해서 돼지와 사슴을 잡아 하늘과 산천에 제사를 지낸다"[22]라고 하였다.

『책부원귀』에는 이르기를 "백제는 매년 네 계절의 가운데 달에 왕이 하늘과 5제(五帝)[23]의 신에 제사를 지내며, 그 나라 시조 구태(仇台)의 묘당을 수도에 세우고 일 년에 네 차례 제사를 지낸다"라고 하였다〔『해동고기』(海東古記)에는 혹은 '시조 동명(東明)'이라 하고, 혹은 '시조 우태(優台)'라고 하였으며, 『북사』와 『수서』에는 모두 "동명의 뒤에 구태(仇台)라는 이가 있어 대방(帶方)에 나라를 세웠다"라고 했는데, 여기서는 '시조 구태'라고 하였다. 그러나 동명이 시조인 것은 사적이 명백하므로 그 밖의 것들은 믿을 수 없다〕.[24]

『고기』에 이르기를 "온조왕 20년(2) 봄 2월에 제단을 설치해 하늘과

---

19) 고구려본기에서도 확인되는 내용이지만, 「광개토왕비」에 충실할 경우 고국양왕 9년 즉 임진년(392)은 광개토왕 즉위 2년이므로 『고기』나 그에 입각한 고구려본기의 기록은 「광개토왕비」와는 적어도 1년의 오차가 있다.

20) 『예기』 제법(祭法)편에 따르면 왕자가 군성(群姓)을 위해 사(社)를 세우는 것을 대사(大社)라 하고, 제후가 백성을 위해 사를 세우는 것을 국사라고 하였다. 그러므로 국사는 본래 제후가 지내는 토지제사를 위한 것이다.

21) 여기 보이는 제사 기록을 고구려본기 내용과 비교할 때 신대왕의 경우는 본기보다 1년 늦게, 고국천왕의 경우는 본기보다 1년 이르게 되어 있다. 건무왕은 영류왕을 말한다. 한편 본기의 대무신왕 3년 제사 관련 기록은 이 제사지에 기록되지 않았다.

22) 본서 45 온달전에서 같은 내용이 확인된다.

23) 5제에 대해서는 다섯의 천제(天帝), 혹은 인제(人帝) 설이 있는데, 여기서는 다섯의 천제를 가리키는 것으로 보는 것이 옳겠다. 즉 동방 창제(蒼帝), 남방 적제(赤帝), 중앙 황제(黃帝), 서방 백제(白帝), 북방 흑제(黑帝)를 말한다. 이는 5방·5행사상에서 기인한 것으로 각각 청룡, 주작, 기린, 백호, 현무로 상징된다.

24) 찬자는 『책부원귀』 959 외신부(外臣部) 토풍(土風) 1 백제국조와 『수서』 81 백제전 및 『북사』 94 백제전을 참조·소개하면서 결국 『해동고기』의 견해를 따르고 있다.

땅에 제사를 지냈으며, 같은 왕 38년 겨울 10월과 다루왕 2년(29) 봄 2월과 고이왕 5년(238) 봄 정월과 같은 왕 10년 봄 정월 및 14년 봄 정월과 근초고왕 2년(347) 봄 정월과 아신왕 2년(393) 봄 정월과 전지왕 2년 (406) 봄 정월과 모대왕(牟大王) 11년(489) 겨울 10월에도 모두 위와 같이 제사를 지냈다. 다루왕 2년 봄 정월에 시조 동명묘(東明廟)에 참배했으며, 책계왕 2년(287) 봄 정월과 분서왕 2년(299) 봄 정월과 계왕 2년 (345) 여름 4월과 아신왕 2년 봄 정월과 전지왕 2년 봄 정월에도 모두 위와 같이 제사를 지냈다.[25]

악(樂)

신라의 음악에는 3죽(三竹)과 3현(三絃)과 박판(拍板)과 대고(大鼓)와 가무(歌舞)가 있다. 춤추는 이는 두 사람인데 모가 난 복두(幞頭)를 쓰고, 큰 소매 달린 자색 내리닫이 옷을 입고, 붉은 가죽띠에, 도금한 띠쇠를 붙인 허리띠를 매고, 검은 가죽신을 신는다. 3현은 첫째 현금(玄琴), 둘째 가야금(加耶琴), 셋째 비파(琵琶)이다. 3죽은 첫째 대금(大笒), 둘째 중금 (中笒), 셋째 소금(小笒)이다.

현금(玄琴)은 중국 악부(樂部)의 금(琴)을 본떠 만든 것이다.

『금조』(琴操)를 살펴보면 "복희씨(伏犧氏)가 금(琴)을 만들어서 이것으로 몸을 닦고 본성을 다스려 그 꾸밈없는 천성을 회복하게 하였다"라고 했으며, 또 이르기를 "금(琴)의 길이는 3척 6촌 6푼이니 3백 66일을 형상한 것이고, 너비는 6촌이니 6합(六合)[26]을 상징한 것이다. 울림판의 위쪽을 지(池)['지'는 물이니 그 공평함을 말하는 것이다]라 하고, 아래쪽을 빈(濱)['빈'은 가까이 좇아 따른다는 것이다]이라고 한다. 앞이 넓

---

25) 여기 보이는 제사 기록을 백제본기 내용과 비교할 때 계왕의 경우는 본기에서 확인되지 않는다. 모대왕은 동성왕을 말한다. 한편 본기의 온조왕 원년·구수왕 14년·비류왕 9년·비류왕 10년 제사 관련 기록은 이 제사지에 기록되지 않았다.
26) 6합은 천지와 사방을 이르니 곧 천하를 말하는 것이며, 6극(六極)이라고도 한다.

고 뒤가 좁은 것은 높고 낮음을 형상한 것이고, 위가 둥글고 아래가 모난 것은 하늘과 땅을 본뜬 것이다. 다섯 개의 줄은 5행(五行)을 형상한 것이며, 큰 줄은 임금이 되고 작은 줄은 신하가 되는데, 문왕과 무왕이 여기에 두 줄을 더하였다"라고 하였다.

또 『풍속통』(風俗通)[27]에 이르기를 "금(琴)의 길이가 4척 5촌인 것은 4시(四時)와 5행을 본뜬 것이고, 일곱 개의 줄은 7성(七星)을 본뜬 것이다"라고 하였다.

현금의 제작에 대해서 『신라고기』(新羅古記)에는 이렇게 말하였다.

처음에 진(晉)나라 사람이 7현금(七絃琴)을 고구려에 보냈는데 고구려 사람들은 비록 그것이 악기인 줄은 알았지만 그 음률이나 연주법을 몰랐기 때문에, 현상을 걸고서 나라 사람 가운데 그 음률을 알아 연주할 수 있는 이에게는 후한 상을 주겠다고 하였다. 이 당시 둘째 재상이었던 왕산악(王山岳)이 그 본래 모양을 보존하면서 자못 그 제작 법식을 고쳐 만들고, 겸하여 1백여 곡을 창작하여 연주했더니 검은 학이 날아와 춤을 추었으므로 드디어 현학금(玄鶴琴)이라고 이름했으며, 그 후에는 다만 현금(玄琴)이라고 하였다. 신라 사람 사찬 공영(恭永)의 아들 옥보고(玉寶高)는 지리산(地理山) 운상원(雲上院)에 들어가 거문고를 연마한 지 50년 만에 스스로 새로운 가락 30곡을 창작해서 이를 속명득(續命得)에게 전수하였고, 속명득은 귀금선생(貴金先生)에게 전수했는데, 귀금선생 역시 지리산에 들어가 나오지 않았다. 신라 왕은 거문고의 예도(藝道)가 끊어질까 염려해 이찬 윤흥(允興)에게 일러서 편의껏 그 음악을 전수해오게 하고, 드디어 남원(南原)의 일체 관청 사무를 그에게 맡겼다. 윤흥이 임지에 도착하여 총명한 소년

27) 『풍속통』은 동한(東漢) 응소(應劭)가 찬한 『풍속통의』(風俗通義)를 이르는데, 본래 32권으로 되어 있었으나, 지금은 10권만이 전존한다. 사물과 시속(時俗) 해설을 위주로 하여 당시의 사회풍속과 종교사상에 대해 원시유가의 학설을 근거로 비교 해석하였다. 여기 인용된 부분은 『풍속통의』 6 금(琴)조의 끝부분이다.

두 명, 즉 안장(安長)과 청장(淸長)을 선발해 그들로 하여금 지리산에 들어가 거문고를 배워오도록 하였다. 귀금선생은 그들에게 거문고를 가르쳐주면서도, 그 은미한 경지는 전수해주지 않았다. 윤흥이 자기 처와 함께 나아가 말하기를 "우리 왕께서 저를 남원에 보내신 것은 다름이 아니라 선생의 기예를 전수받고자 함인데, 지금 3년이 되었는데도 선생께서는 감추어두고 전수해주시지 않는 것이 있으니, 제가 왕께 복명해 올릴 만한 것이 없습니다" 하고, 윤흥은 두 손으로 술을 받들어 올리고 그의 처는 술잔을 잡고 무릎걸음을 하여 예의와 정성을 다하였다. 그런 다음에야 귀금선생은 감추어두었던 '표풍'(飄風) 등 세 곡을 전해주었다. 안장은 자기 아들 극상(克相)과 극종(克宗)에게 전수하고, 극종은 일곱 곡을 지었으며, 극종의 뒤에는 거문고를 전공하는 이가 한둘이 아니었다.

그들이 작곡한 음률에는 두 가지 음조가 있는데 하나는 평조(平調)이고, 다른 하나는 우조(羽調)로서, 모두 1백 87곡이다. 그 밖의 음률과 남긴 곡조 가운데 지금까지 전해져서 기록할 만한 것은 얼마 되지 않으며, 나머지는 모두 흩어지고 없어져서 여기에 갖추어 싣지 못한다.

옥보고가 작곡한 30곡은 상원곡(上院曲) 하나, 중원곡(中院曲) 하나, 하원곡(下院曲) 하나, 남해곡(南海曲) 둘, 의암곡(倚嵒曲) 하나, 노인곡(老人曲) 일곱, 죽암곡(竹庵曲) 둘, 현합곡(玄合曲) 하나, 춘조곡(春朝曲) 하나, 추석곡(秋夕曲) 하나, 오사식곡(吾沙息曲) 하나, 원앙곡(鴛鴦曲) 하나, 원호곡(遠岵曲) 여섯, 비목곡(比目曲) 하나, 입실상곡(入實相曲) 하나, 유곡청성곡(幽谷淸聲曲) 하나, 강천성곡(降天聲曲) 하나이다. 극종이 작곡한 일곱 곡은 지금은 없어졌다.

가야금(加耶琴) 역시 중국 악부의 쟁(箏)을 본떠 만들었다. 『풍속통』에 이르기를 "쟁은 진(秦)의 악기이다"라고 했으며,[28] 『석명』(釋名)에는 "쟁은 줄을 높은 음으로 걸어 매서 소리가 쟁쟁하며, 병(幷)과 양(梁) 두

주(州)의 쟁은 모양이 비파와 같다"라고 하였다.[29] 부현(傅玄)은 말하기를 "위가 둥근 것은 하늘을 형상한 것이요, 아래가 평평한 것은 땅을 형상한 것이며, 가운데가 빈 것은 6합(六合)을 본받은 것이고, 줄과 기러기 발은 열두 달을 견주어 비긴 것이니, 이야말로 어질고도 지혜로운 악기이다"라고 하였다.[30] 완우(阮瑀)는 말하기를 "쟁은 길이가 6척이니 음률의 수를 따른 것이고, 줄이 열두 개인 것은 네 계절을 본뜬 것이며, 기러기발 높이는 3촌이니 하늘과 땅과 사람을 상징한 것이다"라고 하였다.[31] 가야금은 비록 쟁과는 그 제도가 조금 다르기는 하나 대체로는 비슷하다.

『나고기』(羅古記)에는 이렇게 말하였다.

가야금은 가야국의 가실왕(嘉實王)이 중국 악기를 보고 만들었다. 왕은 '여러 나라의 방언들이 제각기 다르니 그 성음(聲音) 역시 어찌 한결같을 수가 있겠는가!'라고 생각하여, 곧 악사인 성열현(省熱縣) 사람 우륵(于勒)을 시켜 열두 곡을 만들게 하였다. 그 후 우륵은 가야국이 장차 혼란스러워질 것이라 하여 악기를 지니고서 신라 진흥왕에게 투신하였다. 진흥왕은 그를 받아들여 국원(國原)에서 편안히 살게 하고 대나마(大奈麻) 주지(注知)와 계고(階古) 및 대사(大舍) 만덕(萬德)

---

28) 『풍속통의』 6 쟁(箏)조.

29) 『석명』 7 석악기(釋樂器)에서 인용한 것인데, 이 책은 후한 유희(劉熙)가 찬했으며, 『이아』(爾雅)의 체제를 모방해 '석천'(釋天), '석지'(釋地) 등 27부류로 나누어 명물(名物)의 훈고를 실었다.

30) 부현(217~278)은 서진(西晋)시대 문인으로 왕침(王沈)·손해(孫該) 등과 함께 『위서』(魏書)를 찬하였다. 여기 인용된 글은 그의 「쟁부서」(箏賦序)와 비교해 약간의 표현상 변개(變改)가 있다. 『통전』 144 악 4 사오(絲五)조.

31) 완우(?~212)는 삼국시대 위의 문인으로 채옹(蔡邕)의 제자이다. 금(琴)에 능했으며 조조 휘하에서 많은 군국서격(軍國書檄)을 작성하였다. 특히 한수(韓遂)에게 보내는 서신을 마상에서 지어 올리매, 위 태조가 끝내 하나도 가감하지 못했다는 일화가 있다. 『삼국지』 21 완우전. 여기 인용된 글은 그의 「쟁부」(箏賦)와 비교해 약간의 표현상 변개가 있다.

을 그에게 보내 우륵의 음악을 전수받게 하였다. 세 사람이 열두 곡을 전수받은 다음 서로 말하기를 "이 곡들은 번거롭고도 음란하여 우아하고 바른 것이라고는 할 수 없다" 하고, 마침내 줄여서 다섯 곡을 만들었다. 우륵은 처음 그 말을 듣고서 노하였으나 다섯 가지의 곡을 듣고 나서는 눈물을 흘리면서 찬탄하기를 "즐거우나 절제하여 흘러내리지 않고, 애절하면서도 지나치지 않아 비통하지 않으니,[32] 바른 음악이라고 할 만하구나! 너희들은 왕 앞에서 연주하여라"라고 하였다. 왕이 연주를 듣고 크게 기뻐했는데, 이를 간하는 이가 의견을 아뢰기를 "가야는 망한 나라이니, 그 음악은 취할 만한 것이 못 됩니다"라고 하였다. 왕은 "가야 왕이 음란하여 스스로 망한 것이거늘 그 음악이 무슨 허물이겠느냐? 대개 성인이 음악을 지으시는 것은 사람의 성정에 연유해 절제하도록 한 것이니, 나라가 잘 다스려지거나 어지러운 것은 음률과 곡조 때문이 아니다" 하고는, 마침내 널리 연주하게 하여 대악(大樂)으로 삼았다.

가야금에는 두 가지 음조가 있는데 하나는 하림조(河臨調)이고, 다른 하나는 눈죽조(嫩竹調)로서, 모두 1백 85곡이다.

우륵이 작곡한 열두 곡은 1. 하가라도(下加羅都), 2. 상가라도(上加羅都), 3. 보기(寶伎), 4. 달이(達已), 5. 사물(思勿), 6. 물혜(勿慧), 7. 하기물(下奇物), 8. 사자기(師子伎), 9. 거열(居烈), 10. 사팔혜(沙八兮), 11. 이사(爾赦), 12. 상기물(上奇物)이라 한다. 이문(泥文)이 작곡한 세 곡은 1. 오(烏), 2. 서(鼠), 3. 순(鶉)이라 한다[사(赦)자는 자세히 알 수 없다].

---

32) 원문에 "낙이불류 애이불비"(樂而不流 哀而不悲)라고 하였거니와, 이것은 『논어』 팔일(八佾)편에 공자가 『시경』 주남(周南) 관저장(關雎章)을 평해 "낙이불음 애이불상"(樂而不淫 哀而不傷)이라고 한 데서 유래한 것이다. 『좌전』 양공(襄公) 19년 조에도 같은 뜻으로 "애이불수 낙이불황"(哀而不愁 樂而不荒)이라고 했으며, 『예기』 악기(樂記)편 역시 유사한 음악관을 피력하고 있다.

비파(琵琶)는『풍속통』에 이르기를 "근대의 음악가들이 만든 것으로, 그 시초는 알 수 없다. 길이는 3척 5촌이니 하늘과 땅과 사람과 5행을 본뜬 것이요, 네 개의 줄은 네 계절을 형상한 것이다"라고 하였다.[33]『석명』에는 이르기를 "비파는 본래 호족(胡族)들 사이에 말 위에서 타던 것인데, 손을 앞으로 밀어올려 타는 것을 '비'(琵)라 하고 손을 뒤로 당겨 타는 것을 '파'(琶)라 하는지라, 그에 연유하여 악기의 이름으로 하였다"라고 하였다.[34] 우리나라 비파는 중국의 제도와 비교해 대체로는 같지만 약간 다른데, 역시 신라에서 비롯한 것이다. 다만 누가 만든 것인지는 알 수가 없다. 그 음조에는 세 가지가 있는데 첫째 궁조(宮調), 둘째 칠현조(七賢調), 셋째 봉황조(鳳凰調)로서, 모두 2백 12곡이다.

3죽(三竹) 역시 중국의 피리를 모방해 만든 것이다.『풍속통』에 이르기를 "피리는 한 무제 때 구중(丘仲)이 만든 것이다"[35]라고 하였다. 그러나 한편 송옥(宋玉)의 글에「적부」(笛賦)가 있는 것을 보면[36] 송옥이 한나라 이전 사람이므로 아마 한 무제 때 만들었다는 설명은 잘못인 듯하다.『풍속통』에는 이어 "마융(馬融)[37]이 이르기를 '근대의 쌍적(雙笛)은 강족(羌族)에서 비롯하였다' 하였고, 또 '적'(笛)은 '척'(滌)이니, 이것으로 바르지 않고 더러운 것들을 씻어내고 고상하고 바른 데로 끌어들이는 까닭이다. 길이는 2척 4촌이고, 7개의 구멍이 있다"라고 하였다.[38] 우

---

33)『풍속통의』6 비파(批把)조.

34)『석명』7 석악기 비파(枇杷)조.

35) 구중은 피리를 만든 악공의 이름인데,『송서』(宋書) 19 악지 1에도 역시 마융(馬融)의「장적부」(長笛賦)를 인용해 같은 견해를 소개하였다.

36) 송옥(宋玉)은 전국시대 초의 문인으로 굴원(屈原)의 제자이다.「풍부」(風賦)·「고당부」(高唐賦)·「신녀부」(神女賦) 등을 지었다.『한서』30 예문지에는 그의 부(賦) 16편이 있었다 한다.

37) 마융(79~166)은 후한시대 유학자로 경학에 달통하여 노식(盧植)·정현(鄭玄)을 비롯한 1천여 명이 넘는 제자를 길렀다. 특히 금(琴)을 잘 타고 피리불기를 좋아했으며 유자의 절도에 구애받지 않았다 한다.『후한서』60 상 마융전.

38) 마융의 견해는 그의「적부」(笛賦)에 나오는 것인데, 이를 포함해 이 부분은『풍속

리나라 3죽 역시 신라에서 비롯한 것이지만, 누가 만든 것인지는 알 수 없다.

『고기』에 이르기를 "신문왕 때 동해 가운데 홀연히 웬 작은 산이 하나 나타났는데 모습이 거북 머리 같았으며, 그 위에 대나무 하나가 있어 낮에는 둘로 나누어졌다가 밤에는 하나로 합해졌다. 왕이 사람을 시켜 대나무를 잘라다가 피리를 만들게 하고 만파식(萬波息)이라고 이름하였다"라고 하였다.[39] 비록 이와 같은 말이 있기는 하나 괴이쩍어 믿을 수 없다.

3죽의 피리에는 일곱 가지 음조가 있는데, 1. 평조(平調), 2. 황종조(黃鐘調), 3. 이아조(二雅調), 4. 월조(越調), 5. 반섭조(般涉調), 6. 출조(出調), 7. 준조(俊調)이다. 대금(大笒)에는 3백 24곡, 중금(中笒)에는 2백 45곡, 소금(小笒)에는 2백 98곡이 있다.

회악(會樂)과 신열악(辛熱樂)은 유리왕 때 만들었다. 돌아악(突阿樂)은 탈해왕 때 만들었다. 지아악(枝兒樂)은 파사왕 때 만들었다. 사내악(思內樂)〔'시뇌'(詩惱)로도 쓴다〕은 내해왕 때 만들었다. 가무(笳舞)는 내밀왕(奈密王) 때 만들었다. 우식악(憂息樂)은 눌지왕 때 만들었다. 대악(碓樂)은 자비왕 때 사람 백결선생(百結先生)이 만들었다. 우인(竽引)은 지대로왕(智大路王) 때 사람 천상욱개자(川上郁皆子)가 만들었다. 미지악(美知樂)은 법흥왕 때 만들었다. 도령가(徒領歌)는 진흥왕 때 만들었다. 날현인(捺絃引)은 진평왕 때 사람 담수(淡水)가 만들었다. 사내기물악(思內奇物樂)은 원랑도(原郎徒)가 만들었다. 내지(內知)는 일상군(日上郡)의 음악이다. 백실(白實)은 압량군(押梁郡)의 음악이다. 덕사내(德思內)는 하서군(河西郡)의 음악이다. 석남사내(石南思內)는 도동벌군

통의』6 적(笛)조를 적의하게 인용한 것이다.
[39] 『삼국유사』 기이 2 만파식적조에 이와 관련한 자세한 유래가 있다. 그에 따르면 개요(開耀) 2년 임오(682), 즉 신문왕 2년의 일이라고 하였다.

(道同伐郡)의 음악이다. 사중(祀中)은 북외군(北隈郡)의 음악이다. 이것들은 모두 우리나라 사람들이 즐기는 음악에 연유해 만든 것인데, 그 악기의 구성과 가무의 형태는 후세에 전하지 않는다.

다만 『고기』에는 이렇게 말하였다.

정명왕(政明王) 9년(689)에 왕이 신촌(新村)에 행차하여 술자리를 베풀고 음악을 연주하였다. 가무(笳舞)에는 감(監)이 6명, 가척(笳尺)이 2명, 무척(舞尺)이 1명이었다. 하신열무(下辛熱舞)에는 감이 4명, 금척(琴尺)이 1명, 무척이 2명, 가척(歌尺)이 3명이었다. 사내무(思內舞)에는 감이 3명, 금척이 1명, 무척이 2명, 가척(歌尺)이 2명이었다. 한기무(韓岐舞)에는 감이 3명, 금척이 1명, 무척이 2명이었다. 상신열무(上辛熱舞)에는 감이 3명, 금척이 1명, 무척이 2명, 가척(歌尺)이 2명이었다. 소경무(小京舞)에는 감이 3명, 금척이 1명, 무척이 1명, 가척(歌尺)이 3명이었다. 미지무(美知舞)에는 감이 4명, 금척이 1명, 무척이 2명이었다. 애장왕 8년(807)에 음악을 연주하였다. 처음에 사내금(思內琴)을 연주했는데 무척 4명은 푸른 옷을 입고, 금척 1명은 붉은 옷을 입었으며, 가척(歌尺) 5명은 무늬있는 옷을 입고 수놓은 부채를 든데다가 모두 금으로 새겨넣은 띠를 둘렀다. 그다음에 대금무(碓琴舞)를 연주했는데 무척은 붉은 옷을 입고, 금척은 푸른 옷을 입었다.

이와 같을 뿐이니, 그 자세한 것은 말할 수 없다. 신라 시대에는 악공들을 모두 척(尺)이라고 불렀다.

최치원(崔致遠)의 시 가운데 우리나라 음악에 대해 읊은 시 다섯 수가 있으므로 이제 여기에 기록해 둔다.[40]

---

40) 이 다섯 시의 내용을 미루어 이른바 '신라의 5기(五伎)'라고들 한다. 모두 곡예, 혹은 가면극·탈춤과 같은 공연예술을 묘사한 것으로 생각한다.

금환(金丸)

몸은 빙글 팔은 건들 금방울 희롱할새

달 구르고 별이 뜬듯 눈에 가득 보이누나

의료(宜僚)의 재주인들 이보다 더 나으랴[41]

거친 바다 파도조차 잠잠해지겠거니

월전(月顚)

솟은 어깨 움츠린 목 머리카락 치뗘 세워

팔을 걷은 난쟁이들 술잔 시비 한창이라

노랫소리 듣는 이들 저마다 웃는데

초저녁에 세운 깃발 새벽머리 재촉한다

대면(大面)

황금 가면 쓴 얼굴빛 이가 바로 그이인데

구슬 채찍 손에 잡고 귀신을 부리누나

빠른 걸음 느린 거동 맵시 좋게 춤을 추니

완연히 붉은 봉황 태평 시절 반기는 듯

---

41) 의료는 웅의료(熊宜僚), 혹은 시남의료(市南宜僚)라고 하는 인물로, 전국시대 초
의 현인으로 알려진 사람이다. 초의 백공승(白公勝)이 난을 일으키고자 할 때, 의
료의 능력이 5백 명과 맞먹는다는 말을 듣고 그를 끌어들이려 했으나, 의료는 공
을 가지고 놀면서 대꾸를 하지 않았으며, 목에 칼을 들이대도 놀라는 기색이 없었
다고 한다. 또 일설에는 그가 공 놀리기를 잘하여 8개는 공중에 떠 있고, 한 개는
손안에 있었다고 한다. 『좌전』 애공 16년 및 『장자』 서무귀(徐无鬼).

속독(束毒)

쑥대머리 쪽빛 얼굴 속세 사람 아니거늘
줄줄이 뜰에 나와 난새 춤을 배우나니
북은 둥둥 울리고 바람은 솔솔 불어
이리 뛰고 저리 달려 그칠 줄을 모르네

산예(狻猊)[42]

머나먼 사막 건너 만리 길을 찾아오니
털옷은 해어지고 먼지 티끌 앉았구나
머리 흔들 꼬리 슬렁 어질게도 길들었다
헌걸찬 기상이야 어느 짐승이 그 같으랴

고구려의 음악은 『통전』에 이르기를 "악공들은 자색 비단 모자에 새 깃으로 꾸미고, 큰 소매의 황색 옷에 자색 비단 띠를 매며, 통 넓은 바지와 붉은 가죽신에다가, 오색의 물들인 끈을 늘인다. 무용수는 네 사람인데 몽치 상투를 뒤쪽에 틀고, 이마에는 붉은색을 바르며, 금귀고리로 꾸민다. 두 사람은 황색 치마 저고리에 적황색 바지를 입고 두 사람은 적황색 치마 저고리와 바지를 입는데 그 소매가 매우 길었으며, 검은 가죽신을 신고서 쌍쌍이 나란히 서서 춤을 춘다. 악기로는 탄쟁(彈箏)·추쟁(搊箏)·와공후(臥箜篌)·수공후(竪箜篌)·비파(琵琶)·오현(五絃)·의취적(義觜笛)·생(笙)·횡적(橫笛)·소(簫)·소필률(小篳篥)·대필률(大篳篥)·도피필률(桃皮篳篥)·요고(腰鼓)·제고(齊鼓)·담고(擔鼓)·패(唄)를 하나씩 쓴다. 당나라 무태후(武太后) 때까지도 25곡이 있었는데 지금은 오직 한 곡만을 익힐 수 있을 뿐이고, 의복 제도마저 점차 쇠미해지고 없어져서

---

42) 사자의 탈을 쓰고 춤을 추는 가면극인데, 시의 내용으로 미루어 서역(西域)에서 전래된 것이다.

그 본래의 풍모를 잃고 말았다"라고 하였다.[43]

『책부원귀』에는 "악기에는 오현(五絃)·금(琴)·쟁(箏)·필률(觱篥)·횡취(橫吹)·소(簫)·고(鼓) 등이 있고, 갈대를 불어서 곡조를 맞춘다"라고 하였다.[44]

백제의 음악은 『통전』에 이르기를 "백제 음악은 당 중종(中宗) 시대에 악공들이 죽고 흩어졌는데, 개원(開元) 연간에 기왕범(岐王範)이 태상경(太常卿)으로 있으면서 다시금 백제 음악을 둘 것을 아뢰었다. 이 때문에 음률과 기예가 많이 빠지게 되었다. 무용수는 두 사람인데 큰 소매의 자색 치마 저고리를 입고, 장보관(章甫冠)을 쓰며, 가죽신을 신는다. 남아 있는 악기로는 쟁(箏)·적(笛)·도피필률(桃皮觱篥)·공후(箜篌)가 있는데, 이와 같은 악기 등은 대부분 중국의 것과 같다"라고 하였다.[45]

『북사』에 이르기를 "고(鼓)·각(角)·공후(箜篌)·쟁(箏)·우(竽)·지(箎)·적(笛) 등의 악기가 있다"라고 하였다.[46]

• 삼국사기 권 제32

---

43) 『통전』은 당 대력(大曆) 원년(766)에 편찬을 개시해 정원(貞元) 17년(801)에 완성한 책이다. 이 대목은 『통전』146 악(樂) 6 사방악(四方樂)조의 고려악(高麗樂) 부분을 인용한 것이다.

44) 『책부원귀』959 외신부 토풍(土風) 1 고구려.

45) 『통전』146 악 6 사방악조의 백제악(百濟樂) 부분과 권 185 변방 1 백제조를 함께 인용한 글이다.

46) 『북사』94 백제전.

삼국사기 권 제33

잡지(雜志) 제2
색복(色服), 거기(車騎), 기용(器用), 옥사(屋舍)

색복(色服)

신라 초기의 의복에 관한 제도는 그 형태를 상고할 수 없다. 제23대 법흥왕 때 와서 비로소 6부 사람들의 복색에서 높고 낮음을 규정하는 제도를 마련했는데 이는 여전히 동방의 습속이었고, 진덕왕이 왕위에 있은 지 2년(648)이 되어 김춘추가 당에 들어가 당의 의례를 따르고자 청하자 당 태종황제가 조서를 내려 이를 허락하고 아울러 의대(衣帶)를 내려주어 마침내 본국에 돌아와서 시행하니, 동방의 의복이 중국풍으로 바뀌었다. 문무왕이 왕위에 있은 지 4년(664)에 또 부인의 의복을 고치니, 이때 이후로 의관 제도가 중국과 같게 되었다.

우리 태조께서 천명을 받으시매 무릇 국가의 제도들은 대부분 신라의 옛것을 따랐으므로, 지금 조정과 사대부의 남녀 의복들도 역시 대개 김춘추가 당에 청해 가져온 것이 전해 내려진 제도인가 한다.

내가 세 번 중국에 사신으로 갔는데[1] 우리 일행의 의관이 송나라 사

---

1) 신라본기 말미의 사론을 보면 김부식은 정화(政和) 연간에 이자량을 따라 서장관으로 입송한 사실이 보인다. 이것은 『고려사』에 의거할 때 예종 11년(1116) 7월에

람들과 다름이 없었다. 한 번은 조회에 들어가려다가 아직 일러 자신전(紫宸殿)[2] 문에 서 있었는데 한 합문원(閤門員)이 와서 "누가 고려의 사신입니까"라고 물어, "내가 고려의 사신입니다"라고 했더니 웃고서 간 적이 있다. 또 송의 사신 유규(劉逵)와 오식(吳拭)이 우리나라에 와서 객관에 있을 때[3] 연회 자리에서 우리나라 옷차림으로 단장한 기녀를 보고 계단 위로 불러 소매 넓은 옷과 색실 띠 및 큰 치마를 가리키며 찬탄하기를 "이것들은 모두 삼대(三代)의 의복인데 아직까지 이곳에서 쓰일 줄은 몰랐다"라고 했으니, 오늘날 우리 부인들의 예복도 역시 중국의 옛것임을 알겠다.

신라는 연대가 오래되었으며 문헌 기록들이 빠지고 없어졌으므로 그 복색 제도를 자세히 말할 수는 없다. 다만 그중에서 확인할 수 있는 것들만을 대강 기록하기로 한다.

법흥왕 때의 제도는 태대각간부터 대아찬까지는 자색 옷을 입고, 아찬부터 급찬까지는 비색 옷을 입되 모두 상아 홀을 지니며, 대나마와 나마는 청색 옷을, 그리고 대사부터 선저지까지는 황색 옷을 입었다. 이찬과

서 이듬해 5월에 걸친 사행이었다. 그 후 김부식은 인종 4년(1126) 9월에 이주연(李周衍)과 함께 송에 가서 흠종(欽宗)의 등극을 하례하려 했는데, 명주(明州)에 이르렀을 때 금의 군사가 변경(汴京)에 진입하였는지라, 길이 막혀서 이듬해 5월 고려에 돌아오고 말았다. 남은 한 번의 입송은 뒤에 보이는 자신전에서의 대화로 미루어, 직 송의 관인들에게 잘 알려지지 않은 시절에 사절단의 일행으로 참여했을 가능성이 크다.

2) 자신전(紫宸殿)은 북송의 동경(東京) 즉 개봉(開封)에 있었으며, 이전의 숭덕전(崇德殿)을 명도(明道) 원년(1032)에 개명한 것이다. 『송사』 85 지 38 지리 1 동경. 그러므로 만약 자신전 문의 경험이 확인되지 않은 김부식의 또 다른 사행(使行) 도중에 있었다면, 그것은 그가 서장관으로 북송에 다녀온 1116~17년의 사행 이전의 일이었을 것으로 추정한다. 특히 형 김부일(金富佾)이 서장관으로 북송에 다녀온 숙종 5년(1100) 이후, 그리고 김부식보다 입사가 늦은 동생 김부의(金富儀)가 서장관으로 북송 사절단에 참여한 예종 6년(1111) 이전으로 시기를 좁혀볼 수 있겠다.

3) 『송사』 487 열전 246 고려전에 따르면 호부시랑 유규(劉逵)와 급사중(給事中) 오식(吳拭)이 사신으로 고려에 온 것은 숭녕(崇寧) 2년(1103), 즉 고려 숙종 8년의 일이었다.

잡찬은 비단 관을 쓰고, 파진찬과 대아찬과 금하(衿荷)는 비색 관을 쓰며, 상당(上堂)으로 있는 대나마와 적위(赤位)로 있는 대사(大舍)는 갓끈을 달았다.

홍덕왕이 왕위에 오른 지 9년, 즉 태화(太和) 8년(834)에 교서를 내려 말하기를 "사람에게는 위아래가 있고 관위에는 높고 낮음이 있어서 명호가 같지 않고 의복 또한 다르거늘, 풍속이 점차 경박해지고 사람마다 다투어 사치하고 호사하여 단지 외국의 진기한 물건만을 숭상하고 토산품의 세련되지 못함을 꺼리고 배격하며, 예법은 분수를 잃고 멋대로 참람하기에 이르고 풍속은 퇴락해만 가므로 이제 결연히 옛 규정에 따라 곡진하게 명령하노니, 만약 짐짓 법을 범한다면 진정 그에 상응하는 형벌이 있으리라"라고 하였다.

진골로서 대등(大等)인 경우 복두(幞頭)는 임의대로 하고, 겉옷과 반비(半臂)[4]와 바지는 모두 계수금라(罽繡錦羅)를 금하며, 허리띠는 무늬있는 백옥을 갈아 장식하는 것을 금하며, 가죽신은 자색 가죽 사용을 금하고 그 끈은 무늬가 담긴 백옥 장식을 금하며, 버선은 능(綾) 이하를 마음대로 쓰며, 신발은 가죽이나 실이나 삼을 마음대로 쓰며, 베는 26승(升) 이하를 쓴다.

진골 여성의 경우 겉옷은 계수금라(罽繡錦羅)를 금하고, 속옷과 반비(半臂)와 바지와 버선과 신발은 모두 계수라(罽繡羅)를 금하며, 목도리는 모직 및 금실 은실로 수놓은 것과 공작 꼬리와 물총새 깃을 금하며, 빗은 슬슬(瑟瑟)을 박아 넣은 것과 대모(玳瑁)를 금하며, 비녀는 무늬를 아로새긴 것과 구슬을 다는 것을 금하며, 관(冠)은 슬슬을 박아 넣은 것을 금하며, 베는 28승(升) 이하를 쓰며, 아홉 빛깔 가운데 자황(赭黃)색은 금한다.

6두품의 경우 복두(幞頭)는 세라(繐羅)·시(絁)·견(絹)·포(布)를 쓰

---

4) 반비는 배자(褙子)라고 하여 조복을 입을 때 남녀 다 같이 삼(衫) 위에 걸치는 등걸이형의 복식이다.

고, 겉옷은 다만 면주(綿紬)와 주(紬)와 포만을 쓰며, 속옷은 다만 잔무늬의 능(綾)과 시·견·포만을 쓰며, 바지는 다만 시·견·면주·포만을 쓰며, 띠는 다만 검은 무소뿔과 놋쇠와 철과 구리로만 장식하며, 버선은 다만 시·면주·포만을 사용하며, 가죽신은 검은 순록의 주름무늬 있는 자색 가죽을 금하고 그 끈은 검은 무소뿔과 놋쇠와 철과 구리로 장식하며, 신발은 가죽과 삼을 쓰며, 베는 18승(升) 이하를 쓴다.

6두품 여성의 경우 겉옷은 다만 중간 크기나 잔무늬의 능(綾)과 시(絁)·견(絹)만을 쓰고, 속옷은 계수금(罽繡錦)과 야초라(野草羅)를 금하며, 반비(半臂)는 계수라(罽繡羅)와 세라(繐羅)를 금하며, 바지는 계수금라(罽繡錦羅)와 세라와 금박 입힌 것을 금하며, 목도리는 계수금라와 금박 은박 입힌 것을 금하며, 배자(褙子)와 짧은 옷은 모두 계수금라와 포방라(布紡羅)와 야초라와 금박 은박 입힌 것을 금하고, 겉치마는 계수금라와 세라와 야초라와 금박 은박 입힌 것과 협힐(纈纈)을 금하고 그 허리끈과 옷고름은 계수(罽繡)를 금하며, 속치마는 계수금라와 야초라를 금하고 그 띠에 금실 은실이나 공작 꼬리나 물총새 깃으로 끈을 늘이는 것을 금하며, 버선목은 계라(罽羅)와 세라를 금하며, 버선은 계수금라와 세라와 야초라를 금하며, 신은 계수금라와 세라를 금하며, 빗은 슬슬(瑟瑟)을 박아 넣은 것을 금하며, 비녀는 순금에 은을 새겨 넣거나 구슬을 매다는 것을 금하며, 관은 세라와 사(紗)·견을 쓰며, 베는 25승(升) 이하를 쓰며, 빛깔은 자황(赭黃)색과 자자분금설홍(紫紫粉金屑紅)을 금한다.

5두품의 경우 복두(幞頭)는 나(羅)·시(絁)·견(絹)·포(布)를 쓰고, 겉옷은 다만 포만을 쓰며, 속옷과 반비(半臂)는 다만 잔무늬의 능(綾)과 시·견·포만을 쓰며, 바지는 다만 면주(綿紬)와 포만을 쓰며, 허리띠는 다만 철로만 장식하며, 버선은 다만 면주만을 쓰며, 가죽신은 검은 순록의 주름무늬 있는 자색 가죽을 금하고 그 끈은 다만 놋쇠와 철과 구리로만 장식하며, 신발은 가죽과 삼을 쓰며, 베는 15승(升) 이하를 쓴다.

5두품 여성의 경우 겉옷은 다만 무늬 없는 홑천을 쓰고, 속옷은 다만 잔무늬의 능(綾)을 쓰며, 반비(半臂)는 계수금(罽繡錦)과 야초라(野草羅)와 세라(繐羅)를 금하며, 바지는 계수금라(罽繡錦羅)와 세라와 야초라와 금박 입힌 것을 금하며, 목도리는 능과 견(絹) 이하를 쓰며, 배자는 계수금과 야초라와 포방라(布紡羅)와 금박 은박 입힌 것과 협힐(纈纈)을 금하며, 짧은 옷은 계수금과 야초라와 포방라와 세라와 금박 은박 입힌 것과 협힐을 금하며, 겉치마는 계수금과 야초라와 세라와 금박 은박 입힌 것과 협힐을 금하고 그 허리끈과 옷고름은 계수금라를 금하며, 속치마는 계수금과 야초라와 금박 은박 입힌 것과 협힐을 금하고 그 띠에 금실 은실이나 공작 꼬리나 물총새 깃으로 끈을 늘이는 것을 금하며, 버선목은 계수금라와 세라를 금하며, 버선은 계수금라와 세라와 야초라를 금하며, 신은 다만 가죽 이하를 쓰며, 빗은 무늬없는 대모(玳瑁) 이하를 쓰며, 비녀는 백은(白銀) 이하를 쓰며, 관은 없으며, 베는 20승(升) 이하를 쓰며, 빛깔은 자황색과 자자분황설홍(紫紫粉黃屑紅)과 비색을 금한다.

4두품의 경우 복두(幞頭)는 다만 사(紗)·시(絁)·견(絹)·포(布)만을 쓰고, 겉옷과 바지는 다만 포만을 쓰며, 속옷과 반비(半臂)는 다만 시·견·면주(綿紬)·포만을 쓰며, 허리띠는 다만 철과 구리로만 장식하며, 가죽신은 검은 순록의 주름무늬 있는 자색 가죽을 금하고 그 끈은 다만 철과 구리로만 장식하며, 신발은 소가죽과 삼 이하를 쓰며, 베는 13승(升) 이하를 쓴다.

4두품 여성의 경우 겉옷은 다만 면주(綿紬) 이하만을 쓰고, 속옷은 다만 잔무늬의 능(綾) 이하만을 쓰며, 반비(半臂)와 바지는 다만 잔무늬의 능과 시(絁)·견(絹) 이하만을 쓰며, 목도리와 짧은 옷은 다만 견 이하만을 쓰며, 배자는 다만 능 이하만을 쓰며, 겉치마는 다만 시와 견 이하만을 쓰고 그 허리끈은 치마와 같으나 옷고름은 월라(越羅)를 쓰며, 속치마는 없으며, 띠는 수놓아 따 늘이는 것과 야초라(野草羅)와 승천라(乘天羅)와 월라를 금하고 다만 면주 이하만을 쓰며, 버선목은 다만 잔무늬의 능 이하만을 쓰며, 버선은 다만 잔무늬의 능과 시·면주·포(布)만을 쓰며, 신발은 가죽 이하를 쓰며, 빗은 무늬 없는 상아와 뿔과 나무를 쓰며, 비녀는 무늬를 새겨 넣은 것과 구슬을 매단 것과 순금을 금하며, 관은 없으며, 베는 18승(升)을 쓰며, 빛깔은 자황색과 자자분황설비홍(紫紫粉黃屑緋紅)과 멸자(滅紫)색을 금한다.

평민의 경우 복두(幞頭)는 다만 견(絹)과 포(布)만을 쓰고, 겉옷과 바지는 다만 포만을 쓰며, 속옷은 다만 견과 포만을 쓰며, 띠는 다만 구리와 철로만 장식하고, 가죽신은 검은 순록의 주름무늬 있는 자색 가죽을 금하고 그 끈은 다만 철과 구리로만 장식하며, 신발은 삼 이하를 쓰며, 베는 12승(升) 이하를 쓴다.

평민 여성의 경우 겉옷은 다만 면주(綿紬)와 포(布)만을 쓰고, 속옷은 다만 시(絁)·견(絹)·면주·포만을 쓰며, 바지는 시 이하를 쓰며, 겉치마는 견 이하를 쓰며, 옷고름은 다만 능(綾) 이하를 쓰며, 띠는 다만 능과 견 이하를 쓰며, 버선목은 무늬 없는 것을 쓰며, 버선은 시와 면주 이하를 쓰며, 빗은 무늬 없는 상아와 뿔 이하를 쓰며, 비녀는 황동 이하를 쓰며, 베는 15승(升) 이하를 쓰며, 빛깔은 4두품 여성의 경우와 같다.

고구려와 백제의 의복 제도는 상고할 수 없으므로 여기서는 다만 중국의 역대 사서에 나타나 있는 것들만을 기록해 둔다.

『북사』에 이르기를 "고구려 사람들은 모두 머리에 절풍(折風)을 쓰는데 그 모습이 고깔과 같고, 사인(士人)들은 여기에 새 깃 두 개를 더 꽂는다. 귀인들은 그들의 관을 소골(蘇骨)이라고 하는데 대부분 자색 비단으로 만들고 금과 은으로 장식하며, 소매가 큰 윗옷과 통이 큰 바지를 입고 무늬 없는 가죽띠에 황색 가죽신을 신는다. 부인들은 치마 저고리에 가선을 두른다"라고 하였다.[5]

『신당서』에 이르기를 "고구려 왕은 오색 옷을 입고 흰 비단으로 만든 관을 쓰며 가죽띠에는 모두 금테를 두른다. 대신은 푸른 비단 관을, 그

---

5) 『북사』 94 고구려전.

다음은 붉은 비단 관을 쓰는데, 두 개의 새 깃을 꽂고 금과 은을 섞어 테두리를 장식한다. 윗옷은 통 소매이고 바지는 통이 넓으며 흰 가죽띠에 황색 가죽신을 신는다. 서민들은 굵은 베옷을 입고 고깔을 쓴다. 여자들은 머리에 헝겊 쓰개를 쓴다"라고 하였다.[6]

『책부원귀』에 이르기를 "고구려에서는 공적으로 모일 때 모두 비단 자수와 금은으로 저마다 꾸몄고, 대가(大加)와 주부(主簿)는 모두 책(幘)을 착용하는데 중국의 관책(冠幘)과 같으면서도 뒷면이 없다. 소가(小加)는 절풍을 쓰는데 그 모습이 고깔과 같다"라고 하였다.[7]

『북사』에 이르기를 "백제의 의복은 고구려와 대략 같은데, 조회나 제사 같은 때에는 그 관 양쪽 옆에 날개를 붙이며, 전쟁 시에는 이것을 붙이지 않는다. 나솔(奈率) 이상은 관에 은꽃을 장식하고 장덕(將德)은 자색 띠, 시덕(施德)은 흑색 띠, 고덕(固德)은 적색 띠, 계덕(季德)은 청색 띠, 대덕(對德)과 문독(文督)은 모두 황색 띠, 무독(武督)부터 극우(剋虞)까지는 모두 백색 띠를 두른다"라고 하였다.[8]

『수서』에 이르기를 "백제에서는 좌평(左平)부터 장덕까지는 자색 띠를 두르고 시덕은 흑색 띠, 고덕은 적색 띠, 계덕은 청색 띠, 대덕 이하는 모두 황색 띠, 문독부터 극우까지는 모두 백색 띠를 두른다. 그 관(冠)의 제도도 다 같지만 오직 나솔 이상은 은꽃으로 장식한다"라고 하였다.[9]

『당서』에 이르기를 "백제 왕은 큰 소매의 자색 도포와 푸른 비단 바지를 입고, 검은 비단 관에 금꽃으로 장식하며, 무늬 없는 가죽띠에 검은 가죽신을 신는다. 관리들은 모두 비색으로 옷을 지으며 은꽃으로 관을 장식한다. 서민들은 비색이나 자색 옷을 입을 수 없다"라고 하였다.[10]

---

6) 『신당서』 220 고려전.
7) 『책부원귀』 959 외신부 토풍(土風) 1 고구려.
8) 『북사』 94 백제전.
9) 『수서』 81 백제전.
10) 『구당서』 199 상 백제전.

『통전』에 이르기를 "백제의 의복은 남자의 경우 대략 고구려와 같고, 부인들 옷은 도포와 같으면서도 소매가 조금 크다"라고 하였다.[11]

거기(車騎)〔신라〕

진골의 경우 수레 재목은 자단(紫檀)과 침향(沈香)을 쓰지 못하고, 대모(玳瑁)를 붙일 수 없으며, 역시 감히 금·은·옥으로 장식하지 못한다. 요는 능(綾)과 견(絹) 이하를 쓰고 두 겹을 넘지 못하며, 깔개는 나전을 박아 넣은 비단과 두 가지 색의 능 이하를 쓰고 그 가장자리는 비단 이하를 쓴다. 수레 앞뒤의 휘장은 잔무늬의 능과 사(紗)·시(絁) 이하를 쓰되 빛깔은 짙은 청색과 짙은 녹색 및 자자분(紫紫粉)으로 한다. 고삐는 명주 실과 삼실을 쓰되 빛깔은 홍색과 비색과 비취색과 짙은 녹색으로 하고 걸치장은 견과 포(布)를 쓰되 빛깔은 홍색과 비색과 청색과 옥색으로 한다. 소 굴레와 멍에 끈은 시와 견과 포를 쓰고, 고리는 금과 은과 황동을 금하며 방울 역시 금과 은과 황동을 금한다.

6두품의 경우 요는 시(絁)와 견(絹) 이하를 쓰고, 깔개는 시와 견과 포(布)를 쓰되 그 가장자리 꾸밈은 없다. 수레 앞뒤의 휘장은 만약 진골 이상의 귀인을 수행할 때는 치지 않고 다만 혼자 다닐 때는 대발이나 왕골자리를 쓰되 그 가장자리는 시와 견 이하로 한다. 고삐는 포를 쓰되 빛깔은 저색과 청색으로 하고, 굴레와 멍에 끈은 포를 쓰며, 고리는 놋쇠와 구리와 철을 쓴다.

5두품의 경우 요는 다만 모전(毛氈)이나 포(布)만을 쓰고, 수레 앞뒤의 휘장은 대발과 왕골자리를 쓰되 그 가장자리는 가죽과 포로 한다. 굴레는 없으며 멍에 끈은 삼을 쓰고, 고리는 나무와 철을 쓴다.

진골의 경우 안장은 자단(紫檀)과 침향(沈香)을 금하고, 안장 언치는 계수금라(罽繡錦羅)를 금하며, 안장 깔개는 계수라(罽繡羅)를 금한다. 말 다래는 다만 삼씨 기름 절인 것을 쓰고, 말재갈과 등자는 금과 황동과 도

---

11) 『통전』185 변방1 백제.

금하는 것과 구슬 매다는 것을 금하며, 가슴걸이와 밀치는 따 늘인 줄과 자색 끈을 금한다.

진골 여성의 경우 안장은 보석 세공 장식을 금하고, 안장 언치와 안장 깔개는 계라(罽羅)를 금하며, 척잡(脊雜)〔체척(軆脊)이라고도 한다〕은 계수라(罽繡羅)를 금한다. 말재갈과 등자는 도금하는 것과 구슬 매다는 것을 금하며, 가슴걸이와 밀치는 금실 은실을 섞어 따 늘인 줄을 금한다.

6두품의 경우 안장은 자단(紫檀)·침향(沈香)·회양목·홰나무·산뽕나무 및 금과 은, 그리고 구슬 매다는 것을 금하고, 안장 언치는 가죽을 쓰며, 안장 깔개는 면주(綿紬)와 시(絁)와 포(布)와 가죽을 쓴다. 말다래는 삼씨 기름 절인 것을 쓰고, 말재갈과 등자는 금과 은과 황동 및 금이나 은을 도금하는 것과 구슬 매다는 것을 금하며, 가슴걸이와 밀치는 가죽과 삼을 쓴다.

6두품 여성의 경우 안장은 자단(紫檀)과 침향(沈香) 및 도금하거나 구슬 매다는 것을 금하고, 안장 언치와 안장 깔개는 계수금라(罽繡錦羅)와 세라(繐羅)를 금하며, 체척(軆脊)은 능(綾)과 시(絁)와 견(絹)을 쓴다. 말재갈과 등자는 금과 은과 황동 및 금이나 은으로 도금하는 것과 구슬 매다는 것을 금하고, 말다래는 가죽을 쓰며, 가슴걸이와 밀치는 따 늘인 줄을 쓰지 않는다.

5두품의 경우 안장은 자단(紫檀)·침향(沈香)·회양목·홰나무·산뽕나무를 금하고 또한 금과 은, 그리고 구슬 매다는 것도 하지 못한다. 안장 언치는 가죽을 쓰고, 말다래는 삼씨 기름 절인 것을 쓴다. 말재갈과 등자는 금과 은과 황동을 금하고 또한 금과 은으로 도금하거나 새겨 넣지도 못하며, 가슴걸이와 밀치는 삼을 쓴다.

5두품 여성의 경우 안장은 자단(紫檀)과 침향(沈香)을 금하고 또한 금과 은과 구슬로 장식하는 것도 금하며, 안장 언치와 안장 깔개는 계수금(罽繡錦)과 능(綾)과 나(羅)와 호랑이 가죽을 금한다. 말재갈과 등자는 금과 은과 황동을 금하고 또한 금과 은으로 장식하는 것도 금하며, 말다래는 가죽을 쓴다. 가슴걸이와 밀치는 따 늘인 줄과 자자분(紫紫粉)으로 아롱무늬를 넣은 끈을 금한다.

4두품부터 백성에 이르기까지는 안장은 자단(紫檀) · 침향(沈香) · 회양목 · 홰나무 · 산뽕나무를 금하고 또한 금과 은과 구슬로 장식하는 것도 금하며, 안장 언치는 소나 말의 가죽을 쓴다. 안장 깔개는 가죽을 쓰고, 말다래는 버들과 대를 쓰며, 말재갈은 철을 쓴다. 등자는 나무와 철을 쓰고, 가슴걸이와 밀치는 힘줄이나 삼을 꼬아서 쓴다.

4두품 여성부터 백성의 여성에 이르기까지는 안장은 자단(紫檀) · 침향(沈香) · 회양목 · 홰나무를 금하고 또한 금과 은과 구슬로 장식하는 것도 금하며, 안장 언치와 안장 깔개는 계수금라(罽繡錦羅)와 세라(繐羅)와 능(綾)과 호랑이 가죽을 금한다. 말재갈과 등자는 금과 은과 황동을 금하고 또한 금과 은으로 장식하는 것도 금하며, 말다래는 다만 가죽만을 쓴다. 가슴걸이와 밀치는 따 늘인 줄과 자자분(紫紫粉)으로 아롱무늬를 넣은 끈을 금한다.

기용(器用)

진골의 경우 금과 은과 도금한 것을 금한다.

6두품과 5두품은 금과 은과 도금하거나 도은한 것을 금하며, 또 호랑이 가죽과 무늬 있는 모직 보료와 모포도 쓰지 못한다.

4두품에서 백성에 이르기까지는 금과 은과 황동과 붉은 칠 바탕에 무늬를 새겨 넣은 기물을 금하며, 또 무늬 있는 모직 보료와 모포와 호랑이 가죽과 중국산 담요 등도 금한다.

옥사(屋舍)

진골의 경우 집의 길이와 너비가 24척을 넘을 수 없고, 당와(唐瓦)를 이지 못하며, 높은 처마를 달지 못한다. 조각한 물고기 모양 장식물을 드리우지 못하고, 금과 은과 황동과 오색으로 장식하지 못하며, 섬돌을 갈아 만들지 못한다. 3층 섬돌을 놓지 못하고, 담장에 들보와 마룻대를 설치하지 못하며, 석회를 바르지 못한다. 발의 가장자리는 금(錦)과 계수(罽繡)와 야초라(野草羅)를 금하고, 병풍에 수를 놓을 수 없으며, 침상은 대모(玳瑁)와 침향(沈香)으로 꾸미지 못한다.

6두품의 경우 집의 길이와 너비가 21척을 넘을 수 없고, 당와를 이지 못하며, 높은 처마와 겹들보와 도리 받침을 시설하거나 물고기 모양 장식물을 드리우지 못한다. 금과 은과 황동과 백랍(白鑞)과 오색으로 장식하지 못하고, 중간 섬돌이나 2층 섬돌을 놓지 못하며, 섬돌을 갈아 만들지 못한다. 담장 높이는 8척을 넘지 못하고, 또 들보와 마룻대를 설치하지 못하며, 석회를 바르지 못한다. 발의 가장자리는 계수(罽繡)와 능(綾)을 금하고, 병풍에 수를 놓을 수 없으며, 침상은 대모(玳瑁)와 자단(紫檀)과 침향(沈香)과 회양목으로 꾸미지 못하고 또 비단 보료를 금한다. 겹문이나 사방으로 문을 내지 못하며, 마구간은 말 다섯 필을 둘 만하게 한다.

5두품의 경우 집의 길이와 너비가 18척을 넘지 못하고, 산느릅나무를 쓰지 못하며, 당와를 이지 못한다. 짐승 머리 장식을 두지 못하고, 높은 처마와 겹들보와 꽃모양 도리 받침을 시설하거나 물고기 모양 장식물을 드리우지 못하며, 금과 은과 황동과 동랍(銅鑞)과 오색으로 장식하지 못하며, 섬돌을 갈아 만들지 못한다. 담장 높이는 7척을 넘지 못하고, 여기에 들보를 가설하지 못하며, 석회를 바르지 못한다. 발의 가장자리는 금(錦)·계(罽)·능(綾)·견(絹)·시(絁)를 금하고, 대문이나 사방으로 문을 내지 못하며, 마구간은 말 세 필을 둘 만하게 한다.

4두품부터 백성에 이르기까지는 집의 길이와 너비가 15척을 넘지 못하고, 산느릅나무를 쓰지 못하며, 우물 반자로 천장을 시설하지 못하며, 당와를 이지 못한다. 짐승 머리 장식과 높은 처마와 도리 받침을 시설하거나 물고기 모양 장식물을 드리우지 못하고, 금과 은과 황동과 동랍(銅鑞)으로 장식하지 못하며, 섬돌에는 산돌을 쓰지 못한다. 담장 높이는 6척을 넘지 못하고, 여기에 들보를 가설하지 못하며, 석회를 바르지 못한다. 대문이나 사방으로 문을 내지 못하며, 마구간은 말 두 필을 둘 만하게 한다.

지방의 **진촌주**(眞村主)의 경우는 5두품과 같고, **차촌주**(次村主)의 경우는 4두품과 같다.

• 삼국사기 권 제33

삼국사기 권 제34

잡지(雜志) 제3
지리 1 · 신라

    신라 강역의 경계는 예부터 전해오는 기록이 같지 않다. 두우(杜佑)의
『통전』에는 "그 나라 선조는 본래 진한의 종족이다. 그 나라는 백제와 고
구려 두 나라의 동·남쪽에 있고, 동쪽으로 큰 바다에 닿아 있다"라고 하
였다.[1] 유후(劉煦)의 『당서』에는 "동남쪽이 모두 큰 바다로 막혔다"라고
하였다.[2] 송기(宋祁)의 『신서』(新書)에는 "동남쪽은 일본, 서쪽은 백제,
북쪽은 고구려, 남쪽은 바다에 닿아 있다"라고 하였다.[3] 가탐(賈耽)의
『사이술』(四夷述)[4]에는 말하기를 "진한은 마한의 동쪽에 있는데 동쪽으
로는 바다에 이르고 북쪽은 예(濊)와 접해 있다"라고 하였다. 신라의 최
치원(崔致遠)은 말하기를 "마한은 곧 고구려이고 변한은 백제이며 진한

---

1) 『통전』 185 변방 1 동이 상 신라.
2) 『구당서』 199 상 열전 149 신라.
3) 『신당서』 220 동이열전 145 신라.
4) 가탐(730~805)은 당의 정치가요 지리학자이다. 801년에 『해내화이도』(海內華夷
   圖)와 『고금군국현도사이술』(古今郡國縣道四夷述) 40권을 제작하였다. 이것은 중
   국 본토는 물론 그 밖의 지역을 포함해 당시의 세계지도 및 세계지지였으나, 지금
   은 전하지 않는다.

은 신라이다"라고 하였다.[5] 이러한 여러 설명은 사실에 가까운 것들이라고 하겠다.

그러나 『신·구당서』에 모두 "변한의 묘예(苗裔)가 낙랑 땅에 있다"[6]라고 한 것이라거나, 『신서』에 또 "동쪽으로는 장인국(長人國)에 이르는데 장인이란 것은 사람들 키가 3장이나 되고 톱 같은 이빨과 갈고리 같은 손톱을 하고 있으며 사람을 잡아먹었으므로, 신라는 늘 쇠뇌로 무장한 병사 수천 명을 주둔시켜 지켰다"[7]라고 한 것과 같은 것은 모두 떠도는 이야기를 전해 들은 것이지 사실을 기록한 것이 아니다. 『한서』 및 『후한서』 지리지를 살펴보면 "낙랑군은 낙양(洛陽)에서 동북쪽으로 5천 리 떨어져 있다" 하고, 이에 주를 달아 이르기를 "유주(幽州)에 속하니 옛 조선국(朝鮮國)이다"라고 했으므로,[8] 낙랑은 아마 계림(雞林)과는 서로 땅이 나뉘어 격절해 있었던 것 같다. 또 서로 전해오기를 "동해의 멀리 떨어진 섬에 대인국(大人國)이 있다" 하나, 아무도 본 사람은 없으니 어찌 쇠뇌수가 지키는 일이 있겠는가?

이제 살펴보면 신라 시조 혁거세는 전한(前漢) 오봉(五鳳) 원년 갑자(기원전 57)에 나라를 열었다. 왕도(王都)는 길이가 3천 75보, 폭이 3천 18보이고, 35리와 6부로 되어 있었다. 국호는 '서야벌'(徐耶伐)이라 했는데 혹은 '사라'(斯羅), 혹은 '사로'(斯盧), 혹은 '신라'라고 하였다. 탈해왕 9년(65)에 시림(始林)에 닭의 신이한 변괴가 있었으므로 '계림'(雞林)이라고 이름을 고쳤는데 이를 따라 국호로 삼았다가, 기림왕(基臨王) 10년(307)에 다시 신라로 불렀다.

처음 혁거세 21년에 궁성을 쌓아 금성(金城)이라고 하였다. 파사왕(婆娑王) 22년(101)에는 금성 동남쪽에 성을 쌓아 월성(月城), 혹은 재성(在城)이라고 불렀는데, 둘레는 1천 23보이다. 신월성(新月城) 북쪽에 만월

---

5) 본서 46 최치원전에 인용된 「상태사시중장」(上太師侍中狀)에서 확인된다.
6) 『구당서』 199 신라전 및 『신당서』 220 신라전.
7) 『신당서』 220 신라전.
8) 『한서』 28 지리지 8 하 1 및 『후한서』 지 23 군국(郡國) 5.

성(滿月城)이 있는데 둘레는 1천 8백 38보이다. 또 신월성 동쪽에 명활성(明活城)이 있는데 둘레는 1천 9백 6보이다. 또 신월성 남쪽에 남산성(南山城)이 있는데 둘레는 2천 8백 4보이다. 시조 이래로 금성에 거처하다가 후세에 와서는 주로 신월성과 만월성에 거처하였다.

처음에는 고구려·백제와 더불어 땅이 섞이어 들쭉날쭉하니 혹은 서로 화친하고 혹은 서로 침략하다가, 뒤에 당과 함께 두 나라를 쳐서 멸망시키고 그 땅을 평정해 마침내 9주를 두었다. 본래부터의 신라 경계 안에 3주를 두었는데 왕성 동북쪽 당은포(唐恩浦)에 이르는 길을 상주(尙州)라 하고, 왕성 남쪽을 양주(良州), 그 서쪽을 강주(康州)라 한다. 옛 백제의 영역에 3주를 두었는데 백제의 옛 왕성 북쪽 웅진구(熊津口)를 웅주(熊州)라 하고, 그다음 서남쪽을 전주(全州), 그 남쪽을 무주(武州)라 한다. 옛 고구려의 남쪽 영역에 3주를 두었는데 서쪽으로부터 첫 번째를 한주(漢州)라 하고, 그다음 동쪽을 삭주(朔州), 또 다음 동쪽을 명주(溟州)라 한다. 9주가 관할하는 군·현이 대체로 4백 50개였다〔방언에 이른 바 향(鄕)·부곡(部曲) 등 잡다한 곳들은 다시 갖추어 기록하지 않는다〕. 신라 지리의 넓고 먼 것이 이와 같이 극성했으나 나라가 쇠미해지게 되자 정치는 거칠어지고 백성은 흩어져서 강토가 날로 위축되더니, 마지막 왕 김부(金傅)가 나라를 들어 우리 태조께 귀의해 오므로 그 나라를 경주(慶州)로 삼았다.

상주(尙州)는 첨해왕(沾解王) 때 사벌국(沙伐國)을 빼앗아 주(州)를 삼았던 것으로, 법흥왕 11년 즉 양(梁) 보통(普通) 6년[9]에 처음 군주(軍主)를 배치해 상주(上州)로 삼았다. 진흥왕 18년(557)에 주를 폐지했다가, 신문왕 7년 즉 당 수공(垂拱) 3년(687)에 다시 주를 설치하고 성을 쌓았으니, 둘레는 1천 1백 9보이다. 경덕왕 16년(757)에 상주(尙州)로 이름

---

9) 신라본기에는 법흥왕 12년에 대응 기사가 있으며, 양 보통 6년(525) 또한 법흥왕 12년에 해당하므로 본문의 '11년'은 '12년'의 잘못으로 본다.

을 고쳐 지금도 그대로 부른다. 거느리는 현은 셋이다. **청효현**(靑驍縣)은 본래 음리화현(音里火縣)인데 경덕왕이 이름을 고쳤으며 지금의 청리현(靑理縣)이다. **다인현**(多仁縣)은 본래 달이현(達已縣)〔혹은 다이(多已)라고 한다〕인데 경덕왕이 이름을 고쳤으며 지금도 그대로 부른다. **화창현**(化昌縣)은 본래 지내미지현(知乃彌知縣)인데 경덕왕이 이름을 고쳤으며 지금은 알 수 없다.

예천군(醴泉郡)은 본래 수주군(水酒郡)인데 경덕왕이 이름을 고쳤으며 지금의 보주(甫州)이다. 거느리는 현은 넷이다. **영안현**(永安縣)은 본래 하지현(下枝縣)인데 경덕왕이 이름을 고쳤으며 지금의 풍산현(豐山縣)이다. **안인현**(安仁縣)은 본래 난산현(蘭山縣)인데 경덕왕이 이름을 고쳤으며 지금은 알 수 없다. **가유현**(嘉猷縣)은 본래 근(近)〔'건'(巾)으로도 쓴다〕품현(品縣)인데 경덕왕이 이름을 고쳤으며 지금의 산양현(山陽縣)이다. **은정현**(殷正縣)은 본래 적아현(赤牙縣)인데 경덕왕이 이름을 고쳤으며 지금의 은풍현(殷豐縣)이다.

고창군(古昌郡)은 본래 고타야군(古陁耶郡)인데 경덕왕이 이름을 고쳤으며 지금의 안동부(安東府)이다. 거느리는 현은 셋이다. **직령현**(直寧縣)은 본래 일직현(一直縣)인데 경덕왕이 이름을 고쳤으며 지금은 옛 이름을 회복하였다. **일계현**(日谿縣)은 본래 열혜현(熱兮縣)〔혹은 이혜(泥兮)라고 한다〕인데 경덕왕이 이름을 고쳤으며 지금은 알 수 없다. **고구현**(高丘縣)은 본래 구화현(仇火縣)〔혹은 고근(高近)이라고 한다〕인데 경덕왕이 이름을 고쳤으며 지금은 의성부(義城府)에 합해졌다.

문소군(聞韶郡)은 본래 소문국(召文國)인데 경덕왕이 이름을 고쳤으며 지금의 의성부(義城府)이다. 거느리는 현은 넷이다. **진보현**(眞寶縣)은 본래 칠파화현(柒巴火縣)인데 경덕왕이 이름을 고쳤으며 지금의 보성(甫城)이다. **비옥현**(比屋縣)은 본래 아화옥현(阿火屋縣)〔병옥(幷屋)이라고도 한다〕인데 경덕왕이 이름을 고쳤으며 지금도 그대로 부른다. **안현현**(安賢縣)은 본래 아시혜현(阿尸兮縣)〔아을혜(阿乙兮)라고도 한다〕인데 경덕왕이 이름을 고쳤으며 지금의 안정현(安定縣)이다. **단밀현**(單密縣)

은 본래 무동미지(武冬彌知)〔갈동미지(曷冬彌知)라고도 한다〕인데 경덕
왕이 이름을 고쳤으며 지금도 그대로 부른다.

숭선군(嵩善郡)은 본래 일선군(一善郡)인데 진평왕 36년(614)에 일선
주(一善州)로 삼고 군주(軍主)를 두었다. 신문왕 7년(687)에 주를 폐지했
다가 경덕왕이 이름을 고쳤으며 지금의 선주(善州)이다. 거느리는 현은
셋이다. 효령현(孝靈縣)은 본래 모혜현(芼兮縣)인데 경덕왕이 이름을 고
쳤으며 지금도 그대로 부른다. 이동혜현(尒同兮縣)은 지금은 알 수 없다.
군위현(軍威縣)은 본래 노동멱현(奴同覓縣)〔여두멱(如豆覓)이라고도 한
다〕인데 경덕왕이 이름을 고쳤으며 지금도 그대로 부른다.

개령군(開寧郡)은 옛날 감문소국(甘文小國)인데 진흥왕 18년 즉 양(梁)
영정(永定) 원년(557)에 군주(軍主)를 두고 청주(靑州)로 삼았다가, 진평
왕 때 주를 폐지하였다. 문무왕 원년(661)에 감문군(甘文郡)을 두었다가,
경덕왕이 이름을 고쳤으며 지금도 그대로 부른다. 거느리는 현은 넷이
다. 어모현(禦侮縣)은 본래 금물현(今勿縣)〔음달(陰達)이라고도 한다〕인
데 경덕왕이 이름을 고쳤으며 지금도 그대로 부른다. 금산현(金山縣)은
경덕왕이 주와 현의 이름을 고친 뒤 지금까지 모두 그대로 부른다. 지례
현(知禮縣)은 본래 지품천현(知品川縣)인데 경덕왕이 이름을 고쳤으며
지금도 그대로 부른다. 무풍현(茂豊縣)은 본래 무산현(茂山縣)인데 경덕
왕이 이름을 고쳤으며 지금도 그대로 부른다.

영동군(永同郡)은 본래 길동군(吉同郡)인데 경덕왕이 이름을 고쳤으
며 지금도 그대로 부른다. 거느리는 현은 둘이다. 양산현(陽山縣)은 본래
조비천현(助比川縣)인데 경덕왕이 이름을 고쳤으며 지금도 그대로 부른
다. 황간현(黃澗縣)은 본래 소라현(召羅縣)인데 경덕왕이 이름을 고쳤으
며 지금도 그대로 부른다.

관성군(管城郡)은 본래 고시산군(古尸山郡)인데 경덕왕이 이름을 고쳤
으며 지금도 그대로 부른다. 거느리는 현은 둘이다. 이산현(利山縣)은 본
래 소리산현(所利山縣)인데 경덕왕이 이름을 고쳤으며 지금도 그대로
부른다. 안정현(安貞縣)은 본래 아동혜현(阿冬兮縣)인데 경덕왕이 이름

을 고쳤으며 지금의 안읍현(安邑縣)이다.

삼년군(三年郡)은 본래 삼년산군(三年山郡)인데 경덕왕이 이름을 고쳤으며 지금의 보령군(保齡郡)이다. 거느리는 현은 둘이다. **청천현**(淸川縣)은 본래 살매현(薩買縣)인데 경덕왕이 이름을 고쳤으며 지금도 그대로 부른다. **기산현**(耆山縣)은 본래 굴현(屈縣)인데 경덕왕이 이름을 고쳤으며 지금의 청산현(靑山縣)이다.

고령군(古寧郡)은 본래 고령가야국(古寧加耶國)인데 신라가 빼앗아 고동람군(古冬攬郡)〔고릉현(古陵縣)이라고도 한다〕으로 삼았다. 경덕왕이 이름을 고쳤으며 지금의 함령군(咸寧郡)이다. 거느리는 현은 셋이다. **가선현**(嘉善縣)은 본래 가해현(加害縣)인데 경덕왕이 이름을 고쳤으며 지금의 가은현(加恩縣)이다. **관산현**(冠山縣)은 본래 관현(冠縣)〔관문현(冠文縣)이라고도 한다〕인데 경덕왕이 이름을 고쳤으며 지금의 문경현(聞慶縣)이다. **호계현**(虎溪縣)은 본래 호측현(虎側縣)인데 경덕왕이 이름을 고쳤으며 지금도 그대로 부른다.

화령군(化寧郡)은 본래 답달비군(沓達匕郡)〔답달(沓達)이라고도 한다〕인데 경덕왕이 이름을 고쳤으며 지금도 그대로 부른다. 거느리는 현은 하나이다. **도안현**(道安縣)은 본래 도량현(刀良縣)인데 경덕왕이 이름을 고쳤으며 지금의 중모현(中牟縣)이다.

양주(良州)는 문무왕 5년 즉 인덕(麟德) 2년(665)에 상주(上州)와 하주(下州) 땅을 갈라서 삽량주(歃良州)를 두었던 것으로, 신문왕 7년(687)에 성을 쌓았으니 둘레는 1천 2백 60보이다. 경덕왕이 이름을 고쳐 양주(良州)라고 하였으며 지금의 양주(梁州)이다. 거느리는 현은 하나이다. **헌양현**(巚陽縣)은 본래 거지화현(居知火縣)인데 경덕왕이 이름을 고쳤으며 지금도 그대로 부른다.

김해소경(金海小京)은 옛날 금관국(金官國)〔가락국(伽落國)이라고도 하며 가야(伽耶)라고도 한다〕이다. 시조 수로왕(首露王)으로부터 10세 구해왕(仇亥王)대에 와서 양(梁) 중대통(中大通) 4년 즉 신라 법흥왕 19

년(532)에 백성을 이끌고 와 항복하니, 그 땅을 금관군(金官郡)으로 삼았다. 문무왕 20년 즉 영륭(永隆) 원년(680)에 소경(小京)으로 삼았고 경덕왕이 이름을 고쳐 김해경(金海京)이라고 하였으며 지금의 금주(金州)이다.

의안군(義安郡)은 본래 굴자군(屈自郡)인데 경덕왕이 이름을 고쳤으며 지금도 그대로 부른다. 거느리는 현은 셋이다. **칠제현**(漆隄縣)은 본래 칠토현(漆吐縣)인데 경덕왕이 이름을 고쳤으며 지금의 칠원현(漆園縣)이다. **합포현**(合浦縣)은 본래 골포현(骨浦縣)인데 경덕왕이 이름을 고쳤으며 지금도 그대로 부른다. **웅신현**(熊神縣)은 본래 웅지현(熊只縣)인데 경덕왕이 이름을 고쳤으며 지금도 그대로 부른다.

밀성군(密城郡)은 본래 추화군(推火郡)인데 경덕왕이 이름을 고쳤으며 지금도 그대로 부른다. 거느리는 현은 다섯이다. **상약현**(尙藥縣)은 본래 서화현(西火縣)인데 경덕왕이 이름을 고쳤으며 지금의 영산현(靈山縣)이다. **밀진현**(密津縣)은 본래 추포현(推浦縣)〔죽산(竹山)이라고도 한다〕인데 경덕왕이 이름을 고쳤으며 지금은 알 수 없다. **오구산현**(烏丘山縣)은 본래 오야산현(烏也山縣)〔구도(仇道)라고도 하고, 오례산(烏禮山)이라고도 한다〕인데 경덕왕이 이름을 고쳤으며 지금은 청도군(淸道郡)에 합해졌다. **형산현**(荊山縣)은 본래 경산현(驚山縣)인데 경덕왕이 이름을 고쳤으며 지금은 청도군에 합해졌다. **소산현**(蘇山縣)은 본래 솔이산현(率已山縣)인데 경덕왕이 이름을 고쳤으며 지금은 청도군에 합해졌다.

화왕군(火王郡)은 본래 비자화군(比自火郡)〔비사벌(比斯伐)이라고도 한다〕인데 진흥왕 16년(555)에 주를 설치해 하주(下州)라고 하였으며 같은 왕 26년에 주를 폐지하였다. 경덕왕이 이름을 고쳤으며 지금의 창녕군(昌寧郡)이다. 거느리는 현은 하나이다. **현효현**(玄驍縣)은 본래 추량화현(推良火縣)〔삼량화(三良火)라고도 한다〕인데 경덕왕이 이름을 고쳤으며 지금의 현풍현(玄豐縣)이다.

수창군(壽昌郡)〔‘수’(壽)는 ‘가’(嘉)로도 쓴다〕은 본래 위화군(喟火郡)

인데 경덕왕이 이름을 고쳤으며 지금의 수성군(壽城郡)이다. 거느리는 현은 넷이다. **대구현**(大丘縣)은 본래 달구화현(達句火縣)인데 경덕왕이 이름을 고쳤으며 지금도 그대로 부른다. **팔리현**(八里縣)은 본래 팔거리현(八居里縣)〔북치장리(北耻長里)라고도 하고 인리(仁里)라고도 한다〕인데 경덕왕이 이름을 고쳤으며 지금의 팔거현(八居縣)이다. **하빈현**(河濱縣)은 본래 다사지현(多斯只縣)〔답지(沓只)라고도 한다〕인데 경덕왕이 이름을 고쳤으며 지금도 그대로 부른다. **화원현**(花園縣)은 본래 설화현(舌火縣)인데 경덕왕이 이름을 고쳤으며 지금도 그대로 부른다.

장산군(獐山郡)은 지미왕(祗味王) 때 압량(押梁)〔'독'(督)으로도 쓴다〕소국(小國)을 쳐서 빼앗아 군을 설치한 것으로, 경덕왕이 이름을 고쳤으며 지금의 장산군(章山郡)이다. 거느리는 현은 셋이다. **해안현**(解顔縣)은 본래 치성화현(雉省火縣)〔미리(美里)라고도 한다〕인데 경덕왕이 이름을 고쳤으며 지금도 그대로 부른다. **여량현**(餘粮縣)은 본래 마진(麻珍)〔'미'(彌)로도 쓴다〕량현(良縣)인데 경덕왕이 이름을 고쳤으며 지금의 구사부곡(仇史部曲)이다. **자인현**(慈仁縣)은 본래 노사화현(奴斯火縣)인데 경덕왕이 이름을 고쳤으며 지금도 그대로 부른다.

임고군(臨皐郡)은 본래 절야화군(切也火郡)인데 경덕왕이 이름을 고쳤으며 지금의 영주(永州)이다. 거느리는 현은 다섯이다. **장진현**(長鎭縣)은 지금의 죽장이부곡(竹長伊部曲)이다. **임천현**(臨川縣)은 조분왕(助賁王) 때 골화소국(骨火小國)을 쳐서 현을 설치한 것으로, 경덕왕이 이름을 고쳤으며 지금은 영주(永州)에 합해졌다. **도동현**(道同縣)은 본래 도동화현(刀冬火縣)인데 경덕왕이 이름을 고쳤으며 지금은 영주(永州)에 합해졌다. **신녕현**(新寧縣)은 본래 사정화현(史丁火縣)인데 경덕왕이 이름을 고쳤으며 지금도 그대로 부른다. **맹백현**(黽白縣)은 본래 매열차현(買熱次縣)인데 경덕왕이 이름을 고쳤으며 지금은 신령현에 합해졌다.

동래군(東萊郡)은 본래 거칠산군(居柒山郡)인데 경덕왕이 이름을 고쳤으며 지금도 그대로 부른다. 거느리는 현은 둘이다. **동평현**(東平縣)은 본래 대증현(大甑縣)인데 경덕왕이 이름을 고쳤으며 지금도 그대로 부른다. **기장현**(機張縣)은 본래 갑화량곡현(甲火良谷縣)인데 경덕왕이 이름을 고쳤으며 지금도 그대로 부른다.

동안군(東安郡)은 본래 생서량군(生西良郡)인데 경덕왕이 이름을 고쳤으며 지금은 경주(慶州)에 합해졌다. 거느리는 현은 하나이다. **우풍현**(虞風縣)은 본래 우화현(于火縣)인데 경덕왕이 이름을 고쳤으며 지금은 울주(蔚州)에 합해졌다.

임관군(臨關郡)은 본래 모화(毛火)〔'문화'(蚊化)로도 쓴다〕군(郡)인데 성덕왕이 여기에 성을 쌓아 일본의 침입로를 막았고, 경덕왕이 이름을 고쳤으며 지금은 경주(慶州)에 합해졌다. 거느리는 현은 둘이다. **동진현**(東津縣)은 본래 율포현(栗浦縣)인데 경덕왕이 이름을 고쳤으며 지금은 울주(蔚州)에 합해졌다. **하곡**(河曲)〔'서'(西)로도 쓴다〕**현**(縣)은 파사왕(婆娑王) 때 굴아화촌(屈阿火村)을 빼앗아 현을 설치한 것으로, 경덕왕이 이름을 고쳤으며 지금의 울주(蔚州)이다.

의창군(義昌郡)은 본래 퇴화군(退火郡)인데 경덕왕이 이름을 고쳤으며 지금의 흥해군(興海郡)이다. 거느리는 현은 여섯이다. **안강현**(安康縣)은 본래 비화현(比火縣)인데 경덕왕이 이름을 고쳤으며 지금도 그대로 부른다. **기립현**(鬐立縣)은 본래 지답현(只畓縣)인데 경덕왕이 이름을 고쳤으며 지금의 장기현(長鬐縣)이다. **신광현**(神光縣)은 본래 동잉음현(東仍音縣)인데 경덕왕이 이름을 고쳤으며 지금도 그대로 부른다. **임정현**(臨汀縣)은 본래 근오지현(斤烏支縣)인데 경덕왕이 이름을 고쳤으며 지금의 영일현(迎日縣)이다. **기계현**(杞溪縣)은 본래 모혜현(芼兮縣)〔화계(化雞)라고도 한다〕인데 경덕왕이 이름을 고쳤으며 지금도 그대로 부른다. **음즙화현**(音汁火縣)은 파사왕 때 음즙벌국(音汁伐國)을 빼앗아 현을 설치한 것으로 지금은 안강현(安康縣)에 합해졌다.

대성군(大城郡)은 본래 구도성(仇刀城) 경내의 솔이산성(率伊山城)·가산현(茄山縣)〔경산성(驚山城)이라고도 한다〕·오도산성(烏刀山城) 등 세 개의 성이었는데 지금은 청도군(淸道郡)에 합해졌다. **약장현**(約章縣)은 본래 악지현(惡支縣)인데 경덕왕이 이름을 고쳤으며 지금은 경주(慶州)에 합해졌다. **동기정**(東畿停)은 본래 모지정(毛只停)인데 경덕왕이 이름을 고쳤으며 지금은 경주에 합해졌다.

　상성군(商城郡)은 본래 서형산군(西兄山郡)인데 경덕왕이 이름을 고쳤으며 지금은 경주(慶州)에 합해졌다. **남기정**(南畿停)은 본래 도품혜정(道品兮停)인데 경덕왕이 이름을 고쳤으며 지금은 경주에 합해졌다. **중기정**(中畿停)은 본래 근내정(根乃停)인데 경덕왕이 이름을 고쳤으며 지금은 경주에 합해졌다. **서기정**(西畿停)은 본래 두량미지정(豆良彌知停)인데 경덕왕이 이름을 고쳤으며 지금은 경주에 합해졌다. **북기정**(北畿停)은 본래 우곡정(雨谷停)인데 경덕왕이 이름을 고쳤으며 지금은 경주에 합해졌다. **막야정**(莫耶停)은 본래 관아량지정(官阿良支停)〔북아량(北阿良)이라고도 한다〕인데 경덕왕이 이름을 고쳤으며 지금은 경주에 합해졌다.

　강주(康州)는 신문왕 5년 즉 당(唐) 수공(垂拱) 원년(685)에 거타주(居陁州)를 나누어 청주(菁州)를 두었던 것으로, 경덕왕이 이름을 고쳤으며 지금의 진주(晉州)이다. 거느리는 현은 둘이다. **가수현**(嘉壽縣)은 본래 가주화현(加主火縣)인데 경덕왕이 이름을 고쳤으며 지금도 그대로 부른다. **굴촌현**(屈村縣)은 지금은 알 수 없다.

　남해군(南海郡)은 신문왕이 처음 두었던 전야산군(轉也山郡)으로 바다 가운데 섬인데, 경덕왕이 이름을 고쳤으며 지금도 그대로 부른다. 거느리는 현은 둘이다. **난포현**(蘭浦縣)은 본래 내포현(內浦縣)인데 경덕왕이 이름을 고쳤으며 지금도 그대로 부른다. **평산현**(平山縣)은 본래 평서산현(平西山縣)〔서평(西平)이라고도 한다〕인데 경덕왕이 이름을 고쳤으며 지금도 그대로 부른다.

　하동군(河東郡)은 본래 한다사군(韓多沙郡)인데 경덕왕이 이름을 고쳤으며 지금도 그대로 부른다. 거느리는 현은 셋이다. **성량현**(省良縣)은 지금의 금량부곡(金良部曲)이다. **악양현**(嶽陽縣)은 본래 소다사현(小多沙

縣)인데 경덕왕이 이름을 고쳤으며 지금도 그대로 부른다. **하읍현**(河邑縣)은 본래 포촌현(浦村縣)인데 경덕왕이 이름을 고쳤으며 지금은 알 수 없다.

고성군(固城郡)은 본래 고자군(古自郡)인데 경덕왕이 이름을 고쳤으며 지금도 그대로 부른다. 거느리는 현은 셋이다. **문화량현**(蚊火良縣)은 지금은 알 수 없다. **사수현**(泗水縣)은 본래 사물현(史勿縣)인데 경덕왕이 이름을 고쳤으며 지금의 사주(泗州)이다. **상선현**(尙善縣)은 본래 일선현(一善縣)인데 경덕왕이 이름을 고쳤으며 지금의 영선현(永善縣)이다.

함안군(咸安郡)은 법흥왕이 대규모 병사로 아시량국(阿尸良國)[아나가야(阿那加耶)라고도 한다]을 멸망시켜 그 땅을 군(郡)으로 삼은 것으로, 경덕왕이 이름을 고쳤으며 지금도 그대로 부른다. 거느리는 현은 둘이다. **현무현**(玄武縣)은 본래 소삼현(召彡縣)인데 경덕왕이 이름을 고쳤으며 지금의 소삼부곡(召彡部曲)이다. **의령현**(宜寧縣)은 본래 장함현(獐含縣)인데 경덕왕이 이름을 고쳤으며 지금도 그대로 부른다.

거제군(巨濟郡)은 문무왕이 처음 두었던 상군(裳郡)으로 바다 가운데 섬인데, 경덕왕이 이름을 고쳤으며 지금도 그대로 부른다. 거느리는 현은 셋이다. **아주현**(鵝洲縣)은 본래 거로현(巨老縣)인데 경덕왕이 이름을 고쳤으며 지금도 그대로 부른다. **명진현**(溟珍縣)은 본래 매진이현(買珍伊縣)인데 경덕왕이 이름을 고쳤으며 지금도 그대로 부른다. **남수현**(南垂縣)은 본래 송변현(松邊縣)인데 경덕왕이 이름을 고쳤으며 지금은 옛 이름을 회복하였다.

궐성군(闕城郡)은 본래 궐지군(闕支郡)인데 경덕왕이 이름을 고쳤으며 지금의 강성현(江城縣)이다. 거느리는 현은 둘이다. **단읍현**(丹邑縣)은 본래 적촌현(赤村縣)인데 경덕왕이 이름을 고쳤으며 지금의 단계현(丹溪縣)이다. **산음현**(山陰縣)은 본래 지품천현(知品川縣)인데 경덕왕이 이름을 고쳤으며 지금도 그대로 부른다.

천령군(天嶺郡)은 본래 속함군(速含郡)인데 경덕왕이 이름을 고쳤으며 지금의 함양군(咸陽郡)이다. 거느리는 현은 둘이다. **운봉현**(雲峯縣)은 본래 모산현(母山縣)〔혹은 아영성(阿英城)이라 하고, 혹은 아막성(阿莫城)이라고도 한다〕인데 경덕왕이 이름을 고쳤으며 지금도 그대로 부른다. **이안현**(利安縣)은 본래 마리현(馬利縣)인데 경덕왕이 이름을 고쳤으며 지금도 그대로 부른다.

　거창군(居昌郡)은 본래 거렬군(居烈郡)〔혹은 거타(居陁)라고 한다〕인데 경덕왕이 이름을 고쳤으며 지금도 그대로 부른다. 거느리는 현은 둘이다. **여선현**(餘善縣)은 본래 남내현(南內縣)인데 경덕왕이 이름을 고쳤으며 지금의 감음현(感陰縣)이다. **함음현**(咸陰縣)은 본래 가소현(加召縣)인데 경덕왕이 이름을 고쳤으며 지금은 옛 이름을 회복하였다.

　고령군(高靈郡)은 본래 대가야국(大加耶國)이니 시조 이진아시왕(伊珍阿豉王)〔내진주지(內珍朱智)라고도 한다〕부터 도설지왕(道設智王)에 이르기까지 무릇 16세 520년이었는데, 진흥대왕이 쳐서 없애고 그 땅을 대가야군(大加耶郡)으로 삼은 것으로, 경덕왕이 이름을 고쳤으며 지금도 그대로 부른다. 거느리는 현은 둘이다. **야로현**(冶爐縣)은 본래 적화현(赤火縣)인데 경덕왕이 이름을 고쳤으며 지금도 그대로 부른다. **신복현**(新復縣)은 본래 가시혜현(加尸兮縣)인데 경덕왕이 이름을 고쳤으며 지금은 알 수 없다.

　강양군(江陽郡)은 본래 대량(大良)〔'야'(耶)로도 쓴다〕주군(州郡)인데 경덕왕이 이름을 고쳤으며 지금의 합주(陜州)이다. 거느리는 현은 셋이다. **삼기현**(三岐縣)은 본래 삼지현(三支縣)〔마장(麻杖)이라고도 한다〕인데 경덕왕이 이름을 고쳤으며 지금도 그대로 부른다. **팔계현**(八谿縣)은 본래 초팔혜현(草八兮縣)인데 경덕왕이 이름을 고쳤으며 지금의 초계현(草谿縣)이다. **의상현**(宜桑縣)은 본래 신이현(辛尒縣)〔주오촌(朱烏村)이라고도 하고, 천주현(泉州縣)이라고도 한다〕인데 경덕왕이 이름을 고쳤으며 지금의 신번현(新繁縣)이다.

　성산군(星山郡)은 본래 일리군(一利郡)〔이산군(里山郡)이라고도 한다〕인데 경덕왕이 이름을 고쳤으며 지금의 가리현(加利縣)이다. 거느리는 현은 넷이다. **수동현**(壽同縣)은 본래 사동화현(斯同火縣)인데 경덕왕이 이름을 고쳤으며 지금은 알 수 없다. **계자현**(谿子縣)은 본래 대목현(大木縣)인데 경덕왕이 이름을 고쳤으며 지금의 약목현(若木縣)이다. **신안현**(新安縣)은 본래 본피현(本彼縣)인데 경덕왕이 이름을 고쳤으며 지금의 경산부(京山府)이다. **도산현**(都山縣)은 본래 적산현(狄山縣)인데 경덕왕이 이름을 고쳤으며 지금은 알 수 없다.

• 삼국사기 권 제34

삼국사기 권 제35

잡지(雜志) 제4
지리 2 · 신라

한주(漢州)는 본래 고구려의 한산군(漢山郡)을 신라가 빼앗은 것으로, 경덕왕이 한주(漢州)라고 고쳤으며 지금의 광주(廣州)이다. 거느리는 현은 둘이다. **황무현**(黃武縣)은 본래 고구려의 남천현(南川縣)인데 신라가 병합해 진흥왕이 주(州)로 삼아 군주(軍主)를 둔 것으로, 경덕왕이 이름을 고쳤으며 지금의 이천현(利川縣)이다. **거서현**(巨黍縣)은 본래 고구려의 구성현(駒城縣)인데 경덕왕이 이름을 고쳤으며 지금의 용구현(龍駒縣)이다.

중원경(中原京)은 본래 고구려의 국원성(國原城)인데 신라가 평정해 진흥왕이 소경(小京)을 설치한 것으로, 문무왕 때 성을 쌓으니 둘레는 2천 5백 92보이다. 경덕왕이 중원경(中原京)으로 고쳤으며 지금의 충주(忠州)이다.

괴양군(槐壤郡)은 본래 고구려의 잉근내군(仍斤內郡)인데 경덕왕이 이름을 고쳤으며 지금의 괴주(槐州)이다.

소(泝)['기'(沂)로도 쓴다]**천군**(川郡)은 본래 고구려의 술천군(述川郡)인데 경덕왕이 이름을 고쳤으며 지금의 천녕군(川寧郡)이다. 거느리는 현은 둘이다. **황효현**(黃驍縣)은 본래 고구려의 골내근현(骨乃斤縣)인데

경덕왕이 이름을 고쳤으며 지금의 황려현(黃驪縣)이다. **빈양현**(濱陽縣)
은 본래 고구려의 양근현(楊根縣)인데 경덕왕이 이름을 고쳤으며 지금
은 옛 이름을 회복하였다.

흑양군(黑壤郡)〔황양군(黃壤郡)이라고도 한다〕은 본래 고구려의 금물
노군(今勿奴郡)인데 경덕왕이 이름을 고쳤으며 지금의 진주(鎭州)이다.
거느리는 현은 둘이다. **도서현**(都西縣)은 본래 고구려의 도서현(道西縣)
인데 경덕왕이 이름을 고쳤으며 지금의 도안현(道安縣)이다. **음성현**(陰
城縣)은 본래 고구려의 잉홀현(仍忽縣)인데 경덕왕이 이름을 고쳤으며
지금도 그대로 부른다.

개산군(介山郡)은 본래 고구려의 개차산군(皆次山郡)인데 경덕왕이 이
름을 고쳤으며 지금의 죽주(竹州)이다. 거느리는 현은 하나이다. **음죽현**
(陰竹縣)은 본래 고구려의 노음죽현(奴音竹縣)인데 경덕왕이 이름을 고
쳤으며 지금도 그대로 부른다.

백성군(白城郡)은 본래 고구려의 나혜홀(奈兮忽)인데 경덕왕이 이름을
고쳤으며 지금의 안성군(安城郡)이다. 거느리는 현은 둘이다. **적성현**(赤
城縣)은 본래 고구려의 사복홀(沙伏忽)인데 경덕왕이 이름을 고쳤으며
지금의 양성현(陽城縣)이다. **사산현**(蛇山縣)은 본래 고구려의 현인데 경
덕왕 때도 그대로 불렀으며 지금의 직산현(稷山縣)이다.

수성군(水城郡)은 본래 고구려의 매홀군(買忽郡)인데 경덕왕이 이름을
고쳤으며 지금의 수주(水州)이다.

당은군(唐恩郡)은 본래 고구려의 당성군(唐城郡)인데 경덕왕이 이름을
고쳤으며 지금은 옛 이름을 회복하였다. 거느리는 현은 둘이다. **차성현**
(車城縣)은 본래 고구려의 상(上)〔'차'(車)로도 쓴다〕홀현(忽縣)인데 경
덕왕이 이름을 고쳤으며 지금의 용성현(龍城縣)이다. **진위현**(振威縣)은
본래 고구려의 부산현(釜山縣)인데 경덕왕이 이름을 고쳤으며 지금도
그대로 부른다.

율진군(栗津郡)은 본래 고구려의 율목군(栗木郡)인데 경덕왕이 이름을
고쳤으며 지금의 과주(菓州)이다. 거느리는 현은 셋이다. **곡양현**(穀壤縣)

은 본래 고구려의 잉벌노현(仍伐奴縣)인데 경덕왕이 이름을 고쳤으며 지금의 검주(黔州)이다. **공암현**(孔巖縣)은 본래 고구려의 제차파의현(濟次巴衣縣)인데 경덕왕이 이름을 고쳤으며 지금도 그대로 부른다. **소성현**(邵城縣)은 본래 고구려의 매소홀현(買召忽縣)인데 경덕왕이 이름을 고쳤으며 지금의 인주(仁州)〔경원(慶原)이라고도 한다. '매소'(買召)는 '미추'(弥鄒)로도 쓴다〕이다.

장구군(獐口郡)은 본래 고구려의 장항구현(獐項口縣)인데 경덕왕이 이름을 고쳤으며 지금의 안산현(安山縣)이다.

장제군(長堤郡)은 본래 고구려의 주부토군(主夫吐郡)인데 경덕왕이 이름을 고쳤으며 지금의 수주(樹州)이다. 거느리는 현은 넷이다. **수성현**(戍城縣)은 본래 고구려의 수이홀(首尒忽)인데 경덕왕이 이름을 고쳤으며 지금의 수안현(守安縣)이다. **김포현**(金浦縣)은 본래 고구려의 검포현(黔浦縣)인데 경덕왕이 이름을 고쳤으며 지금도 그대로 부른다. **동성현**(童城縣)은 본래 고구려의 동자홀현(童子忽縣)〔동산현(幢山縣)이라고도 한다〕인데 경덕왕이 이름을 고쳤으며 지금도 그대로 부른다. **분진현**(分津縣)은 본래 고구려의 평유압현(平唯押縣)인데 경덕왕이 이름을 고쳤으며 지금의 통진현(通津縣)이다.

한양군(漢陽郡)은 본래 고구려의 북한산군(北漢山郡)〔평양(平壤)이라고도 한다〕인데 진흥왕이 주로 삼아 군주를 둔 것으로, 경덕왕이 이름을 고쳤으며 지금 양주(楊州)의 옛터이다. 거느리는 현은 둘이다. **황양현**(荒壤縣)은 본래 고구려의 골의노현(骨衣奴縣)인데 경덕왕이 이름을 고쳤으며 지금의 풍양현(豐壤縣)이다. **우왕현**(遇王縣)은 본래 고구려의 개백현(皆伯縣)인데 경덕왕이 이름을 고쳤으며 지금의 행주(幸州)이다.

내소군(來蘇郡)은 본래 고구려의 매성현(買省縣)인데 경덕왕이 이름을 고쳤으며 지금의 견주(見州)이다. 거느리는 현은 둘이다. **중성현**(重城縣)은 본래 고구려의 칠중현(七重縣)인데 경덕왕이 이름을 고쳤으며 지금의 적성현(積城縣)이다. **파평현**(波平縣)은 본래 고구려의 파해평사현(波

害平史縣)인데 경덕왕이 이름을 고쳤으며 지금도 그대로 부른다.

교하군(交河郡)은 본래 고구려의 천정구현(泉井口縣)인데 경덕왕이 이름을 고쳤으며 지금도 그대로 부른다. 거느리는 현은 둘이다. **봉성현**(峯城縣)은 본래 고구려의 술이홀현(述尒忽縣)인데 경덕왕이 이름을 고쳤으며 지금도 그대로 부른다. **고봉현**(高烽縣)은 본래 고구려의 달을성현(達乙省縣)인데 경덕왕이 이름을 고쳤으며 지금도 그대로 부른다.

견성군(堅城郡)은 본래 고구려의 마홀군(馬忽郡)인데 경덕왕이 이름을 고쳤으며 지금의 포주(抱州)이다. 거느리는 현은 둘이다. **사천현**(沙川縣)은 본래 고구려의 내을매현(內乙買縣)인데 경덕왕이 이름을 고쳤으며 지금도 그대로 부른다. **동음현**(洞陰縣)은 본래 고구려의 양골현(梁骨縣)인데 경덕왕이 이름을 고쳤으며 지금도 그대로 부른다.

철성군(鐵城郡)은 본래 고구려의 철원군(鐵圓郡)인데 경덕왕이 이름을 고쳤으며 지금의 동주(東州)이다. 거느리는 현은 둘이다. **동량현**(幢梁縣)은 본래 고구려의 승량현(僧梁縣)인데 경덕왕이 이름을 고쳤으며 지금의 승령현(僧嶺縣)이다. **공성현**(功成縣)은 본래 고구려의 공목달현(功木達縣)인데 경덕왕이 이름을 고쳤으며 지금의 장주(獐州)이다.

부평군(富平郡)은 본래 고구려의 부여군(夫如郡)인데 경덕왕이 이름을 고쳤으며 지금의 금화현(金化縣)이다. 거느리는 현은 하나이다. **광평현**(廣平縣)은 본래 고구려의 부양현(斧壤縣)인데 경덕왕이 이름을 고쳤으며 지금의 평강현(平康縣)이다.

토산군(兎山郡)은 본래 고구려의 오사함달현(烏斯含達縣)인데 경덕왕이 이름을 고쳤으며 지금도 그대로 부른다. 거느리는 현은 셋이다. **안협현**(安峽縣)은 본래 고구려의 아진압현(阿珍押縣)인데 경덕왕이 이름을 고쳤으며 지금도 그대로 부른다. **삭읍현**(朔邑縣)은 본래 고구려의 소읍두현(所邑豆縣)인데 경덕왕이 이름을 고쳤으며 지금의 삭령현(朔寧縣)이다. **이천현**(伊川縣)은 본래 고구려의 이진매현(伊珍買縣)인데 경덕왕이 이름을 고쳤으며 지금도 그대로 부른다.

우봉군(牛峯郡)은 본래 고구려의 우잠군(牛岑郡)인데 경덕왕이 이름을 고쳤으며 지금도 그대로 부른다. 거느리는 현은 셋이다. **임강현**(臨江縣)은 본래 고구려의 장항현(獐項縣)인데 경덕왕이 이름을 고쳤으며 지금도 그대로 부른다. **장단현**(長湍縣)은 본래 고구려의 장천성현(長淺城縣)인데 경덕왕이 이름을 고쳤으며 지금도 그대로 부른다. **임단현**(臨端縣)은 본래 고구려의 마전천현(麻田淺縣)인데 경덕왕이 이름을 고쳤으며 지금의 마전현(麻田縣)이다.

송악군(松岳郡)은 본래 고구려의 부소갑(扶蘇岬)인데 효소왕(孝昭王) 3년(694)에 성을 쌓고, 경덕왕 때도 그대로 불렀던 것으로, 우리 태조께서 나라를 열자 왕기(王畿)가 되었다. 거느리는 현은 둘이다. **여비현**(如羆縣)은 본래 고구려의 약두치현(若豆耻縣)인데 경덕왕이 이름을 고쳤으며 지금의 송림현(松林縣)이다. 제4대 왕 광종(光宗)이 그 땅에 불일사(佛日寺)를 창건하고 현을 동북쪽으로 옮겼다. **강음현**(江陰縣)은 본래 고구려의 굴압현(屈押縣)인데 경덕왕이 이름을 고쳤으며 지금도 그대로 부른다.

개성군(開城郡)은 본래 고구려의 동비홀(冬比忽)인데 경덕왕이 이름을 고쳤으며 지금의 개성부(開城府)이다. 거느리는 현은 둘이다. **덕수현**(德水縣)은 본래 고구려의 덕물현(德勿縣)인데 경덕왕이 이름을 고쳤으며 지금도 그대로 부른다. 제11대 왕 문종(文宗) 시대에 그 땅에 흥왕사(興王寺)를 창건하고 현을 남쪽으로 옮겼다. **임진현**(臨津縣)은 본래 고구려의 진림성(津臨城)인데 경덕왕이 이름을 고쳤으며 지금도 그대로 부른다.

해구군(海口郡)은 본래 고구려의 혈구군(穴口郡)으로 바다 가운데 있는데 경덕왕이 이름을 고쳤으며 지금의 강화현(江華縣)이다. 거느리는 현은 셋이다. **호음현**(沍陰縣)은 본래 고구려의 동음나현(冬音奈縣)인데 경덕왕이 이름을 고쳤으며 혈구도(穴口島) 안에 있고 지금의 하음현(河陰縣)이다. **교동현**(喬桐縣)은 본래 고구려의 고목근현(高木根縣)으로 바다의 섬인데 경덕왕이 이름을 고쳤으며 지금도 그대로 부른다. **수진현**(守鎭縣)은 본래 고구려의 수지현(首知縣)인데 경덕왕이 이름을 고쳤으며 지금의 진강현(鎭江縣)이다.

영풍군(永豐郡)은 본래 고구려의 대곡군(大谷郡)인데 경덕왕이 이름을 고쳤으며 지금의 평주(平州)이다. 거느리는 현은 둘이다. 단계현(檀溪縣)은 본래 고구려의 수곡성현(水谷城縣)인데 경덕왕이 이름을 고쳤으며 지금의 협계현(俠溪縣)이다. 진단현(鎭湍縣)은 본래 고구려의 십곡성현(十谷城縣)인데 경덕왕이 이름을 고쳤으며 지금의 곡주(谷州)이다.

해고군(海皐郡)은 본래 고구려의 동삼(冬彡)〔'음'(音)으로도 쓴다〕홀군(忽郡)인데 경덕왕이 이름을 고쳤으며 지금의 염주(鹽州)이다. 거느리는 현은 하나이다. 구택현(雊澤縣)은 본래 고구려의 도랍현(刀臘縣)인데 경덕왕이 이름을 고쳤으며 지금의 백주(白州)이다.

폭지군(瀑池郡)은 본래 고구려의 내미홀군(內米忽郡)인데 경덕왕이 이름을 고쳤으며 지금의 해주(海州)이다.

중반군(重盤郡)은 본래 고구려의 식성군(息城郡)인데 경덕왕이 이름을 고쳤으며 지금의 안주(安州)이다.

서암군(栖嵒郡)은 본래 고구려의 휴암군(鵂嵒郡)인데 경덕왕이 이름을 고쳤으며 지금의 봉주(鳳州)이다.

오관군(五關郡)은 본래 고구려의 오곡군(五谷郡)인데 경덕왕이 이름을 고쳤으며 지금의 동주(洞州)이다. 거느리는 현은 하나이다. 장새현(獐塞縣)은 본래 고구려의 현인데 경덕왕 때도 그대로 불렀으며 지금의 수안군(遂安郡)이다.

취성군(取城郡)은 본래 고구려의 동홀(冬忽)인데 헌덕왕이 이름을 고쳤으며 지금의 황주(黃州)이다. 거느리는 현은 셋이다. 토산현(土山縣)은 본래 고구려의 식달(息達)인데 헌덕왕이 이름을 고쳤으며 지금도 그대로 부른다. 당악현(唐嶽縣)은 본래 고구려의 가화압(加火押)인데 헌덕왕이 현을 설치하고 이름을 고쳤으며 지금의 중화현(中和縣)이다. 송현현(松峴縣)은 본래 고구려의 부사파의현(夫斯波衣縣)인데 헌덕왕이 이름을 고쳤으며 지금은 중화현(中和縣)에 속하였다.

삭주(朔州)는 가탐(賈耽)의 『고금군국지』(古今郡國志)에 이르기를 "구려(句麗)의 동남쪽, 예(濊)의 서쪽은 옛 맥(貊)의 땅이니, 대체로 오늘날 신라의 북쪽 삭주(朔州)이다"라고 하였다. 선덕왕(善德王) 6년 즉 당 정관(貞觀) 11년(637)에 우수주(牛首州)로 삼아 군주(軍主)를 두었고〔문무왕 13년 즉 당 함형(咸亨) 4년(673)에 수약주(首若州)를 설치하였다고도 한다〕, 경덕왕이 이름을 고쳐 삭주(朔州)라고 하였으며 지금의 춘주(春州)이다. 거느리는 현은 셋이다. **녹효현**(綠驍縣)은 본래 고구려의 벌력천현(伐力川縣)인데 경덕왕이 이름을 고쳤으며 지금의 홍천현(洪川縣)이다. **황천현**(潢川縣)은 본래 고구려의 횡천현(橫川縣)인데 경덕왕이 이름을 고쳤으며 지금은 옛 이름을 회복하였다. **지평현**(砥平縣)은 본래 고구려의 지현현(砥峴縣)인데 경덕왕이 이름을 고쳤으며 지금도 그대로 부른다.

북원경(北原京)은 본래 고구려의 평원군(平原郡)인데 문무왕이 북원소경(北原小京)을 설치한 것으로, 신문왕 5년(685)에 성을 쌓으니 둘레는 1천 31보이다. 경덕왕 때도 그대로 불렀으며 지금의 원주(原州)이다.

나제군(奈隄郡)은 본래 고구려의 나토군(奈吐郡)인데 경덕왕이 이름을 고쳤으며 지금의 제주(堤州)이다. 거느리는 현은 둘이다. **청풍현**(淸風縣)은 본래 고구려의 사열이현(沙熱伊縣)인데 경덕왕이 이름을 고쳤으며 지금도 그대로 부른다. **적산현**(赤山縣)은 본래 고구려의 현인데 경덕왕 때도 그대로 불렀으며 지금의 단산현(丹山縣)이다.

나령군(奈靈郡)은 본래 백제의 나기군(奈己郡)인데 파사왕(婆娑王)이 빼앗은 것으로, 경덕왕이 이름을 고쳤으며 지금의 강주(剛州)이다. 거느리는 현은 둘이다. **선곡현**(善谷縣)은 본래 고구려의 매곡현(買谷縣)인데 경덕왕이 이름을 고쳤으며 지금은 알 수 없다. **옥마현**(玉馬縣)은 본래 고구려의 고사마현(古斯馬縣)인데 경덕왕이 이름을 고쳤으며 지금의 봉화현(奉化縣)이다.

급산군(岌山郡)은 본래 고구려의 급벌산군(及伐山郡)인데 경덕왕이 이

름을 고쳤으며 지금의 홍주(興州)이다. 거느리는 현은 하나이다. **인풍현**
(鄰豐縣)은 본래 고구려의 이벌지현(伊伐支縣)인데 경덕왕이 이름을 고
쳤으며 지금은 알 수 없다.

가평군(嘉平郡)은 본래 고구려의 근평군(斤平郡)인데 경덕왕이 이름을
고쳤으며 지금도 그대로 부른다. 거느리는 현은 하나이다. **준수현**(浚水
縣)은 본래 고구려의 심천현(深川縣)인데 경덕왕이 이름을 고쳤으며 지
금의 조종현(朝宗縣)이다.

양록군(楊麓郡)은 본래 고구려의 양구군(楊口郡)인데 경덕왕이 이름을
고쳤으며 지금의 양구현(陽溝縣)이다. 거느리는 현은 셋이다. **희제현**(狶
蹄縣)은 본래 고구려의 저족현(猪足縣)인데 경덕왕이 이름을 고쳤으며
지금의 인제현(麟蹄縣)이다. **치도현**(馳道縣)은 본래 고구려의 옥기현(玉
岐縣)인데 경덕왕이 이름을 고쳤으며 지금의 서화현(瑞禾縣)이다. **삼령
현**(三嶺縣)은 본래 고구려의 삼현현(三峴縣)인데 경덕왕이 이름을 고쳤
으며 지금의 방산현(方山縣)이다.

낭천군(狼川郡)은 본래 고구려의 성천군(狌川郡)인데 경덕왕이 이름을
고쳤으며 지금도 그대로 부른다.

대양군(大楊郡)은 본래 고구려의 대양관군(大楊菅郡)인데 경덕왕이
이름을 고쳤으며 지금의 장양군(長楊郡)이다. 거느리는 현은 둘이다. **수
천현**(藪川縣)은 본래 고구려의 수성천현(藪狌川縣)인데 경덕왕이 이름
을 고쳤으며 지금의 화천현(和川縣)이다. **문등현**(文登縣)은 본래 고구
려의 문현현(文峴縣)인데 경덕왕이 이름을 고쳤으며 지금도 그대로 부
른다.

익성군(益城郡)은 본래 고구려의 모성군(母城郡)인데 경덕왕이 이름을
고쳤으며 지금의 금성군(金城郡)이다.

기성군(岐城郡)은 본래 고구려의 동사홀군(冬斯忽郡)인데 경덕왕이 이
름을 고쳤으며 지금도 그대로 부른다. 거느리는 현은 하나이다. **통구현**
(通溝縣)은 본래 고구려의 수입현(水入縣)인데 경덕왕이 이름을 고쳤으
며 지금도 그대로 부른다.

연성군(連城郡)은 본래 고구려의 각(各)〔‘객’(客)으로도 쓴다〕련성군(連城郡)인데 경덕왕이 이름을 고쳤으며 지금의 교주(交州)이다. 거느리는 현은 셋이다. **단송현**(丹松縣)은 본래 고구려의 적목진(赤木鎮)인데 경덕왕이 이름을 고쳤으며 지금의 남곡현(嵐谷縣)이다. **질운현**(軼雲縣)은 본래 고구려의 관술현(管述縣)인데 경덕왕이 이름을 고쳤으며 지금은 알 수 없다. **희령현**(狶嶺縣)은 본래 고구려의 저수현현(猪守峴縣)인데 경덕왕이 이름을 고쳤으며 지금은 알 수 없다.

삭정군(朔庭郡)은 본래 고구려의 비열홀군(比列忽郡)인데 진흥왕 17년 즉 양(梁) 태평(太平) 원년(556)에 비열주(比列州)로 삼아 군주(軍主)를 두었고, 효소왕(孝昭王) 때 성을 쌓으니 둘레는 1천 1백 80보이다. 경덕왕이 이름을 고쳤으며 지금의 등주(登州)이다. 거느리는 현은 다섯이다. **서곡현**(瑞谷縣)은 본래 고구려의 경곡현(原谷縣)인데 경덕왕이 이름을 고쳤으며 지금도 그대로 부른다. **난산현**(蘭山縣)은 본래 고구려의 석달현(昔達縣)인데 경덕왕이 이름을 고쳤으며 지금은 알 수 없다. **상음현**(霜陰縣)은 본래 고구려의 살한현(薩寒縣)인데 경덕왕이 이름을 고쳤으며 지금도 그대로 부른다. **청산현**(菁山縣)은 본래 고구려의 가지달현(加支達縣)인데 경덕왕이 이름을 고쳤으며 지금의 문산현(汶山縣)이다. **익계현**(翊谿縣)은 본래 고구려의 익곡현(翼谷縣)인데 경덕왕이 이름을 고쳤으며 지금도 그대로 부른다.

정천군(井泉郡)은 본래 고구려의 천정군(泉井郡)인데 문무왕 21년(681)에 빼앗았고, 경덕왕이 이름을 고쳤으며 탄항관문(炭項關門)을 쌓았으니 지금의 용주(湧州)이다. 거느리는 현은 셋이다. **산산현**(萩山縣)은 본래 고구려의 매시달현(買尸達縣)인데 경덕왕이 이름을 고쳤으며 지금은 알 수 없다. **송산현**(松山縣)은 본래 고구려의 부사달현(夫斯達縣)인데 경덕왕이 이름을 고쳤으며 지금은 알 수 없다. **유거현**(幽居縣)은 본래 고구려의 동허현(東墟縣)인데 경덕왕이 이름을 고쳤으며 지금은 알 수 없다.

명주(溟州)는 본래 고구려의 하서량(河西良)['하슬라'(何瑟羅)로도 쓴다]인데 뒤에 신라에 속하였다. 가탐(賈耽)의 『고금군국지』에 이르기를 "지금 신라의 북계(北界)인 명주(溟州)는 대체로 예(濊)의 옛 나라이다"라고 했으니, 이전 역사 기록에서 부여(扶餘)를 예(濊)의 땅이라고 한 것은 아마 잘못일 것이다. 선덕왕(善德王) 때 소경(小京)으로 삼아 사신(仕臣)을 두었고, 태종왕(太宗王) 5년 즉 당 현경(顯慶) 3년(658)에 하슬라(何瑟羅)의 땅이 말갈(靺鞨)과 연이어 있다 하여 경(京)을 폐지하고 주(州)로 삼아 군주를 두어 지키게 하였다. 경덕왕 16년(757)에 이름을 명주(溟州)로 고쳤으며 지금도 그대로 부른다. 거느리는 현은 넷이다. 정선현(旌善縣)은 본래 고구려의 잉매현(仍買縣)인데 경덕왕이 이름을 고쳤으며 지금도 그대로 부른다. 속(梀)['동'(棟)으로도 쓴다]제현(隄縣)은 본래 고구려의 속토현(束吐縣)인데 경덕왕이 이름을 고쳤으며 지금은 알 수 없다. 지산현(支山縣)은 본래 고구려의 현인데 경덕왕 때도 그대로 불렀으며 지금의 연곡현(連谷縣)이다. 동산현(洞山縣)은 본래 고구려의 혈산현(穴山縣)인데 경덕왕이 이름을 고쳤으며 지금도 그대로 부른다.

곡성군(曲城郡)은 본래 고구려의 굴화군(屈火郡)인데 경덕왕이 이름을 고쳤으며 지금의 임하군(臨河郡)이다. 거느리는 현은 하나이다. 연(緣)['연'(橡)으로도 쓴다]무현(武縣)은 본래 고구려의 이화혜현(伊火兮縣)인데 경덕왕이 이름을 고쳤으며 지금의 안덕현(安德縣)이다.

야성군(野城郡)은 본래 고구려의 야시홀군(也尸忽郡)인데 경덕왕이 이름을 고쳤으며 지금의 영덕군(盈德郡)이다. 거느리는 현은 둘이다. 진안현(眞安縣)은 본래 고구려의 조람현(助欖縣)인데 경덕왕이 이름을 고쳤으며 지금의 보성부(甫城府)이다. 적선현(積善縣)은 본래 고구려의 청이현(靑已縣)인데 경덕왕이 이름을 고쳤으며 지금의 청부현(靑鳧縣)이다.

유린군(有鄰郡)은 본래 고구려의 우시군(于尸郡)인데 경덕왕이 이름을 고쳤으며 지금의 예주(禮州)이다. 거느리는 현은 하나이다. 해아현(海阿

縣)은 본래 고구려의 아혜현(阿兮縣)인데 경덕왕이 이름을 고쳤으며 지금의 청하현(淸河縣)이다.

울진군(蔚珍郡)은 본래 고구려의 우진야현(于珍也縣)인데 경덕왕이 이름을 고쳤으며 지금도 그대로 부른다. 거느리는 현은 하나이다. **해곡**(海曲)〔'서'(西)로도 쓴다〕**현**(縣)은 본래 고구려의 파단현(波旦縣)인데 경덕왕이 이름을 고쳤으며 지금은 알 수 없다.

나성군(奈城郡)은 본래 고구려의 나생군(奈生郡)인데 경덕왕이 이름을 고쳤으며 지금의 영월군(寧越郡)이다. 거느리는 현은 셋이다. **자춘현**(子春縣)은 본래 고구려의 을아단현(乙阿旦縣)인데 경덕왕이 이름을 고쳤으며 지금의 영춘현(永春縣)이다. **백오현**(白烏縣)은 본래 고구려의 욱오현(郁烏縣)인데 경덕왕이 이름을 고쳤으며 지금의 평창현(平昌縣)이다. **주천현**(酒泉縣)은 본래 고구려의 주연현(酒淵縣)인데 경덕왕이 이름을 고쳤으며 지금도 그대로 부른다.

삼척군(三陟郡)은 본래 실직국(悉直國)인데 파사왕(婆娑王)대에 항복해 왔고 지증왕(智證王) 6년 즉 양(梁) 천감(天監) 4년(505)에 주(州)로 삼아 이사부(異斯夫)를 군주(軍主)로 하였다. 경덕왕이 이름을 고쳤으며 지금도 그대로 부른다. 거느리는 현은 넷이다. **죽령현**(竹嶺縣)은 본래 고구려의 죽현현(竹峴縣)인데 경덕왕이 이름을 고쳤으며 지금은 알 수 없다. **만경**(滿卿)〔'향'(鄕)으로도 쓴다〕**현**(縣)은 본래 고구려의 만약현(滿若縣)인데 경덕왕이 이름을 고쳤으며 지금은 알 수 없다. **우계현**(羽谿縣)은 본래 고구려의 우곡현(羽谷縣)인데 경덕왕이 이름을 고쳤으며 지금도 그대로 부른다. **해리현**(海利縣)은 본래 고구려의 파리현(波利縣)인데 경덕왕이 이름을 고쳤으며 지금은 알 수 없다.

수성군(守城郡)은 본래 고구려의 수성군(迖城郡)인데 경덕왕이 이름을 고쳤으며 지금의 간성현(杆城縣)이다. 거느리는 현은 둘이다. **동산현**(童山縣)은 본래 고구려의 승산현(僧山縣)인데 경덕왕이 이름을 고쳤으며 지금의 열산현(烈山縣)이다. **익령현**(翼嶺縣)은 본래 고구려의 익현현(翼峴縣)인데 경덕왕이 이름을 고쳤으며 지금도 그대로 부른다.

고성군(高城郡)은 본래 고구려의 달홀(達忽)인데 진흥왕 29년(568)에 주로 삼아 군주(軍主)를 두었고, 경덕왕이 이름을 고쳤으며 지금도 그대로 부른다. 거느리는 현은 둘이다. **환가현**(豢猳縣)은 본래 고구려의 저수혈현(猪迂穴縣)인데 경덕왕이 이름을 고쳤으며 지금도 그대로 부른다. **편험현**(偏嶮縣)은 본래 고구려의 평진현현(平珍峴縣)인데 경덕왕이 이름을 고쳤으며 지금의 운암현(雲巖縣)이다.

금양군(金壤郡)은 본래 고구려의 휴양군(休壤郡)인데 경덕왕이 이름을 고쳤으며 지금도 그대로 부른다. 거느리는 현은 다섯이다. **습계현**(習谿縣)은 본래 고구려의 습비곡현(習比谷縣)인데 경덕왕이 이름을 고쳤으며 지금의 흡곡현(歙谷縣)이다. **제상현**(隄上縣)은 본래 고구려의 토상현(吐上縣)인데 경덕왕이 이름을 고쳤으며 지금의 벽산현(碧山縣)이다. **임도현**(臨道縣)은 본래 고구려의 도림현(道臨縣)인데 경덕왕이 이름을 고쳤으며 지금도 그대로 부른다. **파천현**(派川縣)은 본래 고구려의 개연현(改淵縣)인데 경덕왕이 이름을 고쳤으며 지금도 그대로 부른다. **학포현**(鶴浦縣)은 본래 고구려의 곡포현(鵠浦縣)인데 경덕왕이 이름을 고쳤으며 지금도 그대로 부른다.

• 삼국사기 권 제35

삼국사기 권 제36

잡지(雜志) 제5
지리 3 · 신라

웅주(熊州)는 본래 백제의 옛 도읍으로 당 고종(高宗)이 소정방(蘇定方)을 보내 평정하고 웅진도독부(熊津都督府)를 두었는데, 신라 문무왕이 그 땅을 빼앗아 차지하고, 신문왕이 웅천주(熊川州)로 고쳐 도독(都督)을 두었다. 경덕왕 16년(757)에 이름을 웅주(熊州)로 고쳤으며 지금의 공주(公州)이다. 거느리는 현은 둘이다. **이산현**(尼山縣)은 본래 백제의 열야산현(熱也山縣)인데 경덕왕이 이름을 고쳤으며 지금도 그대로 부른다. **청음현**(淸音縣)은 본래 백제의 벌음지현(伐音支縣)인데 경덕왕이 이름을 고쳤으며 지금의 신풍현(新豊縣)이다.

서원경(西原京)은 신문왕 5년(685)에 처음으로 서원소경(西原小京)을 설치했다가 경덕왕이 이름을 서원경(西原京)으로 고쳤으며 지금의 청주(淸州)이다.

대록군(大麓郡)은 본래 백제의 대목악군(大木岳郡)인데 경덕왕이 이름을 고쳤으며 지금의 목주(木州)이다. 거느리는 현은 둘이다. **순치현**(馴雉縣)은 본래 백제의 감매현(甘買縣)인데 경덕왕이 이름을 고쳤으며 지금의 풍세현(豊歲縣)이다. **금지현**(金池縣)은 본래 백제의 구지현(仇知縣)인데 경덕왕이 이름을 고쳤으며 지금의 전의현(全義縣)이다.

가림군(嘉林郡)은 본래 백제의 가림군(加林郡)인데 경덕왕이 '가' (加)를 '가'(嘉)로 고쳤으며 지금도 그대로 부른다. 거느리는 현은 둘이다. **마산현**(馬山縣)은 본래 백제의 현인데 경덕왕이 주·군의 이름을 고친 이후 지금까지 모두 그대로 부른다. **한산현**(翰山縣)은 본래 백제의 대산현(大山縣)인데 경덕왕이 이름을 고쳤으며 지금의 홍산현(鴻山縣)이다.

서림군(西林郡)은 본래 백제의 설림군(舌林郡)인데 경덕왕이 이름을 고쳤으며 지금도 그대로 부른다. 거느리는 현은 둘이다. **남포현**(藍浦縣)은 본래 백제의 사포현(寺浦縣)인데 경덕왕이 이름을 고쳤으며 지금도 그대로 부른다. **비인현**(庇仁縣)은 본래 백제의 비중현(比衆縣)인데 경덕왕이 이름을 고쳤으며 지금도 그대로 부른다.

이산군(伊山郡)은 본래 백제의 마시산군(馬尸山郡)인데 경덕왕이 이름을 고쳤으며 지금도 그대로 부른다. 거느리는 현은 둘이다. **목우현**(目牛縣)은 본래 백제의 우견현(牛見縣)인데 경덕왕이 이름을 고쳤으며 지금은 알 수 없다. **금무현**(今武縣)은 본래 백제의 금물현(今勿縣)인데 경덕왕이 이름을 고쳤으며 지금의 덕풍현(德豊縣)이다.

혜성군(槥城郡)은 본래 백제의 혜군(槥郡)인데 경덕왕이 이름을 고쳤으며 지금도 그대로 부른다. 거느리는 현은 셋이다. **당진현**(唐津縣)은 본래 백제의 벌수지현(伐首只縣)인데 경덕왕이 이름을 고쳤으며 지금도 그대로 부른다. **여읍현**(餘邑縣)은 본래 백제의 여촌현(餘村縣)인데 경덕왕이 이름을 고쳤으며 지금의 여미현(餘美縣)이다. **신평현**(新平縣)은 본래 백제의 사평현(沙平縣)인데 경덕왕이 이름을 고쳤으며 지금도 그대로 부른다.

부여군(扶餘郡)은 본래 백제의 소부리군(所夫里郡)인데 당나라 장수 소정방(蘇定方)과 김유신(金庾信)이 평정하였고, 문무왕 12년(672)에 총관(摠管)을 두었다. 경덕왕이 이름을 고쳤으며 지금도 그대로 부른다. 거느리는 현은 둘이다. **석산현**(石山縣)은 본래 백제의 진악산현(珍惡山縣)인데 경덕왕이 이름을 고쳤으며 지금의 석성현(石城縣)이다. **열성현**(悅

城縣)은 본래 백제의 열기현(悅己縣)인데 경덕왕이 이름을 고쳤으며 지금의 정산현(定山縣)이다.

임성군(任城郡)은 본래 백제의 임존성(任存城)인데 경덕왕이 이름을 고쳤으며 지금의 대흥군(大興郡)이다. 거느리는 현은 둘이다. **청무현**(靑武縣)은 본래 백제의 고량부리현(古良夫里縣)인데 경덕왕이 이름을 고쳤으며 지금의 청양현(靑陽縣)이다. **고산현**(孤山縣)은 본래 백제의 오산현(烏山縣)인데 경덕왕이 이름을 고쳤으며 지금의 예산현(禮山縣)이다.

황산군(黃山郡)은 본래 백제의 황등야산군(黃等也山郡)인데 경덕왕이 이름을 고쳤으며 지금의 연산현(連山縣)이다. 거느리는 현은 둘이다. **진령현**(鎭嶺縣)은 본래 백제의 진현현(眞峴縣)〔'진'(眞)은 '정'(貞)으로도 쓴다〕인데 경덕왕이 이름을 고쳤으며 지금의 진잠현(鎭岑縣)이다. **진동현**(珍同縣)은 본래 백제의 현인데 경덕왕이 주·군의 이름을 고친 이후 지금까지 모두 그대로 부른다.

비풍군(比豐郡)은 본래 백제의 우술군(雨述郡)인데 경덕왕이 이름을 고쳤으며 지금의 회덕군(懷德郡)이다. 거느리는 현은 둘이다. **유성현**(儒城縣)은 본래 백제의 노사지현(奴斯只縣)인데 경덕왕이 이름을 고쳤으며 지금도 그대로 부른다. **적조현**(赤鳥縣)은 본래 백제의 소비포현(所比浦縣)인데 경덕왕이 이름을 고쳤으며 지금의 덕진현(德津縣)이다.

결성군(潔城郡)은 본래 백제의 결기군(結己郡)인데 경덕왕이 이름을 고쳤으며 지금도 그대로 부른다. 거느리는 현은 둘이다. **신읍현**(新邑縣)은 본래 백제의 신촌현(新村縣)인데 경덕왕이 이름을 고쳤으며 지금의 보령현(保寧縣)이다. **신량현**(新良縣)은 본래 백제의 사시량현(沙尸良縣)인데 경덕왕이 이름을 고쳤으며 지금의 여양현(黎陽縣)이다.

연산군(燕山郡)은 본래 백제의 일모산군(一牟山郡)인데 경덕왕이 이름을 고쳤으며 지금도 그대로 부른다. 거느리는 현은 둘이다. **연기현**(燕岐縣)은 본래 백제의 두잉지현(豆仍只縣)인데 경덕왕이 이름을 고쳤으며 지금도 그대로 부른다. **매곡현**(昧谷縣)은 본래 백제의 미곡현(未谷縣)인데 경덕왕이 이름을 고쳤으며 지금의 회인현(懷仁縣)이다.

부성군(富城郡)은 본래 백제의 기군(基郡)인데 경덕왕이 이름을 고쳤으며 지금도 그대로 부른다. 거느리는 현은 둘이다. **소태현**(蘇泰縣)은 본래 백제의 성대혜현(省大兮縣)인데 경덕왕이 이름을 고쳤으며 지금도 그대로 부른다. **지육현**(地育縣)은 본래 백제의 지륙현(知六縣)인데 경덕왕이 이름을 고쳤으며 지금의 북곡현(北谷縣)이다.

탕정군(湯井郡)은 본래 백제의 군인데 문무왕 11년 즉 당 함형(咸亨) 2년(671)에 주로 삼아 총관(摠管)을 두었다가, 함형(咸亨) 12년에 주를 폐지하고 군으로 하였다. 경덕왕 때도 그대로 불렀으며 지금의 온수군(溫水郡)이다. 거느리는 현은 둘이다. **음봉현**(陰峯縣)〔음잠(陰岑)이라고도 한다〕은 본래 백제의 아술현(牙述縣)인데 경덕왕이 이름을 고쳤으며 지금의 아주(牙州)이다. **기량현**(祁梁縣)은 본래 백제의 굴직현(屈直縣)인데 경덕왕이 이름을 고쳤으며 지금의 신창현(新昌縣)이다.

전주(全州)는 본래 백제의 완산(完山)인데 진흥왕 16년(555)에 주로 삼았다가 26년에 주를 폐지하였고, 신문왕 5년(685)에 다시 완산주(完山州)를 설치하였다. 경덕왕 16년(757)에 이름을 고쳤으며 지금도 그대로 부른다. 거느리는 현은 셋이다. **두성현**(杜城縣)은 본래 백제의 두이현(豆伊縣)인데 경덕왕이 이름을 고쳤으며 지금의 이성현(伊城縣)이다. **금구현**(金溝縣)은 본래 백제의 구지지산현(仇知只山縣)인데 경덕왕이 이름을 고쳤으며 지금도 그대로 부른다. **고산현**(高山縣)은 본래 백제의 현인데 경덕왕이 주·군의 이름을 고친 이후 지금까지 그대로 부른다.

남원소경(南原小京)은 본래 백제의 고룡군(古龍郡)인데 신라가 병합해 신문왕 5년(685)에 처음으로 소경(小京)을 설치했다가, 경덕왕 16년(757)에 남원소경을 설치하였으며 지금의 남원부(南原府)이다.

대산군(大山郡)은 본래 백제의 대시산군(大尸山郡)인데 경덕왕이 이름을 고쳤으며 지금의 태산군(泰山郡)이다. 거느리는 현은 셋이다. **정읍현**

(井邑縣)은 본래 백제의 정촌(井村)인데 경덕왕이 이름을 고쳤으며 지금도 그대로 부른다. **빈성현**(斌城縣)은 본래 백제의 빈굴현(賓屈縣)인데 경덕왕이 이름을 고쳤으며 지금의 인의현(仁義縣)이다. **야서현**(野西縣)은 본래 백제의 야서이현(也西伊縣)인데 경덕왕이 이름을 고쳤으며 지금의 거야현(巨野縣)이다.

고부군(古阜郡)은 본래 백제의 고사부리군(古沙夫里郡)인데 경덕왕이 이름을 고쳤으며 지금도 그대로 부른다. 거느리는 현은 셋이다. **부령현**(扶寧縣)은 본래 백제의 개화현(皆火縣)인데 경덕왕이 이름을 고쳤으며 지금도 그대로 부른다. **희안현**(喜安縣)은 본래 백제의 흔량매현(欣良買縣)인데 경덕왕이 이름을 고쳤으며 지금의 보안현(保安縣)이다. **상질현**(尙質縣)은 본래 백제의 상칠현(上柒縣)인데 경덕왕이 이름을 고쳤으며 지금도 그대로 부른다.

진례군(進禮郡)은 본래 백제의 진잉을군(進仍乙郡)인데 경덕왕이 이름을 고쳤으며 지금도 그대로 부른다. 거느리는 현은 셋이다. **이성현**(伊城縣)은 본래 백제의 두시이현(豆尸伊縣)인데 경덕왕이 이름을 고쳤으며 지금의 부리현(富利縣)이다. **청거현**(淸渠縣)은 본래 백제의 물거현(勿居縣)인데 경덕왕이 이름을 고쳤으며 지금도 그대로 부른다. **단천현**(丹川縣)은 본래 백제의 적천현(赤川縣)인데 경덕왕이 이름을 고쳤으며 지금의 주계현(朱溪縣)이다.

덕은군(德殷郡)은 본래 백제의 덕근군(德近郡)인데 경덕왕이 이름을 고쳤으며 지금의 덕은군(德恩郡)이다. 거느리는 현은 셋이다. **시진현**(市津縣)은 본래 백제의 가지나현(加知奈縣)인데 경덕왕이 이름을 고쳤으며 지금도 그대로 부른다. **여량현**(礪良縣)은 본래 백제의 지량초현(只良肖縣)인데 경덕왕이 이름을 고쳤으며 지금도 그대로 부른다. **운제현**(雲梯縣)은 본래 백제의 지벌지현(只伐只縣)인데 경덕왕이 이름을 고쳤으며 지금도 그대로 부른다.

임피군(臨陂郡)은 본래 백제의 시산군(屎山郡)인데 경덕왕이 이름을 고쳤으며 지금도 그대로 부른다. 거느리는 현은 셋이다. **함열현**(咸悅縣)

은 본래 백제의 감물아현(甘勿阿縣)인데 경덕왕이 이름을 고쳤으며 지금도 그대로 부른다. **옥구현**(沃溝縣)은 본래 백제의 마서량현(馬西良縣)인데 경덕왕이 이름을 고쳤으며 지금도 그대로 부른다. **회미현**(澮尾縣)은 본래 백제의 부부리현(夫夫里縣)인데 경덕왕이 이름을 고쳤으며 지금도 그대로 부른다.

김제군(金堤郡)은 본래 백제의 벽골현(碧骨縣)인데 경덕왕이 이름을 고쳤으며 지금도 그대로 부른다. 거느리는 현은 넷이다. **만경현**(萬頃縣)은 본래 백제의 두내산현(豆乃山縣)인데 경덕왕이 이름을 고쳤으며 지금도 그대로 부른다. **평고현**(平皐縣)은 본래 백제의 수동산현(首冬山縣)인데 경덕왕이 이름을 고쳤으며 지금도 그대로 부른다. **이성현**(利城縣)은 본래 백제의 내리아현(乃利阿縣)인데 경덕왕이 이름을 고쳤으며 지금도 그대로 부른다. **무읍현**(武邑縣)은 본래 백제의 무근촌현(武斤村縣)인데 경덕왕이 이름을 고쳤으며 지금의 부윤현(富潤縣)이다.

순화군(淳化郡)〔'순'(淳)은 '정'(渟)으로도 쓴다〕은 본래 백제의 도실군(道實郡)인데 경덕왕이 이름을 고쳤으며 지금의 순창현(淳昌縣)이다. 거느리는 현은 둘이다. **적성현**(磧城縣)은 본래 백제의 역평현(礫坪縣)인데 경덕왕이 이름을 고쳤으며 지금도 그대로 부른다. **구고현**(九皐縣)은 본래 백제의 돌평현(堗坪縣)인데 경덕왕이 이름을 고쳤으며 지금도 그대로 부른다.

금마군(金馬郡)은 본래 백제의 금마저군(金馬渚郡)인데 경덕왕이 이름을 고쳤으며 지금도 그대로 부른다. 거느리는 현은 셋이다. **옥야현**(沃野縣)은 본래 백제의 소력지현(所力只縣)인데 경덕왕이 이름을 고쳤으며 지금도 그대로 부른다. **야산현**(野山縣)은 본래 백제의 알야산현(閼也山縣)인데 경덕왕이 이름을 고쳤으며 지금의 낭산현(朗山縣)이다. **우주현**(紆洲縣)은 본래 백제의 우소저현(于召渚縣)인데 경덕왕이 이름을 고쳤으며 지금의 우주(紆州)이다.

벽계군(壁谿郡)은 본래 백제의 백이(伯伊)〔'해'(海)로도 쓴다〕군(郡)인데 경덕왕이 이름을 고쳤으며 지금의 장계현(長溪縣)이다. 거느리는 현은 둘이다. **진안현**(鎭安縣)은 본래 백제의 난진아현(難珍阿縣)인데 경덕왕이 이름을 고쳤으며 지금도 그대로 부른다. **고택현**(高澤縣)은 본래 백제의 우평현(雨坪縣)인데 경덕왕이 이름을 고쳤으며 지금의 장수현(長水縣)이다.

임실군(任實郡)은 본래 백제의 군인데 경덕왕이 주·군의 이름을 고친 이후 지금까지 모두 그대로 부른다. 거느리는 현은 둘이다. **마령현**(馬靈縣)은 본래 백제의 마돌현(馬突縣)인데 경덕왕이 이름을 고쳤으며 지금도 그대로 부른다. **청웅현**(靑雄縣)은 본래 백제의 거사물현(居斯勿縣)인데 경덕왕이 이름을 고쳤으며 지금의 거령현(巨寧縣)이다.

무주(武州)는 본래 백제의 땅인데 신문왕 6년(686)에 무진주(武珍州)로 삼았다가 경덕왕이 이름을 고쳐 무주(武州)라고 하였으며 지금의 광주(光州)이다. 거느리는 현은 셋이다. **현웅현**(玄雄縣)은 본래 백제의 미동부리현(未冬夫里縣)인데 경덕왕이 이름을 고쳤으며 지금의 남평군(南平郡)이다. **용산현**(龍山縣)은 본래 백제의 복룡현(伏龍縣)인데 경덕왕이 이름을 고쳤으며 지금은 옛 이름을 회복하였다. **기양현**(祁陽縣)은 본래 백제의 굴지현(屈支縣)인데 경덕왕이 이름을 고쳤으며 지금의 창평현(昌平縣)이다.

분령군(分嶺郡)은 본래 백제의 분차군(分嵯郡)인데 경덕왕이 이름을 고쳤으며 지금의 낙안군(樂安郡)이다. 거느리는 현은 넷이다. **충렬현**(忠烈縣)은 본래 백제의 조조례현(助助禮縣)인데 경덕왕이 이름을 고쳤으며 지금의 남양현(南陽縣)이다. **조양현**(兆陽縣)은 본래 백제의 동로현(冬老縣)인데 경덕왕이 이름을 고쳤으며 지금도 그대로 부른다. **강원현**(薑原縣)은 본래 백제의 두힐현(豆肹縣)인데 경덕왕이 이름을 고쳤으며 지금의 두원현(荳原縣)이다. **백주현**(栢舟縣)은 본래 백제의 비사현(比史縣)인데 경덕왕이 이름을 고쳤으며 지금의 태강현(泰江縣)이다.

보성군(寶城郡)은 본래 백제의 복홀군(伏忽郡)인데 경덕왕이 이름을 고쳤으며 지금도 그대로 부른다. 거느리는 현은 넷이다. **대로현**(代勞縣)

은 본래 백제의 마사량현(馬斯良縣)인데 경덕왕이 이름을 고쳤으며 지금의 회령현(會寧縣)이다. **계수현**(季水縣)은 본래 백제의 계천현(季川縣)인데 경덕왕이 이름을 고쳤으며 지금의 장택현(長澤縣)이다. **오아현**(烏兒縣)은 본래 백제의 오차현(烏次縣)인데 경덕왕이 이름을 고쳤으며 지금의 정안현(定安縣)이다. **마읍현**(馬邑縣)은 본래 백제의 고마미지현(古馬弥知縣)인데 경덕왕이 이름을 고쳤으며 지금의 수령현(遂寧縣)이다.

　추성군(秋成郡)은 본래 백제의 추자혜군(秋子兮郡)인데 경덕왕이 이름을 고쳤으며 지금의 담양군(潭陽郡)이다. 거느리는 현은 둘이다. **옥과현**(玉菓縣)은 본래 백제의 과지현(菓支縣)인데 경덕왕이 이름을 고쳤으며 지금도 그대로 부른다. **율원현**(栗原縣)은 본래 백제의 율지현(栗支縣)인데 경덕왕이 이름을 고쳤으며 지금의 원률현(原栗縣)이다.

　영암군(靈巖郡)은 본래 백제의 월나군(月奈郡)인데 경덕왕이 이름을 고쳤으며 지금도 그대로 부른다.

　반남군(潘南郡)은 본래 백제의 반나부리현(半奈夫里縣)인데 경덕왕이 이름을 고쳤으며 지금도 그대로 부른다. 거느리는 현은 둘이다. **야로현**(野老縣)은 본래 백제의 아로곡현(阿老谷縣)인데 경덕왕이 이름을 고쳤으며 지금의 안로현(安老縣)이다. **곤미현**(昆湄縣)은 본래 백제의 고미현(古彌縣)인데 경덕왕이 이름을 고쳤으며 지금도 그대로 부른다.

　갑성군(岬城郡)은 본래 백제의 고시이현(古尸伊縣)인데 경덕왕이 이름을 고쳤으며 지금의 장성군(長城郡)이다. 거느리는 현은 둘이다. **진원현**(珍原縣)은 본래 백제의 구사진혜현(丘斯珍兮縣)인데 경덕왕이 이름을 고쳤으며 지금도 그대로 부른다. **삼계현**(森溪縣)은 본래 백제의 소비혜현(所非兮縣)인데 경덕왕이 이름을 고쳤으며 지금도 그대로 부른다.

　무령군(武靈郡)은 본래 백제의 무시이군(武尸伊郡)인데 경덕왕이 이름을 고쳤으며 지금의 영광군(靈光郡)이다. 거느리는 현은 셋이다. **장사현**(長沙縣)은 본래 백제의 상로현(上老縣)인데 경덕왕이 이름을 고쳤으며 지금도 그대로 부른다. **고창현**(高敞縣)은 본래 백제의 모량부리현(毛良夫里縣)인데 경덕왕이 이름을 고쳤으며 지금도 그대로 부른다. **무송현**(茂松縣)은 본래 백제의 송미지현(松彌知縣)인데 경덕왕이 이름을 고쳤으며 지금도 그대로 부른다.

　승평군(昇平郡)은 본래 백제의 감평군(欲平郡)인데 경덕왕이 이름을 고쳤으며 지금도 그대로 부른다〔승주(昇州)라고도 한다〕. 거느리는 현은 셋이다. **해읍현**(海邑縣)은 본래 백제의 원촌현(猿村縣)인데 경덕왕이 이름을 고쳤으며 지금의 여수현(麗水縣)이다. **희양현**(晞陽縣)은 본래 백제의 마로현(馬老縣)인데 경덕왕이 이름을 고쳤으며 지금의 광양현(光陽縣)이다. **여산현**(廬山縣)은 본래 백제의 돌산현(突山縣)인데 경덕왕이 이름을 고쳤으며 지금은 옛 이름을 회복하였다.

　곡성군(谷城郡)은 본래 백제의 욕내군(欲乃郡)인데 경덕왕이 이름을 고쳤으며 지금도 그대로 부른다. 거느리는 현은 셋이다. **부유현**(富有縣)은 본래 백제의 둔지현(遁支縣)인데 경덕왕이 이름을 고쳤으며 지금도 그대로 부른다. **구례현**(求禮縣)은 본래 백제의 구차례현(仇次禮縣)인데 경덕왕이 이름을 고쳤으며 지금도 그대로 부른다. **동복현**(同福縣)은 본래 백제의 두부지현(豆夫只縣)인데 경덕왕이 이름을 고쳤으며 지금도 그대로 부른다.

　능성군(陵城郡)은 본래 백제의 이릉부리군(尒陵夫里郡)인데 경덕왕이 이름을 고쳤으며 지금도 그대로 부른다. 거느리는 현은 둘이다. **부리현**(富里縣)은 본래 백제의 파부리군(波夫里郡)인데 경덕왕이 이름을 고쳤으며 지금의 복성현(福城縣)이다. **여미현**(汝湄縣)은 본래 백제의 잉리아현(仍利阿縣)인데 경덕왕이 이름을 고쳤으며 지금의 화순현(和順縣)이다.

　금산군(錦山郡)은 본래 백제의 발라군(發羅郡)인데 경덕왕이 이름을 고쳤으며 지금의 나주목(羅州牧)이다. 거느리는 현은 셋이다. **회진현**(會津縣)은 본래 백제의 두힐현(豆肹縣)인데 경덕왕이 이름을 고쳤으며 지금도 그대로 부른다. **철야현**(鐵冶縣)은 본래 백제의 실어산현(實於山縣)

인데 경덕왕이 이름을 고쳤으며 지금도 그대로 부른다. **여황현**(艅艎縣)은 본래 백제의 수천현(水川縣)인데 경덕왕이 이름을 고쳤으며 지금도 그대로 부른다.

양무군(陽武郡)은 본래 백제의 도무군(道武郡)인데 경덕왕이 이름을 고쳤으며 지금의 도강군(道康郡)이다. 거느리는 현은 넷이다. **고**(固) ['동'(同)으로도 쓴다]**안현**(安縣)은 본래 백제의 고서이현(古西伊縣)인데 경덕왕이 이름을 고쳤으며 지금의 죽산현(竹山縣)이다. **탐진현**(耽津縣)은 본래 백제의 동음현(冬音縣)인데 경덕왕이 이름을 고쳤으며 지금도 그대로 부른다. **침명현**(浸溟縣)은 본래 백제의 새금현(塞琴縣)인데 경덕왕이 이름을 고쳤으며 지금의 해남현(海南縣)이다. **황원현**(黃原縣)은 본래 백제의 황술현(黃述縣)인데 경덕왕이 이름을 고쳤으며 지금도 그대로 부른다.

무안군(務安郡)은 본래 백제의 물아혜군(勿阿兮郡)인데 경덕왕이 이름을 고쳤으며 지금도 그대로 부른다. 거느리는 현은 넷이다. **함풍현**(咸豊縣)은 본래 백제의 굴내현(屈乃縣)인데 경덕왕이 이름을 고쳤으며 지금도 그대로 부른다. **다기현**(多岐縣)은 본래 백제의 다지현(多只縣)인데 경덕왕이 이름을 고쳤으며 지금의 모평현(牟平縣)이다. **해제현**(海際縣)은 본래 백제의 도제현(道際縣)인데 경덕왕이 이름을 고쳤으며 지금도 그대로 부른다. **진도현**(珍島縣)은 본래 백제의 인진도군(因珍島郡)인데 경덕왕이 이름을 고쳤으며 지금도 그대로 부른다.

뇌산군(牢山郡)은 본래 백제의 도산현(徒山縣)인데 경덕왕이 이름을 고쳤으며 지금의 가흥현(嘉興縣)이다. 거느리는 현은 하나이다. **첨탐현**(瞻耽縣)은 본래 백제의 매구리현(買仇里縣)인데 경덕왕이 이름을 고쳤으며 지금의 임회현(臨淮縣)이다.

압해군(壓海郡)은 본래 백제의 아차산현(阿次山縣)인데 경덕왕이 이름을 고쳤으며 지금도 그대로 부른다. 거느리는 현은 셋이다. **갈도현**(碣島縣)은 본래 백제의 아로현(阿老縣)인데 경덕왕이 이름을 고쳤으며 지금의 육창현(六昌縣)이다. **염해현**(鹽海縣)은 본래 백제의 고록지현(古祿只

縣)인데 경덕왕이 이름을 고쳤으며 지금의 임치현(臨淄縣)이다. **안파현**(安波縣)은 본래 백제의 거지산현(居知山縣)['거'(居)는 '굴'(屈)로도 쓴다]인데 경덕왕이 이름을 고쳤으며 지금의 장산현(長山縣)이다.

• 삼국사기 권 제36

삼국사기 권 제37

잡지(雜志) 제6
지리 4 · 고구려 백제

고구려

『통전』을 살펴보면 이르기를 "주몽(朱蒙)이 전한 건소(建昭) 2년(기원
전 37) 북부여(北扶餘)로부터 동남쪽으로 가서 보술수(普述水)를 건너
흘승골성(紇升骨城)에 이르러 자리를 잡고 국호를 '구려'(句麗)라 하고
'고'(高)를 성씨로 삼았다"라고 하였다.[1] 『고기』에는 이르기를 "주몽이
부여(扶餘)로부터 어려움을 피해 졸본(卒本)에 이르렀다"라고 하였다.
그러므로 흘승골성과 졸본은 같은 곳인 듯하다. 『한서지』(漢書志)에는
이르기를 "요동군은 낙양(洛陽)에서 3천 6백 리 떨어져 있다"[2] 하였고,
여기에 속한 현으로 무려현(無慮縣)이 있으니, 『주례』(周禮)에 보이는
'북진(北鎭) 의무려산'(醫巫閭山)이 그것이요,[3] 대요(大遼)가 그 아래 의
주(醫州)를 두었던 곳이다.[4] 또 "현도군은 낙양에서 동북으로 4천 리 떨

---

1) 『통전』186 변방 2 동이 하 고구려.
2) 『후한서』지 23 군국 5.
3) 『주례』33 하관(夏官) 직방씨(職方氏)에 "동북쪽을 유주(幽州)라 하는데, 그 진산을
   의무려(醫無閭)라고 한다"라고 하였다.
4) 『요사』(遼史) 37 지리지 1 여주(閭州)조에 '의무려산'(醫巫閭山)이 보인다. 한편

어져 있다"[5] 하였고, 여기에 속한 현은 셋인데 고구려현(高句麗縣)이 그 가운데 하나로 있다. 그러므로 이른바 주몽이 도읍했다는 흘승골성이나 졸본은 아마 한의 현도군 경내로서 대요국(大遼國)의 동경(東京) 서쪽인 듯하니,『한지』(漢志)에서 이른 '현도군의 속현 고구려현'이 바로 이것인가 한다. 옛날 대요가 아직 멸망하지 않았을 때 요의 황제가 연경(燕京)에 있었는데 우리나라에서 입조하는 사신들이 동경을 지나 요수(遼水)를 건너 하루나 이틀 만에 의주에 이르러 연경(燕京)·계주(薊州)로 향했으므로 그러한 줄을 알겠다.

주몽이 흘승골성에 도읍을 세운 뒤로부터 40년을 지나 유류왕(孺留王) 22년(3)에 국내성(國內城)〔혹은 위나암성(尉那巖城)이라고 하며, 혹은 불이성(不而城)이라고도 한다〕으로 도읍을 옮겼다.『한서』를 보면 낙랑군의 속현 가운데 불이현(不而縣)이 있고,[6] 또 총장(總章) 2년(669)에 영국공(英國公) 이적(李勣)이 조칙을 받들어서 고구려의 여러 성에 도독부(都督府)와 주·현을 설치했는데 그「목록」(目錄)에 말한 '압록수(鴨淥水) 이북의 이미 항복한 성 11개' 가운데 하나로 국내성이 있으며, 평양에서 여기에 이르기까지는 17개 역(驛)이 있었다 하니, 이 성 역시 북조(北朝)의 경내에 있을 것이지만, 다만 어느 곳인지를 알 수 없을 뿐이다.

국내성에 도읍한 지 4백 25년을 지나 장수왕 15년(427)에 평양으로 도읍을 옮겼고, 다시 1백 56년을 지나 평원왕 28년(586)에 장안성(長安城)으로 도읍을 옮겼으며, 여기에서 83년을 지나 보장왕 27년(668)에 멸망하였다〔옛사람의 기록에 시조 주몽으로부터 보장왕에 이르기까지 지나

금(金)대에 편찬된 황통(皇統) 8년(1148) 소영기(蕭永祺)의 것과, 태화(泰和) 7년 (1207) 진대임(陳大任)의 것, 그리고 원 지정(至正) 4년(1344)에 탈탈(脫脫) 등이 찬한『요사』등은 모두『삼국사기』가 찬진된 이후의 것들이다. 따라서 현전하는『요사』에 따르면 의무려산이 여주(閭州)에 속해 있지만, 애초『삼국사기』편찬 당시의 지식대로 '무려'는 '의무려'·'의무려산'에서 유래하였을 것이다.

5)『후한서』지 23 군국 5.
6)『한서』28 지리지 8 하.

온 연대가 정녕 자세한 것이 이와 같다. 그런데 혹자는 이르기를 "고국원왕 13년(343)에 거소를 평양의 동황성(東黃城)으로 옮겼는데, 그 성은 지금의 서경 동쪽 목멱산(木覓山) 가운데 있다"라고 하니, 실제 그러하였는지를 알 수 없다].

평양성은 지금의 서경인 듯하니, 패수(浿水)는 곧 대동강일 것이다. 무엇으로 그것을 알 수 있는가? 『당서』에 이르기를 "평양성은 한나라 때의 낙랑군으로 산굽이를 따라 둘러서 성을 쌓았는데, 남쪽은 패수에 접하였다"[7]라고 하였고, 또 『지』(志)에 이르기를 "등주(登州)에서 동북쪽 바다로 나가 남쪽으로 해변을 끼고서 패강 어귀의 초도(椒島)를 지나면 신라 서북쪽에 도달할 수 있다"[8]라고 하였으며, 또 수 양제(煬帝)의 동방 정벌 조서에 이르기를 "창해(滄海) 방면 군사는 선단이 천리에 뻗치고 높은 돛에 번개처럼 달리며 커다란 전함들이 구름처럼 날아서 패강을 가로질러 멀리 평양으로 나아가라"[9] 하였으니, 이러한 것들로 말하자면 지금의 대동강이 패수인 것이 분명하고, 그렇다면 서경이 평양인 것도 역시 알 수 있는 것이다. 그러나 『당서』에는 "평양성 역시 장안(長安)이라고 한다"[10]라고 했는데, 『고기』에는 "평양에서 장안으로 옮겼다"라고 하니, 두 성이 같은 곳인지 다른 곳인지, 그리고 얼마나 멀고 가까운지는 알 수 없다. 고구려는 처음에 중국 북부 지역에 있었다가 점차 동쪽 패수의 옆으로 옮겨왔던 것이다.

발해 사람 무예(武藝)가 말하기를 "옛날 고구려가 전성기였을 때는 군사가 30만이었고 당에 대항해 적수가 되었다"[11]라고 했으니, 그 지세가 빼어나고 군사가 강하였다고 할 수 있겠다. 그러나 말기에 와서 임금과

---

7) 『신당서』 220 동이열전 145 고려.
8) 『신당서』 43 하 지 33 하 지리 7 하 영남도(嶺南道).
9) 『수서』 4 제기 4 양제 하 대업(大業) 8년 춘정월 신사.
10) 『신당서』 220 고려전.
11) 이 말은 본래 대무예의 발언이 아니라 대문예(大門藝)가 대무예에게 한 말을 인용자가 잘못 파악한 것이다. 『구당서』 199 하 북적(北狄) 발해말갈전 및 『신당서』 219 북적 발해전에서 확인할 수 있다.

신하가 어둡고 포학해 도리를 잃게 되자 당이 두 차례 군사를 내고 신라가 원조해 쳐서 평정했던 것이다. 그 땅은 대부분 발해와 말갈에 편입되었고, 신라 역시 그 남쪽 영토를 차지해 한주(漢州)와 삭주(朔州)와 명주(溟州)의 세 주 및 군·현을 두어 9주를 갖추었다.

한산주(漢山州)

국원성(國原城)〔미을성(未乙省)이라고도 하고 탁장성(託長城)이라고도 한다〕. 남천현(南川縣)〔남매(南買)라고도 한다〕. 구성(駒城)〔멸오(滅烏)라고도 한다〕. 잉근내군(仍斤內郡). 술천군(述川郡)〔성지매(省知買)라고도 한다〕. 골내근현(骨乃斤縣). 양근현(楊根縣)〔거사참(去斯斬)이라고도 한다〕. 금물내군(今勿內郡)〔만노(萬弩)라고도 한다〕. 도서현(道西縣)〔도개(都蓋)라고도 한다〕. 잉홀(仍忽). 개차산군(皆次山郡). 노음죽현(奴音竹縣). 나혜홀(奈兮忽). 사복홀(沙伏忽). 사산현(蛇山縣). 매홀(買忽)〔수성(水城)이라고도 한다〕. 당성군(唐城郡). 상홀(上忽)〔차홀(車忽)이라고도 한다〕. 부산현(釜山縣)〔송촌활달(松村活達)이라고도 한다〕. 율목군(栗木郡)〔동사힐(冬斯肹)이라고도 한다〕. 잉벌노현(仍伐奴縣). 제차파의현(齊次巴衣縣). 매소홀현(買召忽縣)〔미추홀(彌鄒忽)이라고도 한다〕. 장항구현(獐項口縣)〔고사야홀차(古斯也忽次)라고도 한다〕. 주부토군(主夫吐郡). 수이홀(首尒忽). 검포현(黔浦縣). 동자홀현(童子忽縣)〔구사파의(仇斯波衣)라고도 한다〕. 평회압현(平淮押縣)〔별사파의(別史波衣)라고도 한다. '회'(淮)는 '유'(唯)로도 쓴다〕. 북한산군(北漢山郡)〔평양(平壤)이라고도 한다〕. 골의내현(骨衣內縣). 왕봉현(王逢縣)〔개백(皆伯)이라고도 한다. 한씨(漢氏) 미녀가 안장왕(安臧王)을 맞이한 곳이므로 왕봉(王逢)으로 이름하였다〕. 매성군(買省郡)〔마홀(馬忽)이라고도 한다〕. 칠중현(七重縣)〔난은별(難隱別)이라고도 한다〕. 파해평사현(波害平史縣)〔액봉(額蓬)이라고도 한다〕. 천정구현(泉井口縣)〔어을매곶(於乙買串)이라고도 한다〕. 술이홀현(述尒忽縣)〔수니홀(首泥忽)이라고도 한다〕. 달을성현(達乙省縣)〔한씨(漢氏) 미녀가 높은 산마루에서 봉화를 붙여 밝히

고 안장왕(安臧王)을 맞이한 곳이므로 뒤에 고봉(高烽)으로 이름하였
다]. 비성군(臂城郡)[마홀(馬忽)이라고도 한다]. 내을매(內乙買)[내이
미(內尒米)라고도 한다]. 철원군(鐵圓郡)[모을동비(毛乙冬非)라고도 한
다]. 양골현(梁骨縣). 승량현(僧梁縣)[비물(非勿)이라고도 한다]. 공목달
(功木達)[웅섬산(熊閃山)이라고도 한다]. 부여군(夫如郡). 어사내현(於
斯內縣)[부양(斧壤)이라고도 한다]. 오사함달(烏斯含達). 아진압현(阿珍
押縣)[궁악(窮嶽)이라고도 한다]. 소읍두현(所邑豆縣). 이진매현(伊珍買
縣). 우잠군(牛岑郡)[우령(牛嶺)이라고도 하고 수지의(首知衣)라고도 한
다]. 장항현(獐項縣)[고사야홀차(古斯也忽次)라고도 한다]. 장천성현(長
淺城縣)[야야(耶耶)라고도 하고 야아(夜牙)라고도 한다]. 마전천현(麻田
淺縣)[니사파홀(泥沙波忽)이라고도 한다]. 부소갑(扶蘇岬). 약지두치현
(若只頭恥縣)[삭두(朔頭)라고도 하고 의두(衣頭)라고도 한다]. 굴어압
(屈於押)[강서(江西)라고도 한다]. 동비홀(冬比忽). 덕물현(德勿縣). 진
림성현(津臨城縣)[오아홀(烏阿忽)이라고도 한다]. 혈구군(穴口郡)[갑비
고차(甲比古次)라고도 한다]. 동음나현(冬音奈縣)[휴음(休陰)이라고도
한다]. 고목근현(高木根縣)[달을참(達乙斬)이라고도 한다]. 수지현(首知
縣)[신지(新知)라고도 한다]. 대곡군(大谷郡)[다지홀(多知忽)이라고도
한다]. 수곡성현(水谷城縣)[매단홀(買旦忽)이라고도 한다]. 십곡현(十谷
縣)[덕돈홀(德頓忽)이라고도 한다]. 동음홀(冬音忽)[시염성(豉鹽城)이
라고도 한다]. 도랍현(刀臘縣)[치악성(雉嶽城)이라고도 한다]. 오곡군
(五谷郡)[우차탄홀(于次呑忽)이라고도 한다]. 내미홀(內米忽)[지성(池
城)이라고도 하고 장지(長池)라고도 한다]. 한성군(漢城郡)[한홀(漢忽)
이라고도 하고 식성(息城)이라고도 하며 내홀(乃忽)이라고도 한다]. 휴
류성(鵂鶹城)[조파의(租波衣)라고도 하고 휴암군(鵂巖郡)이라고도 한
다]. 장새현(獐塞縣)[고소어(古所於)라고도 한다]. 동홀(冬忽)[우동어홀
(于冬於忽)이라고도 한다]. 금달(今達)[신달(薪達)이라고도 하고 식달
(息達)이라고도 한다]. 구을현(仇乙峴)[굴천(屈遷)이라고도 한다]은 지
금의 풍주(豊州)이다. 궐구(闕口)는 지금의 유주(儒州)이다. 율구(栗口)

〔율천(栗川)이라고도 한다〕는 지금의 은률현(殷粟縣)이다. 장연(長淵)
은 지금도 그대로 부른다. 마경이(麻耕伊)는 지금의 청송현(青松縣)이
다. 양악(楊岳)은 지금의 안악군(安嶽郡)이다. 판마곶(板麻串)은 지금의
가화현(嘉禾縣)이다. 웅한이(熊閑伊)는 지금의 수령현(水寧縣)이다. 옹
천(甕遷)은 지금의 옹진현(甕津縣)이다. 부진이(付珍伊)는 지금의 영강
현(永康縣)이다. 곡도(鵠島)는 지금의 백령진(白嶺鎭)이다. 승산(升山)
은 지금의 신주(信州)이다. 가화압(加火押). 부사파의현(夫斯波衣縣)〔구
사현(仇史峴)이라고도 한다〕.

우수주(牛首州)〔'수'(首)는 '두'(頭)로도 쓰며, 수차약(首次若)이라고
도 하고 오근내(烏根乃)라고도 한다〕.

벌력천현(伐力川縣). 횡천현(橫川縣)〔어사매(於斯買)라고도 한다〕. 지
현현(砥峴縣). 평원군(平原郡)〔북원(北原)이다〕. 나토군(奈吐郡)〔대제(大
堤)라고도 한다〕. 사열이현(沙熱伊縣). 적산현(赤山縣). 근평군(斤平郡)
〔병평(並平)이라고도 한다〕. 심천현(深川縣)〔복사매(伏斯買)라고도 한
다〕. 양구군(楊口郡)〔요은홀차(要隱忽次)라고도 한다〕. 저족현(猪足縣)
〔오사회(烏斯迴)라고도 한다〕. 옥기현(玉岐縣)〔개차정(皆次丁)이라고도
한다〕. 삼현현(三峴縣)〔밀파혜(密波兮)라고도 한다〕. 성천군(狌川郡)〔야
시매(也尸買)라고도 한다〕. 대양관군(大楊管郡)〔마근압(馬斤押)이라고
도 한다〕. 매곡현(買谷縣). 고사마현(古斯馬縣). 급벌산군(及伐山郡). 이
벌지현(伊伐支縣)〔자벌지(自伐支)라고도 한다〕. 수성천현(藪狌川縣)〔수
천(藪川)이라고도 한다〕. 문현현(文峴縣)〔근시파혜(斤尸波兮)라고도 한
다〕. 모성군(母城郡)〔야차홀(也次忽)이라고도 한다〕. 동사홀(冬斯忽). 수
입현(水入縣)〔매이현(買伊縣)이라고도 한다〕. 객련군(客連郡)〔'객'(客)
은 '각'(各)으로도 쓰며, 가혜아(加兮牙)라고도 한다〕. 적목현(赤木縣)
〔사비근을(沙非斤乙)이라고도 한다〕. 관술현(管述縣). 저란현현(猪闌峴
縣)〔오생파의(烏生波衣)라고도 하고 저수(猪守)라고도 한다〕. 천성군(淺
城郡)〔비열홀(比烈忽)이라고도 한다〕. 경곡현(原谷縣)〔수을탄(首乙呑)

이라고도 한다]. 청달현(菁達縣)[석달(昔達)이라고도 한다]. 살한현(薩寒縣). 가지달현(加支達縣). 어지탄(於支呑)[익곡(翼谷)이라고도 한다]. 매시달(買尸達). 천정군(泉井郡)[어을매(於乙買)라고도 한다]. 부사달현(夫斯達縣). 동허현(東墟縣)[가지근(加知斤)이라고도 한다]. 나생군(奈生郡). 을아단현(乙阿旦縣). 우오현(于烏縣)[욱오(郁烏)라고도 한다]. 주연현(酒淵縣).

하슬라주(何瑟羅州)[하서량(河西良)이라고도 하고 하서(河西)라고도 한다].

내매현(乃買縣). 동토현(東吐縣). 지산현(支山縣). 혈산현(穴山縣). 수성군(迍城郡)[가아홀(加阿忽)이라고도 한다]. 승산현(僧山縣)[소물달(所勿達)이라고도 한다]. 익현현(翼峴縣)[이문현(伊文縣)이라고도 한다]. 달홀(達忽). 저수혈현(猪迍穴縣)[오사압(烏斯押)이라고도 한다]. 평진현현(平珍峴縣)[평진파의(平珍波衣)라고도 한다]. 도림현(道臨縣)[조을포(助乙浦)라고도 한다]. 휴양군(休壤郡)[금뇌(金惱)라고도 한다]. 습비곡(習比谷)['탄'(呑)으로도 쓴다]. 토상현(吐上縣). 기연현(岐淵縣). 곡포현(鵠浦縣)[고의포(古衣浦)라고도 한다]. 죽현현(竹峴縣)[나생어(奈生於)라고도 한다]. 만약현(滿若縣)[만혜(滿兮)라고도 한다]. 파리현(波利縣). 우진야군(于珍也郡). 파단현(波旦縣)[파풍(波豊)이라고도 한다]. 야시홀군(也尸忽郡). 조람군(助攬郡)[재람(才攬)이라고도 한다]. 청이현(靑已縣). 굴화현(屈火縣). 이화혜현(伊火兮縣). 우시군(于尸郡). 아혜현(阿兮縣). 실직군(悉直郡)[사직(史直)이라고도 한다]. 우곡현(羽谷縣).

이상은 고구려의 주·군·현으로 모두 1백 64개인데 신라가 고친 이름과 지금의 이름은 「신라지」(新羅志)에 나와 있다.

백제

『후한서』에는 이르기를 "삼한에는 무릇 78개 국이 있는데 백제는 바로 그 가운데 한 나라이다"라고 하였다.[12] 『북사』(北史)에는 이르기를 "백제 동쪽 끝에는 신라가 있고, 서쪽과 남쪽은 모두 큰 바다를 한계로 하며, 북쪽은 한강에 접하고 있다. 그 나라 도읍은 거발성(居拔城)이라고 하는데 또한 고마성(固麻城)이라고도 하며, 그 바깥에는 다시 5방성(五方城)이 있다"라고 하였다.[13] 『통전』에는 이르기를 "백제는 남쪽으로는 신라와 접하고 북쪽으로는 고구려에 이르며, 서쪽으로는 큰 바다를 한계로 한다"라고 하였다.[14] 『구당서』에는 이르기를 "백제는 부여의 별종인데 동북쪽에 신라가 있고, 서쪽으로 바다를 건너면 월주(越州)에 이르며, 남쪽으로 바다를 건너면 왜에 이르고, 북쪽에 고구려가 있다. 그 나라 왕이 있는 곳으로는 동과 서의 두 성이 있다"라고 하였다.[15] 『신당서』에는 이르기를 "백제의 서쪽 경계는 월주이고, 남쪽은 왜인데 모두 바다 건너에 있으며, 북쪽에는 고구려가 있다"라고 하였다.[16]

『고전기』(古典記)[17]를 살펴보면 "동명왕의 셋째 아들 온조가 전한(前漢) 홍가(鴻嘉) 3년 계묘(기원전 18)에 졸본부여(卒本扶餘)로부터 위례성(慰禮城)에 이르러 도읍을 세우고 왕을 일컬어 3백 89년을 지내고, 13세 근초고왕 때에 와서 고구려의 남평양(南平壤)을 빼앗아 한성(漢城)에 도읍해 1백 5년을 지냈으며, 22세 문주왕 때에 와서 도읍을 웅천(熊川)으로 옮겨 63년을 지내고, 26세 성왕 때에 와서 도읍을 소부리(所夫里)로 옮기고 국호를 '남부여'(南扶餘)라고 하였다. 이후 31세 의자왕 때까지 1백 22년을 지나, 당 현경(顯慶) 5년(660) 즉 의자왕 20년에 신라의 김유

---

12) 『후한서』 85 동이 열전 75 한.
13) 『북사』 94 열전 82 백제.
14) 『통전』 185 변방 1 동이 상 백제.
15) 『구당서』 199 상 열전 149 동이 백제.
16) 『신당서』 220 열전 145 동이 백제.
17) 『고전기』는 『삼국유사』 기이 2 남부여·전백제조에도 보이는데, 이는 정작 본서 지리지의 『고전기』를 포함한 서술을 다시 전재한 것에 불과하다.

신과 당나라 소정방이 이를 쳐서 평정하였다"라고 하였다.

옛날 백제에는 5부가 있어 37군, 2백 성, 76만 호를 나누어 통솔했는데, 당이 그 땅을 나누어 웅진(熊津)·마한(馬韓)·동명(東明) 등 다섯 도독부를 설치하고 아울러 그 나라 추장들을 도독부 자사(刺史)로 삼았다가, 얼마 안 되어 신라가 그 나라 땅을 모두 병합하고 웅주(熊州)와 전주(全州)와 무주(武州)의 세 주 및 여러 군·현을 두니, 고구려의 남쪽 지역 및 신라의 옛 본토와 함께 9주를 이루게 되었다.

웅천주(熊川州)〔웅진(熊津)이라고도 한다〕.

열야산현(熱也山縣). 벌음지현(伐音支縣). 서원(西原)〔낭비성(娘臂城)이라고도 하고 낭자곡(娘子谷)이라고도 한다〕. 대목악군(大木岳郡). 감매현(甘買縣)〔임천(林川)이라고도 한다〕. 구지현(仇知縣). 가림군(加林郡). 마산현(馬山縣). 대산현(大山縣). 설림군(舌林郡). 사포현(寺浦縣). 비중현(比衆縣). 마시산군(馬尸山郡). 우견현(牛見縣). 금물현(今勿縣). 혜군(槥郡). 벌수지현(伐首只縣). 여촌현(餘村縣). 사평현(沙平縣). 소부리군(所夫里郡)〔사비(泗沘)라고도 한다〕. 진악산현(珍惡山縣). 열기현(悅己縣)〔두릉윤성(豆陵尹城)이라고도 하고 두곶성(豆串城)이라고도 하며 윤성(尹城)이라고도 한다〕. 임존성(任存城). 고량부리현(古良夫里縣). 오산현(烏山縣). 황등야산군(黃等也山郡). 진현현(眞峴縣)〔정현(貞峴)이라고도 한다〕. 진동현(珍洞縣). 우술군(雨述郡). 노사지현(奴斯只縣). 소비포현(所比浦縣). 결기군(結己郡). 신촌현(新村縣). 사시량현(沙尸良縣). 일모산군(一牟山郡). 두잉지현(豆仍只縣). 미곡현(未谷縣). 기군(基郡). 성대혜현(省大兮縣). 지륙현(知六縣). 탕정군(湯井郡). 아술현(牙述縣). 굴지현(屈旨縣)〔굴직(屈直)이라고도 한다〕.

완산(完山)〔비사벌(比斯伐)이라고도 하고 비자화(比自火)라고도 한다〕.

두이현(豆伊縣)〔왕무(往武)라고도 한다〕. 구지산현(仇智山縣). 고산현

(高山縣). 남원(南原)〔고룡군(古龍郡)이라고도 한다〕. 대시산군(大尸山郡). 정촌현(井村縣). 빈굴현(賓屈縣). 야서이현(也西伊縣). 고사부리군(古沙夫里郡). 개화현(皆火縣). 흔량매현(欣良買縣). 상칠현(上柒縣). 진내군(進乃郡)〔진잉을(進仍乙)이라고도 한다〕. 두시이현(豆尸伊縣)〔부시이(富尸伊)라고도 한다〕. 물거현(勿居縣). 적천현(赤川縣). 덕근군(德近郡). 가지나현(加知奈縣)〔가을내(加乙乃)라고도 한다〕. 지량초현(只良肖縣). 공벌공현(共伐共縣). 시산군(屎山郡)〔흔문(忻文)이라고도 한다〕. 감물아현(甘勿阿縣). 마서량현(馬西良縣). 부부리현(夫夫里縣). 벽골군(碧骨郡). 두내산현(豆乃山縣). 수동산현(首冬山縣). 내리아현(乃利阿縣). 무근현(武斤縣). 도실군(道實郡). 역평현(礫坪縣). 돌평현(堗坪縣). 금마저군(金馬渚郡). 소력지현(所力只縣). 알야산현(閼也山縣). 우소저현(于召渚縣). 백해군(伯海郡)〔백이(伯伊)라고도 한다〕. 난진아현(難珍阿縣). 우평현(雨坪縣). 임실군(任實郡). 마돌현(馬突縣)〔마진(馬珍)이라고도 한다〕. 거사물현(居斯勿縣).

무진주(武珍州)〔노지(奴只)라고도 한다〕.

미동부리현(未冬夫里縣). 복룡현(伏龍縣). 굴지현(屈支縣). 분차군(分嵯郡)〔부사(夫沙)라고도 한다〕. 조조례현(助助禮縣). 동로현(冬老縣). 두힐현(豆肹縣). 비사현(比史縣). 복홀군(伏忽郡). 마사량현(馬斯良縣). 계천현(季川縣). 오차현(烏次縣). 고마미지현(古馬彌知縣). 추자혜군(秋子兮郡). 과지현(菓支縣)〔과혜(菓兮)라고도 한다〕. 율지현(栗支縣). 월나군(月奈郡). 반나부리현(半奈夫里縣). 아로곡현(阿老谷縣). 고미현(古彌縣). 고시이현(古尸伊縣). 구사진혜현(丘斯珍兮縣). 소비혜현(所非兮縣). 무시이군(武尸伊郡). 상로현(上老縣). 모량부리현(毛良夫里縣). 송미지현(松彌知縣). 감평군(欿平郡)〔무평(武平)이라고도 한다〕. 원촌현(猿村縣). 마로현(馬老縣). 돌산현(突山縣). 욕내군(欲乃郡). 둔지현(遁支縣). 구차례현(仇次禮縣). 두부지현(豆夫只縣). 이릉부리군(尒陵夫里郡)〔죽수부리(竹樹夫里)라고도 하고 인부리(仁夫里)라고도 한다〕. 파부리군(波夫里郡). 잉리아현(仍利阿縣)[해빈(海濱)이라고도 한다]. 발라군(發羅郡). 두힐현(豆肹縣). 실어산현(實於山縣). 수천현(水川縣)[수입이(水入伊)라고도 한다]. 도무군(道武郡). 고서이현(古西伊縣). 동음현(冬音縣). 새금현(塞琴縣)[투빈(投濱)이라고도 한다]. 황술현(黃述縣). 물아혜군(勿阿兮郡). 굴내현(屈乃縣). 다지현(多只縣). 도제현(道際縣)[음해(陰海)라고도 한다]. 인진도군(因珍島郡)[바다의 섬이다]. 도산현(徒山縣)[바다의 섬이다. 혹은 원산(猿山)이라고 한다]. 매구리현(買仇里縣)[바다의 섬이다]. 아차산군(阿次山郡). 갈초현(葛草縣)[하로(何老)라고도 하고 곡야(谷野)라고도 한다]. 고록지현(古祿只縣)[개요(開要)라고도 한다]. 거지산현(居知山縣)[안릉(安陵)이라고도 한다]. 나기군(奈己郡).

이상은 백제의 주·군·현으로 모두 1백 47개인데 신라가 고친 이름과 지금의 이름은 「신라지」(新羅志)에 나와 있다.

삼국시대의 지명만 있고 내력이 분명하지 않은 지역

조준향(調駿鄕)	신학촌(神鶴村)	상란촌(翔鸞村)
대선궁(對仙宮)	봉정촌(鳳庭村)	비룡촌(飛龍村)
사룡향(飼龍鄕)	접선향(接仙鄕)	경인향(敬仁鄕)
호례향(好禮鄕)	적선향(積善鄕)	수의향(守義鄕)
단금향(斷金鄕)	해풍향(海豊鄕)	북명향(北溟鄕)
여금성(麗金成)	접령향(接靈鄕)	하청향(河淸鄕)
강녕향(江寧鄕)	함녕향(咸寧鄕)	순치향(馴雉鄕)
건절향(建節鄕)	구민향(救民鄕)	철산향(鐵山鄕)
금천향(金川鄕)	목인향(睦仁鄕)	영지향(靈池鄕)
영안향(永安鄕)	부안향(缶安鄕)	부평향(富平鄕)
곡성향(穀成鄕)	밀운향(密雲鄕)	의록향(宜祿鄕)
이인향(利人鄕)	상인향(賞仁鄕)	봉덕향(封德鄕)
귀덕향(歸德鄕)	영풍향(永豊鄕)	율공향(律功鄕)

용교향(龍橋鄕)	임천향(臨川鄕)	해주성(海洲成)
강릉향(江陵鄕)	철구향(鐵求鄕)	강남향(江南鄕)
하동향(河東鄕)	격란향(激瀾鄕)	노균성(露均成)
영수성(永壽成)	보검성(寶劒成)	악양성(岳陽成)
만수성(萬壽成)	탁금성(濯錦成)	하곡성(河曲成)
악남성(岳南成)	추반성(推畔成)	진금성(進錦成)
간수성(澗水成)	방해성(傍海成)	만년향(萬年鄕)
음인향(飮仁鄕)	통로향(通路鄕)	회신향(懷信鄕)
강서향(江西鄕)	이상향(利上鄕)	포충향(抱忠鄕)
연가향(連嘉鄕)	천로향(天露鄕)	한녕성(漢寧成)
회창궁(會昌宮)	요선궁(邀仙宮)	북해통(北海通)
염지통(鹽池通)	동해통(東海通)	해남통(海南通)
북요통(北傜通)	말강성(末康成)	순기성(脣氣成)
봉천성(奉天成)	안정성(安定成)	내원성(萊遠城)
내진성(萊津成)	건문역(乾門驛)	곤문역(坤門驛)
감문역(坎門驛)	간문역(艮門驛)	태문역(兌門驛)
대호성(大岵城)	대산군(岱山郡)	고미현(枯彌縣)
북외군(北隈郡)	비뇌성(非惱城)	표천현(瓢川縣)
고이도(皐夷島)	천 주(泉 州)	냉정현(冷井縣)
위례성(慰禮城)	비지국(比只國)	남신현(南新縣)
요거성(腰車城)	사도성(沙道城)	골화국(骨火國)
마두책(馬頭柵)	괴곡성(槐谷城)	장봉진(長峯鎭)
독산성(獨山城)	활개성(活開城)	모로성(芼老城)
광석성(廣石城)	좌라성(坐羅城)	호명성(狐鳴城)
도야성(刀耶城)	호산성(狐山城)	임해진(臨海鎭)
장령진(長嶺鎭)	우산성(牛山城)	파리미성(波里彌城)
실진성(實珍城)	덕골성(德骨城)	대림성(大林城)
벌음성(伐音城)	주산성(株山城)	다벌국(多伐國)

근암성(近嵒城)	근노성(斤弩城)	가잠성(椵岑城)
당항성(党項城)	석토성(石吐城)	부산성(富山城)
아단성(阿旦城)	부라성(缶羅城)	이산성(耳山城)
감물성(甘勿城)	동잠성(桐岑城)	골평성(骨平城)〔골쟁

(骨爭)이라고도 한다〕

달함성(達咸城)	서곡성(西谷城)	물벌성(勿伐城)
소타성(小陁城)	외석성(畏石城)	천산성(泉山城)
옹잠성(雍岑城)	독모성(獨母城)	부곡성(缶谷城)
서단성(西單城)	미후성(獼猴城)	앵잠성(櫻岑城)
기잠성(岐岑城)	기현성(旗懸城)	혈책성(穴柵城)
와산성(蛙山城)	습 수(濕 水)	용 마(龍 馬)
저 악(猪 岳)	병 산(瓶 山)	직 명(直 明)
달 벌(達 伐)	타 산(朶 山)	목출도(木出島)
구 양(狗 壤)	대 구(大 丘)	사 현(沙 峴)
웅 곡(熊 谷)	풍 도(風 島)	부 현(斧 峴)
낭 산(狼 山)	총 산(叢 山)	안북하(安北河)
박작성(泊灼城)	개마국(蓋馬國)	구다국(句茶國)
화려성(華麗城)	조나국(藻那國)	적봉진(赤烽鎭)
단려성(檀盧城)	가시성(加尸城)	석 성(石 城)
수구성(水口城)	비사성(卑奢城)	개모성(蓋牟城)
사비성(沙卑城)	우산성(牛山城)	도살성(道薩城)
백암성(白嵒城)	건안성(建安城)	창암성(蒼嵒城)
욕이성(辱夷城)	송양국(松讓國)	행인국(荇人國)
횡 산(橫 山)	백수산(白水山)	가섭원(迦葉原)
동모하(東牟河)	우발수(優渤水)	엄표수(淹㴲水)〔혹은

개사수(蓋斯水)라고 한다〕

비류수(沸流水)	살 수(薩 水)	모둔곡(毛屯谷)
골 령(鶻 嶺)	용 산(龍 山)	골 천(鶻 川)

양 곡(涼 谷)	기 산(箕 山)	장옥택(長屋澤)
역 산(易 山)	여 진(礪 津)	위중림(尉中林)
오 골(烏 骨)	사물택(沙勿澤)	귀단수(貴湍水)
안 지(安 地)	살하수(薩賀水)	모 천(矛 川)
마 령(馬 嶺)	학반령(鶴盤嶺)	마읍산(馬邑山)
왕골령(王骨嶺)	두 곡(豆 谷)	골구천(骨句川)
이물림(理勿林)	차회곡(車廻谷)	갈사수(曷思水)
연나부(椽那部)	북명산(北溟山)	민중원(閔中原)
모 본(慕 本)	계 산(罽 山)	왜 산(倭 山)
잠지락(蠶支落)	평유원(平儒原)	구산뢰(狗山瀨)
좌 원(坐 原)	질 산(質 山)	고국곡(故國谷)
좌물촌(左勿村)	고국원(故國原)	배 령(裴 嶺)
주통촌(酒桶村)	거 곡(巨 谷)	청목곡(靑木谷)
두눌하(杜訥河)	시 원(柴 原)	기 구(箕 丘)
중 천(中 川)	해 곡(海 谷)	서 천(西 川)
곡 림(鵠 林)	오 천(烏 川)	수실촌(水室村)
사수촌(思收村)	봉 산(烽 山)	후 산(候 山)
미 천(美 川)	단웅곡(斷熊谷)	마수산(馬首山)
장 성(長 城)	마미산(磨米山)	은 산(銀 山)
후 황(後 黃)	영류산(嬰留山)	소수림(小獸林)
독 산(禿 山)	무려라(武厲邏)	대부현(大斧峴)
마수성(馬首城)	병산책(甁山柵)	보술수(普述水)
봉 현(烽 峴)	독산책(禿山柵)	구천책(狗川柵)
주양성(走壤城)	석두성(石頭城)	고목성(高木城)
원산성(圓山城)	금현성(錦峴城)	대두산성(大豆山城)
우곡성(牛谷城)	횡 악(橫 岳)	견아성(犬牙城)
적현성(赤峴城)	사도성(沙道城)	덕안성(德安城)
한 천(寒 泉)	부 산(釜 山)	석 천(石 川)

구 원(狗 原)	팔압성(八押城)	관미성(關彌城)
석현성(石峴城)	쌍현성(雙峴城)	사구성(沙口城)
두 곡(斗 谷)	이산성(耳山城)	우명곡(牛鳴谷)
사정성(沙井城)	마포촌(馬浦村)	장령성(長嶺城)
가불성(加弗城)	위 천(葦 川)	호 산(狐 山)
혈 성(穴 城)	독산성(獨山城)	금현성(金峴城)
각산성(角山城)	송산성(松山城)	적암성(赤嵒城)
생초원(生草原)	마천성(馬川城)	침 현(沉 峴)
진도성(眞都城)	고울부(高鬱府)	갈 령(葛 嶺)
지라성(支羅城)〔혹은 주류성(周留城)이라고 한다〕		대산책(大山柵)
욱리하(郁里河)	숭 산(崇 山)	장토야(張吐野)
절영산(絶影山)	청 진(淸 津)	유봉도(遺鳳島)
대 거(大 陆)	견 롱(汧 隴)	부서도(鳧栖島)
봉 택(鳳 澤)	용 구(龍 丘)	연성원(連城原)
부운도(浮雲島)	천마산(天馬山)	해빈도(海濱島)
학중도(壑中島)	옥 새(玉 塞)	연 봉(連 峯)
총 림(叢 林)	승천도(升天島)	승황도(乘黃島)
팔준산(八駿山)	절군산(絶羣山)	구린도(求麟島)
부도도(負圖島)	토경산(吐景山)	하정도(河精島)
유기산(遊氣山)	평 원(平 原)	대 택(大 澤)
기린택(騏驎澤)	섭경산(躡景山)	금 혈(金 穴)
난 지(蘭 池)	서극산(西極山)	포양구(浦陽丘)
철가산(鐵伽山)	도 림(桃 林)	석력산(石礫山)
서린원(瑞驎苑)	녹 원(麓 苑)	사 원(沙 苑)
풍달군(風達郡)	일상군(日上郡)	

총장(總章) 2년(669) 2월에 전사공겸태자태사영국공(前司空兼太子太師英國公) 이적(李勣) 등이 아뢰어 말하기를 "조칙을 받자오니 '고구려

의 모든 성 가운데 도독부나 주·군을 설치하는 일은 마땅히 남생(男生)
과 함께 의논해 승인받으라' 하신바, 이상과 같이 문건을 상주해 아뢰
나이다"라고 하였다. 고종이 칙명을 내려 말하기를 "상주한 대로 하되
그 주·군은 응당 예속시켜서 요동도안무사겸우상(遼東道安撫使兼右相)
유인궤(劉仁軌)에게 맡겨야 할 것이다"라고 하였다. 마침내 이적이 적
의하게 분할한 다음 모두 아울러서 안동도호부(安東都護府)에 예속시
켰다.

압록수(鴨淥水) 이북의 아직 항복하지 않은 11성
　북부여성주(北扶餘城州)는 본래 조리비서(助利非西)이다.
　절성(節城)은 본래 무자홀(蕪子忽)이다.
　풍부성(豐夫城)은 본래 초파홀(肖巴忽)이다.
　신성주(新城州)는 본래 구차홀(仇次忽)〔혹은 돈성(敦城)이라고 한다〕
이다.
　도성(桃城)은 본래 파시홀(波尸忽)이다.
　대두산성(大豆山城)은 본래 비달홀(非達忽)이다.
　요동성주(遼東城州)는 본래 오열홀(烏列忽)이다.
　옥성주(屋城州).
　백석성(白石城).
　다벌악주(多伐嶽州).
　안시성(安市城)은 옛날 안촌홀(安寸忽)〔혹은 환도성(丸都城)이라고 한
다〕이다.

압록수 이북의 이미 항복한 11성
　양암성(椋嵒城).
　목저성(木底城).
　수구성(藪口城).
　남소성(南蘇城).

감물주성(甘勿主城)은 본래 감물이홀(甘勿伊忽)이다.

능전곡성(菱田谷城).

심악성(心岳城)은 본래 거시압(居尸押)이다.

국내주(國內州)〔불내(不耐)라고도 하고 혹은 위나암성(尉那嵒城)이라고 한다〕.

설부루성(屑夫婁城)은 본래 초리파리홀(肖利巴利忽)이다.

후악성(朽岳城)은 본래 골시압(骨尸押)이다.

자목성(櫟木城).

압록수 이북의 도망한 7성

연성(鈆城)은 본래 내물홀(乃勿忽)이다.

면악성(面岳城).

아악성(牙岳城)은 본래 개시압홀(皆尸押忽)이다.

취악성(鷲岳城)은 본래 감미홀(甘弥忽)이다.

적리성(積利城)은 본래 적리홀(赤里忽)이다.

목은성(木銀城)은 본래 소시홀(召尸忽)이다.

여산성(犁山城)은 본래 가시달홀(加尸達忽)이다.

압록 이북의 공격해 차지한 3성

혈성(穴城)은 본래 갑홀(甲忽)이다.

은성(銀城)은 본래 절홀(折忽)이다.

사성(似城)은 본래 사홀(史忽)이다.

도독부(都督府)의 13현

우이현(嵎夷縣).

신구현(神丘縣).

윤성현(尹城縣)은 본래 열기(悅己)이다.

인덕현(麟德縣)은 본래 고량부리(古良夫里)이다.

산곤현(散昆縣)은 본래 신촌(新村)이다.

안원현(安遠縣)은 본래 구시파지(仇尸波知)이다.

빈문현(賓汶縣)은 본래 비물(比勿)이다.

귀화현(歸化縣)은 본래 마사량(麻斯良)이다.

매라현(邁羅縣).

감개현(甘蓋縣)은 본래 고막부리(古莫夫里)이다.

나서현(奈西縣)은 본래 나서혜(奈西兮)이다.

득안현(得安縣)은 본래 덕근지(德近支)이다.

용산현(龍山縣)은 본래 고마산(古麻山)이다.

동명주(東明州)의 4현

웅진현(熊津縣)은 본래 웅진촌(熊津村)이다.

노신현(鹵辛縣)은 본래 아로곡(阿老谷)이다.

구지현(久遲縣)은 본래 구지(仇知)이다.

부림현(富林縣)은 본래 벌음촌(伐音村)이다.

지심주(支潯州)의 9현

기문현(己汶縣)은 본래 금물(今勿)이다.

지심현(支潯縣)은 본래 지삼촌(只彡村)이다.

마진현(馬津縣)은 본래 고산(孤山)이다.

자래현(子來縣)은 본래 부수지(夫首只)이다.

해례현(解禮縣)은 본래 개리이(皆利伊)이다.

고로현(古魯縣)은 본래 고마지(古麻只)이다.

평이현(平夷縣)은 본래 지류(知留)이다.

산호현(珊瑚縣)은 본래 사호살(沙好薩)이다.

융화현(隆化縣)은 본래 거사물(居斯勿)이다.

노산주(魯山州)의 6현

노산현(魯山縣)은 본래 감물아(甘勿阿)이다.

당산현(唐山縣)은 본래 구지지산(仇知只山)이다.

순지현(淳遲縣)은 본래 두시(豆尸)이다.

지모현(支牟縣)은 본래 지마마지(只馬馬知)이다.

오잠현(烏蚕縣)은 본래 마지사(馬知沙)이다.

아착현(阿錯縣)은 본래 원촌(源村)이다.

고사주(古四州)는 본래 고사부리(古沙夫里)로서 5현

평왜현(平倭縣)은 본래 고사부촌(古沙夫村)이다.

대산현(帶山縣)은 본래 대시산(大尸山)이다.

벽성현(辟城縣)은 본래 벽골(辟骨)이다.

좌찬현(佐賛縣)은 본래 상두(上杜)이다.

순모현(淳牟縣)은 본래 두나지(豆奈只)이다.

사반주(沙泮州)는 본래 무시이성(另尸伊城)으로서 4현

모지현(牟支縣)은 본래 무시이촌(另尸伊村)이다.

무할현(無割縣)은 본래 모량부리(毛良夫里)이다.

좌로현(佐魯縣)은 본래 상로(上老)이다.

다지현(多支縣)은 본래 부지(夫只)이다.

대방주(帶方州)는 본래 죽군성(竹軍城)으로서 6현

지류현(至留縣)은 본래 지류(知留)이다.

군나현(軍那縣)은 본래 굴나(屈奈)이다.

도산현(徒山縣)은 본래 추산(抽山)이다.

반나현(半那縣)은 본래 반나부리(半奈夫里)이다.

죽군현(竹軍縣)은 본래 두힐(豆肹)이다.

포현현(布賢縣)은 본래 파로미(巴老彌)이다.

분차주(分嵯州)는 본래 파지성(波知城)으로서 4현

귀단현(貴旦縣)은 본래 구사진혜(仇斯珍兮)이다.

수원현(首原縣)은 본래 매성평(買省坪)이다.

고서현(皐西縣)은 본래 추자혜(秋子兮)이다.

군지현(軍支縣).

가탐(賈耽)의 『고금군국지』에 이르기를 "발해국의 남해(南海)·압록(鴨淥)·부여(扶餘)·책성(柵城)의 4부(府)는 모두 고구려의 옛 땅이었으며, 신라의 천정군(泉井郡)에서 책성부(柵城府)까지는 무릇 39역(驛)이다"라고 하였다.

• 삼국사기 권 제37

삼국사기 권 제38

잡지(雜志) 제7
직관(職官) 상

신라의 관직 이름은 시대의 변천에 따라 그 명칭이 같지 않으며, 중국과 동방의 것이 서로 섞여서, 시중(侍中)이니 낭중(郎中)이니 하는 것들은 모두 중국의 관직 이름이라 그 의미를 상고함 직하나, 이벌찬(伊伐湌)이니 이찬(伊湌)이니 하는 것들은 모두 동방의 말로서 그렇게 이르게 된 연유의 뜻을 알 수 없다. 애초에 설치했을 때는 반드시 관직마다 일정한 임무가 있고 직위마다 정해진 인원이 있어서 그 관위의 높고 낮음을 분별하고 그 인재의 우열에 따라 응대하였을 터이지만, 세대가 오래되자 문헌 기록이 빠지고 없어졌는지라 고증해 밝히고 두루 상세히 할 수가 없다. 살펴보건대 제2대 남해왕 때 나라 일을 대신에게 맡기고 그를 대보(大輔)라고 하였으며, 제3대 유리왕이 관위 17등급을 설치했는데, 이때부터 이후로 그 명목이 번다해졌다. 이제 그 가운데 고증할 수 있는 것들을 모아 이 편목에 기록해 둔다.

대보(大輔)는 남해왕 7년(10)에 탈해를 그 자리에 임명하였다. 유리왕 9년(32)에 17등급을 두었는데 1등은 이벌찬(伊伐湌)〔혹은 이벌간(伊罰干), 혹은 우벌찬(于伐湌), 혹은 각간(角干), 혹은 각찬(角粲), 혹은 서발한(舒發翰), 혹은 서불한(舒弗邯)이라고 한다〕이요, 2등은 이척

찬(伊尺湌)[혹은 이찬(伊湌)이라고 한다]이요, 3등은 잡찬(迊湌)[혹은 잡판(迊判), 혹은 소판(蘇判)이라고 한다]이요, 4등은 파진찬(波珍湌)[혹은 해간(海干), 혹은 파미간(破彌干)이라고 한다]이요, 5등은 대아찬(大阿湌)이니, 여기에서 이벌찬까지는 오직 진골(眞骨)만이 받으며 다른 신분은 받을 수 없다. 6등은 아찬(阿湌)[혹은 아척간(阿尺干), 혹은 아찬(阿粲)이라고 한다]인데 중아찬(重阿湌)부터 4중아찬(四重阿湌)까지 있고, 7등은 일길찬(一吉湌)[혹은 을길간(乙吉干)이라고 한다]이요, 8등은 사찬(沙湌)[혹은 살찬(薩湌), 혹은 사돌간(沙咄干)이라고 한다]이요, 9등은 급벌찬(級伐湌)[혹은 급찬(級湌), 혹은 급복간(及伏干)이라고 한다]이요, 10등은 대나마(大奈麻)[혹은 대나말(大奈末)이라고 한다]인데 중나마(重奈麻)부터 9중나마(九重奈麻)까지 있고, 11등은 나마(奈麻)[혹은 나말(奈末)이라고 한다]인데 중나마(重奈麻)부터 7중나마(七重奈麻)까지 있고, 12등은 대사(大舍)[혹은 한사(韓舍)라고 한다]요, 13등은 사지(舍知)[혹은 소사(小舍)라고 한다]요, 14등은 길사(吉士)[혹은 계지(稽知), 혹은 길차(吉次)라고 한다]요, 15등은 대오(大烏)[혹은 대오지(大烏知)라고 한다]요, 16등은 소오(小烏)[혹은 소오지(小烏知)라고 한다]요, 17등은 조위(造位)[혹은 선저지(先沮知)라고 한다]이다.

상대등(上大等)[혹은 상신(上臣)이라고 한다]은 법흥왕 18년(531)에 처음으로 두었다.

대각간(大角干)[혹은 대서발한(大舒發翰)이라고 한다]은 태종왕 7년(660)에 백제를 격멸하고 그 공적을 논할 때, 대장군 김유신에게 대각간의 지위를 주어 종전 17등급의 관위 위에 더한 것으로 상설 관위는 아니다.

태대각간(太大角干)[혹은 태대서발한(太大舒發翰)이라고 한다]은 문무왕 8년(668)에 고구려를 격멸했을 때, 본국에 남아 지키던 김유신에게 태대각간의 지위를 주어 그의 으뜸가는 책략을 표창한 것인바, 종전의 17등급 관위 및 대각간의 위에 이 관위를 더해 특별히 뛰어난 예우를 보인 것이다.

집사성(執事省)은 본래 품주(稟主)〔혹은 조주(祖主)라고 한다〕라고 했는데 진덕왕 5년(651)에 집사부(執事部)로 고쳤으며, 흥덕왕 4년(829)에 또 성(省)으로 고쳤다. 중시(中侍)는 1명으로 진덕왕 5년에 두었는데 경덕왕 6년(747)에 시중(侍中)으로 고쳤으며, 대아찬부터 이찬까지의 관등을 가진 이가 취임하였다. 전대등(典大等)은 2명으로 진흥왕 26년(565)에 두었는데 경덕왕 6년에 시랑(侍郎)으로 고쳤으며, 나마부터 아찬까지의 관등을 가진 이가 취임하였다. 대사(大舍)는 2명으로 진평왕 11년(589)에 두었는데 경덕왕 18년에 낭중(郎中)으로 고쳤으며〔진덕왕 5년에 고쳤다고도 한다〕, 사지부터 나마까지의 관등을 가진 이가 취임하였다. 사지(舍知)는 2명으로 신문왕 5년(685)에 두었는데 경덕왕 18년에 원외랑(員外郎)으로 고쳤다가 혜공왕 12년(776)에 다시 사지라고 하였으며, 사지부터 대사까지의 관등을 가진 이가 취임하였다. 사(史)는 14명이었다가 문무왕 1□년에 6명을 더하였고, 경덕왕 때 낭(郎)으로 고쳤다가 혜공왕 때 다시 사라고 하였으며, 선저지부터 대사까지의 관등을 가진 이가 취임하였다.

병부(兵部)에는 영(令) 1명을 법흥왕 3년(516)에 처음으로 두었는데 진흥왕 5년(544)에 1명을 더하고 태종왕 6년(659)에 또 1명을 더했으며, 대아찬부터 태대각간까지의 관등을 가진 이가 취임하였다. 또 재상(宰相)과 사신(私臣)을 겸할 수 있었다. 대감(大監)은 2명을 진평왕 45년(623)에 처음으로 두었는데 문무왕 15년(675)에 1명을 더하였고, 경덕왕 때 시랑(侍郎)으로 고쳤다가 혜공왕 때 다시 대감이라고 하였으며, 급찬부터 아찬까지의 관등을 가진 이가 취임하였다. 제감(弟監)은 2명으로 진평왕 11년에 두었는데 태종왕 5년에 대사(大舍)로 고쳤고 경덕왕 때 낭중(郎中)으로 고쳤다가 혜공왕 때 다시 대사라고 하였으며, 사지부터 나마까지의 관등을 가진 이가 취임하였다. 노사지(弩舍知)는 1명으로 문무왕 12년에 처음으로 두었는데 경덕왕 때 사병(司兵)으로 고쳤다가 혜공왕 때 다시 노사지라고 하였으며, 사지부터 대사까지의 관등을 가진 이가 취임하였다. 사(史)는 12명이었는데 문무왕 11년에 2명을 더하고 12년에 3명을 더했으며, 선저지부터 대사까지의 관등을 가진 이가 취임하였다. 노당(弩幢)은 1명으로 문무왕 11년에 두었는데 경덕왕 때 소사병(小司兵)으로 고쳤다가 혜공왕 때 다시 원래대로 하였으며, 해당 관등은 사(史)와 같다.

조부(調府)는 진평왕 6년(584)에 두었는데 경덕왕 때 대부(大府)로 고쳤다가 혜공왕 때 다시 원래대로 하였다. 영(令)은 2명으로 진덕왕 5년(651)에 두었으며, 금하(衿荷)부터 태대각간까지의 관등을 가진 이가 취임하였다. 경(卿)은 2명이었는데 문무왕 15년(675)에 1명을 더했으며, 해당 관등은 병부의 대감(大監)과 같다. 대사(大舍)는 2명으로 진덕왕 때 두었는데 경덕왕 때 주부(主簿)로 고쳤다가 혜공왕 때 다시 대사라고 하였으며, 사지부터 나마까지의 관등을 가진 이가 취임하였다. 사지(舍知)는 1명으로 신문왕 5년(685)에 두었는데 경덕왕 때 사고(司庫)로 고쳤다가 혜공왕 때 다시 사지라고 하였으며, 사지부터 대사까지의 관등을 가진 이가 취임하였다. 사(史)는 8명이었는데 효소왕 4년(695)에 2명을 더했으며, 해당 관등은 병부의 사와 같다.

경성주작전(京城周作典)은 경덕왕 때 수성부(修城府)로 고쳤다가 혜공왕 때 다시 원래대로 하였다. 영(令)은 5명으로 성덕왕 31년(732)에 두었으며, 대아찬부터 대각간까지의 관등을 가진 이가 취임하였다. 경(卿)은 6명으로 성덕왕 32년에 두었으며, 해당 관등은 집사시랑(執事侍郎)과 같다. 대사(大舍)는 6명으로 경덕왕 때 주부(主簿)로 고쳤다가 혜공왕 때 다시 대사라고 하였으며, 사지부터 대나마까지의 관등을 가진 이가 취임하였다. 사지(舍知)는 1명으로 경덕왕 때 사공(司功)으로 고쳤다가 혜공왕 때 다시 사지라고 하였으며, 사지부터 대사까지의 관등을 가진 이가 취임하였다. 사(史)는 8명으로, 해당 관등은 조부의 사와 같다.

사천왕사성전(四天王寺成典)은 경덕왕 때 감사천왕사부(監四天王寺府)로 고쳤다가 혜공왕 때 다시 원래대로 하였다. 금하신(衿荷臣)은 1명으로 경덕왕 때 감령(監令)으로 고쳤고 혜공왕 때 다시 금하신이라고 했다가 애장왕 때 또 영(令)으로 고쳤으며, 대아찬부터 각간까지의 관등을 가진 이가 취임하였다. 상당(上堂)은 1명으로 경덕왕 때 경(卿)으로 고쳤고 혜공왕 때 다시 상당이라고 했다가 애장왕 때 또 경으로 고쳤으며, 나마부터 아찬까지의 관등을 가진 이가 취임하였다. 적위(赤位)는 1명으로 경덕왕 때 감(監)으로 고쳤다가 혜공왕 때 다시 적위라고 하였다. 청위(靑位)는 2명이었는데 경덕왕 때 주부(主簿)로 고쳤고 혜공왕 때 다시 청위라고 했다가 애장왕 때 대사(大舍)로 고치면서 1명을 감원했으며, 사지부터 나마까지의 관등을 가진 이가 취임하였다. 사(史)는 2명이다.

봉성사성전(奉聖寺成典)은 경덕왕 때 수영봉성사사원(修營奉聖寺使院)으로 고쳤다가 뒤에 다시 원래대로 하였다. 금하신(衿荷臣)은 1명으로 경덕왕 때 검교사(檢校使)로 고쳤고 혜공왕 때 다시 금하신이라고 했다가 애장왕 때 영(令)으로 고쳤다. 상당(上堂)은 1명으로 경덕왕 때 부사(副使)로 고쳤다가 뒤에 다시 상당이라고 하였다. 적위(赤位)는 1명으로 경덕왕 때 판관(判官)으로 고쳤다가 뒤에 다시 적위라고 하였다. 청위(靑位)는 1명으로 경덕왕 때 녹사(錄事)로 고쳤다가 뒤에 다시 청위라고 하였다. 사(史)는 2명으로 경덕왕 때 전(典)으로 고쳤다가 뒤에 다시 사라고 하였다.

감은사성전(感恩寺成典)은 경덕왕 때 수영감은사사원(修營感恩寺使院)으로 고쳤다가 뒤에 다시 원래대로 하였다. 금하신(衿荷臣)은 1명으로 경덕왕 때 검교사(檢校使)로 고쳤고 혜공왕 때 다시 금하신이라고 했다가 애장왕 때 영(令)으로 고쳤다. 상당(上堂)은 1명으로 경덕왕 때 부사(副使)로 고쳤고 혜공왕 때 다시 상당이라고 했다가 애장왕 때 경(卿)으로 고쳤다〔경을 없애고 적위(赤位)를 두었다고도 한다〕. 적위(赤位)는 1명으로 경덕왕 때 판관(判官)으로 고쳤다가 뒤에 다시 적위라고 하였다. 청위(靑位)는 1명으로 경덕왕 때 녹사(錄事)로 고쳤다가 뒤에 다시 청위라고 하였다. 사(史)는 2명으로 경덕왕 때 전(典)으로 고쳤다가 뒤에 다시 사라고 하였다.

봉덕사성전(奉德寺成典)은 경덕왕 18년(759)에 수영봉덕사사원(修營奉德寺使院)으로 고쳤다가 뒤에 다시 원래대로 하였다. 금하신(衿荷臣)은 1명으로 경덕왕 때 검교사(檢校使)로 고쳤고 혜공왕 때 다시 금하신이라고 했다가 애장왕 때 또 경(卿)으로 고쳤다. 상당(上堂)은 1명으로 경덕왕 때 부사(副使)로 고쳤고 혜공왕 때 다시 상당이라고 했다가 애장왕 때 또 경(卿)으로 고쳤다. 적위(赤位)는 1명으로 경덕왕 때 판관(判官)으로 고쳤다가 혜공왕 때 다시 적위라고 하였다. 청위(靑位)는 2명으로 경덕왕 때 녹사(錄事)로 고쳤다가 혜공왕 때 다시 청위라고 하였다. 사(史)는 6명이었는데 뒤에 4명을 줄였으며, 경덕왕 때 전(典)으로 고쳤다가 혜공왕 때 다시 사라고 하였다.

봉은사성전(奉恩寺成典)에는 금하신(衿荷臣) 1명을 혜공왕 때 처음으로 두었다가 애장왕 때 영(令)으로 고쳤다. 부사(副使)는 1명으로 혜공왕 때 처음으로 두었고 얼마 후에 상당(上堂)으로 고쳤으며 애장왕 때 다시 경(卿)으로 고쳤다. 대사(大舍)는 2명이고, 사(史)도 2명이다.

영묘사성전(靈廟寺成典)은 경덕왕 18년(759)에 수영영묘사사원(修營靈廟寺使院)으로 고쳤다가 뒤에 다시 원래대로 하였다. 상당(上堂)은 1명으로 경덕왕 때 판관(判官)으로 고쳤다가 뒤에 다시 상당이라고 하였다. 청위(靑位)는 1명으로 경덕왕 때 녹사(錄事)로 고쳤다가 뒤에 또 대사(大舍)로 고쳤다. 사(史)는 2명이다.

영흥사성전(永興寺成典)은 신문왕 4년(684)에 처음으로 두었는데 경덕왕 18년(759)에 감영흥사관(監永興寺館)으로 고쳤다. 대나마(大奈麻)는 1명으로 경덕왕 때 감(監)으로 고쳤다. 사(史)는 3명이다.

창부(倉部)는 예전에는 창부의 일을 품주(稟主)에 겸임시켰던 것을 진덕왕 5년(651)에 이 부서를 나누어 설치한 것이다. 영(令)은 2명으로 대아찬부터 대각간까지의 관등을 가진 이가 취임하였다. 경(卿)은 2명을 진덕왕 5년에 두었는데 문무왕 15년(675)에 1명을 더하였고, 경덕왕 때 시랑(侍郎)으로 고쳤다가 혜공왕 때 다시 경이라고 하였으며, 해당 관등은 병부의 대감(大監)과 같다. 대사(大舍)는 2명으로 진덕왕 때 두었는데 경덕왕 때 낭중(郎中)으로 고쳤다가 혜공왕 때 다시 대사라고 하였으며, 해당 관등은 병부의 대사와 같다. 조사지(租舍知)는 1명으로 효소왕 8년 (699)에 두었는데 경덕왕 때 사창(司倉)으로 고쳤다가 혜공왕 때 다시 원래대로 하였으며, 해당 관등은 노사지(弩舍知)와 같다. 사(史)는 8명을 진덕왕 때 두었는데 문무왕 11년에 3명을 더하고 12년에 7명을 더하고 효소왕 8년에 1명을 더하고 경덕왕 11년(752)에 3명을 더했으며 혜공왕 때 8명을 더하였다.

예부(禮部)에는 영(令) 2명을 진평왕 8년(586)에 두었는데, 해당 관등 은 병부의 영과 같다. 경(卿)은 2명을 진덕왕 2년(648)〔5년이라고도 한 다〕에 두었는데 문무왕 15년(675)에 1명을 더했으며, 해당 관등은 조부 의 경과 같다. 대사(大舍)는 2명으로 진덕왕 5년에 두었는데 경덕왕 때 주부(主簿)로 고쳤다가 뒤에 다시 대사라고 하였으며, 해당 관등은 조부 의 대사와 같다. 사지(舍知)는 1명으로 경덕왕 때 사례(司禮)로 고쳤다가 뒤에 다시 사지라고 하였으며, 해당 관등은 조부의 사지와 같다. 사(史) 는 8명이었는데 진덕왕 5년에 3명을 더했으며, 해당 관등은 조부의 사와 같다.

승부(乘府)는 경덕왕 때 사어부(司馭府)로 고쳤다가 혜공왕 때 다시 원 래대로 하였다. 영(令)은 2명으로 진평왕 6년(584)에 두었으며 대아찬부 터 각간까지의 관등을 가진 이가 취임하였다. 경(卿)은 2명이었는데 문 무왕 15년(675)에 1명을 더했으며, 해당 관등은 조부의 경과 같다. 대사 (大舍)는 2명으로 경덕왕 때 주부(主簿)로 고쳤다가 뒤에 다시 대사라고 하였으며, 해당 관등은 병부의 대사와 같다. 사지(舍知)는 1명으로 경덕 왕 때 사목(司牧)으로 고쳤다가 뒤에 다시 사지라고 하였으며, 해당 관 등은 조부의 사지와 같다. 사(史)는 9명이었는데 문무왕 11년에 3명을 더했으며, 해당 관등은 조부의 사와 같다.

사정부(司正府)는 태종왕 6년(659)에 두었는데 경덕왕 때 숙정대(肅正 臺)로 고쳤다가 혜공왕 때 다시 원래대로 하였다. 영(令)은 1명으로 대아찬부터 각간까지의 관등을 가진 이가 취임하였다. 경(卿)은 2명을 진흥왕 5년(544)에 두었는데 문무왕 15년(675)에 1명을 더했으며, 해당 관등은 승부의 경과 같다. 좌(佐)는 2명으로 효성왕 원년(737)에 대왕의 이름을 저촉한다 하여 일체의 승(丞)을 모두 좌(佐)라고 했는데[1] 경덕왕 때 평사(評事)로 고쳤다가 뒤에 다시 좌라고 하였으며, 나마부터 대나마까지의 관등을 가진 이가 취임하였다. 대사(大舍)는 2명으로 사지부터 나마까지의 관등을 가진 이가 취임하였다. 사(史)는 10명이었는데 문무왕 11년에 5명을 더하였다.

　　예작부(例作府)〔예작전(例作典)이라고도 한다〕는 경덕왕 때 수례부(修例府)로 고쳤다가 혜공왕 때 다시 원래대로 하였다. 영(令)은 1명으로 신문왕 6년(686)에 두었으며, 대아찬부터 각간까지의 관등을 가진 이가 취임하였다. 경(卿)은 2명으로 신문왕 때 두었으며, 해당 관등은 사정부의 경과 같다. 대사(大舍)는 4명이었는데 애장왕 6년(805)에 2명을 줄였고 경덕왕 때 주부(主簿)로 고쳤다가 뒤에 다시 대사라고 하였으며, 해당 관등은 병부의 대사와 같다. 사지(舍知)는 2명으로 경덕왕 때 사례(司例)로 고쳤다가 뒤에 다시 사지라고 하였으며, 해당 관등은 노사지(弩舍知)와 같다. 사(史)는 8명이다.

　　선부(船府)는 예전에는 병부의 대감(大監)과 제감(弟監)으로 하여금 선박에 관한 일을 관장하게 했던 것을 문무왕 18년(678)에 따로 설치한 것으로, 경덕왕 때 이제부(利濟府)로 고쳤다가 혜공왕 때 다시 원래대로 하였다. 영(令)은 1명으로 대아찬부터 각간까지의 관등을 가진 이가 취임하였다. 경(卿)은 2명을 문무왕 3년에 두었는데 신문왕 8년(688)에 1명을 더했으며, 해당 관등은 조부의 경과 같다. 대사(大舍)는 2명으로 경덕왕 때 주부(主簿)로 고쳤다가 혜공왕 때 다시 대사라고 하였으며, 해당 관등은 조부의 대사와 같다. 사지(舍知)는 1명으로 경덕왕 때 사주(司

---

1) 효성왕의 이름은 '승경'(承慶)이었다. 이 조처는 신라본기 효성왕 즉위년조에도 보인다.

舟)로 고쳤다가 혜공왕 때 다시 사지라고 하였으며, 해당 관등은 조부의 사지와 같다. 사(史)는 8명이었는데 신문왕 원년에 2명을 더했다가 애장왕 6년(805)에 2명을 줄였다.

영객부(領客府)는 본래 왜전(倭典)이라고 했는데 진평왕 43년(621)에 영객전(領客典)〔뒤에 또 따로 왜전(倭典)을 두었다〕으로 고쳤다가 경덕왕 때 또 사빈부(司賓府)로 고쳤으며 혜공왕 때 다시 원래대로 하였다. 영(令)은 2명으로 진덕왕 5년(651)에 두었으며, 대아찬부터 각간까지의 관등을 가진 이가 취임하였다. 경(卿)은 2명이었는데 문무왕 15년(675)에 1명을 더했으며, 해당 관등은 조부의 경과 같다. 대사(大舍)는 2명으로 경덕왕 때 주부(主簿)로 고쳤다가 혜공왕 때 다시 대사라고 하였으며, 해당 관등은 조부의 대사와 같다. 사지(舍知)는 1명으로 경덕왕 때 사의(司儀)로 고쳤다가 혜공왕 때 다시 사지라고 하였으며, 해당 관등은 조부의 사지와 같다. 사(史)는 8명이다.

위화부(位和府)는 진평왕 3년(581)에 처음으로 두었는데 경덕왕 때 사위부(司位府)로 고쳤다가 혜공왕 때 다시 원래대로 하였다. 금하신(衿苛臣)은 2명을 신문왕 2년(682)에 처음으로 두었는데 5년에 1명을 더하였고, 애장왕 6년(805)에 영(令)으로 고쳤으며, 이찬부터 대각간까지의 관등을 가진 이가 취임하였다. 상당(上堂)은 2명을 신문왕 때 두었는데 성덕왕 2년(703)에 1명을 더하였고, 애장왕 때 경(卿)으로 고쳤으며, 급찬부터 아찬까지의 관등을 가진 이가 취임하였다. 대사(大舍)는 2명으로 경덕왕 때 주부(主簿)로 고쳤다가 뒤에 다시 대사라고 하였으며, 해당 관등은 조부의 대사와 같다. 사(史)는 8명이다.

좌리방부(左理方府)는 진덕왕 5년(651)에 두었는데 효소왕 원년(692)에 대왕의 이름을 피해 의방부(議方府)로 고쳤다.[2] 영(令)은 2명으로 급찬부터 잡찬까지의 관등을 가진 이가 취임하였다. 경(卿)은 2명을 진덕왕 때 두었는데 문무왕 18년(678)에 1명을 더했으며, 해당 관등은 다른

---

2) 효소왕의 이름은 '이홍'(理洪)이었다.

경들과 같다. 좌(佐)는 2명으로 진덕왕 때 두었는데 경덕왕 때 평사(評事)로 고쳤다가 혜공왕 때 다시 좌라고 하였으며, 해당 관등은 사정부의 좌와 같다. 대사(大舍)는 2명으로, 해당 관등은 병부의 대사와 같다. 사(史)는 15명이었는데 원성왕 13년(797)에 5명을 줄였다.

우리방부(右理方府)는 문무왕 7년(667)에 두었다. 영(令)이 2명, 경(卿)이 2명, 좌(佐)가 2명, 대사(大舍)가 2명, 사(史)가 10명이다.

상사서(賞賜署)는 창부(倉部)에 속했는데 경덕왕 때 사훈감(司勳監)으로 고쳤다가 혜공왕 때 다시 원래대로 하였다. 대정(大正)은 1명으로 진평왕 46년(624)에 두었는데 경덕왕 때 정(正)으로 고쳤다가 뒤에 다시 대정이라고 하였으며, 급찬부터 아찬까지의 관등을 가진 이가 취임하였다. 좌(佐)는 1명으로 대나마부터 급찬까지의 관등을 가진 이가 취임하였다. 대사(大舍)는 2명으로 진덕왕 5년(651)에 두었는데 경덕왕 때 주서(主書)로 고쳤다가 혜공왕 때 대사라고 하였으며, 사지부터 나마까지의 관등을 가진 이가 취임하였다. 사(史)는 6명이었는데 문무왕 20년(680)에 2명을 더했다가 애장왕 6년(805)에 2명을 줄였다.

대도서(大道署)〔혹은 사전(寺典) 혹은 내도감(內道監)이라고 한다〕는 예부(禮部)에 속하였다. 대정(大正)은 1명으로 진평왕 46년(624)에 두었는데 경덕왕 때 정(正)으로 고쳤다가 뒤에 다시 대정이라고 하였으며, 급찬부터 아찬까지의 관등을 가진 이가 취임하였다〔대정 아래에 대사(大舍) 2명이 있었다고도 한다〕. 주서(主書)는 2명으로 경덕왕 때 주사(主事)로 고쳤으며, 사지부터 나마까지의 관등을 가진 이가 취임하였다. 사(史)는 8명이다.

전읍서(典邑署)는 경덕왕 때 전경부(典京府)로 고쳤다가 혜공왕 때 다시 설치하였다. 경(卿)은 2명으로〔본래는 감(監) 6명을 두어서 6부를 나누어 거느리게 했는데, 원성왕 6년(790)에 2명을 승격해 경(卿)으로 삼았다〕, 나마부터 사찬까지의 관등을 가진 이가 취임하였다. 감(監)은 4명으로 나마부터 대나마까지의 관등을 가진 이가 취임하였다. 대사읍(大司邑)은 6명으로 사지부터 나마까지의 관등을 가진 이가 취임하였다. 중사읍(中司邑)은 6명으로 사지부터 대사까지의 관등을 가진 이가 취임하였다. 소사읍(小司邑)은 9명으로 해당 관등은 노사지(弩舍知)와 같다. 사(史)는 16명이고, 목척(木尺)은 70명이다.

영창궁성전(永昌宮成典)은 문무왕 17년(677)에 두었다. 상당(上堂)은 1명으로 경덕왕 때 두었는데 또 경(卿)으로 고쳤고 혜공왕 때 다시 상당이라고 했다가 애장왕 6년(805)에 또 경으로 고쳤으며, 급찬부터 아찬까지의 관등을 가진 이가 취임하였다. 대사(大舍)는 2명으로 경덕왕 때 주부(主簿)로 고쳤다가 혜공왕 때 다시 대사라고 하였으며, 사지부터 나마까지의 관등을 가진 이가 취임하였다. 사(史)는 4명이다.

국학(國學)은 예부(禮部)에 속했는데 신문왕 2년(682)에 두었으며 경덕왕 때 대학감(大學監)으로 고쳤다가 혜공왕 때 다시 원래대로 하였다. 경(卿)은 1명으로 경덕왕 때 사업(司業)으로 고쳤다가 혜공왕 때 다시 경이라고 하였으며, 해당 관등은 다른 경들과 같다. 박사(博士)[약간 명으로 수효는 정하지 않았다]와 조교(助敎)[약간 명으로 수효는 정하지 않았다]가 있다. 대사(大舍)는 2명으로 진덕왕 5년(651)에 두었는데 경덕왕 때 주부(主簿)로 고쳤다가 혜공왕 때 다시 대사라고 하였으며, 사지부터 나마까지의 관등을 가진 이가 취임하였다. 사(史)는 2명이었는데 혜공왕 원년(765)에 2명을 더하였다. 교수하는 방법은『주역』·『상서』·『모시』(毛詩)[3])·『예기』·『춘추좌씨전』·『문선』(文選)[4])을 나누어 학습하게 하였으며, 박사 및 조교 1명이 혹은『예기』·『주역』·『논어』·『효경』을

---

3)『모시』는『시경』을 이른다.『시경』의 해설서로는 노시(魯詩)·제시(齊詩)·한시(韓詩) 등 금문(今文)에 의한 것들이 있었으나 모두 송대 이전에 실전되었고, 지금은 오직 한대 모장(毛萇)이 고문(古文)으로 훈고한 것만이 전한다. 이 때문에『시경』을『모시』라고도 부른다.

4) 중국 남조 양(梁)대 이전의 시와 산문을 집성한 책으로 양의 소명태자(昭明太子) 소통(蕭統)이 막하 문인들의 협력을 받아 편찬하였다. 모두 30권이며, 주(周)에서 양에 이르는 거의 1천여 년의 대표적 문인 백수십 명의 시·부·문장 8백여 편을 문체별·시대순으로 배열한 것이다. 후대 문인들에게 필독의 책이 되었고, 특히 당(唐)대에는 문관등용시험에 시·부가 부과되어 널리 유행하였다.

교수하거나, 혹은 『춘추좌씨전』·『모시』·『논어』·『효경』을 교수하거나, 혹은 『상서』·『논어』·『효경』·『문선』을 교수하였다. 여러 학생은 글을 읽은 다음 세 등급으로 관직에 등용되는데 『춘추좌씨전』이나 『예기』나 『문선』을 읽어서 그 뜻을 통달하고 아울러 『논어』와 『효경』에 밝은 이가 상등이 되고, 『곡례』(曲禮)[5]와 『논어』와 『효경』을 읽은 이가 중등이 되며, 『곡례』와 『효경』을 읽은 이는 하등이 되었다. 만약 5경(五經)과 3사(三史)와 제자백가서를 모두 통달한 이는 절차를 뛰어넘어 발탁해서 등용하였다. 혹은 산학박사(算學博士) 및 조교 1명을 뽑아 『철경』(綴經)[6]·『삼개』(三開)[7]·『구장』(九章)[8]·『육장』(六章)[9]을 교수하기도 하였다. 무릇 학생들은 대사 이하의 관등으로부터 관위가 없는 이에 이르기까지, 그리고 나이 15세부터 30세에 이르는 이들로 충원하였다. 수학 연한은 9년으로 하되 바탕이 우둔해 교화될 수 없는 경우는 그만두게 하고, 재주와 국량은 성취할 만한데 미처 성숙되지 않은 경우는 비록 9년을 넘기더라도 국학에 머무는 것을 허락하였으며, 관등이 대나마나 나마에 이른

5) 『곡례』는 '자세한 예의'라는 뜻으로 『예기』의 첫머리에 나오는 편명인데, 다섯 가지의 예 즉 길례(吉禮)·흉례(凶禮)·빈례(賓禮)·군례(軍禮)·가례(嘉禮)를 말하고 있다.

6) 『철경』은 중국 남조 송(宋)의 과학자 조충지(祖冲之 : 429～500)의 저서 『철술』(綴術)을 이르는 듯하다. 그는 대명력(大明曆)을 제작했으며, 특히 원주율의 연구에서는 중국 수학자로서 제1인자였다. 그의 『철술』은 수준 높은 수학서였던 듯하나, 일찍이 망실되었다.

7) 『삼개』 역시 수학서로서 『구장』·『철술(경)』·『사가』(謝家)와 함께 고려시대 '동당시명산업'(東堂試明算業)의 고시과목이었다.

8) 『구장』은 중국의 대표적인 옛 산술서 『구장산술』(九章算術)을 이른다. 저자와 저술 연대는 미상이지만 위(魏)의 유휘(劉徽)가 263년에 이 책에 주석을 하였다. 모두 9장으로 이루어졌으며, 구체적이고 실용적인 문제를 다방면으로 취급해 사회경제사 자료로서도 중요하지만 수학서로서도 상당히 주목된다. 송대 이후 수학서의 모델로 큰 영향을 미쳤다. 『철술(경)』과 함께 여러 종류의 『구장산술』류가 『수서』 34 경적지(經籍志) 및 『당서』 59 예문지(藝文志) 등에서 확인된다.

9) 『육장』은 『진서』(晉書) 17 율력지(律曆志) 중(中)에 이른바 점일(占日)·점월(占月)·점성기(占星氣)·율려(律呂)·갑자(甲子)·산수(算數)의 '6술'(六術)을 말한 듯하다.

뒤에는 국학에서 나가도록 하였다.

음성서(音聲署)는 예부(禮部)에 속했는데 경덕왕 때 대악감(大樂監)으로 고쳤다가 혜공왕 때 다시 원래대로 하였다. 장(長)은 2명으로 신문왕 7년(687)에 경(卿)으로 고쳤고 경덕왕 때 또 사악(司樂)으로 고쳤다가 혜공왕 때 다시 경이라고 하였으며, 해당 관등은 다른 경들과 같다. 대사(大舍)는 2명으로 진덕왕 5년(651)에 두었는데 경덕왕 때 주부(主簿)로 고쳤다가 뒤에 다시 대사라고 하였으며, 사지부터 나마까지의 관등을 가진 이가 취임하였다. 사(史)는 4명이다.

대일임전(大日任典)은 태종왕 4년(657)에 두었는데 경덕왕 때 전경부(典京府)에 합하였다. 대도사(大都司)는 6명으로 경덕왕 때 대전의(大典儀)로 고쳤다가 뒤에 다시 원래대로 하였으며, 사지부터 나마까지의 관등을 가진 이가 취임하였다. 소도사(小都司)는 2명으로 경덕왕 때 소전의(小典儀)로 고쳤다가 뒤에 다시 원래대로 하였으며, 사지부터 대사까지의 관등을 가진 이가 취임하였다. 도사대사(都事大舍)는 2명으로 경덕왕 때 대전사(大典事)로 고쳤다가 뒤에 다시 원래대로 하였으며, 사지부터 나마까지의 관등을 가진 이가 취임하였다. 도사사지(都事舍知)는 4명으로 경덕왕 때 중전사(中典事)로 고쳤다가 뒤에 다시 원래대로 하였으며, 사지부터 대사까지의 관등을 가진 이가 취임하였다. 도알사지(都謁舍知)는 8명으로 경덕왕 때 전알(典謁)로 고쳤다가 뒤에 다시 원래대로 하였으며, 사지부터 대사까지의 관등을 가진 이가 취임하였다. 도인사지(都引舍知)는 1명으로 경덕왕 때 전인(典引)으로 고쳤다가 뒤에 다시 원래대로 하였으며, 해당 관등은 노사지(弩舍知)와 같다. 당(幢)은 6명으로 경덕왕 때 소전사(小典事)로 고쳤다가 뒤에 다시 원래대로 하였으며, 해당 관등은 조부의 사(史)와 같다. 도사계지(都事稽知)가 6명, 도알계지(都謁稽知)가 6명, 도인계지(都引稽知)가 5명[혹은 도인당(都引幢) 혹은 소전인(少典引)이라고 한다], 비벌수(比伐首)가 10명이다.

공장부(工匠府)는 경덕왕 때 전사서(典祀署)로 고쳤다가 뒤에 다시 원래대로 하였다. 감(監)은 1명으로 신문왕 2년(682)에 두었으며, 대나마부터 급찬까지의 관등을 가진 이가 취임하였다. 주서(主書)는 2명으로〔혹은 주사(主事) 혹은 대사(大舍)라고 한다〕진덕왕 5년(651)에 두었으며, 사지부터 나마까지의 관등을 가진 이가 취임하였다. 사(史)는 4명이다.

　　채전(彩典)은 경덕왕 때 전채서(典彩署)로 고쳤으며 뒤에 다시 원래대로 하였다. 감(監)은 1명으로 신문왕 2년(682)에 두었으며, 나마부터 대나마까지의 관등을 가진 이가 취임하였다. 주서(主書)는 2명으로 진덕왕 5년(651)에 두었으며, 사지부터 나마까지의 관등을 가진 이가 취임하였다. 사(史)는 3명이다〔4명이라고도 한다〕.

　　좌사록관(左司祿館)은 문무왕 17년(677)에 두었다. 감(監)은 1명으로 나마부터 대나마까지의 관등을 가진 이가 취임하였다. 주서(主書)는 2명으로〔혹은 주사(主事)라고 한다〕 사지부터 나마까지의 관등을 가진 이가 취임하였다. 사(史)는 4명이다.

　　우사록관(右司祿館)은 문무왕 21년(681)에 두었다. 감(監)이 1명, 주서(主書)가 2명, 사(史)가 4명이다.

　　전사서(典祀署)는 예부(禮部)에 속했는데 성덕왕 12년(713)에 두었다. 감(監)은 1명으로 나마부터 대나마까지의 관등을 가진 이가 취임하였다. 대사(大舍)는 2명으로 진덕왕 5년(651)에 두었으며, 사지부터 나마까지의 관등을 가진 이가 취임하였다. 사(史)는 4명이다.

　　신궁(新宮)은 성덕왕 16년(717)에 두었는데 경덕왕 때 전설관(典設館)으로 고쳤다가 뒤에 다시 원래대로 하였다. 감(監)은 1명으로 해당 관등은 전사서(典祀署)의 감(監)과 같다. 주서(主書)는 2명으로 해당 관등은 전사서(典祀署)의 대사(大舍)와 같다. 사(史)는 3명이다.

　　동시전(東市典)은 지증왕 9년(508)에 두었다. 감(監)은 2명으로 나마부터 대나마까지의 관등을 가진 이가 취임하였다. 대사(大舍)는 2명으로 경덕왕이 주사(主事)로 고쳤다가 뒤에 다시 대사라고 하였으며, 사지부터 나마까지의 관등을 가진 이가 취임하였다. 서생(書生)은 2명으로 경덕왕 때 사직(司直)으로 고쳤다가 뒤에 다시 서생이라고 하였으며, 해당 관등은 조부의 사(史)와 같다. 사(史)는 4명이다.

서시전(西市典)은 효소왕 4년(695)에 두었다. 감(監)은 2명이다. 대사(大舍)는 2명으로 경덕왕 때 주사(主事)로 고쳤다가 뒤에 다시 대사라고 하였다. 서생(書生)은 2명으로 경덕왕 때 사직(司直)으로 고쳤다가 뒤에 다시 서생이라고 하였다. 사(史)는 4명이다.

남시전(南市典) 역시 효소왕 4년(695)에 두었다. 감(監)은 2명이다. 대사(大舍)는 2명으로 경덕왕 때 주사(主事)로 고쳤다가 뒤에 다시 대사라고 하였다. 서생(書生)은 2명으로 경덕왕 때 사직(司直)으로 고쳤다가 뒤에 다시 서생이라고 하였다. 사(史)는 4명이다.

사범서(司範署)는 예부(禮部)에 속하였다. 대사(大舍)는 2명으로[혹은 주서(主書)라고 한다] 경덕왕 때 주사(主事)로 고쳤다가 뒤에 다시 대사라고 하였으며, 해당 관등은 조부(調府)의 사지(舍知)와 같다. 사(史)는 4명이다.

경도역(京都驛)은 경덕왕 때 도정역(都亭驛)으로 고쳤다가 뒤에 다시 원래대로 하였다. 대사(大舍)는 2명으로 사지부터 나마까지의 관등을 가진 이가 취임하였다. 사(史)는 2명이다.

누각전(漏刻典)은 성덕왕 17년(718)에 처음으로 두었다. 박사(博士)가 6명, 사(史)가 1명이다.

6부소감전(六部少監典)[6부감전(六部監典)이라고도 한다]은 양부(梁部)와 사량부(沙梁部)에 감랑(監郞)이 각 1명, 대나마(大奈麻)가 각 1명, 대사(大舍)가 각 2명, 사지(舍知)가 각 1명이며, 양부에는 사(史)가 6명, 사량부에는 사(史)가 5명이다. 본피부(本彼部)에는 감랑(監郞)이 1명, 감대사(監大舍)가 1명, 사지(舍知)가 1명, 감당(監幢)이 5명, 사(史)가 1명이다. 모량부(牟梁部)에는 감신(監臣)이 1명, 대사(大舍)가 1명, 사지(舍知)가 1명, 감당(監幢)이 5명, 사(史)가 1명이다. 한기부(漢祇部)와 습비부(習比部)에는 감신(監臣)이 각 1명, 대사(大舍)가 각 1명, 사지(舍知)가 각 1명, 감당(監幢)이 각 3명, 사(史)가 각 1명이다.

식척전(食尺典)에는 대사(大舍)가 6명, 사(史)가 6명이다.

직도전(直徒典)에는 대사(大舍)가 6명, 사지(舍知)가 8명, 사(史)가 26명이다.

고관가전(古官家典)에는 당(幢)〔계지(稽知)라고도 한다〕이 4명, 구척(鉤尺)이 6명, 수주(水主)가 6명, 화주(禾主)가 15명이다.

• 삼국사기 권 제38

잡지(雜志) 제8
직관(職官) 중

　　내성(內省)은 경덕왕 18년(759)에 전중성(殿中省)으로 고쳤다가 뒤에
다시 원래대로 하였다. 사신(私臣)은 1명으로 진평왕 7년(585)에 삼궁
(三宮)에 각각 사신(私臣)을 두어 대궁(大宮)에 화문(和文) 대아찬, 양궁
(梁宮)에 수힐부(首肹夫) 아찬, 사량궁(沙梁宮)에 노지(弩知) 이찬으로
했다가, 44년에 와서 한 사람이 삼궁을 모두 관장하게 했으며, 해당 관
등은 금하(衿荷)부터 태대각간(太大角于)에 이르기까지 그 적임자를 가
려 임명했으니, 연한 역시 없었다. 경덕왕 때 또 전중령(殿中令)으로 고
쳤다가 뒤에 다시 사신이라고 하였다. 경(卿)은 2명으로 나마부터 아찬
까지의 관등을 가진 이가 취임하였다. 감(監)은 2명으로 나마부터 사찬
까지의 관등을 가진 이가 취임하였다. 대사(大舍)가 1명, 사지(舍知)가 1
명이다.

　　내사정전(內司正典)은 경덕왕 5년(746)에 두었는데 18년에 건평성(建
平省)으로 고쳤다가 뒤에 다시 원래대로 하였다. 의결(議決)이 1명, 정찰
(貞察)이 2명, 사(史)가 4명이다.

　　전대사전(典大舍典)에는 전대사(典大舍)가 1명, 전옹(典翁)이 1명, 사
(史)가 4명이다.

상대사전(上大舍典)에는 상대사(上大舍)가 1명, 상옹(上翁)이 1명이다.

흑개감(黑鎧監)은 경덕왕 때 위무감(衛武監)으로 고쳤다가 뒤에 다시 원래대로 하였다. 대사(大舍)가 1명, 사(史)가 4명이다.

본피궁(本彼宮)은 신문왕 원년(681)에 두었다. 우(虞)가 1명, 사모(私母)가 1명, 공옹(工翁)이 2명, 전옹(典翁)이 1명, 사(史)가 2명이다.

인도전(引道典)은 경덕왕 때 예성전(禮成典)으로 고쳤다가 뒤에 다시 원래대로 하였다. 상인도(上引道)가 2명, □위인도(□位引道)가 3명, 관인도(官引道)가 4명이다.

촌도전(村徒典)은 문무왕 10년(670)에 두었는데 간(干)이 1명, 궁옹(宮翁)이 1명, 대척(大尺)이 1명, 사(史)가 2명이다.

구역전(尻驛典)에는 간옹(看翁)이 1명, 궁옹(宮翁)이 1명이다.

평진음전(平珍音典)은 경덕왕 때 소궁(堀宮)으로 고쳤다가 뒤에 다시 원래대로 하였다. 간옹(看翁)이 1명, 연옹(筵翁)이 1명, 전옹(典翁)이 2명이다.

연사전(煙舍典)은 성덕왕 17년(718)에 두었다. 간옹(看翁)이 1명이다.

상문사(詳文師)는 성덕왕 13년(714)에 통문박사(通文博士)로 고쳤다가 경덕왕 때 또 한림(翰林)으로 고쳤으며, 뒤에 학사(學士)를 두었다.

소내학생(所內學生)은 성덕왕 20년(721)에 두었다.

천문박사(天文博士)는 뒤에 사천박사(司天博士)로 고쳤다.

의학(醫學)은 효소왕 원년(692)에 처음으로 두어 학생들을 가르쳤는데 『본초경』(本草經)[1] ·『갑을경』(甲乙經)[2] ·『소문경』(素問經)[3] ·『침경』

---

1) 『본초경』은 본초학(本草學), 즉 식물·약물을 연구하고 겸하여 동물·광물에 대해서도 수련하는 일종의 박물학에 관한 서명이다. 신농(神農)이 지은 것이라고 전하는데, 대체로 후한시대에 나온 것인 듯하다. 당시에는 개원(開元) 중에 나온 진장기(陳藏器)의 『본초습유』(本草拾遺)가 유행하였다.

2) 『갑을경』은 3세기 후반 진(晋)의 황보밀(皇甫謐)이 편찬한 것으로 침구(鍼灸)에 관한 해부·생리·병리·치료법 등이 계통적으로 기술되었으며, 예부터 의경(醫經)의 하나로 꼽혀 의가(醫家)의 필독서가 되었다.

3) 『소문경』은 중국 상고의 황제(黃帝)와 그의 신하인 명의(名醫) 기백(岐伯)이 문답

(針經)[4]·『맥경』(脈經)[5]·『명당경』(明堂經)[6]·『난경』(難經)[7]을 학습하였다. 박사(博士)가 2명이다.

공봉승사(供奉乘師)[자료가 빠졌다].

율령전(律令典)에는 박사(博士)가 6명이다.

수궁전(藪宮典)에는 대사(大舍)가 2명이고, 사(史)가 2명이다.

청연궁전(靑淵宮典)은 경덕왕 때 조추정(造秋亭)으로 고쳤다가 뒤에 다시 원래대로 하였다. 대사(大舍)가 2명, 사(史)가 2명, 궁옹(宮翁)이 1명이다.

부천궁전(夫泉宮典)에는 대사(大舍)가 2명, 사(史)가 2명, 궁옹(宮翁)이 1명이다.

차열음궁전(且熱音宮典)에는 대사(大舍)가 2명, 사(史)가 4명, 궁옹(宮翁)이 1명이다.

좌산전(坐山典)에는 대사(大舍)가 2명, 사(史)가 3명, 궁옹(宮翁)이 1명이다.

병촌궁전(屛村宮典)은 경덕왕 때 현룡정(玄龍亭)으로 고쳤다가 뒤에 다시 원래대로 하였다. 대사(大舍)가 2명, 사(史)가 2명, 궁옹(宮翁)이 1명이다.

한 것을 기재한 책인데, 진·한대의 사람이 황제에 가탁해 지은 것으로,『황제내경』(黃帝內徑)이라고도 한다.
4)『침경』은『소문(경)』과 함께『황제내경』의 한 부분으로 대표적인 의경인바, 역시 황보밀의『갑을경』은 이『침경』에 기초한 것이다.
5)『맥경』은 서진(西晉)의 왕숙화(王叔和)가 찬한 의서(醫書)의 이름이다.
6) 옛날 의가(醫家)에서 침을 놓거나 뜸질을 할 혈(穴)을 표시한 인형을 명당(明堂)이라고 한 데 연유한 의서의 이름이다.『사물기원』(事物起原) 기술의복부(技術醫卜部) 명당조에 "지금 의가에서는 침구(鍼灸)의 혈을 기재해 우인(偶人)을 만들고 그 자리에 점을 찍어 명당이라고 이름한다"라고 하였다.
7)『난경』은 주(周)대의 명의 진월인(秦越人), 즉 편작(扁鵲)이 찬한 의서를 이른다.『사물기원』(事物起原) 기술의복부(技術醫卜部) 난경조에는 "황제(黃帝)가 뇌공(雷公) 기백(岐伯)에 명해 경맥(經脈)을 논하게 했는데, 어려운 질문을 곡진하게 밝힌 81장을『난경』이라 한다"라고 하였다.

북토지궁전(北吐只宮典)에는 대사(大舍)가 2명, 사(史)가 2명이다.

홍현궁전(弘峴宮典)〔이하 다섯 궁(宮)은 통칭해 고나궁(古奈宮)이라고 한다〕에는 대사(大舍)가 2명, 사(史)가 2명이다.

갈천궁전(葛川宮典)에는 대사(大舍)가 2명, 사(史)가 2명이다.

선평궁전(善坪宮典)에는 대사(大舍)가 2명, 사(史)가 2명이다.

이동궁전(伊同宮典)에는 대사(大舍)가 2명, 사(史)가 2명이다.

평립궁전(平立宮典)에는 대사(大舍)가 2명, 사(史)가 2명이다.

명활전(明活典)은 경휘왕(景暉王)[8] 2년(827)에 두었다. 대사(大舍)가 1명, 간옹(看翁)이 1명이다.

원곡양전(源谷羊典)은 흥덕왕 4년(829)에 두었다. 대사(大舍)가 1명, 간옹(看翁)이 1명이다.

염곡전(染谷典)에는 간옹(看翁)이 1명이다.

벽전(壁典)에는 간옹(看翁)이 1명, 하전(下典)이 4명이다.

자원전(莿園典)에는 간옹(看翁)이 1명, 하전(下典)이 2명이다.

두□탄전(豆 □ 炭典)에는 간옹(看翁)이 1명이다.

소년감전(少年監典)은 경덕왕 때 조천성(釣天省)으로 고쳤다가 뒤에 다시 원래대로 하였다. 대사(大舍)가 2명, 사(史)가 2명이다.

회궁전(會宮典)은 경덕왕 때 북사설(北司設)로 고쳤다가 뒤에 다시 원래대로 하였다. 궁옹(宮翁)이 1명, 조사지(助舍知)가 4명이다.

상신모전(上新謀典)에는 대사(大舍)가 1명, 사(史)가 2명이다.

하신모전(下新謀典)에는 대사(大舍)가 1명, 사(史)가 2명이다.

좌신모전(左新謀典)에는 대사(大舍)가 1명, 사(史)가 2명이다.

우신모전(右新謀典)에는 대사(大舍)가 1명, 사(史)가 2명이다.

조전(租典)에는 대사(大舍)가 1명, 사(史)가 1명이다.

---

8) '경휘'는 흥덕왕의 이름이다. 신라본기에 흥덕왕의 본래 이름은 '수종'(秀宗)이었는데 뒤에 '경휘'(景徽)로 고쳤다고 했으며, 『삼국유사』 왕력에는 '경휘'(景暉)라고 하였다.

신원전(新園典)에는 대사(大舍)가 1명, 사(史)가 1명이다.

빙고전(氷庫典)에는 대사(大舍)가 1명, 사(史)가 1명이다.

백천목숙전(白川首䔖典)에는 대사(大舍)가 1명, 사(史)가 1명이다.

한지목숙전(漢祇首䔖典)에는 대사(大舍)가 1명, 사(史)가 1명이다.

문천목숙전(蚊川首䔖典)에는 대사(大舍)가 1명, 사(史)가 1명이다.

본피목숙전(本彼首䔖典)에는 대사(大舍)가 1명, 사(史)가 1명이다.

능색전(陵色典)에는 대사(大舍)가 1명, 사(史)가 1명이다.

예궁전(穢宮典)은 경덕왕 때 진각성(珍閣省)으로 고쳤다가 뒤에 다시 원래대로 하였다. 치성(稚省)이 10명, 궁옹(宮翁)이 1명, 조사지(助舍知)가 4명, 종사지(從舍知)가 2명이다.

조하방(朝霞房)에는 모(母)가 23명이다.

염궁(染宮)에는 모(母)가 11명이다.

소전(疏典)에는 모(母)가 6명이다.

홍전(紅典)에는 모(母)가 6명이다.

소방전(蘇芳典)에는 모(母)가 6명이다.

찬염전(攅染典)에는 모(母)가 6명이다.

표전(漂典)에는 모(母)가 10명이다.

왜전(倭典) 이하 14개 관부는 그 인원수의 자료가 빠졌다.

금전(錦典)은 경덕왕 때 직금방(織錦房)으로 고쳤다가 뒤에 다시 원래대로 하였다.

철유전(鐵鍮典)은 경덕왕 때 축야방(築冶房)으로 고쳤다가 뒤에 다시 원래대로 하였다.

사전(寺典).

칠전(漆典)은 경덕왕 때 식기방(飾器房)으로 고쳤다가 뒤에 다시 원래대로 하였다.

모전(毛典)은 경덕왕 때 취취방(聚毳房)으로 고쳤다가 뒤에 다시 원래대로 하였다.

피전(皮典)은 경덕왕 때 포인방(鞄人房)으로 고쳤다가 뒤에 다시 원래대로 하였다.

추전(鞦典).

피타전(皮打典)은 경덕왕 때 운공방(韗工房)으로 고쳤다가 뒤에 다시 원래대로 하였다.

마전(磨典)은 경덕왕 때 재인방(梓人房)으로 고쳤다가 뒤에 다시 원래대로 하였다.

탑전(鞜典).

화전(靴典).

타전(打典).

마리전(麻履典).

어룡성(御龍省)에는 사신(私臣) 1명을 애장왕 2년(801)에 두었다. 어백랑(御伯郎)은 2명으로 경덕왕 9년(750)에 봉어(奉御)로 고쳤고 선덕왕(宣德王) 원년(780)에 또 경(卿)으로 고쳤으며 얼마 후에 감(監)으로 고쳤다. 치성(稚省)은 14명이다.

세택(洗宅)은 경덕왕 때 중사성(中事省)으로 고쳤다가 뒤에 다시 원래대로 하였다. 대사(大舍)가 8명, 종사지(從舍知)가 2명이다.

숭문대(崇文臺)에는 낭(郎)이 2명, 사(史)가 4명, 종사지(從舍知)가 2명이다.

악전(嶽典)에는 대사(大舍)가 2명, 사(史)가 4명, 종사지(從舍知)가 2명이다.

감전(監典)에는 대사(大舍)가 2명, 사지(舍知)가 2명, 사(史)가 4명, 도관(都官)이 4명, 종사지(從舍知)가 2명이고, 악자(樂子)는 정해진 수효가 없다.

늠전(廩典)은 경덕왕 때 천록사(天祿司)로 고쳤다가 뒤에 다시 원래대로 하였다. 대사(大舍)가 2명, 사지(舍知)가 2명, 사(史)가 8명, 늠옹(廩翁)이 4명, 종사지(從舍知)가 2명이다.

용전(舂典)에는 사지(舍知)가 2명, 사(史)가 8명이다.

제전(祭典)에는 사지(舍知)가 2명, 사(史)가 6명이다.

약전(藥典)은 경덕왕 때 보명사(保命司)로 고쳤다가 뒤에 다시 원래대로 하였다. 사지(舍知)가 2명, 사(史)가 6명, 종사지(從舍知)가 2명이다.

공봉의사(供奉醫師)는 정해진 수효가 없다.

공봉복사(供奉卜師)는 정해진 수효가 없다.

마전(麻典)은 경덕왕 18년(759)에 직방국(織紡局)으로 고쳤다가 뒤에 다시 원래대로 하였다. 간(干)이 1명, 사(史)가 8명, 종사지(從舍知)가 4명이다.

폭전(曝典)에는 소속된 현(縣)이 셋이다.

육전(肉典)은 경덕왕 때 상선국(尙膳局)으로 고쳤다가 뒤에 다시 원래대로 하였다. 간(干)이 2명이다.

재전(滓典)에는 간(干)이 1명, 사(史)가 4명이다.

아니전(阿尼典)에는 모(母)가 6명이다.

기전(綺典)은 경덕왕 때 별금방(別錦房)으로 고쳤다가 뒤에 다시 원래대로 하였다. 모(母)가 8명이다.

석전(席典)은 경덕왕 때 봉좌국(奉座局)으로 고쳤다가 뒤에 다시 원래대로 하였다. 간(干)이 1명, 사(史)가 2명이다.

궤개전(机槪典)은 경덕왕 때 궤반국(机盤局)으로 고쳤다가 뒤에 다시 원래대로 하였다. 간(干)이 1명, 사(史)가 6명이다.

양전(楊典)은 경덕왕 때 사비국(司篚局)으로 고쳤다가 뒤에 다시 원래대로 하였다. 간(干)이 1명, 사(史)가 6명이다.

와기전(瓦器典)은 경덕왕 때 도등국(陶登局)으로 고쳤다가 뒤에 다시 원래대로 하였다. 간(干)이 1명, 사(史)가 6명이다.

감부대전(監夫大典)에는 대사(大舍)가 2명, 사(史)가 2명, 종사지(從舍知)가 2명이다.

대부전(大傅典)에는 대사(大舍)가 2명, 사(史)가 2명, 종사지(從舍知)가 2명이다.

행군전(行軍典)에는 대사(大舍)가 2명, 사(史)가 4명, 종사지(從舍知)가 2명이다.

영창전(永昌典)에는 대사(大舍)가 2명, 사(史)가 2명이다.

고창전(古昌典)에는 대사(大舍)가 2명, 사(史)가 4명이다.

번감(番監)에는 대사(大舍)가 2명, 사(史)가 2명이다.

원당전(願堂典)에는 대사(大舍)가 2명, 종사지(從舍知)가 2명이다.

물장전(物藏典)에는 대사(大舍)가 4명, 사(史)가 2명이다.

북상전(北廂典)에는 대사(大舍)가 2명, 사(史)가 4명이다.

남하소궁(南下所宮)은 경덕왕 때 잡공사(雜工司)로 고쳤다가 뒤에 다시 원래대로 하였다. 옹(翁)이 1명, 조(助)가 4명이다.

남도원궁(南桃園宮)에는 옹(翁)이 1명이다.

북원궁(北園宮)에는 옹(翁)이 1명이다.

신청연궁(新青淵宮)에는 옹(翁)이 1명이다.

침방(針房)에는 여자(女子)가 16명이다.

동궁관(東宮官)

동궁아(東宮衙)는 경덕왕 11년(752)에 두었다. 상대사(上大舍)가 1명, 차대사(次大舍)가 1명이다.

어룡성(御龍省)에는 대사(大舍)가 2명, 치성(稚省)이 6명이다.

세택(洗宅)에는 대사(大舍)가 4명, 종사지(從舍知)가 2명이다.

급장전(給帳典)〔□전(□典)이라고도 한다〕에는 전(典)이 4명, 치(稚)가 4명이다.

월지전(月池典)〔자료가 빠졌다〕.

승방전(僧房典)에는 대사(大舍)가 2명, 종사지(從舍知)가 2명이다.

포전(庖典)에는 대사(大舍)가 2명, 사(史)가 2명, 종사지(從舍知)가 2명이다.

월지악전(月池嶽典)에는 대사(大舍)가 2명, 수주(水主)가 1명이다.

용왕전(龍王典)에는 대사(大舍)가 2명, 사(史)가 2명이다.

• 삼국사기 권 제39

삼국사기 권 제40

잡지(雜志) 제9
직관(職官) 하

무관(武官)

시위부(侍衛府)에는 삼도(三徒)가 있는데 진덕왕 5년(651)에 두었다. 장군(將軍)은 6명으로 신문왕 원년(681)에 감(監)을 폐지하고 장군을 두었으며, 급찬부터 아찬까지의 관등을 가진 이가 취임하였다. 대감(大監)은 6명으로 나마부터 아찬까지의 관등을 가진 이가 취임하였다. 대두(隊頭)는 15명으로 사지부터 사찬까지의 관등을 가진 이가 취임하였다. 항(項)은 36명으로 사지부터 대나마까지의 관등을 가진 이가 취임하였다. 졸(卒)은 1백 17명으로 선저지부터 대사까지의 관등을 가진 이가 취임하였다.

여러 군관(軍官) 가운데 **장군**은 모두 36명이다. 대당(大幢)을 관장하는 4명, 귀당(貴幢)에 4명, 한산정(漢山停)〔신라인들은 영(營)을 정(停)이라고 하였다〕에 3명, 완산정(完山停)에 3명, 하서정(河西停)에 2명, 우수정(牛首停)에 2명으로, 여기에는 진골의 상당(上堂)부터 상신(上臣)까지의 관등을 가진 이가 취임하였다. 녹금당(綠衿幢)에 2명, 자금당(紫衿幢)에 2명, 백금당(白衿幢)에 2명, 비금당(緋衿幢)에 2명, 황금당(黃衿幢)에 2명, 흑금당(黑衿幢)에 2명, 벽금당(碧衿幢)에 2명, 적금당(赤衿幢)에 2명, 청

금당(靑衿幢)에 2명으로, 여기에는 진골의 급찬부터 각간까지의 관등을
가진 이가 취임하였다. 경덕왕 때 와서 웅천주정(熊川州停)에 3명을 더
두었다.

　대관대감(大官大監)은 진흥왕 10년(549)에 두었다. 대당을 관장하는 5
명, 귀당에 5명, 한산정에 4명, 우수정에 4명, 하서정에 4명, 완산정에 4
명으로, 이 경우에는 금(衿)이 없다. 녹금당에 4명, 자금당에 4명, 백금당
에 4명, 비금당에 4명, 황금당에 4명, 흑금당에 4명, 벽금당에 4명, 적금
당에 4명, 청금당에 4명으로, 이 경우에는 금(衿)을 착용하였다. 모두 62
명이다. 진골의 경우는 사지부터 아찬까지의 관등을 가진 이가 취임하
였고, 다음 두품(頭品)의 경우는 나마부터 4중아찬까지의 관등을 가진
이가 취임하였다.

　대대감(隊大監) 가운데 마병(馬兵)을 거느리는 이는 계금(罽衿)에 1명,
음리화정(音里火停)에 1명, 고량부리정(古良夫里停)에 1명, 거사물정(居
斯勿停)에 1명, 삼량화정(參良火停)에 1명, 소삼정(召參停)에 1명, 미다부
리정(未多夫里停)에 1명, 남천정(南川停)에 1명, 골내근정(骨乃斤停)에 1
명, 벌력천정(伐力川停)에 1명, 이화혜정(伊火兮停)에 1명, 녹금당에 3명,
자금당에 3명, 백금당에 3명, 황금당에 3명, 흑금당에 3명, 벽금당에 3명,
적금당에 3명, 청금당에 3명, 청주서(菁州誓)에 1명, 한산주서(漢山州誓)
에 1명, 완산주서(完山州誓)에 1명이다. 보병을 거느리는 이는 대당에 3
명, 한산정에 3명, 귀당에 2명, 우수정에 2명, 완산정에 2명, 벽금당에 2
명, 녹금당에 2명, 백금당에 2명, 황금당에 2명, 흑금당에 2명, 자금당에
2명, 적금당에 2명, 청금당에 2명, 비금당에 4명이다. 모두 70명이다. 다
금(衿)을 착용했으며, 나마부터 아찬까지의 관등을 가진 이가 취임하
였다.

　제감(弟監)은 진흥왕 23년(562)에 두었다. 대당을 통령하는 5명, 귀당
에 5명, 한산정에 4명, 우수정에 4명, 하서정에 4명, 완산정에 4명은 금
(衿)이 없고, 벽금당에 4명, 녹금당에 4명, 백금당에 4명, 비금당에 4명,
황금당에 4명, 흑금당에 4명, 자금당에 4명, 적금당에 4명, 청금당에 4명,

계금당(罽衿幢)에 1명이다. 모두 63명이다. 사지부터 대나마까지의 관등을 가진 이가 취임하였다.

감사지(監舍知)는 모두 19명으로 법흥왕 10년(523)에 두었다. 대당에 1명, 상주정(上州停)에 1명, 한산정에 1명, 우수정에 1명, 하서정에 1명, 완산정에 1명, 벽금당에 1명, 녹금당에 1명, 백금당에 1명, 비금당에 1명, 황금당에 1명, 흑금당에 1명, 자금당에 1명, 적금당에 1명, 청금당에 1명, 계금당에 1명, 백금무당(白衿武幢)에 1명, 적금무당(赤衿武幢)에 1명, 황금무당(黃衿武幢)에 1명이다. 금(衿)은 없으며, 사지부터 대사까지의 관등을 가진 이가 취임하였다.

소감(少監)은 진흥왕 23년(562)에 두었다. 대당에 15명, 귀당에 15명, 한산정에 15명, 하서정에 12명, 우수정에 13명, 완산정에 13명, 벽금당에 13명, 녹금당에 13명, 백금당에 13명, 비금당에 13명, 황금당에 13명, 흑금당에 13명, 자금당에 13명, 적금당에 13명, 청금당에 13명이다. 기병(騎兵)을 거느리는 이로는 음리화정에 2명, 고량부리정에 2명, 거사물정에 2명, 삼량화정에 2명, 소삼정에 2명, 미다부리정에 2명, 남천정에 2명, 골내근정에 2명, 벌력천정에 2명, 이화혜정에 2명, 비금당에 3명, 벽금당에 6명, 녹금당에 6명, 백금당에 6명, 황금당에 6명, 흑금당에 6명, 자금당에 6명, 적금당에 6명, 청금당에 6명, 계금당에 1명, 청주서에 3명, 한산주서에 3명, 완산주서에 3명이다. 보병을 거느리는 이로는 대당에 6명, 한산정에 6명, 귀당에 4명, 우수정에 4명, 완산정에 4명, 벽금당에 4명, 녹금당에 4명, 백금당에 4명, 황금당에 4명, 흑금당에 4명, 자금당에 4명, 적금당에 4명, 청금당에 4명, 비금당에 8명, 청주서에 9명, 한산주서에 9명, 완산주서에 9명이다. 모두 3백 72명이다. 6정(六停)에는 금(衿)이 없고 그 밖에는 모두 금(衿)을 착용했으며, 대사(大舍) 이하의 관등을 가진 이가 취임하였다.

화척(火尺)은 대당에 15명, 귀당에 10명, 한산정에 10명, 우수정에 10명, 하서정에 10명, 완산정에 10명, 녹금당에 10명, 비금당에 10명, 자금당에 10명, 백금당에 13명, 황금당에 13명, 흑금당에 13명, 벽금당에 13

명, 적금당에 13명, 청금당에 13명으로, 이 경우에는 대관(大官)에 속한다. 계금(罽衿)에 7명, 음리화정에 2명, 고량부리정에 2명, 거사물정에 2명, 삼량화정에 2명, 소삼정에 2명, 미다부리정에 2명, 남천정에 2명, 골내근정에 2명, 벌력천정에 2명, 이화혜정에 2명, 벽금당에 6명, 녹금당에 6명, 백금당에 6명, 황금당에 6명, 흑금당에 6명, 자금당에 6명, 적금당에 6명, 청금당에 6명, 청주서에 2명, 한산주서에 2명, 완산주서에 2명으로, 이 경우에는 기병(騎兵)을 거느린다. 대당에 6명, 한산정에 6명, 귀당에 4명, 우수정에 4명, 완산정에 4명, 벽금당에 4명, 녹금당에 4명, 백금당에 4명, 황금당에 4명, 흑금당에 4명, 자금당에 4명, 적금당에 4명, 청금당에 4명, 비금당에 8명, 백금무당에 8명, 적금무당에 8명, 황금무당에 8명으로, 이 경우에는 보병을 거느린다. 모두 3백 42명이다. 해당 관등은 소감(少監)과 같다.

군사당주(軍師幢主)는 법흥왕 11년(524)에 두었다. 왕도(王都)의 1명은 금(衿)이 없고, 대당에 1명, 상주정에 1명, 한산정에 1명, 우수정에 1명, 하서정에 1명, 완산정에 1명, 벽금당에 1명, 녹금당에 1명, 비금당에 1명, 백금당에 1명, 황금당에 1명, 흑금당에 1명, 자금당에 1명, 적금당에 1명, 청금당에 1명, 백금무당에 1명, 적금무당에 1명, 황금무당에 1명으로, 이들은 금(衿)을 착용하였다. 모두 19명이다. 나마부터 일길찬까지의 관등을 가진 이가 취임하였다.

대장척당주(大匠尺幢主)는 대당에 1명, 상주정에 1명, 한산정에 1명, 우수정에 1명, 하서정에 1명, 완산정에 1명, 벽금당에 1명, 녹금당에 1명, 비금당에 1명, 백금당에 1명, 황금당에 1명, 흑금당에 1명, 자금당에 1명, 적금당에 1명, 청금당에 1명으로 모두 15명이다. 금(衿)은 없으며, 해당 관등은 군사당주와 같다.

보기당주(步騎幢主)는 왕도의 1명은 금(衿)이 없고, 대당에 6명, 한산에 6명, 귀당에 4명, 우수주에 4명, 완산주에 4명, 벽금당에 4명, 녹금당에 4명, 백금당에 4명, 황금당에 4명, 흑금당에 4명, 자금당에 4명, 적금당에 4명, 청금당에 4명, 백금무당에 2명, 적금무당에 2명, 황금무당에 2

명으로 모두 63명이다. 나마부터 사찬까지의 관등을 가진 이가 취임하였다.

삼천당주(三千幢主)는 음리화정에 6명, 고량부리정에 6명, 거사물정에 6명, 삼량화정에 6명, 소삼정에 6명, 미다부리정에 6명, 남천정에 6명, 골내근정에 6명, 벌력천정에 6명, 이벌혜정(伊伐兮停)에 6명으로 모두 60명이다. 금(衿)을 착용하였고, 사지부터 사찬까지의 관등을 가진 이가 취임하였다.

착금기당주(著衿騎幢主)는 벽금당에 18명, 녹금당에 18명, 백금당에 18명, 황금당에 18명, 흑금당에 18명, 자금당에 18명, 적금당에 18명, 청금당에 18명, 계금에 6명, 청주에 6명, 완산주에 6명, 한산주에 6명, 하서주(河西州)에 4명, 우수당(牛首幢)에 3명, 사천당(四千幢)에 3명으로 모두 1백 78명이다. 해당 관등은 삼천당주와 같다.

비금당주(緋衿幢主)는 40명인데 사벌주(沙伐州)에 3명, 삽량주(歃良州)에 3명, 청주에 3명, 한산주에 2명, 우수주에 6명, 하서주에 6명, 웅천주(熊川州)에 5명, 완산주에 4명, 무진주(武珍州)에 8명으로 모두 40명이다. 금(衿)을 착용했으며, 사지부터 사찬까지의 관등을 가진 이가 취임하였다.

사자금당주(師子衿幢主)는 왕도에 3명, 사벌주에 3명, 삽량주에 3명, 청주에 3명, 한산주에 3명, 우수주에 3명, 하서주에 3명, 웅천주에 3명, 완산주에 3명, 무진주에 3명으로 모두 30명이다. 금(衿)을 착용했으며, 사지부터 일길찬까지의 관등을 가진 이가 취임하였다.

법당주(法幢主)는 백관당주(百官幢主)가 30명, 경여갑당주(京餘甲幢主)가 15명, 소경여갑당주(小京餘甲幢主)가 16명, 외여갑당주(外餘甲幢主)가 52명, 노당주(弩幢主)가 15명, 운제당주(雲梯幢主)가 6명, 충당주(衝幢主)가 12명, 석투당주(石投幢主)가 12명으로 모두 1백 58명인데, 금(衿)은 없다.

흑의장창말보당주(黑衣長槍末步幢主)는 대당에 30명, 귀당에 22명, 한산에 28명, 우수에 20명, 완산에 20명, 자금(紫衿)에 20명, 황금(黃衿)에

20명, 흑금(黑衿)에 20명, 벽금(碧衿)에 20명, 적금(赤衿)에 20명, 청금(靑衿)에 20명, 녹금(綠衿)에 24명으로 모두 2백 64명이다. 사지부터 급찬까지의 관등을 가진 이가 취임하였다.

3무당주(三武幢主)는 백금무당에 16명, 적금무당에 16명, 황금무당에 16명으로 모두 48명이다. 해당 관등은 말보당주(末步幢主)와 같다.

만보당주(萬步幢主)는 경오종당주(京五種幢主)가 15명, 절말당주(節末幢主)가 4명, 구주만보당주(九州萬步幢主)가 18명으로 모두 37명이다. 금(衿)은 없으며, 사지부터 대나마까지의 관등을 가진 이가 취임하였다.

군사감(軍師監)은 왕도의 2명은 금(衿)이 없다. 대당에 2명, 상주정에 2명, 한산정에 2명, 우수정에 2명, 하서정에 2명, 완산정에 2명, 벽금당에 2명, 녹금당에 2명, 비금당에 2명, 백금당에 2명, 황금당에 2명, 흑금당에 2명, 자금당에 2명, 적금당에 2명, 청금당에 2명으로, 이들은 금(衿)을 착용하였다. 모두 32명이다. 사지부터 나마까지의 관등을 가진 이가 취임하였다.

대장척감(大匠尺監)은 대당에 1명, 상주정에 1명, 한산정에 1명, 우수정에 1명, 하서정에 1명, 완산정에 1명, 벽금당에 1명, 녹금당에 1명, 비금당에 1명, 백금당에 1명, 황금당에 1명, 흑금당에 1명, 자금당에 1명, 적금당에 1명, 청금당에 1명으로 모두 15명이다. 금(衿)은 없으며, 사지부터 대나마까지의 관등을 가진 이가 취임하였다.

보기감(步騎監)은 63명인데 왕도에 1명, 대당에 6명, 한산에 6명, 귀당에 4명, 우수에 4명, 완산에 4명, 벽금당에 4명, 녹금당에 4명, 백금당에 4명, 황금당에 4명, 흑금당에 4명, 자금당에 4명, 적금당에 4명, 청금당에 4명, 백금무당에 2명, 적금무당에 2명, 황금무당에 2명으로, 금(衿)을 착용하였고 모두 63명이다. 해당 관등은 군사감과 같다.

삼천감(三千監)은 음리화정에 6명, 고량부리정에 6명, 거사물정에 6명, 삼량화정에 6명, 소삼정에 6명, 미다부리정에 6명, 남천정에 6명, 골내근정에 6명, 벌력천정에 6명, 이화혜정에 6명으로 모두 60명이다. 금

(衿)을 착용했으며, 사지부터 대나마까지의 관등을 가진 이가 취임하였다.

사자금당감(師子衿幢監)은 30명인데, 당(幢)부터 나마까지의 관등을 가진 이가 취임하였다.

법당감(法幢監)은 백관당(百官幢)에 30명, 경여갑당(京餘甲幢)에 15명, 외여갑당(外餘甲幢)에 68명, 석투당(石投幢)에 12명, 충당(衝幢)에 12명, 노당(弩幢)에 45명, 운제당(雲梯幢)에 12명으로 모두 1백 94명이다. 금(衿)은 없으며, 사지부터 나마까지의 관등을 가진 이가 취임하였다.

비금감(緋衿監)은 48명인데 당(幢)을 통령하는 이가 40명이고, 마병(馬兵)을 거느리는 이가 8명이다.

착금감(著衿監)은 벽금당에 18명, 녹금당에 18명, 백금당에 18명, 황금당에 18명, 흑금당에 18명, 자금당에 18명, 적금당에 18명, 청금당에 18명, 계금에 6명, 청주에 6명, 한산에 6명, 완산에 6명, 하서에 3명, 우수당(牛首幢)에 3명, 사천당(四千幢)에 3명으로 모두 1백 75명이다. 당(幢)부터 나마까지의 관등을 가진 이가 취임하였다.

개지극당감(皆知戟幢監)은 4명인데 모두 왕도에 있다. 사지부터 나마까지의 관등을 가진 이가 취임하였다.

법당두상(法幢頭上)은 1백 92명인데 여갑당(餘甲幢)에 45명, 외법당(外法幢)에 1백 2명, 노당(弩幢)에 45명이다.

법당화척(法幢火尺)은 군사당(軍師幢)에 30명, 사자금당(師子衿幢)에 20명, 경여갑당에 15명, 외여갑당에 1백 2명, 노당에 45명, 운제당에 11명, 충당에 18명, 석투당에 18명으로 모두 2백 59명이다.

법당벽주(法幢辟主)는 여갑당에 45명, 외법당에 3백 6명, 노당에 1백 35명으로 모두 4백 86명이다.

삼천졸(三千卒)은 1백 50명인데, 대나마 이하의 관등을 가진 이가 취임하였다.

무릇 군호(軍號)는 23개인데, 1. 육정(六停), 2. 구서당(九誓幢), 3. 십

당(十幢), 4. 오주서(五州誓), 5. 삼무당(三武幢), 6. 계금당(罽衿幢), 7. 급당(急幢), 8. 사천당(四千幢), 9. 경오종당(京五種幢), 10. 이절말당(二節末幢), 11. 만보당(萬步幢), 12. 대장척당(大匠尺幢), 13. 군사당(軍師幢), 14. 중당(仲幢), 15. 백관당(百官幢), 16. 사설당(四設幢), 17. 개지극당(皆知戟幢), 18. 삼십구여갑당(三十九餘甲幢), 19. 구칠당(仇七幢), 20. 이계(二罽), 21. 이궁(二弓), 22. 삼변수(三邊守), 23. 신삼천당(新三千幢)이다.

6정(六停)은 첫째 대당(大幢)으로 진흥왕 5년(544)에 처음 두었으며, 금(衿)의 빛깔은 자·백색이다. 둘째는 상주정(上州停)으로 진흥왕 13년에 두었다가 문무왕 13년(673)에 와서 귀당으로 고쳤으며, 금의 빛깔은 청·적색이다. 셋째는 한산정(漢山停)으로 본래 신주정(新州停)이었던 것을 진흥왕 29년에 신주정을 폐지하고 남천정(南川停)을 두었다가 진평왕 26년(604)에 남천정을 폐지하고 한산정을 두었으며, 금의 빛깔은 황·청색이다. 넷째는 우수정(牛首停)으로 본래 비열홀정(比烈忽停)이었던 것을 문무왕 13년에 비열홀정을 폐지하고 우수정을 두었으며, 금의 빛깔은 녹·백색이다. 다섯째는 하서정(河西停)으로 본래 실직정(悉直停)이었던 것을 태종왕 5년(658)에 실직정을 폐지하고 하서정을 두었으며, 금의 빛깔은 녹·백색이다. 여섯째는 완산정(完山停)으로 본래 하주정(下州停)이었던 것을 신문왕 5년(685)에 하주정을 폐지하고 완산정을 두었으며, 금의 빛깔은 백·자색이다.

9서당(九誓幢)은 첫째 녹금서당(綠衿誓幢)으로 진평왕 5년(583)에 처음 두어 단지 서당(誓幢)이라고 하다가 35년에 녹금서당으로 고쳤으며, 금(衿)의 빛깔은 녹·자색이다. 둘째는 자금서당(紫衿誓幢)으로 진평왕 47년에 처음 낭당(郎幢)을 두었다가 문무왕 17년(677)에 자금서당으로 고쳤으며, 금의 빛깔은 자·녹색이다. 셋째는 백금서당(白衿誓幢)으로 문무왕 12년에 백제 사람으로 당(幢)을 만들었으며, 금의 빛깔은 백·청색이다. 넷째는 비금서당(緋衿誓幢)으로 문무왕 12년에 처음 장창당(長槍幢)을 두었다가 효소왕 2년(693)에 비금서당으로 고쳤다. 다섯째는 황금서당(黃衿誓幢)으로 신문왕 3년(683)에 고구려 사람으로 당(幢)을 만들었으며, 금의 빛깔은 황·적색이다. 여섯째는 흑금서당(黑衿誓幢)으로 신문왕 3년에 말갈국 사람으로 당(幢)을 만들었으며, 금의 빛깔은 흑·적색이다. 일곱째는 벽금서당(碧衿誓幢)으로 신문왕 6년에 보덕성(報德城) 사람으로 당(幢)을 만들었으며, 금의 빛깔은 벽·황색이다. 여덟째는 적금서당(赤衿誓幢)으로 신문왕 6년에 또 보덕성 사람으로 당(幢)을 만들었으며, 금의 빛깔은 적·흑색이다. 아홉째는 청금서당(靑衿誓幢)으로 신문왕 7년에 백제의 잔여민으로 당(幢)을 만들었으며, 금의 빛깔은 청·백색이다.

10정(十停)〔혹은 삼천당(三千幢)이라고 한다〕은 1. 음리화정(音里火停), 2. 고량부리정(古良夫里停), 3. 거사물정(居斯勿停)으로 금(衿)의 빛깔은 청색, 4. 삼량화정(參良火停), 5. 소삼정(召參停), 6. 미다부리정(未多夫里停)으로 금의 빛깔은 흑색, 7. 남천정(南川停), 8. 골내근정(骨乃斤停)으로 금의 빛깔은 황색, 9. 벌력천정(伐力川停), 10. 이화혜정(伊火兮停)으로 금의 빛깔은 녹색이다. 모두 진흥왕 5년(544)에 두었다.

5주서(五州誓)는 1. 청주서(菁州誓), 2. 완산주서(完山州誓), 3. 한산주서(漢山州誓)로 금(衿)의 빛깔은 자·녹색, 4. 우수주서(牛首州誓), 5. 하서주서(河西州誓)로 금의 빛깔은 녹·자색이다. 모두 문무왕 12년(672)에 두었다.

3무당(三武幢)은 첫째 백금무당(白衿武幢)으로 문무왕 15년(675)에 두었다. 둘째는 적금무당(赤衿武幢)으로 신문왕 7년(687)에 두었다. 셋째는 황금무당(黃衿武幢)으로 9년에 두었다.

계금당(罽衿幢)은 태종왕 원년(654)에 두었으며, 금(衿)의 빛깔은 계색(罽色)이다.

급당(急幢)은 진평왕 27년(605)에 두었으며, 금(衿)의 빛깔은 황·녹색이다.

사천당(四千幢)은 진평왕 13년(591)에 두었으며 금(衿)의 빛깔은 황·

흑색이다.

경5종당(京五種幢)의 금(衿) 빛깔은 1. 청·녹색, 2. 적·자색, 3. 황·백색, 4. 백·흑색, 5. 흑·청색이다.

2절말당(二節末幢)의 금(衿) 빛깔은 1. 녹·자색, 2. 자·녹색이다.

만보당(萬步幢)은 9주에 각각 두 가지의 금(衿) 빛깔이었다. 사벌주(沙伐州)는 청·황색과 청·자색, 삽량주(歃良州)는 적·청색과 적·백색, 청주(菁州)는 적·황색과 적·녹색, 한산주(漢山州)는 황·흑색과 황·녹색, 우수주(牛首州)는 흑·녹색과 흑·백색, 웅천주(熊川州)는 황·자색과 황·청색, 하서주(河西州)는 청·흑색과 청·적색, 무진주(武珍州)는 백·적색과 백·황색이다.

대장척당(大匠尺幢)은 금(衿)이 없다.

군사당(軍師幢)은 진평왕 26년(604)에 처음 두었으며, 금(衿)의 빛깔은 백색이다.

중당(仲幢)은 문무왕 11년(671)에 처음 두었으며, 금(衿)의 빛깔은 백색이다.

백관당(百官幢)은 금(衿)이 없다.

4설당(四設幢)은 1. 노당(弩幢), 2. 운제당(雲梯幢), 3. 충당(衝幢), 4. 석투당(石投幢)으로, 금(衿)이 없다.

개지극당(皆知戟幢)은 신문왕 10년(690)에 처음 두었다. 금(衿)의 빛깔은 흑색과 적색과 백색이다.

39여갑당(三十九餘甲幢)은 금(衿)이 없다[경여갑(京餘甲), 소경여갑(小京餘甲), 외여갑(外餘甲) 등을 말하는데 그 수는 자세히 알 수 없다].

구칠당(仇七幢)은 문무왕 16년(676)에 처음 두었다. 금(衿)의 빛깔은 백색이다.

2계당(二罽幢)[혹은 외계(外罽)라고 한다]은 첫째 한산주계당(漢山州罽幢)으로 태종왕 원년(654)에 두었고, 둘째 우수주계당(牛首州罽幢)은 문무왕 12년(672)에 두었으며, 금(衿)의 빛깔은 모두 계색(罽色)이다.

2궁(二弓)〔혹은 외궁(外弓)이라고도 한다〕은 첫째 한산주궁척(漢山州弓尺)으로 진덕왕 6년(652)에 두었고, 둘째 하서주궁척(河西州弓尺)은 진평왕 20년(598)에 두었으며, 금(衿)이 없다.

3변수당(三邊守幢)〔변수(邊守)라고도 한다〕은 신문왕 10년(690)에 두었는데 첫째 한산변(漢山邊), 둘째 우수변(牛首邊), 셋째 하서변(河西邊)으로, 금(衿)이 없다.

신삼천당(新三千幢)〔외삼천(外三千)이라고도 한다〕은 첫째 우수주삼천당(牛首州三千幢), 둘째 나토군삼천당(奈吐郡三千幢)은 문무왕 12년(672)에 두었고, 셋째 나생군삼천당(奈生郡三千幢)은 16년에 두었다. 금(衿)의 빛깔은 자세히 알 수 없다.

금(衿)이라는 것은 대개 『서전』(書傳)에 이른바 깃발의 표식이다. 『시경』에는 이르기를 "치문조장"(織文鳥章)이라 하였고, 그 주해에 이르기를 "'치'(織)는 무늬있는 깃발이고 '조장'(鳥章)은 새나 매의 무늬가 있는 휘장이다"라고 했으니[1] 장수 이하는 옷에 모두 이것을 달았던 것이다. 『사기』와 『한서』에서는 기치(旗熾)라고 했으니,[2] '치'(熾)와 '치'(織)는 글자는 다르나 음은 같다. 『주례』(周禮)에는 '사상(司常)의 아홉 가지 깃발'에 서로 다른 사물을 그린 것은 이것을 가지고 깃발을 서로 구별했던 것이라 하였다.[3] 나라에서는 이것으로 조정의 위계를 표시하고, 군대에서도 그 제도를 본받아 만들어 입혀서 나라 일에 목숨을 바칠 준비를 하게 하였다. 신라인들의 무늬있는 깃발은 푸르거나 붉은 것 등으로 구별했던 것이니, 그 모양은 반달을 본떴다. 계(罽) 역시 옷 위에 달았는데, 그 길고 짧은 제도는 자세히 알 수 없다.

---

1) 『시경』 소아 유월장(六月章)에서 인용한 것이다.
2) 『사기』 고조본기와 『한서』 고제기의 찬(贊) 및 장량전(張良傳)에 용례가 있다.
3) 『주례』 27 사상(司常)에 "사상은 아홉 가지의 서로 다른 그림을 그린 깃발을 관장하여, 각각의 무늬있는 기치를 가지고 나라의 일을 대비한다"라고 했으며, 일월(日月)·교룡(交龍)·통백(通帛)·잡백(雜帛)·웅호(熊虎)·조준(鳥隼)·구사(龜蛇)·전우(全羽)·석우(析羽) 등의 깃발 무늬를 예거하였다.

대장군(大將軍)의 **화**(花)는 세 갈래인데 길이가 9촌이고 너비가 3촌 3 푼이다. 상장군(上將軍)의 화(花)는 네 갈래인데 길이가 9촌 5푼이다. 하 장군(下將軍)의 화(花)는 다섯 갈래인데 길이가 1척이다. 대감(大監)의 화(花)는 큰 호랑이의 뺨가죽인데 길이가 9촌이고 너비가 2촌 5푼이며, 방울은 황금으로 둘레가 1척 2촌이다. 제감(弟監)의 화(花)는 곰의 뺨가 죽인데 길이가 8촌 5푼이며, 방울은 백은(白銀)으로 둘레가 9촌이다. 소 감(少監)의 화(花)는 독수리 꼬리이며, 방울은 백동(白銅)으로 둘레가 6 촌이다. 화척(火尺)의 화(花)는 소감과 같고, 방울은 철인데 둘레가 2촌 이다. 군사당주(軍師幢主)의 화(花)는 큰 호랑이 꼬리인데 길이가 1척 8 촌이다. 군사감(軍師監)의 화(花)는 곰의 가슴 가죽인데 길이가 8촌 5푼 이다. 대장척당주(大匠尺幢主)의 화(花)는 곰의 다리 가죽인데 길이가 7 촌이며〔중간 크기 호랑이의 이마 가죽으로 길이가 8촌 5푼이라고도 한 다〕, 방울은 황금으로 둘레가 9촌이다. 삼천당주(三千幢主)의 화(花)는 큰 호랑이 꼬리인데 길이가 1척 8촌이다. 삼천감(三千監)의 화(花)는 독 수리 꼬리이다. 금(衿)을 단 모든 당주(幢主)의 화(花)는 큰 호랑이 꼬리 인데 길이가 1척 8촌 5푼이다. 화(花)는 맹수의 가죽이나 독수리 깃으로 만들어서 깃대 위에 매다는 것이다. 이른바 '표미'(豹尾)라고 하는 것과 같은 경우는 오늘날 사람들이 면창장군화(面槍將軍花)라고 하는데 그 물건의 모습은 말하지 못하며, 그 수효도 어떤 것은 많고 어떤 것은 적으 니 그 의미를 자세히 알 수가 없다. 방울(鈴)은 길을 갈 때 짐을 실은 말 에 매다는데, 혹은 탁(鐸)이라고 한다.

정관(政官)〔혹은 정법전(政法典)이라고 한다〕은 처음에 대사(大舍) 1 명과 사(史) 2명으로 부서를 만든 것인데, 원성왕 원년(785)에 처음으로 승관(僧官)을 두고 승려 가운데 재주와 덕행이 있는 이를 뽑아 여기에 충당했으며, 사고가 있으면 교체하되 연한은 정하지 않았다.

국통(國統)은 1명으로〔사주(寺主)라고도 한다〕 진흥왕 12년(551)에 고 구려의 혜량법사(惠亮法師)를 사주(寺主)로 삼았다. 도유나랑(都唯那娘) 은 1명으로 아니(阿尼)였고, 대도유나(大都唯那)가 1명이었는데 진흥왕 때 처음 보량법사(寶良法師)로 이를 삼았으며, 진덕왕 원년(647)에 1명을 더하였다. 대서성(大書省)은 1명으로 진흥왕 때 안장법사(安藏法師)로 이를 삼았으며, 진덕왕 원년에 1명을 더하였다. 소년서성(少年書省)은 2명으로 원성왕 3년(787)에 혜영(惠英)과 범여(梵如)의 두 법사로 이를 삼았다.

주통(州統)은 9명이고, 군통(郡統)은 18명이다.

외관(外官)

도독(都督)은 9명으로 지증왕 6년(505)에 이사부(異斯夫)를 실직주군주(悉直州軍主)로 삼았고, 문무왕 원년(661)에 총관(摠管)으로 고쳤다가 원성왕 원년(785)에 도독이라고 하였으며, 급찬부터 이찬까지의 관등을 가진 이가 취임하였다.

사신(仕臣)[혹은 사대등(仕大等)이라고 한다]은 5명으로 진흥왕 25년(564)에 처음 두었으며, 급찬부터 파진찬까지의 관등을 가진 이가 취임하였다.

주조(州助)[혹은 주보(州輔)라고 한다]는 9명으로, 나마부터 중아찬까지의 관등을 가진 이가 취임하였다.

군태수(郡太守)는 1백 15명으로, 사지부터 중아찬까지의 관등을 가진 이가 취임하였다.

장사(長史)[혹은 사마(司馬)라고 한다]는 9명으로, 사지부터 대나마까지의 관등을 가진 이가 취임하였다.

사대사(仕大舍)[혹은 소윤(少尹)이라고 한다]는 5명으로, 사지부터 대나마까지의 관등을 가진 이가 취임하였다.

외사정(外司正)은 1백 33명으로 문무왕 13년(673)에 두었으며, 해당 관등은 알 수 없다.

소수(少守)[혹은 제수(制守)라고 한다]는 85명으로, 당(幢)부터 대나마까지의 관등을 가진 이가 취임하였다.

현령(縣令)은 2백 1명으로, 선저지부터 사찬까지의 관등을 가진 이가 취임하였다.

패강진전(浿江鎭典)의 두상대감(頭上大監)은 1명으로 선덕왕(宣德王) 3년(782)에 처음으로 대곡성두상(大谷城頭上)을 두었으며, 급찬부터 4중 아찬까지의 관등을 가진 이가 취임하였다. 대감(大監)은 7명으로, 해당 관등은 태수(太守)와 같다. 두상제감(頭上弟監)은 1명으로, 사지부터 대나마까지의 관등을 가진 이가 취임하였다. 제감(弟監)은 1명으로, 당(幢)부터 나마까지의 관등을 가진 이가 취임하였다. 보감(步監)은 1명으로, 해당 관등은 현령(縣令)과 같다. 소감(少監)은 6명으로, 선저지부터 대사까지의 관등을 가진 이가 취임하였다.

외위(外位)는 문무왕 14년(674)에 육도(六徒)의 진골로서 5경과 9주에 나가 있던 이들을 따로 일컬은 관위의 명칭이다. 그 위계는 중앙의 관위에 견주어 악간(嶽干)은 일길찬에, 술간(述干)은 사찬에, 고간(高干)은 급찬에, 귀간(貴干)은 대나마에, 선간(選干)〔'찬간'(撰干)으로도 쓴다〕은 나마에, 상간(上干)은 대사에, 간(干)은 사지에, 일벌(一伐)은 길차(吉次)에, 피일(彼日)은 소오(小鳥)에, 아척(阿尺)은 선저지에 준한다.[4]

고구려인들의 관위는 신문왕 6년(686)에 고구려 사람들에게 중앙의 관위를 주되 본국에서의 관직과 위품을 참작해 주었다. 일길찬은 본국의 주부(主簿)에게, 사찬은 본국의 대상(大相)에게, 급찬은 본국의 위두대형(位頭大兄)과 종대상(從大相)에게, 나마는 본국의 소상(小相)과 적상(狄相)에게, 대사는 본국의 소형(小兄)에게, 사지는 본국의 제형(諸兄)에게, 길차는 본국의 선인(先人)에게, 오지(烏知)는 본국의 자위(自位)에게 주었다.

백제인들의 관위는 문무왕 13년(673)에 백제에서 온 사람들에게 중앙

---

[4] 「봉평비」(鳳坪碑)나 「오작비」(塢作碑), 「남산신성비」(南山新城碑) 등 신라 금석문에는 일벌과 피일 사이에 '일척'(一尺)이라는 외위가 확인되고 있으므로 경위 제15등급의 대오(大鳥)에 해당하는 외위 '일척'이 기록에 누락되었을 가능성이 크다.

과 지방의 관위를 주되 그 위계는 본국에서의 관직과 위품을 기준으로 하였다. 중앙 관위 대나마는 본국의 달솔(達率)에게, 나마는 본국의 은솔(恩率)에게, 대사는 본국의 덕솔(德率)에게, 사지는 본국의 한솔(扞率)에게, 당(幢)은 본국의 나솔(奈率)에게, 대오(大烏)는 본국의 장덕(將德)에게 주었고, 지방 관위 귀간은 본국의 달솔에게, 선간은 본국의 은솔에게, 상간은 본국의 덕솔에게, 간은 본국의 한솔에게, 일벌은 본국의 나솔에게, 일척(一尺)은 본국의 장덕에게 주었다.

그 관직과 위품은 전해오는 여러 기록에 보이지만 그 관직들을 설치한 유래와 위품들의 높고 낮음을 알 수 없는 것들을 다음에 써둔다.

갈문왕(葛文王), 검교(檢校), 상서(尙書), 좌복야(左僕射), 상주국(上柱國), 지원봉성사(知元鳳省事), 홍문감경(興文監卿), 태자시서학사(太子侍書學士), 원봉성대조(元鳳省待詔), 기실랑(記室郎), 서서랑(瑞書郎), 공자묘당대사(孔子廟堂大舍), 녹사(錄事), 참군(參軍), 우위장군(右衛將軍), 공덕사(功德司), 절도사(節度使), 안무제군사(安撫諸軍事), 주도령(州都令), 좌(佐), 승(丞), 상사인(上舍人), 하사인(下舍人), 중사성(中事省), 남변제일(南邊第一).

고구려와 백제의 관직은 연대가 오래되고 기록이 모호해 이 때문에 자세히 알 수가 없다. 여기서는 다만 『고기』 및 중국의 사서에 나타나 있는 것들만을 기록해 둔다.

『수서』에 이르기를 "고구려의 관직에는 태대형(太大兄), 다음은 대형(大兄), 다음은 소형(小兄), 다음은 대로(對盧), 다음은 의후사(意侯奢), 다음은 오졸(烏拙), 다음은 태대사자(太大使者), 다음은 대사자(大使者), 다음은 소사자(小使者), 다음은 욕사(褥奢), 다음은 예속(翳屬), 다음은 선인(仙人)으로 모두 12등급이며, 다시 내평(內評), 외평(外評), 5부의 욕살(褥薩)이 있다"라고 하였다.[5]

『신당서』에는 이르기를 "고구려의 관직은 모두 12등급인데 첫째 대대로(大對盧)는 혹은 토졸(吐捽)이라 하고, 둘째 울절(鬱折)은 호적과 문서를 관장하는 직책이며, 다음은 태대사자(太大使者)이다. 다음은 조의두대형(皂衣頭大兄)인데, 이른바 조의(皂衣)라는 것은 선인(仙人)을 말한다. 나라의 정권을 총괄하는데, 3년에 한 번 교체하되 그 직책을 잘 수행하면 바꾸지 않는다. 무릇 교대하는 날에 불복하는 경우가 있으면 서로 공격했으며, 왕은 궁궐문을 닫고 지키다가 승리한 이에게 취임하도록 한다. 다음은 대사자(大使者), 다음은 대형(大兄), 다음은 상위사자(上位使者), 다음은 제형(諸兄), 다음는 소사자(小使者), 다음은 과절(過節), 다음은 선인(先人), 다음은 고추대가(古鄒大加)이다"라고 하였다.[6] 또 이르기를 "막리지(莫離支), 대막리지(大莫離支), 중리소형(中裏小兄), 중리대형(中裏大兄)이 있다"라고 하였다.[7]

『책부원귀』에는 이르기를 "고구려는 후한 시대에 그 나라에 관직을 두었는데 상가(相加), 대로(對盧), 패자(沛者), 고추대가(古鄒大加)〔고추대가는 고구려의 빈객 관련 업무를 담당하는 관직으로 대홍려(大鴻臚)와 같은 것이다〕, 주부(主簿), 우태(優台)〔'우'(于)로도 쓴다〕, 사자(使者), 조의(皂衣), 선인(先人)이 있다. 일설에는 대관(大官)으로 대대로(大對盧)가 있고, 다음에 태대형(太大兄), 대형(大兄), 소형(小兄), 의사사(意俟奢), 오졸(烏拙), 태대사자(太大使者), 소사자(小使者), 욕사(褥奢), 예속(翳屬), 선인(仙人)에다가 욕살(褥薩)을 합해 모두 13등급이 있으며, 다시 내평(內評)과 외평(外評)이 있어서 중앙과 지방의 업무를 나누어 관장한다"라고 하였다.[8]

---

5) 『수서』81 고려전.

6) 『신당서』220 고려전과 약간의 표기상 차이가 있을 뿐이다. 다만 "나라의 정권을 총괄하는데……취임하도록 한다"라고 한 부분은 『구당서』199 상 고려전이나 『한원』(翰苑)에 인용된 『고려기』(高麗記)와 비교할 때 대대로에 대한 설명으로 보는 것이 옳다. 그러나 직관지 편찬자는 『신당서』의 해당 부분을 경직되게 인용하였다.

7) 여기 소개한 관위명은 『신당서』110 제이번장(諸夷蕃將) 천남생전(泉男生傳)에 보이는 것들을 적출한 것으로 생각된다.

8) 『책부원귀』962 외신부 7 관호(官號) 고구려조의 내용을 인용한 것인데, 원문의 분

이상은 중국의 역대 사서에 보이는 것들이다.

좌보(左輔), 우보(右輔), 대주부(大主簿), 국상(國相), 구사자(九使者),
중외대부(中畏大夫).

이상은 『본국고기』(本國古記)에 보이는 것들이다.

광평성(廣評省), 광치나(匡治奈)〔지금의 시중(侍中)이다〕, 서사(徐事)
〔지금의 시랑(侍郞)이다〕, 외서(外書)〔지금의 원외랑(員外郞)이다〕, 병
부(兵部), 대룡부(大龍部)〔창부(倉部)를 이른다〕, 수춘부(壽春部)〔지금
의 예부(禮部)이다〕, 봉빈부(奉賓部)〔지금의 예빈성(禮賓省)이다〕, 의형
대(義刑臺)〔지금의 형부(刑部)이다〕, 납화부(納貨部)〔지금의 대부시(大
府寺)이다〕, 조위부(調位府)〔지금의 삼사(三司)이다〕, 내봉성(內奉省)
〔지금의 도성(都省)이다〕, 금서성(禁書省)〔지금의 비서성(秘書省)이다〕,
남상단(南廂壇)〔지금의 장작감(將作監)이다〕, 수단(水壇)〔지금의 수부
(水部)이다〕, 원봉성(元鳳省)〔지금의 한림원(翰林院)이다〕, 비룡성(飛龍
省)〔지금의 대복시(大僕寺)이다〕, 물장성(物藏省)〔지금의 소부감(少府
監)이다〕, 사대(史臺)〔제반 통역 학습을 관장한다〕, 식화부(植貨府)〔과
수 재배를 관장한다〕, 장선부(障繕府)〔성황(城隍) 수리를 관장한다〕, 주
도성(珠淘省)〔기물 제조를 관장한다〕, 정광(正匡), 원보(元輔), 대상(大
相), 원윤(元尹), 좌윤(佐尹), 정조(正朝), 보윤(甫尹), 군윤(軍尹), 중윤
(中尹).

이상은 궁예(弓裔)가 제정한 관직 이름이다.

『북사』(北史)에 이르기를 "백제의 관직에는 16품계가 있는데 좌평(佐
平)은 5명으로 1품이고, 달솔(達率)은 30명으로 2품이며, 은솔(恩率)은
3품, 덕솔(德率)은 4품, 한솔(扞率)은 5품, 나솔(奈率)은 6품, 장덕(將德)
은 7품, 시덕(施德)은 8품, 고덕(固德)은 9품, 계덕(季德)은 10품, 대덕(對
德)은 11품, 문독(文督)은 12품, 무독(武督)은 13품, 좌군(佐軍)은 14품,

주를 그대로 따른 경우도 있으나, 분주를 본문으로 구성한 대목과 인용자 자신의
분주를 더한 대목도 있다.

진무(振武)는 15품, 극우(剋虞)는 16품이다. 은솔 이하는 관등에 정해진 인원이 없고 각각 부서가 있어서 여러 업무를 나누어 관장한다. 내관(內官)으로는 전내부(前內部), 곡내부(穀內部), 내경부(內椋部), 외경부(外椋部), 마부(馬部), 도부(刀部), 공덕부(功德部), 약부(藥部), 목부(木部), 법부(法部), 후궁부(後宮部)가 있고, 외관(外官)으로는 사군부(司軍部), 사도부(司徒部), 사공부(司空部), 사구부(司寇部), 점구부(點口部), 외사부(外舍部), 주부(綢部), 일관부(日官部), 시부(市部)가 있으며, 부서의 책임 관료는 3년마다 한 번 교체한다. 왕도에는 방(方)이 있어 각각 5부(五部)로 삼는데 상부(上部) · 전부(前部) · 중부(中部) · 하부(下部) · 후부(後部)라고 하며, 부(部)에는 5항(五巷)이 있어서 사(士)와 서인(庶人)들이 산다. 부(部)는 군사 5백 명을 거느린다. 5방(五方)에는 각각 방령(方領) 1명이 있는데 달솔을 이에 임명하며, 방좌(方佐)가 그를 보좌한다. 방(方)에는 10개 군(郡)이 있고, 군에는 장수 3명이 있는데 덕솔을 이에 임명했으며, 군사 1천 1백 명 이하 7백 명 이상을 거느렸다"라고 하였다.[9]

『수서』에 이르기를 "백제의 관직에는 16품계가 있는데 우두머리를 좌평(左平)이라 하고, 다음은 대솔(大率), 다음은 은솔(恩率), 다음은 덕솔(德率), 다음은 한솔(扞率), 다음은 나솔(奈率), 다음은 장덕(將德), 다음은 시덕(施德), 다음은 고덕(固德), 다음은 계덕(季德), 다음은 대덕(對德), 다음은 문독(文督), 다음은 무독(武督), 다음은 좌군(佐軍), 다음은 진무(振武), 다음은 극우(剋虞)이다. 5방(五方)에는 각각 방령(方領) 1명이 있고 방좌(方佐)가 그를 보좌한다. 방(方)에는 10개 군(郡)이 있고 군에는 장수가 있다"라고 하였다.[10]

『당서』에 이르기를 "백제가 설치한 내관(內官)으로서 내신좌평(內臣佐平)은 왕명의 출납을 관장하고, 내두좌평(內頭佐平)은 창고 업무를 관

9) 『북사』 94 백제전을 인용한 것인데, 관부명의 표기와 숫자에 약간의 차이가 있다.
10) 『수서』 81 백제전.

장하고, 내법좌평(內法佐平)은 의례에 관한 일을 관장하고, 위사좌평(衛士佐平)은 숙위 군사에 관한 일을 관장하고, 조정좌평(朝廷佐平)은 형벌과 감옥 사무를 관장하고, 병관좌평(兵官佐平)은 지방의 군사 업무를 관장한다"라고 하였다.[11]

이상은 중국의 역대 사서에 보이는 것들이다.

좌보(左輔), 우보(右輔), 좌장(左將), 상좌평(上佐平), 북문두(北門頭).

이상은 『본국고기』(本國古記)에 보이는 것들이다.

• 삼국사기 권 제40

---

11) 『구당서』 199 상 백제전.

삼국사기 권 제41

열전 제1
김유신 상

김유신(金庾信)은 왕경 사람이다. 그의 12세 할아버지는 수로(首露)인데, 어떤 사람인지는 알 수 없지만, 후한 건무(建武) 18년 임인(42)에 구봉(龜峰)에 올라 가락(駕洛)의 아홉 촌을 살펴보고 마침내 그 땅에 이르러 나라를 열고 '가야'(加耶)라 했다가, 후에 나라 이름을 '금관국'(金官國)으로 고쳤다. 그의 자손이 대를 이어 수로의 9세손인 구해(仇亥)에 이르렀는데, 그는 혹은 구차휴(仇次休)라고도 하며, 유신에게 증조부가 된다.[1] 신라인들은 스스로 소호(少昊) 금천씨(金天氏)[2]의 후예라 성을 김씨로 한다 하는데, 「유신비」(庾信碑)에도 역시 '헌원(軒轅)[3]의 후예요 소호(少昊)의 자손'이라 했으니, 남가야(南加耶)의 시조 수로와 신라의 왕실은 성씨가 같은 셈이다.

---

1) 『삼국유사』 기이 2 가락국기(駕洛國記)에 그 세계가 자세하다.

2) 소호 금천씨는 상고시대 제왕으로 이름은 현효(玄囂), 혹은 설(挈)이라고 하며, 황제(黃帝)의 맏아들이다.

3) 헌원은 황제의 이름인데 치우(蚩尤) 등 포악한 제후들을 정벌하고 신농씨(神農氏)를 이어 제위에 올랐다. 『사기』 오제본기 및 『자치통감외기』(資治通鑑外紀) 하상기(夏商紀).

유신의 조부 무력(武力)은 신주도행군총관(新州道行軍摠管)이 되어 일찍이 군대를 거느리고 백제의 왕과 그 장수 4명을 사로잡고 1만여 명을 목벤 바 있다. 유신의 아버지 서현(舒玄)은 관등과 관직이 소판(蘇判)과 대량주도독안무대량주제군사(大梁州都督安撫大梁州諸軍事)에 이르렀다. 그런데 「유신비」를 보면 '아버지는 소판 김소연(金逍衍)'이라 하였으니, '서현'은 혹시 고친 이름인지, 아니면 '소연'이 자(字)인지 알 수 없어 의문이 있으므로 둘 다 기록해 둔다.

처음에 서현이 길에서 갈문왕 입종(立宗)의 아들인 숙흘종(肅訖宗)의 딸 만명(萬明)을 보고 마음으로 기뻐하여 눈짓으로 꾀어서 중매를 기다리지도 않고 야합하였다. 서현이 만노군(萬弩郡) 태수가 되어 장차 함께 떠나려 하자, 숙흘종은 비로소 딸이 서현과 야합한 것을 알고 노하여 딸을 별채에 가두고 사람을 시켜 지키게 하였다. 그러나 홀연히 별채의 문에 벼락이 쳐서 지키는 이들이 놀라 흩어지자, 만명은 뚫린 구멍으로 빠져나와 마침내 서현과 더불어 만노군으로 달아났다.

서현이 경진일 밤에 꿈을 꾸었는데, 형혹성(熒惑星)과 진성(鎭星) 두 별이 자신에게 내려오는 것이었다. 만명 역시 신축일 밤 꿈속에서 금빛 갑옷을 입은 동자가 구름을 타고 집 안에 들어오는 것을 보았다. 이윽고 임신을 하여 20개월 만에 유신을 낳았으니, 이때가 바로 진평왕 건복(建福) 12년이요, 수 문제(文帝) 개황(開皇) 15년 을묘(595)이다. 서현이 이름을 지으려 할 때 부인에게 말하였다.

"내가 경진일 밤에 길몽을 꾸어 이 아이를 얻었으니 마땅히 그로써 이름을 삼음이 좋겠지만, 한편 일·월로 이름을 삼는 것은 또한 예가 아닙니다. 이제 보면 '경'(庚)자와 '유'(庾)자는 서로 모양이 비슷하고, '진'(辰)자와 '신'(信)자는 서로 발음이 가까우며, 더구나 옛날의 어진 이로 유신(庾信)이라는 이가 있었으니[4] 어찌 '유신'이라고 이름하지 않겠

---

4) 유신(512~580)은 남조의 양과 북주(北周)에서 벼슬한 문인으로, 자는 자산(子山)이며 서릉(徐陵)과 함께 화려하고 정밀한 문장으로 이름을 날려 '서유체'(徐庾體)

습니까."

이로써 마침내 이름을 유신이라고 하였다〔만노군은 지금의 진주(鎭州)이다. 처음에 유신의 태를 높은 산에 묻었는데 지금까지도 그 산을 태령산(胎靈山)이라고 한다〕.

유신이 15세에 화랑이 되자 당시 사람들이 기꺼이 복종하니, 그 무리를 용화향도(龍華香徒)[5]라고 하였다.

진평왕 건복 28년(611) 신미에 유신의 나이 17세였는데, 고구려와 백제와 말갈이 나라의 강토를 침범하는 것을 보고, 의분이 북받쳐 적도들을 평정할 뜻을 가지고 홀로 중악(中嶽)의 석굴에 들어가 재계하고 하늘에 고해 맹세하였다.

"적국들이 도의가 없어 승냥이와 호랑이가 되어 우리 강토를 어지럽히니 평안한 날이 없습니다. 저는 일개 미천한 신하로서 재주와 힘은 보잘것없으나 나라의 환란을 없애고자 하는 뜻을 가지고 있사오니, 바라옵건대 하늘은 굽어 살피사 저를 도와주소서."

나흘 후 홀연히 한 노인이 거친 베옷을 입고 나타나서 물었다.

"이곳은 독충과 맹수가 들끓어 두려운 곳인데, 귀한 소년이 이 외진 곳에 무슨 까닭으로 왔느냐?"

"어르신께서는 어디에서 오셨습니까? 어르신의 존함을 알려주실 수 있겠습니까?"

"나는 정처없이 인연에 따라 오고 가며, 이름은 난승(難勝)이라고 한다."

라고 일컬어졌다. 후경(侯景)의 난 때 강릉(江陵)으로 도망했다가, 양 원제(元帝)가 즉위하자 무강현후(武康縣侯)에 봉해졌다. 그 후 북주에 사신으로 가 장안에 머무는 동안 양나라가 멸망했는데, 북주에서는 그의 재능을 아깝게 여겨 표기장군·개부의동삼사로 삼았다. 『유자산문집』(庾子山文集) 20권이 있다. 『주서』(周書) 41 유신전.

5) 용화는 『법원주림』(法苑珠林) 16에 미래불인 미륵이 부처가 될 때 용화수 아래 앉게 된다 하였고, 향도는 향으로 맺어진 무리의 뜻인바, 불교를 중심으로 만들어진 신앙 단체이다. 그러므로 화랑도가 가지는 미륵신앙과의 관련을 암시한다고 본다.

유신은 그 말을 듣고 범상치 않은 사람인 줄을 알고, 다시 절하고 나아가 아뢰었다.

"저는 신라 사람입니다. 나라의 원수를 보니 마음이 아프고 머리가 근심으로 가득 차서, 이곳에 와 무슨 계제를 만날 것을 바랄 뿐이었습니다. 엎드려 바라옵건대 어르신께서는 저의 정성을 가엾게 여기시어 방술을 일러주소서."

노인은 잠자코 말이 없었다. 유신은 눈물을 흘리며 부지런히 간청하기를 예닐곱 번이나 하였다. 그제야 노인은 말문을 열었다.

"그대는 아직 어린데도 삼국을 아우를 마음을 가지고 있으니, 어찌 장하다 하지 않으랴."

이윽고 비법을 주면서 다시 말하였다.

"삼가 함부로 전하지 말라. 만약 의롭지 못한 데에 쓴다면 도리어 그 재앙을 받을 것이다."

노인은 말을 마치자마자 곧 떠나 2리쯤 멀어지니, 유신이 쫓아가 둘러보았으나 보이지 않고 오직 산 위에 오색빛만 찬연하였다.

건복 29년(612)에 이웃의 적국들이 한층 더 핍박해 오자 유신은 장렬한 마음이 더욱 격동하여 홀로 보검을 차고 인박산(咽薄山) 골짜기에 들어갔다. 향을 사르고 하늘에 고하여 빌기를 마치 중악에서 맹세했던 것처럼 하고, 아울러 "천관(天官)[6]께서는 빛을 드리워 보검에 영험함을 내려주소서!"라고 기도하였다. 3일째 밤에 허성(虛星)과 각성(角星)의 빛무리가 밝게 아래로 드리워지더니, 보검이 마치 움직이는 것 같았다.

건복 46년 기축(629) 가을 8월에 왕이 이찬 임말리(任末里)와 파진찬 용춘(龍春)과 백룡(白龍), 그리고 소판 대인(大因)과 서현(舒玄) 등을 보내 군대를 거느리고 고구려의 낭비성(娘臂城)을 공격하게 하였다. 고구려인들이 군대를 내어 맞아 쳐오니 우리 측이 불리해 전사자가 매우 많

---

6) 천관은 지관(地官)·수관(水官)과 함께 도가에서 말하는 삼관신(三官神)의 하나이며, 정월 15일을 상원(上元)이라 하여 천관이 하강하는 날이라고 한다.

아졌으며, 무리의 사기가 크게 꺾여 더 이상 싸우려는 마음을 갖지 못하였다. 유신은 이때 중당(中幢)의 당주(幢主)였는데, 아버지 서현 장군 앞에 나아가 투구를 벗고 고하였다.

"우리 군이 패하고 있습니다. 저는 평소 스스로 마음속에 충과 효를 기약해 왔던바, 전투에 임해 용맹하지 않을 수 없습니다. 듣자옵건대 '옷깃을 들면 옷이 바로 되고 그물의 벼리를 당기면 그물이 펴진다' 했으니, 제가 바로 그 옷깃과 벼리가 되고자 합니다."

이내 곧 말에 올라 검을 뽑아 들고 참호를 뛰어나가 적진에 들어가서 적장의 목을 베어 들고 왔다. 우리 군대가 그 모습을 보고 승세를 타고 분연히 공격해, 5천여 명을 베어 죽이고 1천 명을 사로잡으니, 낭비성 안에서는 크게 두려워해 감히 저항하지 못하고 모두 나와 항복하였다.

선덕대왕 11년 임인(642)에 백제가 대량주(大梁州)를 무너뜨렸을 때, 김춘추(金春秋)의 딸 고타소랑(古陁炤娘)이 남편 김품석(金品釋)을 따라 죽었다. 춘추가 이를 한스럽게 여겨 고구려의 군대를 청해 백제에 대한 원한을 갚고자 하니 왕이 허락하였다. 고구려로 출발할 즈음 춘추는 유신에게 말하였다.

"내가 공과 더불어 한 몸으로 나라의 중신이 되어 있는바, 이제 내가 만약 고구려에 들어가서 해를 입는다면 공께서는 무심할 것입니까?"

"공께서 만약 가신 뒤 돌아오시지 않는다면 제 말발굽이 반드시 고구려와 백제의 왕정을 짓밟을 것입니다. 진정 그렇게 하지 못한다면 장차 무슨 낯으로 나라 사람들을 보겠습니까?"

춘추는 감복하고 흡족하여 유신과 함께 손가락을 깨물어 피를 머금고 맹세하였다.

"내가 일정을 헤아려보니 60일이면 돌아올 것입니다. 만일 60일을 넘기고도 돌아오지 않는다면 다시 만날 기약이 없겠습니다."

마침내 서로 헤어진 뒤, 유신은 압량주군주(押梁州軍主)가 되었고, 춘추는 훈신(訓信) 사간(沙干)과 함께 고구려에 교빙길을 떠났다. 일행이 대매현(代買縣)에 이르렀을 때 대매현 사람 두사지(豆斯支) 사간이 푸른 베 3백 보를 춘추에게 선물하였다. 이윽고 고구려의 경계에 들어서자 고구려 왕은 태대대로(太大對盧) 개금(盖金)을 보내 춘추 일행을 맞이해 접대하게 했으며 연회를 융숭히 베풀었는데, 마침 어떤 이가 고구려 왕에게 고하여 아뢰었다.

"신라의 사신은 범용한 사람이 아닙니다. 이번에 그가 온 것은 아마 우리의 형세를 살피고자 함일 것입니다. 왕께서는 그 점을 헤아리셔서 후환이 없게 하소서."

이에 고구려 왕은 이치에 어긋난 질문을 하여 춘추가 대답하기 난처해하는 것을 빌미로 욕보이려 하였다.

"마목현(麻木峴)과 죽령(竹嶺)은 본디 우리나라 땅이니, 만약 우리에게 반환하지 않는다면 돌아가지 못하리라."

"국가의 토지란 신하된 자가 마음대로 할 수 있는 것이 아니오니, 신은 감히 명령을 받들지 못하겠나이다."

고구려 왕은 노하여 춘추를 가두고, 이어 죽이려 했으나 미처 죽이지는 않은 채로 두었다. 춘추는 푸른 베 3백 보를 고구려 왕이 총애하는 신하인 선도해(先道解)에게 은밀히 선물하였다. 선도해는 음식을 갖추어 와서 서로 마시다가 술자리가 한창 무르익자 농담하듯이 말하였다.

"당신은 일찍이 거북과 토끼의 이야기를 들어본 적이 있습니까? 옛날 동해 용왕의 딸이 심장에 병이 들었는데, 의원 말이 '토끼의 간으로 약을 지으면 치료할 수 있겠습니다'라고 했습니다. 그러나 바다 가운데 토끼가 없으니 어찌할 바가 없었습니다. 이때 한 거북이 용왕에게 아뢰기를 '제가 구해 올 수 있습니다'라고 했습니다. 마침내 육지에 올라 토끼를 만나자, '바다 가운데 한 섬이 있는데 맑은 샘과 깨끗한 돌이 있고 무성한 숲과 맛좋은 과일이 있으며 추위와 더위가 이르지 못하고 사나운 매들도 침범하지 못한다. 네가 만약 그곳에 갈 수만 있다면 편안하게 살면서 근심이 없으리라'라고 했습니다. 그로 인해 거북은 토끼를 등 위에 태우고 2~3리쯤 헤엄쳐가다가 고개를 돌려 토끼에게 말하기를 '지금 용왕의 딸이 병에 걸렸는데 모름지기 토끼의 간이 약이 된다 하기에, 수

고로움을 꺼리지 않고 너를 업고 오는 것일 따름이다'라고 했습니다. 이에 토끼는 '아뿔싸! 나는 신명의 후예인지라 오장을 꺼내 씻어 넣을 수 있으니, 지난번 마음에 약간 번거로움이 있는 듯하여 간과 심장을 꺼내 씻어서 잠깐 바위 아래 두었다. 그런데 너의 달콤한 말을 듣고 서둘러 오느라 간이 아직 그곳에 있으니, 어찌 되돌아가 간을 가져오지 않겠는가. 그렇게 한다면 너는 얻는 바를 구할 수 있을 것이고, 나는 비록 간이 없다 하더라도 문제없이 살 수 있으니, 어찌 서로가 좋은 일이 아니겠는가'라고 했습니다. 거북이 그 말을 믿고 되돌아가서 막 해안에 오르자마자 토끼는 거북으로부터 벗어나 수풀에 들어가더니, '너야말로 어리석구나! 어찌 간 없이 살 수 있는 이가 있겠는가'라고 했습니다. 이에 거북은 민망해 아무 말도 못하고 물러갔다 합니다."

춘추가 그 이야기를 듣고 선도해의 의중을 깨달아 고구려 왕에게 글을 보내 제의하였다.

"마목현과 죽령은 본래 대국의 땅이니, 신이 귀국하게 되면 우리 왕께 청해 반환하도록 하겠습니다. 제 말을 믿지 못하시겠거든 저 밝은 해를 두고 맹세하겠습니다."

고구려 왕은 이에 기뻐하였다.

춘추가 고구려에 들어간 지 60일이 지나도 돌아오지 않자, 유신은 나라 안의 용사 3천 명을 가려 뽑아 그들에게 말하였다.

"내가 듣건대 위험을 보면 목숨을 바치고, 나라의 어려움에 임해 자기 몸을 돌보지 않는 것이 열사의 뜻이라 한다. 대저 한 사람이 죽음을 무릅쓰면 백 명을 당할 수 있고, 백 사람이 죽음을 무릅쓰면 천 명을 당할 수 있으며, 천 사람이 죽음을 무릅쓰면 만 명을 당할 수 있을 것이니 천하에 거리끼는 것이 없을 것이다.[7] 지금 나라의 어진 재상이 다른 나라에 붙잡혀 있거늘, 어찌 두렵다 하여 어려움을 피하겠는가!"

이에 여러 사람이 모두 말하였다.

---

7) 이 말은 『설원』(說苑) 지무(指武)편에 나온다.

"비록 만 번 죽고 한 번 사는 곳으로 간다 한들, 감히 장군의 명령을 따르지 않겠나이까?"

마침내 왕에게 청해 떠날 날짜를 정하였다. 이때 고구려의 첩자인 승려 덕창(德昌)이 사람을 시켜 고구려 왕에게 이 사실을 알렸다. 고구려 왕은 이전에 춘추가 맹세하는 말을 들은 바 있고, 게다가 첩자의 보고까지 받았는지라 감히 더 이상 춘추를 억류하지 못하고 두터운 예를 베풀어 돌려보냈다. 춘추는 고구려의 국경을 벗어나게 되자 호송하던 이들에게 말하였다.

"내가 백제에 분풀이를 하고자 하여 군대를 청하러 왔는데, 대왕은 허락하지 않을 뿐 아니라 오히려 땅을 요구하는바, 이것은 신하가 마음대로 할 수 있는 일이 아니다. 지난번 대왕에게 글을 드린 것은 죽음을 모면하려는 것이었을 뿐이다"[이 내용은 본기(本記)[8]의 진평왕 12년에 실려 있는 것과 한가지 일이로되 조금 다르다. 모두 『고기』에 전하는 것들이므로 둘 다 그대로 적어둔다].[9]

유신은 압량주군주로 있다가 선덕왕 13년(644)에 소판이 되었다. 그해 가을 9월 왕이 유신을 상장군(上將軍)으로 삼아 군사를 이끌고 백제의 가혜성(加兮城)·성열성(省熱城)·동화성(同火城) 등 일곱 성을 정벌하게 하여 크게 이겼으며, 이를 연유로 가혜(加兮)의 나루를 개통하였다.

을사년(645) 정월에 전장에서 돌아와 아직 왕을 알현하지도 못했는데, 국경을 지키는 관리로부터 백제의 대군이 쳐들어와 우리의 매리포성(買利浦城)을 공격한다는 급보가 들어왔다. 왕이 다시 유신을 상주장군(上州將軍)으로 삼아 백제군을 막게 하였다. 유신은 왕명을 받자 곧 말

---

8) 정덕본(正德本)의 해당 부분은 '본언'(本言)이라고 각자(刻字)되어 있으나, '언'(言)자가 지나치게 왼쪽으로 치우쳐서 부자연스럽게 판각되어 있으므로, '기'(記)자의 결각(缺刻)이 아닌가 한다. 그 경우 '본기'(本記)는 '본기'(本紀), 즉 신라본기를 가리키는 것이다.

9) 신라본기에 따르면 이 일은 대야성 전투의 연속 기사로서, 진평왕 12년이 아니라 선덕왕 11년조에서 확인할 수 있다. 분주를 가한 이의 오류일 것이다.

에 올라 처자식도 만나보지 않고 백제의 군사를 막아쳐서 쫓았으며, 머리를 벤 것이 2천 명이었다. 3월에 유신이 돌아와 왕궁에서 복명하고 미처 집에 돌아가지도 못했는데, 또다시 백제 군대가 그 국경 지대에 출동해 주둔하면서 바야흐로 크게 우리를 쳐들어오려 한다는 급보가 들어왔다. 왕은 다시 유신에게 일러 말하였다.

"공은 수고로움을 꺼리지 말고 빨리 가서, 그들이 이르기 전에 대비하기를 바라노라."

유신은 또다시 집에 들르지도 않은 채, 군사를 조련하고 무기를 수선하여 서쪽을 향해 길을 떠났다. 이때 유신의 집안 사람들이 모두 문 밖에 나와 기다리고 있었다. 유신이 문 앞을 지나치면서 돌아보지도 않고 가다가, 50걸음쯤 떨어진 곳에서 말을 멈추더니, 집에서 마실 물을 가져오라 하여 마시고 말하였다.

"우리 집 물은 여전히 옛날 맛 그대로구나!"

이에 군사들이 모두 말하였다.

"대장군께서도 오히려 이와 같으신데, 우리들이 어찌 골육과 이별하는 것을 한스럽게 여기겠는가."

유신이 국경에 이르자 백제인들은 우리 군사의 방위 태세를 보고 감히 핍박해 들어오지 못하고 물러갔다. 대왕이 그 소식을 듣고 매우 기뻐하고, 유신에게 관작과 상을 더해주었다.

선덕왕 16년 정미(647)는 선덕왕 치세 말년이요, 진덕왕 원년이다. 대신(大臣) 비담(毗曇)과 염종(廉宗)이 '여왕이 잘 다스리지 못한다'는 구실로 군사를 일으켜 왕을 폐위하고자 하였다. 왕은 궁성 안에서 방어하였다. 비담 등은 명활성(明活城)에 주둔하고 왕의 군사는 월성(月城)에 군영을 차려, 10일 동안 공방을 했으나 결말이 나지 않았다. 깊은 밤 자정 무렵에 큰 별 하나가 월성에 떨어지자, 비담 등이 사졸들에게 말하였다.

"내가 듣건대 별이 떨어진 아래에는 반드시 유혈이 있다 한다. 이는 아마 여왕이 패망할 조짐일 것이다."

이에 사졸들이 환호하는 소리가 땅을 뒤흔들었다. 대왕이 그 소리를 듣고 두려워 어찌할 바를 모르자 유신이 왕을 뵙고 아뢰었다.

"길함과 흉함은 정해진 것이 아니옵고 오직 사람이 불러들이는 바에 달려 있는 것이옵니다. 그러므로 은나라 주(紂)왕은 봉황이 나타났음에도 망하였고,[10] 노(魯)나라는 기린을 잡은 뒤에 쇠망했으며,[11] 은나라 고종(高宗)은 꿩이 울었음에도 흥하였고,[12] 정(鄭)나라는 용들이 서로 싸웠음에도 창성했던 것입니다.[13] 그러므로 덕이 요망함을 이기는 것을 알 수 있으니, 별자리의 변괴 따위는 두려워할 것이 못 되옵니다. 왕께서는 근심하지 마소서."

이윽고 허수아비를 만들어 불을 안겨서 연에 실어 날려보내니, 마치

---

10) 봉황은 원문에 적작(赤雀)이라고 하였다. 『사기정의』에는 주 문왕 창(昌)이 태어날 때 적작이 단서(丹書)를 물고 그의 집으로 왔다고 한다. 『시경』 대아 문왕편 서에도 『상서』 낙고(洛誥)편 주를 인용해 이를 언급하였다. 즉 봉황이 출현하는 것은 상서이지만, 그것은 은 주왕을 위한 것이 아니라 주 문왕을 위한 것이었다는 의미이다.

11) 기린 역시 상상의 동물로 성인이 나와 왕도가 행해지면 출현한다고 한다. 노 애공(哀公) 14년 봄에 서쪽에서 사냥해 기린을 잡았다는 고사가 있다. 공자는 난세에 기린이 나타난 데 느끼는 바가 있어 『춘추』의 저작에 착수하였다고 하며, 일설에는 공자가 『춘추』를 지었던 까닭에 기린이 그에 감응하여 출현했다고도 한다. 특히 『곡량전』과 『공양전』의 경우 이 '획린'(獲麟)을 끝으로 서술이 종결되었다.

12) 은 고종이 성탕에게 제사를 지내는 날에 꿩이 날아와 종묘의 솥 귀에 올라앉아 울자, 불길하게 여겨 두려워했는데, 대신 조기(祖己)가 훈계하여 백성을 위해 진력하는 것이 하늘의 뜻을 이어받는 것이라고 하였다. 이에 고종은 정사를 바로잡고 어진 정치를 베풀어서 만백성이 기뻐하고 은의 정치가 다시 중흥되었다 한다. 『사기』 3 은본기 및 『서경』 고종융일(高宗肜日).

13) 춘추시대 정(鄭)나라 정공(定公) 때 나라에 홍수가 나고 용들이 도성의 시문(時門) 밖 유연(洧淵)에서 싸우자 나라 사람들이 액땜 굿을 하자고 청했으나, 정공(鄭公)은 이를 허락하지 않고 인간의 질서와 용의 그것이 무관하다는 점을 지적해 그만두게 하였다. 정공은 정(鄭) 목공(穆公)의 손자 교(僑)를 말하는데, 자산(子産)으로 통칭한다. 그는 유능한 정치가·외교가로서 중국 최초의 성문법을 완성했으며, 종래에 귀복(龜卜)이나 무사(巫師)를 통해 하늘의 의사를 받아 정치적 결정을 하던 것에서 탈피해 법을 근본으로 삼아서 합리주의적으로 국가를 통치하였다. 『좌전』 소공(昭公) 19년.

별이 하늘로 올라가는 듯하였다. 다음 날 사람을 시켜 거리에서 소문을 내기를 '지난밤 떨어졌던 별이 다시 하늘로 올라갔다'고 하여, 적군들로 하여금 의구심을 품게 하였다. 그리고 흰 말을 잡아 별이 떨어진 곳에서 제사를 올리고 축문을 지어 축원하였다.

"하늘의 도리로 말하자면 양은 굳세고 음은 유약하며, 사람의 도리로 말하자면 인군은 존귀하고 신하는 비천하나니, 진실로 이것이 뒤바뀐다면 크나큰 혼란일 것입니다. 지금 비담 등은 신하로서 인군을 모해하며 아랫사람으로서 윗사람을 침범하고 있으니, 이것은 이른바 난신적자라 사람과 귀신이 함께 미워할 바요, 하늘과 땅이 용납하지 못할 바이거늘, 이제 하늘이 마치 여기에 아무런 의지가 없는 듯하여 도리어 별의 괴변을 왕성에 나타내 보이시니, 이야말로 신이 의혹을 가져 깨닫지 못할 일이옵니다. 바라옵건대 하늘의 위엄으로써 사람의 행동거지에 따라 착한 이에게 좋게 대하고 악한 이를 미워하사, 신명의 부끄러움을 짓지 마소서."

이윽고 여러 장군과 병졸을 독려해 떨쳐 공격하니 비담 등이 패해 달아났다. 그들을 추격해 목베고 일족을 모조리 죽였다.

겨울 10월에 백제군이 와서 무산(茂山)·감물(甘勿)·동잠(桐岑) 등 세 성을 포위하였다. 왕은 유신을 보내 보병과 기병 1만 명을 통솔해 막게 하였다. 그러나 우리 군대가 고전하여 사기가 다하자, 유신은 비령자(丕寧子)를 불러 말하였다.

"오늘의 사태가 위급하다. 그대가 아니면 누가 여러 사람의 마음을 격려할 수 있겠는가?"

이에 비령자가 절하고 말하였다.

"어찌 감히 명령을 따르지 않겠습니까!"

마침내 비령자가 적진에 달려가니, 그의 아들 거진(擧眞)과 그 집 종 합절(合節)이 그를 따라 적들의 칼과 창을 향해 돌진해 힘껏 싸우다 모두 죽었다. 군사들이 멀리서 그 모습을 보고 감격해 힘써 앞을 다투어 나가 적군을 크게 깨뜨리고 3천여 명의 목을 베었다.

진덕왕 태화(太和) 원년 무신(648)에 춘추는 앞서 고구려에 대한 청병이 실패했기 때문에 마침내 당에 들어가 군대를 청하게 되었다. 이에 당 태종이 물었다.

"내가 너희 나라 유신의 명성을 들었는데 그 사람됨이 어떠하냐?"

"유신이 비록 약간 재주와 지혜가 있다고는 하나 황제의 위엄을 빌리지 않고야 어찌 쉽게 이웃 나라로부터의 환란을 없애겠습니까?"

"진정코 군자의 나라로다!"

이내 조칙을 내려 원병 파견을 허락하고, 장군 소정방(蘇定方)으로 하여금 20만 명을 거느리고 가서 백제를 정벌하게 하였다. 이때 유신은 압량주군주로 있으면서 마치 군사 일에는 아무 생각이 없는 것처럼 술을 마시고 풍류를 즐기며 여러 달을 지냈다. 압량주 사람들은 유신을 용렬한 장수라고 여겨 야유하고 비방하였다.

"많은 사람이 편안하게 지낸 날이 오래이니 힘에 여유가 있어 한번 싸워볼 만한데도, 장군이 저토록 게을러빠졌으니 어찌할 것인가."

유신이 이 말을 듣고 백성들이 쓸 만한 것을 알고서 대왕에게 아뢰었다.

"민심을 살펴보니 이제 일을 벌일 만하옵니다. 청하옵건대 백제를 쳐서 지난번 대량주 전투를 설욕하고자 하옵니다."

"이는 적은 군사로 대군을 저촉하는 것이니, 그 위험함을 장차 어찌하려는가?"

"전쟁의 승부는 군대의 많고 적음에 달린 것이 아니오라, 그 인심이 어떠한가에 따라 좌우될 따름인 것이옵니다. 그러므로 은나라 주(紂)왕은 억조 창생을 가지고서도 그들의 마음과 덕이 제각기 달랐기 때문에 한마음 한뜻으로 뭉친 주(周)나라의 어진 신하 열 명만 못했던 것이옵니다.[14] 이제 저희는 한마음으로 죽음과 삶을 같이할 수 있사오니, 저 백제

---

14) 이 말은 『서경』 태서(泰誓)편 중에서 인용한 것으로, 원문에 '난신십인'(亂臣十人) 이라고 했으니, 여기에서 '난'(亂)은 '치'(治)를 의미한다. 즉 주 무왕의 신하들로

따위는 두려워할 것이 없사옵니다."

그제야 왕이 허락하였다. 유신은 마침내 압량주의 군사를 뽑아 단련시켜서 적에게로 나아갔다. 대량성(大梁城) 밖에 이르자 백제군이 막아 저항하였다. 우리 군은 짐짓 패해 이기지 못하는 것처럼 달아나 옥문곡(玉門谷)에 이르렀다. 백제군이 가벼이 여겨 대거 병사를 동원해서 추격해 오자, 유신은 복병을 내보내 그 앞뒤를 공격해 크게 깨뜨리고 백제 장군 여덟 명을 사로잡았으며, 죽이고 잡은 사졸의 수가 1천 명에 달하였다. 이윽고 사람을 시켜 백제 장군에게 제의하였다.

"우리나라 군주였던 품석과 그 부인 김씨의 유해가 너희 나라 옥중에 묻혀 있고, 지금 너희 비장 여덟 사람이 나에게 잡혀 땅바닥을 기면서 목숨을 구걸하고 있다. 나는 여우나 표범도 죽을 때가 되면 머리를 제 살던 언덕으로 향하는 뜻을 생각하여 차마 죽이지 못하고 있다. 이제 너희가 죽은 두 사람의 유골을 보내서 살아 있는 여덟 명의 목숨과 바꾸는 것이 어떻겠느냐?"

이에 백제의 중상(仲常)〔'충상'(忠常)으로도 쓴다〕 좌평(佐平)이 백제 왕에게 아뢰었다.

"신라인들의 해골을 가지고 있어봐야 이로울 게 없으니 보내는 것이 좋겠습니다. 만약 저들이 약속을 어기고 우리 측 여덟 사람을 돌려보내지 않는다면, 잘못은 저들에게 있고 옳음은 우리에게 있사오니 무슨 근심할 게 있겠나이까?"

이윽고 품석 부부의 유골을 파내 나무 함에 넣어 보내오니, 유신이 말하였다.

"낙엽이 한 잎 진다 한들 무성한 숲에 덜어지는 바가 없으며, 티끌 하나 더한다 한들 태산에 보태질 바도 없도다."

일을 잘 처리하는 열 사람을 일컫는 말이다. 『논어』 태백(泰伯)편 주에 따르면 주공단(周公旦)·소공석(召公奭)·태공망(太公望)·필공(畢公)·영공(榮公)·태전(太顚)·굉요(閎夭)·산의생(散宜生)·남궁괄(南宮适)·문모(文母) 혹은 읍강(邑姜)을 이른다고 하였다.

곧 여덟 사람을 살려 보냈다. 그리고 승리의 기세를 타 백제 땅에 들어가 악성(嶽城) 등 열두 성을 함락시키고 2만여 명의 목을 베었으며 9천 명을 사로잡았다. 조정에서 그의 공로를 논의해 품계를 이찬으로 올려주고 상주행군대총관(上州行軍大摠管)으로 삼았다. 그 뒤 유신은 다시 적의 땅에 들어가서 진례성(進禮城) 등 아홉 성을 도륙하고 9천여 명의 목을 베었으며 6백 명을 사로잡았다. 당에 들어갔던 춘추가 군대 20만을 얻어 돌아와서 유신을 만나 서로 말하였다.

"죽고 사는 것이 천명에 달려 있는지라 살아 돌아와 다시 공과 만나게 되었으니, 이 얼마나 다행입니까?"

"제가 나라의 위엄과 영험에 힘입어 두 번 백제와 크게 싸워 20개 성을 빼앗고 3만여 명을 목베거나 사로잡았으며, 또 품석 공과 그 부인의 유골을 고향에 되돌려올 수 있었습니다. 그러나 이것들은 모두 하늘이 도우셔서 이룬 것이지 저에게 무슨 힘이 있었겠습니까?"

• 삼국사기 권 제41

삼국사기 권 제42

열전 제2
김유신 중

 태화(太和) 2년(649) 가을 8월에 백제의 장군 은상(殷相)이 석토성(石吐城) 등 일곱 성을 공격해 왔다. 왕이 유신 및 죽지(竹旨), 진춘(陳春), 천존(天存) 등 장군들에게 명령해 나가 막게 하였다. 3군을 나누어 다섯 갈래 길로 공격했으나 열흘이 지나도록 해결이 나지 않아, 엎어진 시체가 들을 뒤덮고 흐르는 피에 방패가 떠다닐 지경에 이르렀다. 이에 우리 군대는 도살성(道薩城) 아래 주둔해 말을 쉬게 하고 병사들에게 음식을 제공하면서 다시 거병할 것을 꾀하고 있었다. 그때 물새 한 마리가 동쪽을 향해 날아서 유신의 군막을 지나갔다. 장군들과 사졸들이 보고 상서롭지 못한 일로 여기자 유신이 말하였다.

 "이것은 괴이하게 여길 일이 아니다. 오늘 반드시 백제 사람이 와서 염탐할 것이니 너희들은 짐짓 모르는 체하여 함부로 수하를 하지 말라."

 또 사람을 시켜 군대 사이를 돌아다니며 지시하였다.

 "방어벽을 견고히 하고 움직이지 말라. 내일 아침 응원군이 도착하는 것을 기다린 다음에 결전할 것이다."

 첩자가 그 말을 듣고 돌아가 은상에게 보고하니, 은상 등은 우리 측 군사가 증파될 것이라고 여겨 의혹과 두려움을 금하지 못하였다. 이에 유신 등이 일시에 떨쳐 공격해 크게 이겨 백제의 장군 달솔(達率) 정중(正仲)과 사졸 1백 명을 사로잡고, 좌평 은상과 달솔 자견(自堅) 등 10명 및 병졸 8천 9백 80명의 목을 베었으며, 노획한 군마가 1만 필이요 갑옷은 1천 8백 벌이었고, 그 밖의 전투 장비도 그 규모에 맞먹었다. 돌아오는 길에 백제의 좌평 정복(正福)과 병졸 1천 명이 항복해 오기도 했으나, 모두 풀어주어 각자 마음대로 가도록 하였다. 수도에 이르자 대왕이 문 밖에 나와 맞이하고 노고를 극진히 위로하였다.

영휘(永徽) 5년(654)에 진덕대왕이 죽고 후사가 없으매 유신이 재상 알천(閼川) 이찬과 의논하여 춘추 이찬을 맞이해 즉위하게 하니, 이가 곧 태종대왕이다.

영휘 6년 을묘(655) 가을 9월에 유신은 백제에 쳐들어가 도비천성(刀比川城)을 공격해 승리하였다. 이때 백제의 임금과 신하들은 사치와 안일에 빠져 나라의 일을 살피지 않으니, 백성은 원망하고 신령은 노하여 재앙과 괴변이 여러 차례 나타났다. 이에 유신이 왕에게 아뢰었다.

"백제가 무도하여 그 죄악이 걸(桀)과 주(紂)보다도 더하니 이는 진실로 하늘의 뜻에 따라 백성을 위로하고 죄악을 징벌할 때이옵니다."

이보다 앞서 조미압(租未押) 급찬이 부산현(夫山縣)의 현령으로 있다가 백제군에 사로잡혀 좌평 임자(任子)의 집 종이 되었다. 하는 일마다 성실하고 삼가서 한 번도 게으른 적이 없으니, 임자는 가엾게 여기고 의심하지 않아 그가 집 밖에 드나드는 것을 마음대로 하게 하였다. 급기야 도망해 신라에 돌아와 유신에게 백제의 상황을 보고하였다. 유신은 조미압이 충성스럽고 정직하여 쓸 만한 사람인 줄을 알고 그에게 말하였다.

"나는 임자가 백제의 일들을 오로지한다는 말을 듣고 그와 더불어 모의할 길이 없을까 생각했으나 아직 기회가 없었다. 그대가 혹시 나를 위해 다시 돌아가 그에게 말해줄 수 있겠는가?"

"공께서 저를 보잘것없다 하지 않으시고 지목해 일을 시켜주시니 비록 죽는다 해도 후회함이 없겠나이다."

이윽고 조미압은 다시 백제에 들어가 임자에게 아뢰었다.

"저 스스로 생각해보니 이미 이 나라의 백성이 되었으므로 마땅히 나라의 풍속을 알아야겠기에, 집을 나가 수십 일 동안 돌아다니느라 돌아오지 못했습니다. 그러나 개나 말이 주인을 그리워하는 마음을 이기지 못해 이제 이렇게 돌아왔습니다."

임자는 그 말을 믿고 나무라지 않았다. 조미압은 틈을 엿보아 다시 아뢰었다.

"지난번에는 죄가 두려워 감히 사실대로 여쭙지 못했습니다. 사실은 신라에 갔다가 돌아왔습니다. 김유신이 저에게 이르기를, 다시 돌아가 당신께 '나라의 흥망은 미리 알 수 없는 것이니 만약 그대의 나라가 망하게 되면 그대가 우리나라에 의탁하고, 우리나라가 망하게 되면 내가 그대의 나라에 의탁하자'라고 전하라 했습니다."

임자가 그 말을 듣고 잠자코 말이 없었다. 조미압은 두려워 물러나와 처벌받을 일만 기다린 지 몇 달이었는데, 어느 날 문득 임자가 불러 묻는 것이었다.

"네가 지난번 이야기한 김유신의 말이 어떠한 것이었더냐?"

조미압은 놀라고 두려워하면서 전에 한 말과 같이 대답하였다. 이윽고 임자가 말하였다.

"네가 전한 내용을 내가 이미 잘 알았으니 돌아가 전하도록 하라."

마침내 조미압이 돌아와 보고하고, 아울러 백제국 안팎의 일을 정녕 상세히 다 아뢰었다. 이에 유신은 백제 병탄 계획을 더욱 서두르게 되었다.

태종대왕 7년 경신(660) 여름 6월에 대왕이 태자 법민(法敏)과 함께 바야흐로 백제를 정벌하고자 크게 군사를 일으켜 남천(南川)에 이르러 군영을 설치하였다. 이때 군대를 요청하러 당에 들어가 있던 파진찬 김인문(金仁問)이 당의 대장군 소정방(蘇定方) 및 유백영(劉伯英)과 함께 군사 13만 명을 인솔해 바다를 건너 덕물도(德物島)에 도착했으며, 우선 종자 문천(文泉)을 보내 그 사실을 보고하였다. 왕은 태자와 장군 유신·

진주(眞珠) · 천존(天存) 등에게 명령해 큰 배 1백 척에 군사를 싣고 가 당의 군대와 회동하게 하였다. 태자가 장군 소정방을 만났을 때, 소정방이 태자에게 말하였다.

"우리는 바닷길로 가고 태자는 육지에 올라 출발하여, 7월 10일에 백제의 왕도인 사비성(泗沘城)에서 만납시다."

태자가 돌아와 대왕에게 이를 보고한 다음, 장수와 병사들을 거느리고 행군해 사라정(沙羅停)에 이르렀다. 장군 소정방과 김인문 등은 바다를 끼고 기벌포(技伐浦)에 들어왔으나 바닷가의 진창에 빠져 나아가지 못하자 버드나무 자리를 펴서 군사를 내리게 하였다. 그리하여 당의 군사와 신라 군사가 함께 백제를 공격해 멸망시켰다. 이번 승리에는 김유신의 공이 많았다. 이에 당 황제가 소식을 듣고 사신을 보내 김유신을 포상하고 기리게 하였다. 한편 장군 소정방은 유신 · 인문 · 양도(良圖) 세 사람에게 제안하였다.

"내가 황제에게서 '편의대로 일을 처결하라'는 명령을 받았다. 이제 차지한 백제의 땅을 나누어 공들께 식읍으로 주어 그 공로에 보답하고자 하는데, 어떻게 생각하시는지?"

이에 유신이 대답하였다.

"대장군께서 황제의 군대를 동원해서 우리 임금님의 소망에 부응해 우리나라의 원수를 갚아주셨으니, 우리 임금님과 온 나라 백성들은 기뻐 손뼉을 치느라 다른 겨를이 없습니다. 그런데 저희들만이 유독 내려주시는 것을 받아 자신의 이익으로 삼는다면 그것이 어찌 의리이겠습니까?"

마침내 거절하고 받지 않았다. 당나라 사람들은 이미 백제를 멸망시키자 사비의 언덕에 군영을 차리고서 은밀하게 신라를 침입하고자 도모하였다. 우리 왕이 이를 알아차려 여러 신하를 불러 대책을 묻자 다미공(多美公)이 나와 아뢰었다.

"우리 백성들로 하여금 거짓으로 백제 사람 노릇을 하게 해 그들의 옷을 입히고 마치 적대하려는 것처럼 한다면, 당나라 사람들은 반드시 그들을 공격할 것이니, 그 계제에 당나라 군대와 싸운다면 뜻을 이룰 수 있겠나이다."

유신도 말하였다.

"그 말이 일리가 있사오니 청컨대 따르소서."

"당나라 군대가 우리를 위해 적국을 패멸시켰거늘 도리어 그들과 싸운다면 하늘이 어찌 우리를 돕겠느냐?"

"개가 그 주인을 두려워한다 하나 주인이 그 다리를 밟으면 물어뜯는 것이니, 어찌 나라의 어려움을 만나 스스로 구할 방도를 찾지 않겠나이까? 대왕께서는 허락해 주소서."

당나라 사람들은 우리가 이렇듯 대비책을 마련하는 것을 첩보를 들어 알고 백제 왕 및 신료 93명, 군졸 2만 명을 포로로 하여 9월 3일에 사비로부터 배를 띄워 돌아갔으며, 낭장(郞將) 유인원(劉仁願)을 사비성에 남겨두어 진무해 지키게 하였다. 소정방이 승리를 고하고 포로를 바치자 천자가 그를 위로하면서 물었다.

"어찌하여 내친김에 신라를 정벌하지 않았느냐?"

"신라는 그 임금이 어질며 백성을 사랑하옵고, 그 신하들은 충성으로 나라를 섬기며, 아랫사람이 윗사람 모시기를 자기 부형에게 하는 것처럼 하니, 비록 작은 나라라 하나 도모할 수가 없었나이다."

용삭(龍朔) 원년(661) 봄, 왕은 백제의 남은 무리가 아직도 있으니 그들을 멸하지 않으면 안 되겠다고 여겨, 이찬 품일(品日)·소판 문왕(文王)·대아찬 양도 등을 장군으로 삼아 토벌하게 했으나 이기지 못하였다. 이에 다시 이찬 흠순(欽純)〔'흠춘'(欽春)으로도 쓴다〕·진흠(眞欽)·천존(天存)·소판 죽지(竹旨) 등을 보내 군대를 증원해주었다. 그러자 고구려와 말갈이 '신라의 정예군이 모두 백제에 가 있어 국내가 허술할 것이니 칠 만하겠다'고 하여 군대를 출동시켜 수륙 양면으로 진격해 북한산성(北漢山城)을 포위하였다. 고구려군은 성의 서쪽에 군진을 치고 말갈군은 성의 동쪽에 주둔해 열흘 내내 공격해오니, 성 가운데 사람들이 두려워하였다. 그때 갑자기 큰 별이 적의 군영에 떨어지고 뇌성이 치면서 비가 쏟아지니 적들이 놀라고 의아해하여 포위를 풀고 달아났다. 애초에 유신은 고구려와 말갈이 성을 포위했다는 것을 듣고 "사람의 힘은 이미 다했으니 신령의 음조를 빌 수밖에 없겠구나" 하고, 절에 나아가 제단을 만들어 기도하였다. 그런데 마침 급작스럽게 날씨가 변하자, 모두 유신의 지극한 정성에 하늘이 감응한 것이라고들 하였다.

어느 해인가 한가위 밤에 유신이 자제들을 거느리고 대문 밖에 서 있었는데 문득 한 사람이 서쪽에서 오고 있었다. 유신은 그가 고구려의 첩자인 것을 알아차리고 불러서 앞으로 오게 해 말하였다.

"너희 나라에 무슨 일이 있느냐?"

첩자는 엎드린 채 감히 대답하지 못하였다.

"두려워 말라. 단지 사실대로만 고하라."

여전히 대답이 없자 유신이 그에게 일러 말하였다.

"우리나라 왕께서는 위로 하늘의 뜻을 거스르지 않으시고 아래로 백성의 마음을 잃지 않으시며, 백성들은 흔연한 마음으로 모두들 각자의 맡은 일에 충실하고 있다. 지금 네가 그것을 보았으니 돌아가서 너희 나라 사람들에게 본 대로 전할 일이다."

이윽고 너그럽게 보내주었다. 고구려 사람들이 그 말을 듣고서 "신라가 비록 작은 나라이지만 김유신이 재상으로 있는 한 가벼이 다룰 수 없겠구나"라고 하였다.

이해 6월에 당 고종황제가 장군 소정방 등을 보내 고구려를 정벌하게 하였다. 당에 들어가 숙위하고 있던 김인문이 황제의 명령을 받고 와서 행군의 일정을 알렸으며, 아울러 우리도 군사를 내어 고구려 정벌전에 참여하라는 황제의 뜻을 전하였다. 이에 문무대왕은 몸소 유신·인문·문훈(文訓) 등을 거느리고 대군을 일으켜 고구려로 향해 가다가 남천주(南川州)를 지나게 되었다. 당의 진수관(鎭守官) 유인원도 관할 부대를 동원해 사비성에서 배를 띄워 혜포(鞋浦)에 상륙한 후, 역시 남천주에 군영을 차렸다. 이때 앞길에 백제의 남은 적도들이 옹산성(甕山城)에 모여 길을 차단하고 있으니 곧바로 진군할 수 없다는 보고가 들어왔다. 이에 유신은 부대를 전진시켜 옹산성을 포위한 다음, 사람들로 하여금 성 아래로 접근해 적장에게 이르도록 하였다.

"너희 나라가 공순하지 못해 큰 나라의 토벌을 불러들인 것이니, 명령에 순종하는 사람에게는 상을 줄 것이나, 명령을 따르지 않는 사람들은 죽음을 당할 것이다. 지금 너희가 홀로 고립된 성을 지켜서 무엇을 하고자 하는 것이냐? 끝내는 반드시 땅에 피칠하면서 멸망할 것이니 차라리 나와서 항복하는 편이 나을 것이다. 그리하면 목숨을 보존할 뿐만 아니라 부귀 또한 기약할 수 있으리라."

적들이 큰 소리로 부르짖어 응수하였다.

"비록 작은 성이지만 무기와 식량이 모두 충분하고 사졸들이 의롭고 용맹하니, 차라리 죽기로 싸울지언정 맹세코 살아 항복하지는 않을 것이다."

유신이 그 말을 듣고 웃었다.

"궁지에 몰린 새와 곤경에 빠진 짐승들도 오히려 스스로 구제할 줄을 안다 하더니, 이를 두고 이른 말이로다."

이내 군기를 휘두르고 북을 울려 공격하였다. 대왕이 높은 곳에 올라가 싸우는 병사들을 보고 눈물 어린 말로 격려하니, 병사들이 모두 떨쳐 달려나가 창칼을 두려워하지 않았다. 9월 27일에 성을 함락시켰다. 적장을 잡아죽이고, 그 백성들은 풀어주었다. 공로를 논의해 장수와 사졸들에게 상을 주었다. 유인원도 역시 비단을 차등있게 나누어주었다. 그런 다음 군사와 말들을 먹이고 출발해 당나라 군대와 회동하고자 하였다. 한편 그전에 대왕이 태감(太監) 문천(文泉)을 보내 소장군에게 글을 준 바 있었는데, 이때 와서 문천이 돌아와 복명하고 소정방의 말을 전하였다.

"제가 황제의 명령을 받고 만리 푸른 바다를 건너 적도를 토벌하고자 배를 해안에 댄 지가 이미 한 달이 넘었습니다. 그런데 대왕의 군사는 이르지 않고 군량의 수송이 이어지지 않으니 그 위태로움이 심하옵니다. 왕께서는 그 점을 헤아려 조처해주소서."

대왕이 여러 신하에게 어찌하면 좋겠는가 물었으나, 모두들 적지에 깊숙이 들어가 군량을 수송하는 것은 형세상 할 수 없는 일이라고 하였다. 대왕이 근심하고 탄식하매 유신이 앞에 나와 아뢰었다.

"신은 과분한 은혜와 대우를 받았사옵고 외람되게 중책을 맡았사오니, 나라의 일이라면 비록 죽는다 하더라도 피하지 않겠나이다. 오늘이야말로 늙은 제가 절개를 다할 날이오니, 마땅히 적국을 향해 가서 소장군의 바람에 부응하겠나이다."

대왕은 다가앉아 유신의 손을 잡고 눈물을 흘리며 말하였다.

"공과 같은 어진 보필을 얻었으니 근심할 게 없도다. 만약 이번 임무도 평소처럼 차질없이 하게 된다면 공의 공덕을 어느 날인들 잊겠는가."

유신이 이윽고 명을 받아 현고잠(懸鼓岑)의 수사(岫寺)에 이르러 재계하고 곧바로 영실(靈室)에 들어가 문을 잠그고 홀로 앉아 향을 사르면서 여러 주야를 지낸 뒤 나오더니 스스로 기뻐하며 말하였다.

"내가 이번 걸음에 죽지 않겠구나."

바야흐로 떠나려 할 때 왕이 친서를 주면서 유신에게 이르기를 국경을 벗어난 뒤에는 상과 벌을 마음대로 해도 좋다고 하였다. 12월 10일에 부장군 인문·진복(眞服)·양도(良圖) 등 아홉 장군과 함께 군사를 거느리고 양곡을 싣고서 고구려의 경계 안으로 들어갔다.

임술년(662) 정월 23일, 칠중하(七重河)에 도착하였다. 군사들이 모두 두려워해 감히 먼저 배에 오르려는 이가 없었다. 이에 유신이 말하였다.

"제군들이 만일 죽음을 두려워한다면 어찌하여 함께 이곳에 왔는가?"

마침내 유신이 먼저 배에 올라 건너니, 여러 장수와 병사들이 서로 줄을 이어 강을 건넜다. 고구려의 땅에 들어온 후로는 고구려인들이 큰길에서 요격해올까 염려한 나머지 험하고 좁은 길로 행군하였다. 이윽고 산양(蒜壤)에 이르자 유신은 여러 장수와 병사들에게 말하였다.

"고구려와 백제 두 나라가 우리 강역을 침탈하고 우리 백성을 해치며, 어떤 때는 장정을 잡아서 베어 죽이고 혹은 어린아이들을 잡아다가 종으로 부리는 것이 오래되었도다. 이 어찌 통분하지 않으리오. 내가 지금

죽음을 두려워하지 않고 어려운 곳에 달려온 까닭은 대국의 힘을 빌려 두 나라를 멸망시켜 나라의 원수를 갚고자 함이라. 이에 마음속에 맹세하고 하늘에 고해서 신령의 음조를 기약하거니와, 다만 여러분의 마음이 어떠한지를 알지 못하겠는지라 일부러 언급하는 바이다. 만약 적에 대해 자신을 가진다면 반드시 공을 이루어 돌아갈 것이나, 만약 적을 두려워한다면 어찌 사로잡힘을 면할 수 있을 것인가? 마땅히 한마음으로 힘을 합한다면 한 사람이 백 명을 대적하지 못할 까닭이 없으리니, 이것이 바로 내가 여러 공에게 바라는 바로다."

이에 여러 장수와 병사들이 모두 말하였다.

"원컨대 장군님의 명령을 받들어 감히 삶을 훔치려는 마음을 갖지 않겠나이다."

이윽고 북을 울리며 평양을 향해 나아갔다. 가는 길에 적군을 만나 맞받아 쳐부수니, 노획한 갑옷과 무기가 매우 많았다. 장새(獐塞)의 험한 곳에 이르자 마침 날씨가 차고 매워서 사람과 말이 다 지치고 고달파 왕왕 넘어지고 고꾸라졌다. 이에 유신이 어깨를 드러낸 채 채찍을 잡아 말을 갈기며 앞으로 달려나갔다. 여러 사람이 그 모습을 보고 힘껏 달려나가니 땀이 흘러 감히 춥다는 말을 못하였다. 마침내 험지를 넘어서자 평양에서 멀지 않은 곳이었다. 유신은 "당나라 군사가 양식이 떨어져 군핍하니 우리가 온 것을 먼저 알려야겠다" 하고, 곧 보기감(步騎監) 열기(裂起)를 불러 말하였다.

"내가 젊어서부터 너와 노닐어 너의 지조와 절개를 알고 있다. 지금 소장군에게 우리의 의사를 전달해야겠는데 그 일을 감당할 만한 사람을 찾기 어렵다. 네가 이 일을 할 수 있겠느냐?"

"제가 비록 어질지 못하지만 과분하게 중군(中軍) 직에 있고, 게다가 영광스럽게도 장군께서 부려 주시니, 설사 오늘 죽는다 해도 평생을 사는 것과 같습니다."

마침내 장사 구근(仇近) 등 15명과 함께 평양으로 가서 소장군을 만나 "유신 등이 군사를 영솔하고 군량과 군수품을 조달해 벌써 가까운 곳까지 왔다" 하니, 소정방이 기뻐해 글을 써서 감사하였다. 유신 일행이 양오(楊隩)에 다다랐을 때 한 노인을 만나 적국의 소식을 자세히 알게 되었다. 그 노인에게 베와 비단을 주었으나, 그는 사양해 받지 않고 가버렸다. 유신이 양오에 군영을 세우고 중국어를 할 수 있는 김인문과 양도 및 아들 군승(軍勝) 등을 당나라 군영에 보내, 우리 왕의 뜻으로 군량을 베풀어주었다. 정방은 식량이 다하고 병사들이 지쳐 힘껏 싸우지 못하더니, 정작 양식을 얻게 되자 바로 당으로 돌아갔다. 김양도는 병사 8백 명을 데리고 바닷길로 귀국하였다.

이때 고구려의 복병들이 우리 군사가 돌아가는 길에서 기다려 습격하려 하였다. 이에 유신은 북과 북채를 각각 여러 소의 허리와 꼬리에 묶어서, 소들로 하여금 꼬리를 휘두르면 북을 두드리게 되어 소리가 나게 하고, 또 뗄감을 쌓아 불살라서 연기와 불길이 끊이지 않도록 하였다.[1] 그런 다음 한밤중에 몰래 행군하여 표하(瓢河)에 이르러 급히 건너고 나서야 병사들을 쉬게 하였다. 고구려 사람들이 뒤늦게 알아차리고 추격해 오자, 유신은 1만여 명의 쇠뇌수로 하여금 일제히 격발하게 하였다. 고구려군이 막 퇴각하려 할 때, 여러 부대의 장수와 병졸들을 독려해 나누어 출격시켜서 퇴로를 막고 공격해 깨뜨렸다. 장군 한 명을 사로잡고 1만여 명의 목을 베었다. 왕이 이를 듣고 사람을 보내 노고를 치하하였다. 수도에 돌아오자 상으로 봉읍과 작위를 차등있게 내려주었다.

용삭 3년 계해(663)에 백제의 여러 성이 몰래 부흥을 꾀했는데, 그 우두머리가 두솔성(豆率城)에 웅거해 왜국에 원군을 청하였다. 대왕이 몸소 유신·인문·천존·죽지 등 장군들을 거느리고 7월 17일에 토벌을 떠나, 웅진주(熊津州)에 이르러 당의 진수관 유인원과 군사를 합하였다. 8월 13일, 두솔성에 도착하니 백제인들이 왜군과 함께 나와 진을 쳤다. 우리 군사가 힘써 싸워 크게 깨뜨리니 백제와 왜의 군사들이 모두 항복하

---

1) 이 작전은 『손자』 군쟁(軍爭)편에 이른바 "야간 전투에서는 불빛과 북소리를 많이 이용하라"라고 한 말을 응용한 것이다.

였다. 대왕이 왜인들에게 일러 말하였다.

"생각해보면 우리와 너희 나라는 서로 바다를 격해 강토가 나누어졌으니 일찍이 혐의가 얽힌 바 없고, 다만 우호를 맺고 강화하여 사신을 파견하며 교통했거늘, 무슨 까닭으로 오늘날 백제와 함께 악행을 같이하여 우리나라를 모해하느냐? 이제 너희 군졸들이 내 손에 잡혀 있으나 차마 죽이지 못하겠으니, 너희는 돌아가 너희 왕에게 내 말을 이르거라."

이렇게 왜인들이 마음대로 가도록 하고, 군대를 나누어 여러 성을 공격해 함락시켰다. 오직 임존성(任存城)만이 지세가 험하고 성이 견고할 뿐만 아니라 양곡마저 많은지라, 이 때문에 30일을 공격하고서도 함락시키지 못했으며, 사졸들은 피로해 싸움을 싫어하였다. 이에 대왕은 "지금 비록 성 하나가 떨어지지 않고 있으나 여타의 나머지 성과 보루들이 모두 항복했으니 공이 없다고 하지는 못할 것이다"라 하고, 군대를 정돈해 돌아왔다. 겨울 11월 20일에 수도에 돌아와 유신에게 밭 5백 결을 내려주고, 그 밖의 장수와 병졸들에게도 상을 차등있게 내려주었다.

• 삼국사기 권 제42

삼국사기 권 제43

열전 제3
김유신 하

인덕(麟德) 원년 갑자(664) 3월에 백제의 남은 무리가 다시 사비성에 모여 반란을 일으켰다. 웅주도독(熊州都督)이 관할하에 있는 군사를 내어 여러 날 공격했으나, 안개가 짙어 사람과 물건을 분별할 수 없을 지경이었다. 이 때문에 전투를 원활히 할 수 없어 백산(伯山)을 보내와 보고하니, 유신이 그에게 비밀스러운 꾀를 주어 이기게 되었다.

인덕 2년(665)에 당 고종이 사신 양동벽(梁冬碧)과 임지고(任智高) 등을 보내와 교빙하고, 아울러 김유신을 봉상정경평양군개국공·식읍2천호(奉常正卿平壤郡開國公·食邑二千戶)로 책봉하였다.

건봉(乾封) 원년(666)에 황제가 유신의 큰아들 대아찬 **삼광**(三光)을 조칙으로 불러들여 좌무위익부중랑장(左武衛翊府中郞將)을 삼아 숙위하게 하였다.

총장(摠章) 원년 무진(668)에 당 고종황제가 영국공(英國公) 이적(李勣)을 보내 군대를 일으켜 고구려를 치게 했는데 우리에게서도 병사를 징발하게 하였다. 문무대왕은 군사를 내어 부응하고자 흠순과 인문을 인솔 장군으로 삼았다. 이에 흠순이 왕에게 아뢰었다.

"만약 유신과 함께 가지 않는다면 후회할 일이 있을까 두렵사옵니다."

"공 등 세 사람은 나라의 보배이라. 만약 모두 다 전쟁터에 나갔다가 혹시라도 예기치 못한 일을 당해 돌아오지 못한다면 이 나라가 어찌 되겠는가? 그러므로 유신을 남게 하여 나라를 지킨다면, 은연중 든든함이 장성을 두른 듯하여 종내 근심이 없을 것이다."

흠순은 유신의 아우요, 인문은 유신의 생질인지라, 평소 유신을 높이고 섬겨 감히 어기지 못했는데, 이번 일을 당하여 유신에게 아뢰었다.

"저희들은 재목감이 아니온데 지금 대왕의 뜻을 좇아 예측할 수 없는 곳에 나아가게 되었으니 어떻게 하면 좋겠습니까? 구체적으로 가르쳐 주시기 바랍니다."

"대저 장수란 나라의 방패와 성이 되고 임금의 손톱과 이가 되어 돌과 화살이 날고 있는 사이에서 승부를 가리는 것이니, 반드시 위로는 하늘의 도리를 얻고 아래로는 땅의 이치를 얻으며 그 가운데 사람의 마음을 얻은 다음에야, 공을 이룰 수 있을 것이로다. 오늘날 우리나라는 충성과 믿음으로 보존되고, 백제는 오만하고 게을러서 망했으며, 고구려는 교만이 가득 차 위태로우니, 이제 만약 우리의 곧음으로 저들의 굽은 것을 친다면 충분히 뜻을 이룰 수 있는 것이다. 하물며 대국의 밝은 천자의 위엄과 서슬에 의지함에 있어서랴! 가서 힘써 너희의 임무에 차질이 없도록 하여라."

두 공이 절하면서 "말씀을 받들어 행동해 감히 실패하지 않겠나이다"라고 하였다.

이윽고 문무대왕이 영국공과 함께 평양을 깨뜨리고 돌아오는 길에 남한주(南漢州)에 이르러 여러 신하에게 말하였다.

"옛날 백제의 명농왕(明穠王)이 고리산(古利山)에서 우리나라를 침범하려 할 때 유신의 조부 무력 각간이 장군이 되어 그들을 막아 쳐부수고, 승세를 타 백제 왕 및 재상 네 명과 사졸들을 사로잡아 그 기세를 꺾은 바 있도다. 또 유신의 아버지 서현이 양주총관(良州摠管)으로 있으면서 여러 차례 백제와 싸워 그 예봉을 꺾어 우리 영토를 침범하지 못하게 했기 때문에 변방의 백성은 농사와 양잠의 일을 편안히 하였고, 임금과 신하들은 새벽에 일어나고 밤늦게야 저녁을 드는 수고로움이 없었던 것이다. 이제 유신은 그 조부와 아버지의 업적을 이어받아 사직의 중요한 신하로서 나가서는 장군이요 들어와서는 재상이 되어 공적이 무성하도다. 만약 유신공의 일문에 기대지 못하였다면 나라의 흥망을 알 수 없었을 것이니, 유신에 대한 관직과 포상을 어떻게 해주는 것이 옳겠는가?"

여러 신하는 "진실로 왕의 뜻대로 하소서"라고 하였다. 이에 유신에게 태대서발한(太大舒發翰)의 관위와 식읍 5백 호를 주고 덧붙여 수레와 지팡이를 내려주면서, 어전에서 여느 신하들처럼 종종걸음하지 않도록 배려했으며, 유신의 여러 휘하에게도 각각 관위를 한 등급씩 더해주었다.

총장 원년(668) 당 황제가 영국공의 공로를 포상한 다음, 사신을 보내 우리가 군사를 보내 전투를 도운 노고에 대해 치하했으며, 황금과 비단을 보내주었다. 이와 함께 유신에게도 조서를 주어 포상하고 장려했으며, 또 당의 조정에 들어와 조알하도록 일렀으나 실행되지 못하였다. 그 조서는 유신의 집안에 전해오다가 5세손 때에 와서 잃어버렸다.

함형(咸亨) 4년 계유(673), 즉 문무대왕 13년 봄에 요사스러운 별이 나타나고 지진이 있자 대왕이 우려하였다. 이에 유신이 왕에게 나와 "근자의 변고는 그 액운이 늙은 저에게 있사옵고 나라의 재앙이 아니오니 왕께서는 근심하지 마소서"라고 하였다. 이에 왕은 "만약 그렇다면 과인이 더욱 우려할 바이다" 하고, 담당 관리에게 명해 기도하여 물리치게 하였다. 여름 6월에는 간혹 군복을 입고 무기를 든 이들 수십 명이 김유신의 집에서 울며 떠나 조금 후 사라지는 것이 사람들 눈에 보이기도 하였다. 유신이 그 말을 듣고 말하기를 "이것은 필시 나를 보호하던 음병(陰兵)들이 내 복이 다한 것을 보고 그 때문에 떠난 것이니 내가 이제 죽겠구나"라고 하였다. 10여 일 뒤 병에 걸려 자리에 누우니, 대왕이 친히 왕림해 위문하였다. 이에 유신이 대왕에게 아뢰었다.

"신은 팔다리의 힘을 다해 폐하를 받들고자 했사오나, 제 병이 여기에 이르렀으니 오늘 이후로는 다시 용안을 우러르지 못하겠나이다."

대왕이 울면서 말하였다.

"과인에게 경이 있음은 고기에게 물이 있는 것과 같으니 만약 피할 수 없는 일이 있게 되면 이 백성을 어찌할 것이며, 사직은 또 어찌할 것인가?"

"신은 어리석고 어질지 못하니 어찌 나라에 이로움이 있겠나이까. 다행히도 밝으신 주상께서 들어 써주시어 의심하지 않으시고, 일을 맡기시어 신뢰해주신 까닭에, 대왕의 총명함을 부여잡고 미미한 공을 이루었나이다. 이제 삼한이 한집안이 되고 백성은 두 마음을 가지지 않게 되었으니, 비록 태평까지는 이르지 못했다 하나 작은 평안이라고는 할 만하옵나이다. 신이 예부터 대통을 이은 임금들을 보건대, 처음을 그럴듯하게 하지 않는 경우는 없으나 끝까지 훌륭한 경우는 드물어 여러 대 동안의 공적이 하루아침에 무너지고 없어지니 매우 통탄할 일이옵나이다. 엎드려 바라옵건대 전하께서는 공을 이루는 일이 쉽지 않음을 아시고, 이룬 것을 지키는 것 또한 어렵다는 것을 생각하시어,[1] 소인을 멀리하시고 군자를 친근히 하소서. 그리하여 조정은 위에서 화목하고 백성과 만물은 아래에서 평안하게 하시면, 앙화와 난리가 생기지 않을 것이고 나라의 기업은 다함이 없으리이다. 그렇게만 된다면 신은 죽더라도 여한이 없겠나이다."

왕은 울면서 그러마고 하였다. 가을 7월 1일에 사저의 정침(正寢)에서 죽으니 향년 79세였다. 대왕이 부음을 듣고 크게 애통해하며 무늬 있는 비단 1천 필과 조(租) 2천 석을 부의로 주어 장례 일에 쓰도록 했으며, 북과 피리를 연주하는 군악대 1백 명을 내려주었다. 금산원(金山原)에 나가 장사 지내고, 관리에게 명해 비를 세우고 유신의 공명을 기리게 하였다. 또한 백성의 호구를 정해 묘를 지키게 하였다.

---

1) 정관 19년에 당 태종이 방현령(房玄齡)·위징(魏徵)과 더불어 창업과 수성의 어느 쪽이 더 어려운가를 논의한 예화가 유명하다. 『정관정요』(貞觀政要) 군도편(君道篇).

아내 지소(智炤)부인은 태종대왕의 셋째 딸인데 아들 다섯을 두었다. 맏아들은 삼광(三光) 이찬이고, 둘째가 **원술**(元述) 소판, 다음이 원정(元貞) 해간(海干), 다음이 장이(長耳) 대아찬, 다음이 원망(元望) 대아찬이다. 딸은 넷이다. 또 서자 군승(軍勝) 아찬은 그 어머니의 성씨가 전하지 않는다. 뒤에 지소부인은 머리를 깎고 거친 베옷을 입고서 비구니가 되었다. 그때 대왕이 부인에게 일러 말하였다.

"오늘날 나라 안팎이 평안하며 임금과 신하가 베개를 높이 베고 근심이 없는 것은 태대각간 덕이오. 생각해보면 부인이 집안을 잘 다스리고 경계하여 도와 이루었으니 숨은 공이 큽니다. 과인이 그 은덕을 갚고자 하여 일찍이 하루도 마음에서 잊은 적이 없습니다. 이에 남성(南城)의 조(租)를 매년 1천 석씩 드리겠습니다."

뒤에 흥덕대왕이 유신공을 추봉해 흥무대왕(興武大王)이라 하였다.[2]

처음 법민왕(法敏王)이 고구려의 반란민들을 받아들이고 게다가 백제의 옛 땅에 웅거해 점유하니, 당 고종이 크게 노하여 군사를 보내와 토벌하였다. 당의 군사와 말갈이 석문(石門)의 들에 군영을 세우니, 왕은 장군 의복(義福)과 춘장(春長) 등을 보내 막게 하여 대방(帶方)의 들에 군영을 짓게 되었다. 이때 장창당(長槍幢)만이 홀로 진영을 따로 했다가, 우연히 당나라 군사 3천 명을 만나 붙잡아서 대장군의 군영에 압송하였다. 그러자 여러 부대가 다들 말하기를 "장창당이 홀로 자리를 잡아 공을 이루었으니 반드시 후한 상이 있을 것이다. 우리들은 적절히 주둔하지 못해 한갓 수고로웠을 뿐이다"라고 하여, 마침내 각각 군사를 나누어 흩어졌다. 당나라 군사와 말갈이 우리 부대들이 미처 진용을 갖추지 못한 틈을 타 공격하니, 우리 편이 크게 패하고 장군 효천(曉川)과 의문(義文) 등은 전사하였다. 유신의 아들 원술은 비장(裨將)으로서 역시 싸우

---

2) 『삼국유사』 기이 1 김유신조에는 이 전기와는 달리 경명왕 때 추봉하였다고 하였다. 한편 「봉림사진경대사탑비」(鳳林寺眞鏡大師塔碑)에 '흥무대왕'의 용례가 있다.

다 죽고자 했으나, 그 막료 담릉(淡凌)이 저지하면서 말하기를 "대장부는 죽는 것 자체를 어려워하는 것이 아니라 죽을 자리 정하는 것을 어렵게 여기는 것입니다. 만약 죽고서도 이루는 것이 없다면 차라리 살아서 뒷날의 공적을 도모하는 것만 못할 것입니다"라고 하였다. 원술은 이에 대답하기를 "남아는 구차스럽게 살지 않는 것이거늘 장차 무슨 낯으로 내 아버지를 뵈올 것인가" 하고, 문득 말을 채찍질해 달려나갔으나 담릉이 고삐를 잡고 놓아주지 않아 마침내 죽지 못하고 상장군을 따라 무이령(蕪荑嶺)으로 탈출하였다. 당의 군사가 추격해오자, 거열주(居烈州)의 대감(大監) 아진함(阿珍含) 일길간(一吉干)이 상장군에게 일러 아뢰기를 "공들께서는 힘써 빨리 가십시오. 내 나이 이미 일흔이니 얼마나 더 살수 있겠습니까? 이때야말로 내가 죽을 날입니다" 하고, 곧 창을 비껴 들고 적진에 부딪혀 가 죽으니, 그의 아들 역시 아버지를 따라 죽었다. 대장군 일행은 몸을 숨기고 잠행해 수도에 들어왔다. 대왕이 그 소식을 듣고 유신에게 물었다.

"아군의 패배가 이와 같으니 어찌할꼬?"

"당나라 사람들의 계략을 예측할 길 없으니 마땅히 장수와 병사들로 하여금 요해지를 지키게 하십시오. 단 원술은 왕명을 욕되게 하였을 뿐만 아니라, 가훈 역시 저버렸으니 베어야 옳습니다."

그러나 대왕은 "원술 비장에게만 유독 무거운 형벌을 내릴 수는 없다" 하고 사면하였다. 원술은 부끄럽고도 두려워 감히 아버지를 뵙지 못하고 시골로 달아나 숨었다. 아버지가 돌아가신 뒤 돌아와 어머니를 뵈오려 하자, 어머니가 이르기를 "여인에게는 세 가지의 좇아야 할 의리가 있거니와,[3] 지금 이미 홀로 되었으니 마땅히 아들을 따라야 하겠지만, 원술 같은 놈은 이미 돌아가신 남편에게서 아들 취급을 받지 못했거늘

---

3) 이는 '삼종지의'(三從之義)라 하는데 부인의 일생을 셋으로 나누어 어릴 때는 부모를 좇고, 혼인해서는 남편을 좇으며, 남편 사후에는 아들을 좇아서 스스로 독단하지 않는다는 것이다. 『의례』(儀禮) 상복(喪服) 및 『대대례』(大戴禮) 본명(本命).

내가 어찌 그 어미가 될 수 있겠는가" 하고 끝내 만나주지 않았다. 원술은 통곡하면서 가슴을 치고 길길이 날뛰며 떠나지 못했으나, 부인은 끝까지 그를 보지 않았다. 원술이 탄식해 말하기를 "담릉 때문에 잘못하여 이 지경에 이르렀구나!" 하고 태백산으로 들어갔다.

을해년(675)이 되어 당나라 군사가 와서 매소천성(買蘇川城)을 공격하자, 원술이 이를 듣고 죽음으로써 지난날의 치욕을 씻고자 하여 마침내 힘써 싸워 그 공로로 포상을 받게 되었으나, 부모에게 받아들여지지 못한 것을 분하고 한스럽게 여겨 벼슬하지 않고 일생을 마쳤다.

유신의 적손 **윤중**(允中)은 성덕대왕 때에 벼슬해 대아찬이 되었고, 여러 차례 은혜와 보살핌을 입으니, 왕의 친속들이 자못 그를 질투하였다. 때마침 한가윗날에 왕이 월성 마루에 올라 달 구경을 하면서 시종드는 관료들과 주연을 차려놓고 즐기다가 윤중을 불러오라 하였다. 이에 간하는 이가 있어 아뢰기를 "지금 종실과 인척 가운데 어찌 좋은 사람이 없길래 유독 소원한 신하를 부르십니까? 그것이 어찌 이른바 친한 자를 친하게 대하는 것이라고 하겠습니까"라고 하였다. 이에 왕은 "오늘날 과인과 경들이 평안하여 무사한 것은 윤중의 할아버지 덕택이다. 만약 공의 말처럼 그 은혜를 잊고 저버린다면, 착한 이를 착하게 대해 그 자손에게까지 미치게 하는 의리가 아닐 것이다"라고 하였다. 마침내 윤중을 불러 가까운 자리에 앉히고, 이야기가 그의 할아버지의 평생에까지 미쳤다. 날이 저물어 물러나고자 아뢰니 절영산(絶影山)의 명마 한 필을 내려주었다. 여러 신하가 못내 서운해하였다.

개원(開元) 21년(733)에 당에서 사신을 보내 교시해 이르기를 "말갈발해가 겉으로는 번신(蕃臣)이라 일컫고 있으나 안으로는 교활한 생각을 품고 있도다. 이제 군사를 내 그 죄를 문책하고자 하니, 경 역시 군사를 일으켜서 서로 힘을 합해 공격할 일이다. 듣자하니 옛 명장 김유신의 손자 윤중이 있다 하니, 모름지기 그 사람을 뽑아 장수로 삼으라" 하고, 아울러 윤중에게 황금과 비단 약간을 내려보냈다. 이에 대왕이 윤중과 그 아우 **윤문**(允文) 등 네 장군에게 명해 군사를 거느리고 당나라 군대와 회동해 발해를 치도록 하였다.

윤중의 서손 **암**(嚴)은 성품이 총명하고 민첩하며 방술 익히기를 좋아했는데, 젊은 시절에 이찬이 되어 당에 들어가 숙위하게 되었다. 이따금 스승에게 나아가 음양가법(陰陽家法)을 배웠는데, 한 구석을 들으면 그것을 토대로 유추해 나머지 세 구석을 깨닫더니, 스스로『둔갑입성지법』(遁甲立成之法)을 써서 그 스승에게 드렸다. 스승이 놀라 멍한 모습으로 말하기를 "그대의 명달함이 여기에 이를 줄은 몰랐도다!" 하고, 이후로는 감히 제자로 대하지 않았다.

대력(大曆) 연간에 신라에 돌아와 사천대박사(司天大博士)가 되었으며 양주(良州)·강주(康州)·한주(漢州) 등 세 주의 태수를 역임하였고, 다시 집사시랑(執事侍郎)과 패강진두상(浿江鎭頭上)이 되었다. 이르는 곳마다 마음을 다해 백성을 어루만지고 길렀으며, 농사일이 바쁜 때를 피해 육진병법(六陣兵法)을 가르쳐주니 사람마다 모두 편안히 여겼다. 한번은 누리떼가 서쪽으로부터 패강 지역에 들어와 꿈틀거리면서 온 들을 뒤덮으므로 백성들이 근심하고 두려워했는데, 김암이 산마루에 올라 향을 사르고 하늘에 기도하자 홀연히 비바람이 크게 일어나 누리떼가 모두 죽었다.

대력 14년 기미(779)에 그는 왕명을 받고 일본국에 사신으로 갔다.[4] 그 나라 왕이 김암이 현명한 것을 알고 강제로 억류하고자 하였다. 그때 마침 당의 사신 고학림(高鶴林)이 와서 서로 만나 매우 기뻐하자, 왜인들은 김암이 중국에까지 알려진 사람인 것을 알고 감히 억류하지 못하는지라, 곧 신라로 돌아오게 되었다.

여름 4월에는 회오리바람과 흙먼지가 일어나 유신의 무덤에서 시조대왕(始祖大王)의 능에 이르기까지 티끌과 안개로 어두컴컴하여 사람과 물건을 분별할 수 없었다. 왕릉을 지키는 사람이 들어보니 능 속에서 마

---

4)『속일본기』35 광인천황(光仁天皇) 보귀(寶龜) 10년 및 같은 책 36 보귀 11년조에 보인다.

치 흐느껴 울면서 비통하게 탄식하는 소리가 들리는 듯하였다. 혜공대왕이 그 말을 듣고 두려워 대신을 보내 제사를 드리고 허물을 사죄했으며, 아울러 취선사(鷲仙寺)에 밭 30결을 시주해 유신의 명복을 비는 데 쓰도록 하였다. 취선사는 유신이 고구려와 백제 두 나라를 평정하고 세운 절이다.[5]

유신의 현손으로 신라의 집사랑(執事郎) 김장청(金長淸)이 지은 『행록』(行錄) 10권이 세상에 유포되어 있는바, 자못 만들어 넣은 말이 많으므로, 그런 부분은 깎아버리고 적어둘 만한 내용을 취해 이 전기를 만들었다.

편찬자는 논평하여 말한다. 당의 이강(李絳)이 헌종(憲宗)에게 대답해 아뢰기를 "간사하고 아첨하는 자를 멀리하고 충직한 자를 등용하며, 대신들과 논의할 때는 존경하고 믿어 소인배가 끼어들지 못하게 하시고, 어진 자와 교우하실 때는 친근하고 예의를 다해 불초한 자가 참예하지 못하게 하소서"라고 했으니,[6] 성실하다 이 말이여! 실로 임금된 자의 긴요한 도리이다. 그러므로 『서경』에 이르기를 "어진 이에게 일을 맡김에 의심하지 말며, 사특한 이를 물리치는 데 주저하지 말라"[7]라고 하였다. 이제 신라에서 유신을 대하는 것을 보면 친근히 하여 사이가 없고, 위임하여 의심하지 않으며, 도모하면 행하고 말하면 들어서 쓰이지 않음을 원망함이 없게 했으니, 가히 '육오동몽(六五童蒙)의 길함'[8]을 얻었다고

---

5) 『삼국유사』 기이 1 미추왕·죽엽군조에 상세한 내용이 보인다.
6) 당 헌종이 태종이나 현종과 같은 성대(盛大)를 이루려면 어떻게 해야 하는가를 묻자, 이에 이강이 대답하는 대목에서 인용한 것이다. 『신당서』 152 열전 77 이강전.
7) 『상서』 대우모(大禹謨)편에서 인용한 것으로 익(益)의 말이다.
8) 『주역』 몽괘(蒙卦)의 "육오동몽길"(六五童蒙吉)을 말한 것이다. 육오(六五)는 괘의 육효 가운데 제5효의 음효를 말한다. 동몽은 '나이가 어리고 아는 것이 없는 것'을 이르니, "어리고 몽매한 사람이니 길하다"는 뜻이다. 이 제5효는 유순한 음으로 군왕의 높은 지위에 있으면서 제2효와 음양상응의 관계에 있어서 모든 것을 그에게 위임하고 순응하는 형상이다. 즉 무지한 이가 높은 지위에 있으면서 겸손한 태도로

할 만하다. 그러므로 유신은 그 뜻을 행할 수 있었고, 중국과 협력해 세 나라를 합해 한집안을 이루어 공적과 명성을 남기고 일생을 마칠 수 있었던 것이다. 비록 을지문덕(乙支文德)의 지략과 장보고(張保皐)의 의용 (義勇)이 있다 할지라도, 중국의 기록이 아니었던들 모두 없어져서 알지 못했을 것이다. 그러나 유신과 같은 경우는 우리나라 사람들의 그에 대한 칭송이 지금까지도 끊이지 않아, 사대부들이 그를 알고 있는 것은 그럴 수 있거니와 꼴을 베고 소를 치는 아이까지도 역시 그를 알 수 있게 되었으니, 그의 사람됨에 반드시 남다른 데가 있었던 것이다.

• 삼국사기 권 제43

유능한 이에게 모든 것을 맡기고, 그의 가르침을 받아들이는 것을 어린아이같이 하기 때문에 길하다는 것이다. 결국 논찬자가 김유신의 삶에서 발견한 것은, 김유신 자신의 위대한 무공보다는 그것을 가능하게 한 신라 왕실의 아낌없는 신뢰였던 것이다.

삼국사기 권 제44

열전 제4
을지문덕, 거칠부, 거도, 이사부,
김인문, 김양, 흑치상지, 장보고, 사다함

을지문덕(乙支文德)은 그 가문의 계보가 자세하지 않다. 그는 자질이 침착하고 지략이 있었으며, 아울러 글을 지을 줄 알았다.

수 개황(開皇)[1] 연간에 양제(煬帝)가 조서를 내려 고구려를 쳤는데, 이때 좌익위대장군(左翊衛大將軍) 우문술(宇文述)은 부여 방면으로 나오고 우익위대장군(右翊衛大將軍) 우중문(于仲文)은 낙랑 방면으로 나와 9군(九軍)을 거느리고 압록수까지 이르렀다. 문덕은 왕명을 받고 수의 진영에 나와 거짓으로 항복했으니, 실제로는 그들의 허실을 살피고자 하는 것이었다. 우문술과 우중문은 앞서 양제의 은밀한 지시를 받았는지라 만약 왕이나 문덕을 만나기만 하면 붙잡으려 하였다. 이에 우중문 등이 문덕을 억류해 두려 했는데 상서우승(尙書右丞) 유사룡(劉士龍)이 위무사(慰撫使)로 와 있다가 굳이 만류하므로, 우중문은 드디어 그의 말을 따라 문덕을 돌아가게 하였다. 이윽고 우중문은 깊이 후회해 사람을 보내 문덕을 속여 말하기를 "다시 의논하고 싶은 말이 있으니 한 번 더 오

---
1) 개황은 양제의 부 문제(文帝)의 연호이므로, 여기 보이는 전쟁 시기는 양제의 연호 대업(大業)으로 고쳐야 옳다.

면 좋겠다"라고 했으나, 문덕은 뒤도 돌아보지 않고 압록수를 건너 돌아
와버렸다.

　우문술과 우중문 등은 이미 문덕을 놓쳐버리고 내심 불안하였다. 우문
술은 군량이 다했다 하여 돌아가려 하였고, 우중문은 제안하기를 정예
부대로 문덕을 추격하면 성공할 수 있으리라 했는데, 우문술이 굳이 만
류하였다. 우중문이 성을 내 말하기를 "장군은 10만의 군사를 거느리고
도 얼마 안 되는 적군조차 깨뜨리지 못한다면 무슨 낯으로 황제를 뵈올
것인가"라고 하니, 우문술 등은 마지못해 우중문을 따라 압록수를 건너
문덕을 추격하였다.

　문덕은 수나라 군사들에게 굶주린 기색이 있는 것을 보고 일부러 그
들을 피로하게 하고자 매번 싸울 때마다 번번이 달아났다. 우문술 등은
하루에 일곱 번 싸워 모두 이기자 잦은 승리에 자신감을 가지게 된데다,
또한 여러 사람의 의견에 밀려서 마침내 동쪽으로 진격해 살수(薩水)를
건너 평양성에서 30리 떨어진 곳에 산을 의지하고 진을 쳤다.

　이때 문덕이 우중문에게 보낸 시가 이러하다.

　신통한 책략은 천문을 다 알았고
　기묘한 작전은 지리를 통달하였다
　싸움에 이긴 공로 이미 드높았으니
　만족할 줄 알아 그만두기 바라노라

　이에 우중문은 회답을 보내 문덕을 타일렀다. 문덕이 다시 사신을 보
내 거짓 항복하고 우문술에게 청하기를 "만약 군사를 거두어 돌린다면
마땅히 왕을 모시고 황제가 계신 곳에 가서 조알하겠다"라고 하였다. 우
문술은 사졸들이 피로하고 약해져 더 이상 싸울 수 없는 것을 보고, 또
평양성이 험하고 공고해 쉽사리 함락시키기가 어려울 것을 헤아려, 마
침내 그 거짓 항복을 계기로 돌아가기로 하여 방형의 진을 치고 행군하
였다. 이때 문덕이 군사를 내 사면에서 쳐들어가니 우문술 등은 한편 싸

우면서 한편 행군하였다.

　살수(薩水)에 이르러 수나라 군사들이 절반쯤 건너는 중에 문덕이 군사를 진격시켜 그들의 후방 부대를 쳐서 우둔위장군(右屯衛將軍) 신세웅(辛世雄)을 죽였다. 그러자 여러 부대가 함께 무너져내려 걷잡을 수 없었다. 9군의 장수와 사졸들이 뛰어 달아나 하루 낮 하룻밤 만에 압록수까지 4백 50리를 갔다. 그들이 처음에 요수를 건너올 때는 9군으로서 30만 5천 명이었는데, 요동성에 돌아갔을 때는 오직 2천 7백 명뿐이었다.

　편찬자는 논평하여 말한다. 양제의 요동 전쟁은 군사를 출동시킨 규모의 성대함에 있어서 전례가 없었거니와, 고구려가 한 편방의 작은 나라로서 능히 이를 막아내 스스로를 보존했을 뿐 아니라 적군을 거의 다 섬멸한 것은 문덕 한 사람의 공이었다. 『좌전』에 이르기를 "저와 같은 군자가 없으면 어찌 나라 노릇을 할 수 있으랴!"[2]라고 했으니, 옳은 말이다.

　거칠부(居柒夫)〔혹은 황종(荒宗)이라고 한다〕는 성이 김씨로 내물왕의 5세손인데 할아버지는 잉숙(仍宿) 각간이고 아버지는 물력(勿力) 이찬이다.

　거칠부는 젊어서 약간 건들거리며 차분하지 못하면서도 원대한 뜻을 품었으며, 머리를 깎고 승려가 되어 사방을 유람하였다. 문득 고구려를 염탐하고자 하여 그 경내로 들어갔는데, 법사 혜량(惠亮)이 법당을 열어 불법을 설교한다는 말을 듣고 마침내 그곳에 나가 불경 강의를 듣게 되었다. 하루는 혜량이 거칠부에게 물었다.

---

2) 진(秦)에서 서걸술(西乞術)을 노에 보내 예방하고 장차 진(晉)을 칠 계획을 말하게 했는데, 노의 양중(襄仲)이 서걸술이 가져온 옥을 받지 않고 사양하자 서걸술이 조리있게 설득하였다. 이에 양중이 "저와 같은 군자가 없으면 어떻게 나라를 보존할 수 있을 것인가!"라고 찬탄했다 한다. 『좌전』 9 문공(文公) 12년.

"사미(沙彌)는 어디서 왔느냐?"

"저는 신라 사람입니다."

그날 밤 법사가 그를 불러와 마주하더니 손을 잡고 은밀하게 말하였다.

"내가 겪어본 사람이 많거니와 그대 용모를 보니 정녕 보통 사람이 아니다. 혹시 딴마음을 품고 있는 것이 아니냐?"

"저는 후미진 땅에 태어나서 도리를 배우지 못하다가 스님의 높으신 덕망과 명성을 듣고 문하에 찾아왔사오니, 스님께서는 물리치지 마시고 끝까지 몽매한 저를 계발해 주시기 바랍니다."

"이 민활하지 못한 노승조차 그대를 알아볼 수 있었거늘, 이 나라가 비록 작다 하나 사람을 알아보는 이가 없다 할 수는 없을 것인바, 그대가 잡힐까 염려되어 일부러 몰래 일러주는 것이니 빨리 돌아가는 것이 좋으리라."

이에 거칠부가 돌아가려 하자, 법사가 다시 그에게 말하였다.

"그대의 상을 보니 제비 턱에 매 눈이라,[3] 장차 반드시 장수가 되겠다. 만약 군사를 거느리고 오거든 나에게 해를 끼치지 말아라."

"만일 스님 말씀대로 된다면 스님의 말씀을 저버리지 않을 것을 저 밝은 해를 두고 맹세합니다."

드디어 본국으로 돌아와 승려 생활을 그만두고 벼슬에 종사해, 관품이 대아찬에 이르렀다.

진흥대왕 6년 을축(545)에 왕명을 받들어 여러 문사를 모아 『국사』(國史)를 편찬했으며, 관품이 파진찬으로 올랐다.

12년 신미(551)에 왕이 거칠부와 구진(仇珍) 대각찬(大角飡)·비대(比台) 각찬·탐지(耽知) 잡찬(迊飡)·비서(非西) 잡찬·노부(奴夫) 파진찬·서력부(西力夫) 파진찬·비차부(比次夫) 대아찬·미진부(未珍夫) 아찬 등

---

3) 원문에 "연함응시"(鳶頷鷹視)라고 한 것인데, 무공이 빼어난 사람의 골상을 이른다.

장군 여덟 명에게 명해 백제와 함께 고구려를 침공하게 하였다. 백제 사람들이 먼저 평양을 쳐부수자 거칠부 등이 승세를 타고 죽령 바깥쪽 고현(高峴) 안쪽의 10개 군을 빼앗았다. 이때 혜량법사가 그의 문도들을 거느리고 길가에 나와 있었다. 거칠부가 말에서 내려 군사 예법으로 절을 하고, 법사에게 나와 말하였다.

"지난날 유학하던 시절에 법사의 은혜를 입어 생명을 보전했는데, 오늘 해후해 서로 만나게 되니 무엇으로 보답을 해야 할지 모르겠습니다."

"지금 우리나라는 정치가 어지러워 멸망할 날이 머지않았으니 귀국으로 데려가 주기 바란다."

이에 거칠부가 함께 말에 올라 돌아와 왕에게 배알시켰다. 왕은 그를 승통(僧統)으로 삼고, 처음으로 백좌강회(百座講會) 및 팔관법(八關法)[4]을 두게 하였다.

진지왕 원년 병신(576)에 거칠부는 상대등이 되어 군사와 정치의 사무를 맡아 수행했으며, 늙어 집에서 죽으니 향년 78세였다.

거도(居道)는 그 혈족의 성씨가 전해지지 않아 어디 사람인지를 알 수 없다.

탈해 이사금대에 벼슬해 간(干)이 되었다. 이때 우시산국(于尸山國)과 거칠산국(居柒山國)이 신라 국경에 이웃해 끼어 있으면서 자못 나라의 걱정거리가 되었다. 거도가 변방의 관리가 되어서 몰래 그 나라들을 병탄할 뜻을 품고, 매년 한 차례씩 장토(張吐)의 들에서 말떼를 모아 군사들로 하여금 말을 타고 치달리면서 즐기게 하니, 당시 사람들이 마숙(馬叔)이라 일컬었다. 두 나라 사람들은 그 광경을 보고 신라의 늘 있는 행사라고 생각해 괴이하게 여기지 않았다. 이에 거도가 군사와 마필을 일으켜 불의에 쳐서 두 나라를 멸망시켰다.

---

4) 신라본기 진흥왕 33년조의 팔관재회에 관한 주석을 참조할 것.

이사부(異斯夫)〔혹은 태종(苔宗)이라고 한다〕는 성이 김씨로 내물왕의 4세손이다.

지도로왕(智度路王) 때 변방의 관리가 되어 거도(居道)의 술책을 본떠서 말놀이로 가야(加耶)〔혹은 가라(加羅)라고 한다〕국을 속여 빼앗았다.

지증왕 13년 임진(512)에 하슬라주(何瑟羅州) 군주가 되어 우산국(于山國)을 병탄하려고 획책하였다. 이사부는 그 나라 사람들이 어리석고 사나워서 위세로 항복받기는 어렵지만 계략으로 복속시킬 수는 있다고 여겼다. 곧 나무 사자를 많이 만들어 전함에 나누어 싣고 그 나라 바닷가에 다다라 말하기를 "너희가 만약 항복하지 않는다면 이 맹수들을 풀어놓아 너희를 밟아 죽일 것이다"라고 하니, 그 나라 사람들이 두려워 바로 항복하였다.

진흥왕이 왕위에 있은 지 11년, 즉 대보(大寶) 원년(550)에 백제가 고구려의 도살성(道薩城)을 쳐서 빼앗고, 고구려는 백제의 금현성(金峴城)을 함락시켰다. 진흥왕은 두 나라 군사가 피로한 틈을 타 이사부를 시켜 군사를 이끌고 나가 쳐서 두 성을 빼앗아 증축하고, 갑사(甲士)를 주둔시켜 지키게 하였다. 이때 고구려가 군사를 보내와서 금현성을 공격하다 이기지 못하고 돌아가자, 이사부가 추격해 크게 이겼다.

김인문(金仁問)은 자가 인수(仁壽)이고, 태종대왕의 둘째 아들이다. 어려서부터 배움에 나아가 유가의 책들을 많이 읽고, 겸하여 장자와 노자와 불교의 경전을 섭렵하였다. 또한 예서(隷書)와 말타기와 활쏘기와 향악(鄕樂)에 밝은데다, 품행이 순직하고 기예가 능란하며 식견과 도량이 드넓으매, 당시 사람들이 떠받들고 우러러보았다.

영휘(永徽) 2년(651), 인문의 나이 23세 때 왕명을 받아 당에 들어가 숙위(宿衛)하였다. 당 고종은 바다를 건너와 입조하는 충성이 가상하다 하여 특별히 좌령군위장군(左領軍衛將軍)을 수여하고, 4년에는 조칙을 내려 본국에 돌아가 부모를 뵙게 하였다. 태종대왕이 그를 압독주총관

(押督州摠管)으로 임명하였다. 이에 인문이 장산성(獐山城)을 쌓아 요새를 설비했으므로, 태종이 그 공적을 평가해 식읍 3백 호를 주었다.

신라는 자주 백제의 침공을 받게 되자 당나라 군사의 원조를 얻어 그 치욕을 씻고자 하여 숙위로 있던 인문에게 일러 군사를 요청하려 했는데, 때마침 당 고종이 소정방을 신구도대총관(神丘道大摠管)으로 삼아 군사를 거느리고 백제를 치게 하였다. 황제가 인문을 불러 도로의 사정과 오고 가는 편의를 묻자 인문이 일일이 자세하게 대답하였다. 황제가 기뻐해 그에게 신구도부대총관 직을 수여하고 소정방의 군영으로 가라고 명령하였다. 인문이 드디어 정방과 함께 바다를 건너 덕물도(德物島)에 이르자, 왕이 태자에게 명해 장군 유신·진주(眞珠)·천존(天存) 등과 함께 큰 전함 1백 척에 군사를 싣고 가 그들을 맞이하게 하였다. 웅진 어귀에 이르자 적들이 강가에 병력을 배치하고 있는지라 싸워 쳐부수었으며, 승세를 타고 그 도성에 들어가 섬멸하였다. 정방은 백제 왕 의자와 태자 효(孝), 왕자 태(泰) 등을 사로잡아 당으로 돌아갔다. 대왕이 인문의 공적을 가상히 여겨 파진찬의 관위를 수여하고 또 각간의 지위를 더해주었다. 인문은 얼마 후 당에 들어가 예전처럼 숙위로 있었다.

용삭(龍朔) 원년(661)에 고종이 인문을 불러 말하기를 "내가 이미 백제를 격멸해 너희 나라의 근심을 없앴거니와, 이제 고구려가 지세의 험고함을 믿고 예맥과 한통속이 되어 사대의 예의를 거스르고 선린의 도의를 저버리니, 군사를 보내 토벌하고자 한다. 그대는 돌아가 너희 나라 왕에게 이를 알리고 군사를 출동해 우리와 함께 고구려를 쳐서 다 망해가는 오랑캐를 섬멸하게 하라"라고 하였다. 인문이 곧장 본국으로 돌아와 황제의 명령을 전하니, 왕은 인문으로 하여금 유신 등과 함께 군사를 단련해 대비하게 하였다. 황제는 형국공(邢國公) 소정방을 요동도행군대총관(遼東道行軍大摠管)으로 삼아 6군을 거느리고 만리 길을 휘몰아오게 하였다. 패강(浿江)에서 고구려 군사를 만나 깨뜨리고 마침내 평양을 에워쌌으나 고구려 군사가 견고하게 지키는지라 이기지 못했으며, 군사와 마필들이 대부분 죽고 다친데다 군량의 공급마저 이어지지 않았다. 인문이 백제에 남아 진무하고 있던 유인원(劉仁願)과 함께 군사를 통솔하면서 겸하여 쌀 4천 석과 조(租) 2만여 곡(斛)을 싣고 다다르니, 당나라 군사는 식량을 얻기는 했으나 눈이 크게 내리므로 포위를 풀고 돌아갔다. 신라 군사들도 돌아오려 하는데 고구려 군사가 도중에 받아치려 하는지라, 인문과 유신은 속임수를 써서 밤을 타 달아났다. 고구려 군사가 이튿날에야 알아차리고 뒤쫓아 오자, 인문 등이 반격해 크게 쳐부수고 1만여 명의 목을 베었으며, 5천여 명을 사로잡아 돌아왔다.

인문은 다시 당으로 들어갔다. 건봉(乾封) 원년(666)에는 황제를 모시고 태산(泰山)에 올라 봉선(封禪)의 의식5)에 참여해 우효위대장군(右驍衛大將軍)의 직위와 식읍 4백 호를 더 수여받았다.

총장(摠章) 원년 무진(668)에 고종황제가 영국공(英國公) 이적(李勣)을 보내 군사를 거느려 고구려를 치게 하고, 또 인문을 보내와 우리에게서 군사를 징발하게 하였다. 문무대왕이 인문과 함께 군사 20만 명을 내어 북한산성에 이르렀다. 왕은 이곳에 머물고 먼저 인문 등을 보내 군사를 거느리고 당나라 군사와 함께 평양을 치게 하매, 한 달 남짓하여 고구려 왕 장(臧)을 사로잡았다. 인문이 고구려 왕을 영국공 앞에 꿇어앉히고 그의 죄를 헤아려 꾸짖었다. 고구려 왕이 두 번 절을 하자 영국공이 그에게 답례를 한 다음, 곧 왕과 남산(男産)·남건(男建)·남생(男生) 등을 데리고 돌아갔다.

문무대왕은 인문의 영특한 책략과 용맹한 공적이 현저히 빼어나다 하여 이전 대탁각간(大琢角干) 박유(朴紐)의 식읍 5백 호를 내려주었다. 고종 역시 인문이 여러 차례 전공을 세웠다는 말을 듣고 조서를 내려 이르기를 "측근에서 나를 지키는 훌륭한 장수요 문무를 겸비한 빼어난 인재

---

5) 봉선은 천자가 행하는 제사로, 봉은 흙을 쌓아 단을 만들어 하늘에 제사하는 것이며, 선은 땅을 판판하게 닦고 깨끗이 하여 산천에 제사하는 것을 말한다. 옛날 천자가 순수하여 태산(太山)에 단을 쌓아 하늘에 제사하고, 소산(小山)에서 산천에 제사하였다. 후세에는 군주가 국위를 내외에 과시할 목적에서 봉선의 의식을 행하게 되었다. 『사기』28 봉선서(封禪書) 및 『정의』(正義).

이니, 관작과 봉토를 주어 영예로운 명령을 거듭할 일이로다" 하고, 관작의 품질을 올려주고 식읍 2천 호를 더해주었다. 그는 그 뒤에도 당나라 궁정에서 황제를 시위하면서 여러 해를 보냈다.

상원(上元) 원년(674)에 문무왕이 고구려의 반란 집단을 받아들이고 게다가 백제의 옛 땅을 차지하자, 당 황제가 크게 노하여 유인궤(劉仁軌)를 계림도대총관(雞林道大摠管)으로 삼아 군사를 발동해 와서 치게 하고, 조서를 내려 왕의 관작을 박탈하였다. 이때 인문은 우효위원외대장군임해군공(右驍衛員外大將軍臨海郡公)으로서 당의 수도에 있었는데 황제가 그를 왕으로 삼아 본국으로 돌아가서 그의 형을 대신하게 하고, 아울러 계림주대도독개부의동삼사(雞林州大都督開府儀同三司)로 책봉하였다. 인문은 간곡하게 사양했으나 받아들여지지 않자 드디어 길을 떠났다. 이때 마침 왕이 사신을 들여보내 조공하고 또 사죄하니, 황제가 용서하고 왕의 관작을 회복시켰으므로, 인문은 중도에서 돌아와 역시 예전 직함을 회복하였다.

조로(調露) 원년(679)에 인문은 진군대장군(鎭軍大將軍)과 행우무위위대장군(行右武威衛大將軍)을 거쳤으며, 재초(載初) 원년(690)에는 보국대장군상주국임해군개국공좌우림군장군(輔國大將軍上柱國臨海郡開國公左羽林軍將軍) 직을 수여받았다.

연재(延載) 원년(694) 4월 29일에 병에 걸려 당나라 수도에서 죽으니, 향년 66세였다. 황제가 부음을 듣고 몹시 슬퍼하여 수의를 특별히 우대해 내려주고 관등을 더해주었으며, 조산대부행사례시대의서령(朝散大夫行司禮寺大醫署令) 육원경(陸元景)과 판관조산랑직사례시(判官朝散郎直司禮寺) 아무개 등에게 명령해 인문의 영구를 본국으로 보내도록 하였다. 효소대왕은 인문에게 태대각간을 추증하고, 담당 관료에게 명령하여 연재 2년 10월 27일에 수도의 서쪽 들에 장사 지내게 하였다.[6)

---

6) 김인문의 생애와 관련된 다른 자료로는 1913년에 경주 서악서원(西岳書院)에서 발견된 「김인문비」가 있다.

인문은 일곱 번이나 당에 들어갔으며, 당나라 궁정에서 숙위로 있었던 나날을 계산하면 무릇 22년이었다. 당시에 역시 **양도**(良圖) 해찬(海湌)의 경우 여섯 번 당에 들어갔다가 서경(西京)에서 죽었는데, 그의 행적의 전말은 전하지 않는다.

김양(金陽)은 자가 위흔(魏昕)으로 태종대왕의 9세손이다. 증조부는 주원(周元) 이찬이고, 조부는 종기(宗基) 소판이며, 아버지는 정여(貞茹) 파진찬이니, 모두 대대로 내려오면서 장수와 재상이 되었다.

김양은 나면서부터 영특하고 헌걸찼다. 태화(太和) 2년, 곧 흥덕왕 3년(828)에 고성군(固城郡) 태수가 되었고, 조금 있다가 중원(中原) 대윤(大尹)에 임명되었으며, 곧이어 무주도독(武州都督)으로 옮겼는데, 가는 곳마다 정사에 칭송이 있었다.

개성(開成) 원년 병진(836)에 흥덕왕이 죽고 그를 이을 적자가 없자, 왕의 당제(堂弟) 균정(均貞)과 당제의 아들 제륭(悌隆)이 왕위 계승을 다투었다. 이때 김양은 균정의 아들인 아찬 우징(祐徵)과 균정의 매부 예징(禮徵) 등과 함께 균정을 왕으로 받들어 적판궁(積板宮)에 들어가 족병(族兵)을 동원해 숙위하고 있었는데, 제륭의 무리인 김명(金明)과 이홍(利弘) 등이 와서 궁을 에워쌌다. 김양이 군사를 궁문에 배치해 그들을 막으면서 말하기를 "새 임금이 여기 계신데 너희들이 어찌 감히 이토록 흉포한 반역을 하는가"라고 하였다. 드디어 김양이 활을 당겨 십수 명을 쏘아 죽이니, 제륭의 휘하 배훤백(裴萱伯)이 김양의 다리를 쏘아 맞혔다. 균정이 말하기를 "저들은 수가 많고 우리는 적으니 형세상 막을 수 없겠다. 공은 짐짓 물러나서 후일을 도모하라!"라고 하였다. 이에 김양이 포위를 뚫고 나와서 한기(韓歧)['한기'(漢祇)로도 쓴다]의 저자에 이르렀을 때, 균정이 반란군에게 살해되었다. 김양은 하늘을 우러러 통곡하면서 해를 두고 마음으로 맹세한 다음, 산야에 숨어들어 기회가 오기를 기다렸다.

개성 2년(837) 8월이 되자 전 시중 우징이 남은 군사를 거두어 청해진

(清海鎭)으로 들어가 대사(大使) 궁복(弓福)과 결탁해 불구대천의 원수를 갚고자 하였다. 김양이 이를 듣고 모사(謀士)와 병졸을 모집하여, 3년 2월에 바다로 들어가서 우징을 만나 그와 함께 거사를 계획하였다. 3월에 날랜 군사 5천 명을 거느리고 무주(武州)를 습격해 성 아래에 다다르니, 무주 주민들이 모두 항복하였다. 계속 진군해 남원(南原)에 이르러 신라 군사를 맞아 싸워 이겼다. 우징은 사졸들이 오랫동안 피로했다 하여 다시 청해진으로 돌아가서 군사를 훈련하며 말을 길렀다. 겨울에 혜성이 서방에 나타나 빛꼬리가 동방을 가리켰다. 이에 사람들이 축하해 말하기를 "이는 낡은 것을 없애고 새것을 펴는 것이니, 원수를 갚고 치욕을 씻을 좋은 징조로다!"라고 하였다.

김양은 평동장군(平東將軍)이라 하고 12월에 다시 출정했는데, 김양순(金亮詢)이 무주(鵡洲) 군사를 거느리고 왔으며, 우징 또한 용맹스러운 염장(閻長) · 장변(張弁) · 정년(鄭年) · 낙금(駱金) · 장건영(張建榮) · 이순행(李順行) 등 여섯 장수에게 군사를 거느려 보내니 군사의 위풍이 매우 성대하였다. 북을 울리며 행군해 무주 철야현(鐵冶縣) 북쪽 일대에 다다르니, 신라의 대감(大監) 김민주(金敏周)가 군사를 이끌고 막아섰다. 장군 낙금과 이순행이 기병 3천 명을 거느리고 그들 진영에 부딪혀 들어가 거의 모두를 살상하였다.

4년(839) 정월 19일에 김양의 군사가 대구(大丘)에 이르렀을 때 왕이 군사를 내 막아서려 하매 이를 맞받아 치니, 왕 측의 군사는 패배해 사로잡히고 베인 자들을 이루 헤아릴 수 없었다. 이때 왕은 갈팡지팡 달아나 이궁으로 들어갔으나, 병사들이 찾아 죽였다. 이에 김양이 좌우의 장군들에게 명령해 기병을 거느리고 돌면서 두루 알리게 하기를 "우리는 본디 원수를 갚고자 함이었거니와, 이제 그 괴수가 처단되었으니 상하 남녀 백성들은 모두 안돈하여 함부로 동요하지 말라"라고 하였다. 마침내 왕성을 수습하고 복구하니 인민들이 안도하였다.

이에 김양이 흰백을 불러 말하였다.

"개는 저마다 제 주인이 아니면 짖는 법이다. 너는 네 주인을 위해 나를 쏘았으니 의로운 사람인바, 나는 탓하지 않을 터이니 안심하고 두려워하지 말라."

여러 사람이 이 말을 듣더니 "훤백의 경우가 이와 같거늘, 그 밖의 사람들이야 무엇을 근심하랴!" 하면서 감복하고 기뻐하지 않는 이가 없었다.

4월에 궁궐을 깨끗이 하고 시중 우징을 받들어 맞이해 왕위에 즉위하게 되니 이가 신무왕이요, 7월 23일에 대왕이 죽고 태자가 왕위를 이으니 이가 문성왕이다. 문성왕은 김양의 공적을 높이 평가해 소판겸창부령(蘇判兼倉部令) 직을 수여하고 다시 시중겸병부령(侍中兼兵部令)을 삼았으며, 당의 사절이 왔을 때 겸하여 그에게도 검교위위경(檢校衛尉卿)의 작위를 주었다.

대중(大中) 11년(857) 8월 13일에 자기 집에서 죽으니 향년 50세였다. 대왕이 부음을 듣고 애통해 하였으며 서발한(舒發翰)을 추증하고, 염습과 장례에 주는 부의는 김유신의 전례와 한가지로 같게 하였으며, 그해 12월 8일에 태종대왕의 능 옆에 장사 지냈다.

그의 종형 흔(昕)은 자가 태(泰)인데, 그의 아버지 장여(璋如)는 벼슬이 시중으로 파진찬에 이르렀다. 김흔은 어려서부터 총명하고 명민했으며 학문을 좋아하였다. 장경(長慶) 2년(822)에 헌덕왕이 당에 사신을 들여보내려 했는데 적당한 사람을 가리기가 어렵더니, 어떤 이가 김흔을 천거하며 '태종의 후손으로 정신이 맑고 수려하며 도량이 깊고 그윽하므로 뽑아보낼 만하다' 하므로, 마침내 그로 하여금 당에 들어가 숙위하게 하였다. 한 해 남짓 있다가 돌아가기를 청하자, 황제가 조칙을 내려 금자광록대부시태상경(金紫光祿大夫試太常卿)의 작위를 수여하였다. 본국으로 돌아오자 국왕이 왕명을 잘 수행했다 하여 그를 남원태수로 발탁한 이래 여러 자리를 거쳐 강주대도독(康州大都督)에 이르렀으며, 얼마 후 이찬으로 올라 상국(相國)을 겸하였다.

개성(開成) 기미(839) 윤 정월에 대장군이 되어 군사 10만 명을 거느리고 대구(大丘)에서 청해진의 군사를 막았으나 크게 패하고 말았다. 그는 스스로 생각하기를 전쟁에서 패하였고 게다가 제대로 죽지도 못했다 하여, 다시 벼슬하지 않고 소백산에 들어가 칡옷을 입고 나물 밥을 먹으면서 승려들과 함께 지내다가, 대중(大中) 3년(849) 8월 27일에 병이 들어 산방에서 죽으니 향년 47세였다.[7] 그해 9월 10일에 나령군(奈靈郡) 남쪽 들에 장사 지냈다. 후사가 없어 부인이 상주 노릇을 하더니, 그녀는 뒤에 비구니가 되었다.

흑치상지(黑齒常之)는 백제 서부(西部) 사람이다. 키는 7척이 넘었고 날래고 굳센데다 지모와 계략이 있었다. 백제의 달솔(達率)로서 풍달군(風達郡)의 군장(郡將)을 겸했는데, 이는 당의 자사(刺史)와 같은 직관이라 한다.

소정방이 백제를 평정했을 때 상지는 자신이 관할하는 지역을 들어 항복하였다. 그러나 정방이 늙은 왕을 가두고 군사를 풀어 크게 노략하자 상지는 두려운 나머지 좌우의 추장 10여 명과 함께 탈출하여 도망한 이들을 불러 모아 임존산(任存山)을 의지해 굳게 지키니, 열흘이 못 되어 돌아오는 이들이 3만 명이었다. 정방이 군사를 통솔해 쳤으나 이기지 못하였다. 상지는 마침내 2백여 성을 회복하였다.

용삭(龍朔) 연간에 당 고종이 사신을 보내 상지를 불러서 타이르자, 곧 유인궤(劉仁軌)에게 가서 항복하고 당에 들어가 좌령군원외장군양주자사(左領軍員外將軍徉州刺史)가 되었으며, 여러 차례 전투에 종군해서 공로를 쌓고 작위와 특출한 상을 받았다. 얼마 뒤에는 연연도대총관(燕然道大摠管)이 되어 이다조(李多祚) 등과 함께 돌궐을 쳐부수었다. 좌감문위중랑장(左監門衛中郎將) 보벽(寶璧)이 끝까지 추격해 공을 세우려 하자 황제가 조서를 내려 상지와 함께 치라 했는데, 보벽이 홀로 진격했다가 적에게 패하고 전군이 궤멸당하였다. 보벽은 옥리에 내려 죽이고, 상

---

7) 김흔의 만년에 대해서는 「성주사낭혜화상탑비」(聖住寺朗慧和尚塔碑)를 참조할 수 있다.

지도 공이 없음을 문죄당하였다. 이때 마침 주흥(周興) 등이 상지가 응양장군(鷹揚將軍) 조회절(趙懷節)과 더불어 반역했다고 무고하니, 체포되어 조칙으로 옥에 갇혔다가 교수형에 처해졌다.[8]

상지는 아랫사람들을 은의로 대하였다. 그가 타고 다니는 말이 병사들에게 채찍질당했을 때 어떤 이가 그 병사를 처벌할 것을 요청했으나, 상지는 대답하기를 "어찌 경솔하게 내 개인의 말 때문에 관군을 벌하겠는가"라고 하였다. 전후하여 받은 상들은 휘하에게 나누어주고 재물을 남겨두지 않았다. 그가 죽게 되자 사람들이 모두 그의 억울함을 안타까워하였다.

장보고(張保皐)[나기(羅紀)에는 '궁복'(弓福)으로 썼다]와 정년(鄭年)['연'(年)은 혹은 '연'(連)으로도 쓴다]은 모두 신라 사람들인데 다만 그들의 고향과 집안 내력은 알 수 없다. 둘 다 싸움을 잘했으며, 게다가 정년은 바다 밑에 들어가 50리를 다니면서도 숨을 쉬지 않을 수 있었다. 그 용맹함과 기세를 겨룬다면 장보고가 약간 미치지 못했으나, 정년은 장보고를 형으로 불렀다. 장보고는 나이로, 정년은 무예로 우위에 있어 매사에 의견이 맞지 않았고, 서로 지려 하지 않았다. 두 사람이 당에 가서 무령군소장(武寧軍小將)이 되었는데, 말 달리며 창을 쓰는 데는 당할 사람이 없었다.

그 뒤 장보고는 본국으로 돌아와 대왕을 뵙고 말하기를 "중국을 두루 다녀보니 우리나라 사람들이 노비가 되어 있는지라, 바라옵건대 저에게 청해(淸海)를 지키게 하신다면 도적들로 하여금 우리 백성을 중국으로 약탈해가지 못하게 하겠습니다"라고 하였다. 청해는 신라 바닷길의 요충지로, 지금은 그곳을 완도(莞島)라고 한다. 이에 대왕이 장보고에게 군

---

8) 이때는 영창(永昌) 원년(689)으로, 『구당서』 109 및 『신당서』 110 흑치상지전에 자세하다. 한편 1929년에는 중국 낙양에서 그와 그의 아들 흑치준(黑齒俊)의 묘지명이 함께 출토된 바 있다. 이에 따르면 그의 선조는 원래 부여씨였는데, 흑치 지방에 봉해졌기 때문에 흑치씨가 되었다고 한다.

사 1만 명을 주니, 이후로는 바다에서 우리나라 사람들을 사고 파는 일이 없어졌다.

장보고는 이렇듯 귀하게 되었으나, 정년은 관직을 떠나 굶주리고 헐벗은 채 사수(泗水)의 연수현(漣水縣)에 있었다. 하루는 정년이 연수현의 수비 장수 풍원규(馮元規)에게 말하였다.

"나는 우리나라로 돌아가서 장보고에게 의지해 살아야겠다."

"네가 장보고에게 믿는 바가 무엇이길래, 어찌하여 돌아가 그의 손아귀에 죽으려 하는가?"

"굶주리고 헐벗어 죽느니보다는 창칼 아래 죽는 것이 장쾌할뿐더러, 게다가 고향에서 죽지 아니한가?"

마침내 중국을 떠나 장보고에게 찾아가 술을 마시면서 마음껏 즐기는데, 미처 술자리가 다하기도 전에 왕이 시해되고 나라가 어지러우며 임금조차 없다는 말을 듣게 되었다. 장보고는 군사 5천 명을 정년에게 나누어주더니 정년의 손을 붙잡고 울면서 말하기를 "그대가 아니면 이 환란을 평정할 수 없다"라고 하였다. 이에 정년이 나라에 들어가 반역자를 처단하고 왕을 세웠다. 왕이 장보고를 불러 재상으로 삼고, 정년으로 하여금 그를 대신해 청해를 지키게 하였다[이것은 「신라전기」(新羅傳記)와는 자못 다른데 두목(杜牧)이 지은 전기인 까닭에 둘 다 보존해 둔다].9)

편찬자는 논평하여 말한다.

두목은 이렇게 말하였다.

"천보(天寶) 연간 안녹산(安祿山)의 반란10) 때 삭방절도사(朔方節度

---

9) 두목(803~853)은 당 말기의 시인으로『통전』의 저자 두우(杜佑)의 손자이다. 두목의 「장보고정년전」은 송 태종 때 편찬한『문원영화』(文苑英華)에 실렸다.『문원영화』는 양나라 말부터 당까지의 문집을 분류 편찬한 것으로,『태평어람』(太平御覽)·『태평광기』(太平廣記)·『책부원귀』와 함께 송대 4대 관찬서 가운데 하나이다.

10) 안녹산은 본래 호족(胡族) 출신으로 용맹과 전술이 뛰어나 당 현종의 신임을 받았

使) 안사순(安思順)이 안녹산의 종제(從弟)라 하여 사형에 처하고, 곽분양(郭汾陽)에게 조칙을 주어 그를 대신하게 했으며, 그 뒤 열흘 만에 다시 이림회(李臨淮)에게 조칙을 내려 신절을 가지고 가서 삭방의 군사 절반을 나누어 동쪽의 조(趙)·위(魏) 방면으로 나가게 하였다. 안사순이 절도사로 있을 때 분양과 임회는 함께 아문도장(牙門都將)으로 있었는데, 두 사람이 서로 사이가 나빠 비록 같은 상에서 음식을 먹는다 해도 늘 서로 흘겨보면서 한마디도 나누지 않았다. 이제 분양이 안사순의 자리를 대신하게 되자 임회는 도망가고자 했으나, 미처 계획을 결행하지 못하고 있던 터에 그에게 조칙이 내려 분양의 군사 절반을 나누어 동쪽을 토벌하라 했던 것이다. 이리하여 임회는 분양에게 가서 간청하기를 '내 한 몸 죽는 것은 달게 받겠으나 처자식만은 살려주기 바랍니다'라고 하였다. 이에 분양은 자리에서 달려내려와 손을 붙잡고 자리로 이끌어 올라 마주앉아 말하기를 '지금 나라가 어지럽고 주상께서는 피난을 다니시는지라, 그대가 아니고는 동쪽을 정벌할 수 없거늘 어찌 사사로운 원분을 생각할 때이리오'라고 하였다. 이윽고 작별할 때가 되자 손을 맞잡고 눈물을 흘리면서 서로들 충성과 의리로 격려하였다.

이와 같이 거대한 도적을 평정하게 된 것은 실로 두 사람의 힘이었으니, 그 마음이 배반하지 않을 것을 알고 그 능력이 맡길 만한 것을 안 다음에라야, 마음에 의심을 갖지 않고 군사를 나눌 수 있었던 것이리라. 평소에 원분이 쌓여 있으면 그의 마음을 짐작하기 어려우며, 원분을 가진 이에게는 반드시 단점만 보이는지라 그의 능력을 알아보는 것은 더욱 어려운 것이다. 이 점에서 장보고와 곽분양의 현명함이 비등하다. 정년이 장보고에 투신하면서 틀림없이 생각하기를 '저이는 고귀하게 되었고 나는 비천하니, 내가 몸을 낮추어 그를 높인다면 의당 옛 감정을 가지고

으나, 755년 평로(平虜)·범양(范陽)·하동(河東) 지구를 총괄하는 절도사가 되어 15만 병력을 장악하더니, 반란을 일으켜 낙양과 장안을 점령한 후 대연(大燕) 웅무황제(雄武皇帝)를 자칭하였다. 757년 황제의 자리를 탐내던 아들 안경서(安慶緒)에게 살해되었다.

서 나를 죽이지는 않으리라' 하였을 것이다. 장보고가 과연 그를 죽이지 않았으니 이것은 사람의 일반적인 정서이다. 그리고 임회가 분양에게 죽음을 자청한 것 역시 사람들의 일반적인 정서인 것이다. 한편 장보고가 정년에게 일을 맡긴 것은 오직 스스로 결정한 일이며, 정년은 굶주리고 헐벗은 처지였는지라 감동되기가 쉬웠던 반면, 분양과 임회는 평생토록 맞서 있던 이들이었지만, 임회에게 일을 맡기게 된 명령이야 천자에게서 나왔던 것이니, 장보고의 경우에 견주어본다면 분양 쪽이 결단하기가 더 용이했던 것이다. 이런 것이야말로 성현조차 의구하고 망설이다가 일의 성패가 나뉘게 되는 대목이다. 그것은 다름 아니라 어질고 의로운 마음과 잡스러운 감정이 나란히 자리하고 있다가 잡스러운 감정이 이기게 되면 어질고 의로운 마음이 없어지고, 어질고 의로운 마음이 이기게 되면 잡스러운 사념은 사라지는 것이니, 저 분양과 보고 두 사람은 어질고 의로운 마음이 이긴데다가 자질이 총명했던 까닭에 마침내 공을 이루었던 것이다.

세상에서는 주공(周公)과 소공(召公)을 백대의 스승으로 칭송하고 있지만, 주공이 어린 임금을 옹위하고 있었을 때는 소공도 그를 의심하였다. 주공 같은 성인과 소공 같은 현인으로서 젊어서는 문왕(文王)을 섬기고 늙어서는 무왕(武王)을 도와 천하를 평정하였건만, 주공의 마음을 소공 역시 알지 못했던 것이다.[11] 제 아무리 어질고 의로운 마음이 있다 할지라도 총명한 자질을 갖추지 않고야 소공 같은 이조차도 그러할진대, 하물며 그 이하 사람들에 있어서랴! 옛말에 이르기를 '나라에 한 사람만 있어도 그 나라는 망하지 않는다'고 하였다. 대저 나라가 망하는 것

---

11) 주공 단(旦)과 소공 석(奭)은 주 문왕의 아들이며 무왕의 아우들이다. 무왕을 도와 은을 멸망시키고 동이의 반란을 정벌하였다. 무왕 사후 성왕(成王)이 어린 나이에 즉위하자 주공이 섭정했는데, 소공이 주공을 의심해 은퇴하고자 하였다. 이에 주공은 탕 임금 때의 이윤(伊尹), 태갑(太甲) 때의 보형(保衡), 태무(太戊) 때의 이척(伊陟)과 신호(臣扈), 무함(巫咸), 조을(祖乙) 때의 무현(巫賢), 무정(武丁) 때의 감반(甘般) 등을 들어 만류하면서 힘을 합해 성왕을 보좌할 것을 당부했다 한다. 『서경』군석(君奭)편 및 『사기』 34 연소공세가(燕召公世家).

은 사람이 없어서가 아니라 정녕 그 나라가 망할 즈음에 어진 이를 쓰지 않기 때문이니, 만일 그런 이를 쓸 수만 있다면 한 사람만으로도 넉넉한 것이다.”

송기(宋祁)도 말하기를 “아! 원한을 가지고서 서로 해치지 아니하고 먼저 나라를 근심했던 이로는 진(晉)에 기해(祁奚)가 있었고,[12] 당에 곽분양과 장보고가 있었으니, 그 누가 동이(東夷)에 사람이 없다 하겠는가”라고 하였다.[13]

사다함(斯多含)의 집안은 진골이었으며, 내밀왕(奈密王) 7세손으로 아

---

12) 기해는 춘추시대 진(晉)의 대부로서 도공(悼公)이 즉위하자 중군위(中軍尉)가 되었다. 그 후 기해가 은퇴할 때 도공이 후임을 묻자 자기와 원수지간이었던 해호(解狐)를 추천했으며, 바야흐로 해호가 죽자 자기 아들 기오(祁午)를 적임자라고 천거하였다. 또 진 평공(平公) 때 변란에 연고된 숙향(叔向)을 변호해 사면되도록 하였다. 당시에 그의 이러한 행위는 외인(外人)을 추천함에는 좋은 사람이라면 원수라도 배제하지 않으며, 집안사람을 추천함에는 육친이라도 좋은 사람이면 꺼리지 않는 공평무사한 판단으로 칭송되었다. 『좌전』 양공(襄公) 3년·21년.

13) 신라본기에 보이는 장보고와 정년에 대한 내용은 열전과 상당 부분 다르다. 그러므로 열전의 전거인 두목의 「장보고정년전」과 상당히 다른 내용을 가지고 있는 것으로 앞에 지적된 「신라전기」는 아마 신라본기에 채록된 것이거나, 혹은 그것과 유사한 흐름을 가지고 있는 『삼국유사』의 신무대왕·염장·궁파(神武大王·閻長·弓巴)조를 미루어 짐작할 수 있겠다. 한편 『신당서』 220 열전 145 신라전에는 두목의 글 「장보고정년전」의 전반부가 신라전의 말미에 서술되고, 그리고 그 후반부가 '찬왈'(贊曰)의 형태로 인용되었다. 그러므로 김부식은 두목의 글과 그것을 활용한 송기의 신라전의 구조를 적절히 모방하면서, 일부의 윤색을 더해 『삼국사기』의 장보고·정년전을 구성했던 것이다. 이러한 선후 관계를 확인하기 위해 3인의 작문을 비교하면 다음과 같다. “……苟有仁義之心 不資以明 雖召公尙爾 況其下哉 語曰國有一人 其國不亡 夫其亡時 賢人不用 苟能用之 一人足矣”(두목). “……苟有仁義之心 不資以明 雖召公尙爾 況其下哉 嗟乎 不以怨毒相甚 而先國家之憂 晉有祁奚 唐有汾陽·保皐 孰謂夷無人哉”(송기). “……苟有仁義之心 不資以明 雖召公尙爾 況其下哉 語曰國有一人 其國不亡 夫亡國非無人也 丁其亡時 賢人不用 苟能用之 一人足矣 宋祁曰 嗟乎 不以怨毒相甚 而先國家之憂 晉有祁奚 唐有汾陽·保皐 孰謂夷無人哉”(김부식). 그러므로 『삼국사기』의 '심'(甚)은 『신당서』를 미루어 '기'(惎)의 오각임을 알 수 있다.

버지는 구리지(仇梨知) 급찬이다. 본래 문벌이 높은 귀족의 후예로 풍모
가 맑고 빼어났으며, 뜻과 기세가 방정하여 당시 사람들이 화랑으로 받
들기를 요청하매 부득이해 화랑이 되었다. 그의 무리가 무려 1천여 명이
었는데 그들 모두의 환심을 얻었다.

진흥왕이 이찬 이사부(異斯夫)에게 명령하여 가라(加羅)〔'가야'(加
耶)로도 쓴다〕국을 습격하게 했는데, 이때 사다함은 나이 15~16세로
종군하기를 청하였다. 왕은 나이가 어리다 하여 허락하지 않았으나 그
의 요청이 간절하고 뜻이 굳으므로 마침내 귀당비장(貴幢裨將)을 삼으
니, 그의 무리 가운데 따르는 이들 또한 많았다. 사다함은 가라국의 국
경에 이르자 원수에게 청해 휘하의 군사를 거느리고 먼저 전단량(旃檀
梁)〔전단량은 성문의 이름인데 가라어로 '문'(門)을 '량'(梁)이라고 한
다〕에 들어갔다. 그 나라 사람들은 뜻밖에 군사가 갑자기 들이닥치니 놀
라고 허둥대 막지를 못하였다. 대군이 이 틈을 타 마침내 그 나라를 멸
망시켰다.

군사를 되돌려오자 왕은 사다함의 공로를 포상해 가라 사람 3백 명
을 내려주었으나, 받는 즉시 모두 풀어주어 한 사람도 남기지 않았다. 또
밭을 내려주니 굳이 사양하다가, 왕이 강권하자 알천(閼川)의 불모지를
내려줄 것을 청했을 뿐이었다. 사다함은 처음에 무관랑(武官郎)과 생사
를 함께할 벗이 되기로 약속했는데, 무관랑이 병으로 죽자 통곡하여 슬
퍼함이 심하더니 7일 만에 그 또한 죽고 말았으니, 이때 나이 열일곱이
었다.

• 삼국사기 권 제44

삼국사기 권 제45

열전 제5
을파소, 김후직, 녹진, 밀우 · 유유,
명림답부, 석우로, 박제상, 귀산, 온달

을파소(乙巴素)는 고구려 사람이다.

국천왕(國川王) 때에 패자(沛者) 어비류(於畀留)와 평자(評者) 좌가려(左可慮) 등이 모두 외척으로서 권력을 멋대로 하고 의롭지 못한 일을 많이 하니, 나라 사람들이 원망하고 분하게 여겼다. 왕이 노하여 죽이려 하자 좌가려 등이 모반하였다. 왕은 그들을 죽이거나 유배시킨 다음 마침내 영을 내렸다.

"요즈음 관직이 총애로 주어지고 덕이 없는 자들이 자리에 나아가니, 그 독이 백성 사이에 흐르고 우리 왕실을 동요하게 하였도다. 이는 과인이 밝지 못한 소치라. 이제 너희 4부는 각각 현명하고 어질면서도 지위가 낮은 데 있는 이들을 천거해 올리라."

이에 4부가 다 함께 동부(東部)의 안류(晏留)를 천거하였다. 왕이 그를 불러 국정을 맡기려 했더니, 안류가 왕에게 아뢰었다.

"하찮은 저는 용렬하고 어리석어 진실로 큰 정사를 감당하기에는 부족합니다. 서압록곡(西鴨淥谷) 좌물촌(左勿村)의 을파소라는 이는 유리왕대의 대신 을소(乙素)의 후손으로 성품이 강직하고 의연하며 지혜와 사려가 그윽하고 깊으나 세상에 쓰이지 않아 힘써 밭을 갈면서 지내고 있습니다. 대왕께서 만일 나라를 잘 다스리고자 하신다면 이 사람이 아니면 안될 것입니다.”

왕은 사신을 보내 겸손한 말과 두터운 예의로 을파소를 불러들여 중외대부(中畏大夫)에 임명하고 작위를 더해 우태(于台)로 삼으면서 일러 말하였다.

“내가 외람되게도 선왕의 기업을 이어 신민의 윗자리에 있으나 덕은 얕고 재주는 짧으매 다스림이 고르지 못하였다. 선생이 재주를 숨기고 밝은 지혜를 감춘 채 궁벽한 시골에 있은 지 오래되었는데 이제 나를 버려두지 않고 번연히 오니, 이는 단지 나의 기쁨일 뿐 아니라 사직과 백성의 복이로다. 즐거이 그대 가르침을 받고자 하니 공은 마음을 다하기 바란다.”

을파소는 비록 몸을 나라에 바치고자 하였지만 받은 직책이 일을 다스리기에는 충분하지 못하다고 여겼으므로 대답해 아뢰었다.

“신은 노둔하고 굼떠 감히 엄명을 감당하지 못하겠나이다. 원컨대 대왕께서는 현명하고 어진 이를 가려 높은 관직을 주셔서 큰 사업을 이루소서.”

왕이 그 뜻을 알아차려 곧 벼슬을 높여 국상(國相)으로 삼아 정사를 맡겼다. 이에 조정의 신하들과 왕실의 친척들은 을파소가 신진 인물로서 옛 신하들을 왕에게서 멀어지도록 한다 하여 미워하였다. 그러자 왕이 교령을 내려 이르기를 “귀천을 막론하고 진실로 국상에게 복종하지 않는 자들은 일족을 멸할 것이다”라고 하였다. 을파소는 물러나와 다른 사람들에게 말하기를 “때를 만나지 못하면 은둔하고 때를 만나면 벼슬하는 것이 선비의 떳떳함이다. 지금 왕께서 나를 두터운 뜻으로 대하시니 어찌 다시 옛날과 같은 은둔을 생각할 수 있겠는가”라고 하였다. 그리고 지극한 정성으로 나라를 받들어 정사와 교령을 밝히고, 상과 벌을 신중히 하니, 백성은 편안하고 나라 안팎이 무사하게 되었다.

왕이 안류에게 이르기를 “그대의 한마디 말이 없었다면 내가 을파소를 등용해 함께 다스릴 수 없었을 터이니, 오늘날 여러 공적이 쌓이게 된 것은 그대의 공이로다"라 하고, 바로 안류를 대사자(大使者)로 임명하였다. 산상왕(山上王) 7년(203) 8월에 을파소가 죽자, 나라 사람들이 통곡하며 슬퍼하였다.

김후직(金后稷)은 지증왕의 증손이다. 진평대왕을 섬겨 이찬으로 있다가 병부령(兵部令)이 되었다.

대왕이 지나치게 사냥을 좋아하자 후직이 간하여 아뢰었다.

"옛날 왕이 된 이는 반드시 하루에도 온갖 정사를 다루매 깊이 생각하고 멀리 고려했으며, 좌우의 바른 선비들로부터 정직한 충고를 너그러이 받아들여 부지런하게 힘쓰느라 감히 편안하게 즐기지 않았습니다. 그런 다음에라야 은덕과 정치가 순수하고 아름다워져 국가를 보전할 수 있었습니다. 지금 전하께서는 날마다 정신 나간 이들이나 사냥꾼들과 함께 매를 날리고 개를 풀어 꿩과 토끼를 쫓아 산과 들을 치달리는 것을 스스로 멈추지 못하시고 계십니다. 노자(老子)가 이르기를 '사냥하여 치달리는 것은 사람 마음을 미치게 만든다'[1]라고 하였고, 『서경』에도 이르기를 '안으로 여색에 빠지거나 밖으로 사냥에 탐닉하는 일, 이 가운데 한 가지만 있어도 망하지 않을 수 없다'[2]라고 했습니다. 이로써 보건대 사냥이란 안으로 마음을 방탕하게 하는 것이고 밖으로는 나라를 망치는 것이니 살피지 않을 수 없습니다. 전하께서는 유념하소서."

---

1) 이 말은 『노자』 12장에 있는데, 그에 따르면 "5색(五色)은 사람의 눈을 멀게 하고, 5음(五音)은 사람의 귀를 멀게 하며, 5미(五味)는 사람의 입맛을 상하게 하고, 말을 치달려 짐승을 사냥하는 것은 사람의 마음을 미치게 하며, 얻기 어려운 보화는 사람의 바른 행동을 방해한다"라고 하였다.
2) 『서경』 오자지가(五子之歌)에 나오는 말로서, 태강(太康)이 정치는 거들떠보지도 않고 날마다 사냥만 일삼다가 나라를 잃게 되자, 그의 다섯 아우가 원망하여 우임금의 훈계를 서술해 노래를 지었다 한다. 그 두 번째 노래에 "안으로 여색에 빠지거나, 밖으로 사냥을 일삼거나, 술을 좋아하고 음악을 탐닉하거나, 궁실을 높이 짓고 담장을 화려하게 꾸미거나 하는 일 가운데 한 가지만 있더라도 망하지 않는 이가 없으리라"라고 하였다.

그러나 왕은 듣지 않았다. 다시 간절히 간하였으나 역시 받아들여지지 않았다. 그 뒤 후직이 병에 걸려 바야흐로 죽으려 할 때, 그 아들 셋에게 일렀다.

"내가 신하된 몸으로 임금의 악행을 바로잡지 못했으니, 대왕께서 돌아다니며 즐기시는 것을 그치지 않아 패망하기에 이를까 두려운바, 이것이 나의 근심이다. 비록 내가 죽더라도 반드시 임금을 깨우칠 것을 생각할 것이니, 모름지기 내 해골을 대왕이 사냥 다니시는 길 옆에 묻어다오."

아들들이 모두 그 말대로 하였다. 하루는 왕이 사냥을 나가매 중도에서 아득한 소리가 들리는데, 마치 "가지 마소서!"라고 하는 것 같았다. 왕이 돌아보고 그 소리가 어디에서 나오는가를 물으니, 따르는 이가 고하여 "저것은 후직 이찬의 묘입니다" 하고, 마침내 후직이 죽을 때 한 말을 아뢰었다. 대왕은 말 없이 눈물을 흘리며 말하기를 "저 사람의 충성스러운 간함은 죽어서도 그치지 않으니,[3] 그가 나를 아끼는 마음이 깊은 것이다. 만약 내가 끝내 고치지 않는다면 이승과 저승에서 무슨 낯으로 그를 대하랴!" 하고, 마침내 종신토록 다시는 사냥하지 않았다.

녹진(祿眞)은 성과 자가 자세하지 않다. 아버지는 수봉(秀奉) 일길찬이다.

녹진은 23세에 처음 벼슬하여 여러 차례 중앙과 지방의 관직을 거쳤다. 헌덕대왕 10년 무술(818)에 집사시랑이 되었다. 14년(822)에는 국왕

---

3) 이것은 이른바 '시간'(屍諫)이라고 하는바, 죽은 후의 몸으로 임금에게 간하여 옳은 데로 돌아가게 한다는 것이다. 위(衛)의 대부 사추(史鰌)가 생시에 영공(靈公)에게 간하여 불초한 미자하(迷子瑕)를 물리치고 어진 거백옥(蘧伯玉)을 등용하게 하고자 했으나 뜻을 이루지 못하고 병이 나서 죽게 되었는데, 아들에게 유언하기를 생전에 임금을 바르게 모시지 못했으니 시체를 북당(北堂)에 둔 채 성례(成禮)하지 못하게 하였다. 영공이 조문을 왔다가 그 까닭을 물어 듣더니, 크게 깨달아 사추의 말대로 행하고 성례를 치르게 하였으며, 그 후 위나라가 잘 다스려졌다 한다. 『대대례』(大戴禮) 보부(保傅).

에게 후사가 없는지라 친아우 수종(秀宗)을 태자로 삼아 월지궁(月池宮)에 들어오게 하였다.

그때 충공(忠恭) 각간이 상대등으로 있었는데, 정사당(政事堂)에 앉아 중앙과 지방의 관리들을 심사하다가 공관에서 물러나와 병에 걸렸다. 국의(國醫)를 불러 보이니 진맥하고 말하기를 "심장에 병이 들었으니 반드시 용치탕(龍齒湯)을 복용해야 합니다"라고 하였다. 마침내 왕에게 아뢰고 휴가 3주일을 얻어, 문을 닫아걸고 손님들을 만나지 않았다. 이때 녹진이 찾아와 뵙기를 청했으나 문지기가 막으니, 그에게 전해 말하였다.

"제가 상공께서 질병이 옮을까 하여 손님을 거절하시는 것을 모르는 것이 아니오나, 모름지기 직접 옆에서 한 말씀 드려 울적하고 근심스러운 심려를 풀어드리고자 이렇게 온 것입니다. 만약 뵙지 못한다면 감히 물러나지 않겠습니다."

문지기가 이 말을 두번 세번 반복해 전하고야, 충공이 그를 불러들여 만나주었다. 녹진이 충공에게 말하였다.

"들리는 바에 옥체가 편하지 않다 하시니, 아침 일찍 조정에 나가고 저녁 늦게 공무를 파해 찬 바람과 이슬을 무릅쓴 나머지 혈기의 조화를 해치고 팔다리의 평안을 잃은 것이 아니겠습니까?"

"아직 그 지경에 이르지는 않았소. 다만 어질어질하여 정신이 유쾌하지 않을 뿐이오."

"그렇다면 공의 병은 약으로 될 일이 아니고 침을 놓아 나을 것도 아닙니다. 지극한 말과 고상한 담론으로 한번에 공격하여 고칠 수 있는 병입니다. 공께서는 한번 들어보시겠습니까?"

"그대가 나를 모른 채 버려두지 않고 고맙게도 이렇게 와주었으니, 바라건대 귀한 말을 들어서 내 흉중을 씻고 싶습니다."

"저 목수가 집을 지을 때는 재목 가운데 큰 것은 들보나 기둥으로 삼고 작은 것은 서까래로 삼으며, 눕힐 것과 세울 것을 각각 두어야 할 곳에 안돈한 다음에야 큰 집이 이루어지는 것입니다. 옛날 어진 재상이 정치를 하는 것 또한 이와 무엇이 달랐겠습니까? 재주가 큰 이는 높은 지위에 두고 작은 재주를 가진 이에게는 가벼운 임무를 주어서, 안으로 6관(六官)⁴⁾과 온갖 집사(執事)⁵⁾들로부터 밖으로 방백(方伯)⁶⁾·연솔(連率)⁷⁾·군수·현령에 이르기까지 조정에 비어 있는 지위가 없고 지위마다 적임자가 아닌 경우가 없어, 위아래가 정해지고 어진 이와 어질지 못한 자가 나뉜 다음에야 왕정이 이루어졌던 것입니다. 그러나 오늘날은 그렇지 아니하여 사사로움을 좇아 공명정대함을 버리고 사람을 위해 관직을 가려서, 아끼는 사람이면 비록 재목감이 아니라 해도 보살펴 높은 지위에 올리고, 미워하는 사람이면 비록 유능한 이라도 구렁텅이에 빠뜨리고자 합니다. 취하고 버리는 데서 그 마음이 혼란스럽고, 옳고 그름에서 그 뜻이 어지러우니, 다만 나라의 일이 혼탁해질 뿐만 아니라 그 일을

---

4) 6관은 주대(周代) 중앙정부를 천·지·춘·하·추·동의 여섯 부서로 나누어 각각 치(治)·교(敎)·예(禮)·병(兵)·형(刑)·사(事)를 분장시킨 여섯 사람의 장관으로, 육경(六卿)이라고도 한다. 각각의 장관 명칭은 총재(冢宰)·사도(司徒)·종백(宗伯)·사마(司馬)·사구(司寇)·사공(司空)이라고 한다. 『주례』(周禮).

5) 집사는 일을 맡아 수행하는 사람으로, 대관이나 귀인을 옆에서 시중하며 사무를 보는 속관을 총칭하는 말이다. 『서경』 반경(盤庚) 하에 "오호라, 방백(方伯)과 사장(師長)과 백집사(百執事)의 사람들은 모두 백성들을 측은하게 생각할지어다!"라고 한 용례가 있거니와, 방백은 방백(邦伯)으로 나라의 우두머리이니 곧 제후를 말하는 것이고, 사장은 여러 관리의 우두머리이며, 백집사는 여러 일을 맡아보는 벼슬아치들을 말한다.

6) 방백은 방백(邦伯)이니 『예기』 왕제(王制)편에는 "천자는 백 리 이내의 땅은 관용(官用)에 충당하고, 천 리 이내의 땅은 어용(御用)에 충당하며, 천 리 밖에는 방백을 둔다"라고 하였다. 곧 제후, 혹은 한 지역에서 제후들을 통솔하는 우두머리를 말한다.

7) 연솔은 태수(太守)를 가리키는 관명으로, 연솔(連帥)이라고도 한다. 『한서』 99 왕망전 중에는 왕망이 주대의 제도를 따라 졸정(卒正), 연솔, 대윤(大尹)을 두었는데 그 직분이 태수와 같다고 했으며, 『후한서』 24 마원전(馬援傳) 주에 따르면 군을 맡은 관리가 후(侯)인 경우에는 졸정이라 하고, 백(伯)인 경우에는 연솔이라 하며, 봉작이 없는 경우에는 윤(尹)이 된다고 하였다. 한편 태수는 진(秦)이 천하를 36개 군으로 나누고 각 군에 군수(郡守)를 두어 백성을 다스리게 했던 것을, 한 경제(景帝)가 태수로 개칭한 데서 비롯하였다. 당 초에는 군을 주(州)라 하고 태수를 자사(刺史)라고 했다가, 현종 때 원래대로 복귀하였다.

맡아보는 이들 또한 수고로워 병이 들 것입니다. 만약 관직을 맡아 청렴하게 하고 일에 임해 삼가고 공순하게 하며, 뇌물이 들어오지 못하게 하고 청탁의 폐단을 멀리하며, 승진과 강등을 오로지 능력에 따라 시행하고 주고 뺏는 것을 사사로운 애증에 따라 하지 않는다면, 마치 저울이 가볍고 무거움을 왜곡할 수 없고 먹줄이 굽고 곧은 것을 속일 수 없는 것처럼 바르게 될 것입니다. 이렇게 한다면 형벌과 정치가 옳고 바르게 될 것이고 나라는 화평해져서, 비록 공손홍(公孫弘)처럼 문을 열어두고 조참(曹參)처럼 술자리를 베풀어 벗들이나 오랜 친구들과 함께 담소하며 즐겨도 좋을 것이니,[8] 어찌 반드시 구구하게 약 드시는 데만 골몰하여 헛되이 여러 날을 허비하고 정사를 버려두실 일이겠습니까?"

그제야 충공 각간은 의원을 물리쳐 보내고 수레를 준비하게 하여 대궐에 들어갔다. 왕이 말하기를 "나는 경이 기일을 정해 약을 복용하리라 생각했는데, 무엇 때문에 입조하였는가"라고 물었다. 충공이 대답하여 "제가 녹진의 말을 들으니 약이나 침과 같은지라 어찌 용치탕을 마시는 데 그칠 뿐이겠습니까"라 하고, 곧바로 녹진의 말을 낱낱이 왕에게 아뢰었다. 왕은 "내가 임금으로 있고 경이 재상이 되어 있는 터에 이와 같이 곧은 말을 하는 사람이 있으니 얼마나 기쁜 일인가! 태자에게 알리지 않을 수 없으니 마땅히 월지궁으로 갈 일이다"라고 하였다. 태자가 그 말을 듣고 왕에게 들어와 축하하기를 "일찍이 듣사옵건대 임금이 밝으면 신하가 정직하다 했으니, 이번 일 역시 나라의 아름다운 일입니다"라고 하였다.

그 후 웅천주도독 김헌창(金憲昌)이 반란을 일으키자 왕이 군사를 일

---

8) 공손홍은 한 무제 때 승상(丞相)을 지내고 평진후(平津侯)에 봉해졌던 인물로, 자기와 틈이 있는 이에게 교묘히 복수하면서도, 옛 친구나 사이 좋은 빈객에게는 자기 봉록을 다 내주어 집에 남는 것이 없었다 한다. 조참 역시 한나라 초에 승상을 지내고 평양후(平陽侯)에 봉해졌던 인물로, 자기를 추천한 소하(蕭何)의 정령(政令)을 바꾸지 않은 채 밤낮으로 술을 즐겼다 한다. 『사기』112 평준후열전 및 같은 책 54 조상국세가(曹相國世家).

으켜 토벌했는데, 녹진이 이 일에 종군하여 공로가 있었다. 왕이 대아찬의 관위를 주었으나 사양하고 받지 않았다.

밀우(密友)와 **유유**(紐由)는 모두 고구려 사람들이다.

동천왕 20년(246)에 위의 유주자사(幽州刺史) 관구검(毌丘儉)이 군사를 거느리고 침입해 와 환도성을 함락시켰다. 동천왕은 성을 나와 달아났는데, 위나라 장군 왕기(王頎)가 뒤쫓았다. 왕이 남옥저(南沃沮)로 달아나고자 하여 죽령(竹嶺)에 이르렀는데, 군사들이 거의 다 달아나고 흩어져 오직 동부(東部)의 밀우만이 홀로 곁에 있었다. 그가 왕에게 아뢰기를 "지금 추격해오는 병사가 매우 급박하니 형세가 벗어날 수 없게 되었습니다. 제가 죽기를 결심하고 막겠사오니 왕께서는 도망하셔야 합니다" 하고, 마침내 결사대를 모아 그들과 함께 적진에 나아가 힘껏 싸웠다. 이 틈에 왕은 간신히 몸을 빼내어 달아나 산골짜기에 의지해 흩어진 병졸들을 불러모아 스스로 방위하면서 말하기를 "만약 누가 밀우를 구해 올 수 있다면 그에게는 후한 상을 줄 것이다"라고 하였다. 하부(下部)의 유옥구(劉屋句)가 앞에 나와 대답하기를 "제가 가보겠습니다" 하더니, 마침내 싸움터에 밀우가 쓰러져 있는 것을 발견하고 곧 업어왔다. 왕이 밀우를 무릎에 받쳐 눕히자, 한참 있다가 소생하였다.

왕은 사잇길로 이리저리 헤매다가 남옥저에 이르렀지만, 위군의 추격은 그치지 않았다. 왕은 계책이 다하고 형세가 꺾여 어찌할 바를 몰랐다. 이때 동부 사람 유유가 나와 말하기를 "형세가 매우 위급하오나 헛되이 죽을 수는 없습니다. 저에게 어리석은 계책이 하나 있사온바, 음식을 가지고 가서 위나라 군사를 대접하다 틈을 엿보아 그 장수를 찔러 죽이고자 합니다. 만약 제 계책이 이루어진다면 왕께서는 떨쳐 공격해 승부를 가리십시오"라고 하였다. 왕이 "좋다"고 하였다.

유유는 위나라 군사에게로 가서 거짓으로 항복하고 말하기를 "우리 임금이 대국에 죄를 짓고 바닷가까지 도망해 몸둘 곳이 없는지라, 장차 귀국 진영에 나와 항복하고 법관에게 목숨을 맡기고자 하여, 먼저 저를 보내 변변치 않은 음식을 드려 종군하는 이들을 대접하게 했습니다"라고 하였다. 위나라 장수가 이 말을 듣고 장차 그의 항복을 받아들이려 하였다. 유유는 칼을 음식 그릇에 숨겼다가 앞으로 나가면서 칼을 뽑아 위나라 장수의 가슴을 찌르고 그와 함께 죽으니, 위나라 군사들이 마침내 어지러워졌다. 왕이 군사를 세 길로 나누어 급히 그들을 치자, 위나라 군사들은 시끌벅적 엉켜 진을 치지 못하더니 마침내 낙랑에서 물러났다.

왕이 나라를 회복한 다음 전공을 논의했는데 밀우와 유유를 제일로 삼았으며, 밀우에게는 거곡(巨谷)과 청목곡(靑木谷)을 주고 유옥구에게는 압록(鴨淥)의 두눌하원(豆訥河原)을 주어 식읍으로 삼게 하였다. 죽은 유유에게는 구사자(九使者)를 추증하고, 또 그 아들 다우(多優)를 대사자(大使者)로 삼았다.

명림답부(明臨荅夫)는 고구려 사람이다.

신대왕(新大王) 때 국상(國相)으로 있었다. 이때 한의 현도군 태수 경림(耿臨)이 대병을 내 우리를 치려 하였다. 왕은 여러 신하에게 맞받아 싸우는 것과 방어해 지키는 것 가운데 어느 편이 유리한지를 물었다. 이에 여러 사람이 의논해 말하였다.

"한의 군사들은 수가 많은 것을 믿고 우리를 가벼이 여기는데, 만약 우리가 나가 싸우지 않는다면 그들은 우리가 겁내고 있다고 생각하여 자주 침략해 올 것입니다. 게다가 우리나라는 산세가 험하고 도로가 좁아, 이야말로 한 사람이 문을 지키면 만 명이 당해낼 수 없는 형국입니다. 한의 군사가 비록 많다 하나 우리를 어찌할 수 없을 것이니, 청컨대 군사를 내보내 그들을 막으십시오."

명림답부가 말하였다.

"그렇지 않습니다. 한나라는 나라가 크고 백성이 많아, 이제 강병으로 멀리서 쳐들어왔으니 그 예봉을 당할 수가 없습니다. 더군다나 군사가 많은 경우에는 나가 싸워야 하고 군사가 적은 경우에는 지켜야 하는 것은 병가의 원칙입니다. 지금 한나라 사람들은 천리 길로 군량을 옮겨오

니 오래 지탱할 수 없을 것입니다. 만약 우리가 도랑을 깊이 파고 보루를
높이 쌓으며 들판의 곡식을 모두 비워놓고 기다린다면, 그들은 반드시
한 달을 넘기지 못해 굶주리고 피곤해서 돌아갈 것입니다. 그때 우리가
굳센 군사로 육박하면 뜻을 이룰 수 있을 것입니다."

왕이 명림답부의 말에 수긍하여 성문을 닫고 굳게 지켰다. 한나라 사
람들은 공격해 보아도 이기지 못하고 사졸들이 굶주리자, 군대를 이끌
고 돌아갔다. 명림답부가 수천 명의 기병을 거느리고 그들을 쫓아 좌원
(坐原)에서 싸우니, 한나라 군사들은 크게 패해 한 필의 말도 돌아가지
못하였다. 왕은 크게 기뻐하여 명림답부에게 좌원과 질산(質山)을 주어
식읍으로 삼게 하였다.

신대왕 15년(179) 가을 9월에 죽으니, 나이가 1백 13세였다. 왕이 몸소
가서 애통해하고 7일 동안 조정 업무를 중지했으며, 예를 갖추어 질산에
장사 지내고, 묘를 지키는 데 충당할 20가를 배치하였다.

석우로(昔于老)는 내해 이사금(奈解尼師今)의 아들이다〔혹은 각간 수
로(水老)의 아들이라고 한다〕.

조분왕(助賁王) 2년(231) 7월에 이찬으로서 대장군이 되어 출정해서
감문국(甘文國)을 격파하고 그 땅을 군현으로 만들었다.

4년(233) 7월에는 왜인이 와서 침략하므로 우로가 사도(沙道)에서 맞
아 싸웠는데, 바람을 이용해 불을 놓아 적의 전함을 불사르니 적들이 모
두 물에 빠져 죽었다.

15년(244) 정월에 서불한(舒弗邯)으로 승진해 군사에 관한 일을 겸하
여 맡았다.

16년(245)에 고구려가 북쪽 변경을 침입해오므로 나가 쳤으나 이기지
못해 물러나 마두책(馬頭柵)을 지켰는데, 밤이 되자 사졸들이 추위로 괴
로워하였다. 우로는 몸소 돌아다니면서 위로하고 손수 땔감을 태워 덥
혀주니, 무리가 마음으로 감격해 솜옷을 입은 듯이 기뻐하였다.

첨해왕(沾解王)이 왕위에 있을 때, 예부터 우리나라에 속해 있었던 사

량벌국(沙梁伐國)이 갑자기 배반해 백제에 붙으니, 우로가 군사를 거느리고 가 쳐서 멸망시켰다.

7년 계유(253)에 왜국 사신 갈나고(葛那古)가 객관에 있을 때 우로가 접대하면서 그와 농담하기를 "조만간 당신네 왕을 소금 굽는 종으로 만들고, 왕비는 밥짓는 부엌데기로 만들 것이다"라고 하였다. 왜 왕이 그 말을 듣고 노하여 장군 우도주군(于道朱君)을 보내 우리를 치니, 대왕은 궁궐을 나가 유촌(柚村)에 머물렀다. 우로가 아뢰기를 "오늘 이 환란은 제가 말을 삼가지 않은 데서 말미암은 것이니 제가 책임을 지겠습니다"라고 하였다. 마침내 왜의 군영에 가서 이르기를 "지난번의 말은 농담이었을 뿐이니, 어찌 군사를 일으켜 이 지경에 이를 것을 생각했겠는가"라고 하였다. 왜인들은 대답하지 않고 그를 잡아 섶더미에 올려놓고 불태워 죽인 다음 가버렸다. 이때 우로의 아들은 어리고 약해 걷지 못했으므로, 다른 사람이 안아다가 말에 태워 돌아왔는데, 뒷날 흘해 이사금(訖解尼師今)이 되었다.

미추왕(味鄒王) 때 왜국의 대신이 와서 방문했는데, 우로의 아내가 국왕에게 부탁해 왜의 사신을 사사로이 접대하게 되었다. 그가 흠뻑 취하자 장사를 시켜 뜰에 끌어내려 불태워서 지난날의 원수를 갚았다. 왜인들이 분하게 여겨 몰려와 금성을 공격했으나, 이기지 못하자 군대를 이끌고 돌아갔다.

편찬자는 논평하여 말한다. 우로는 당시의 대신이 되어 군사와 정무를 맡아 싸우면 반드시 이겼고, 설사 이기지 못하더라도 패하지는 않았으니, 그의 지모와 책략은 필시 보통 사람보다 뛰어난 데가 있었던 것이다. 그러나 말 한마디가 어그러져 스스로 죽음을 불러들였을 뿐 아니라 두 나라로 하여금 전쟁을 일으키도록 하였고, 그의 아내가 원한을 갚을 수 있었다 하나 역시 변칙이요 정도(正道)는 아니었다. 만일 그렇지만 않았다면 그 공업 또한 기록할 만하다.

박제상(朴堤上)[혹은 모말(毛末)이라고 한다]은 시조 혁거세의 후예요, 파사 이사금(婆娑尼師今)의 5세손이다. 조부는 아도(阿道) 갈문왕이고, 아버지는 물품(勿品) 파진찬이며, 제상도 벼슬하여 삽량주간(歃良州干)이 되었다.

이보다 앞서 실성왕(實聖王) 원년 임인(402)에 왜국과 화친을 맺었는데, 왜 왕이 내물왕(奈勿王)의 아들 미사흔(未斯欣)을 인질로 요구하였다. 실성왕은 일찍이 내물왕이 자신을 고구려에 볼모로 보낸 것을 한스럽게 여겨, 내물왕의 아들에게 그 한을 풀 길이 없을까 생각하고 있었으므로 거절하지 않고 보냈다. 게다가 실성왕 11년 임자(412)에 고구려 역시 미사흔의 형 복호(卜好)를 볼모로 삼고자 하니, 대왕이 또한 복호를 보냈다.

눌지왕(訥祇王)이 즉위하자, 변사를 구해 두 사람을 맞이해올 것을 생각하였다. 왕은 수주촌간(水酒村干) 벌보말(伐寶靺)과 일리촌간(一利村干) 구리내(仇里迺)와 이이촌간(利伊村干) 파로(波老) 등 세 사람이 현명하고 지혜가 있다는 말을 듣고, 그들을 불러 말하였다.

"내 두 아우가 왜국과 고구려 두 나라에 인질로 간 지 여러 해가 되도록 돌아오지 못하고 있다. 형제간인 까닭에 그리운 생각을 스스로 그칠 수 없어 그들을 생환시키고자 하는데 어떻게 하면 좋겠는가?"

세 사람이 다 같이 아뢰었다.

"저희들이 듣기로는 삽량주간 제상이 강직하고 용맹하며 지모가 있다 하오니, 그 사람이라면 전하의 근심을 풀어드릴 수 있을 것입니다."

이에 제상을 불러 나오게 하여 세 신하의 말을 일러주고, 갔다올 것을 청하였다. 제상이 왕에게 대답하였다.

"신이 비록 어리석고 어질지 못하오나, 감히 명령을 받고 삼가 받들지 않겠나이까?"

마침내 교빙의 예를 갖추어 고구려에 들어가 고구려 왕을 보고 말하였다.

"신이 듣건대 이웃 나라와 사귀는 도리는 정성과 믿음뿐이라고 했으니, 질자를 교환하는 것과 같은 일은 5패(五霸)[9]에도 미치지 못하는 것인지라 진실로 말세의 일입니다. 지금 저희 임금의 사랑하는 아우가 이곳에 있은 지 이제 거의 10년이 되어갑니다. 우리 임금께서는 어려움에 처한 형제를 생각하는 뜻[10]을 오래도록 가슴에 품어 마지않으시니, 만약 대왕께서 은혜롭게 돌려보내 주신다면 마치 아홉 마리 소에서 터럭 하나 빠진 것과 같아 손해될 바가 없겠거니와, 우리 임금께서 대왕께 입는 은덕은 이루 헤아릴 수가 없을 것입니다. 바라옵건대 왕께서는 그 점을 살피소서."

고구려 왕이 "좋다" 하고, 함께 돌아갈 것을 허락하였다. 신라에 돌아오매 대왕이 기뻐하며 노고를 위로하면서 말하였다.

"내가 두 아우를 생각하기를 좌우의 팔처럼 하였는데, 이제 다만 한쪽 팔만을 얻었으니 어찌할 것인가?"

제상이 아뢰었다.

"신이 비록 노둔한 재주이나마 이미 몸을 나라에 바쳤사오니, 끝내 왕명을 더럽히지 않겠나이다. 그러나 고구려는 큰 나라이고 그 왕 또한 어진 임금인지라 이 때문에 제가 한마디 말로 깨닫게 할 수 있었사오나, 왜

---

9) 5패는 '오백'(五伯)이라고도 하며, 춘추시대 다섯 명의 패왕을 이른다. 대개 제(齊) 환공(桓公)·진(晉) 문공(文公)·초(楚) 장왕(莊王)·오(吳) 왕 합려(闔閭)·월(越) 왕 구천(句踐)을 꼽는데, 월 왕 구천 대신에 진(秦) 목공(穆公)을 넣기도 하고, 월 왕과 오 왕 대신 진 목공과 송(宋) 양공(襄公)을 넣기도 한다. 또한 당나라 안사고(顔師古)는 『한서』 14 제후왕표(諸侯王表) 서문의 '오백'에 대해 제 환공·진 문공·진 목공·송 양공·오 왕 부차(夫差)로 주해하였다. 대개 이들은 모두 국가를 일시에 부강하게 했으나, 이른바 왕도(王道)에 의한 것이 아니라 권모술수에 의지했기 때문에, 예부터 유가에서는 그리 높게 평가하지 않는다.

10) 원문에 "척령재원지의"(鶺鴒在原之意)라고 하였는데, 이것은 『시경』 소아(小雅) 상체장(常棣章)에 "척령재원 형제급난"(脊令在原 兄弟急難)이라 한 대목에서 유래한 것이다. 척령(脊令)은 척령(鶺鴒), 곧 할미새를 이르는데, 걸어다닐 때 항상 꽁지를 아래위로 흔들어 화급함을 알리는 것 같으므로, 위급하거나 곤란한 일의 비유로 쓰인다. 즉 "척령이 언덕에 있으니 형제가 급난을 구원하도다"라는 것은 형제가 위급하거나 어려운 일을 당해 서로 돕는 것을 비유한다.

인 같은 경우는 말로 깨우칠 수가 없으니 마땅히 거짓 계략을 써야 왕자님이 돌아오시게 할 수 있겠습니다. 제가 그곳에 가거들랑, 나라를 배신했다는 이야기를 퍼뜨려서 저들로 하여금 그 소문을 듣게 하소서.”

이내 죽음으로써 스스로 맹세하여 처자식도 만나보지 않고 율포(栗浦)에 이르러 배를 띄워 왜국으로 향하였다. 제상의 아내가 그 소식을 듣고 달려나와 포구에 이르러, 멀어지는 배를 바라보며 크게 통곡하고 말하기를 “잘 다녀오십시오”라고 하였다. 제상이 돌아보고 말하기를 “나는 왕명을 받아 지니고 적국에 들어가니 당신은 다시 만날 기약을 하지 마시오”라고 하였다.

마침내 곧바로 왜국으로 들어가 마치 본국을 배반하고 온 사람처럼 했으나, 왜 왕이 의심하였다. 한편 백제 사람이 앞서 왜에 들어와 왜 왕에게 참소하기를 ‘신라와 고구려가 왕의 나라를 침입하려 모의한다’고 하므로, 왜가 마침내 병사를 보내 신라 국경 밖을 순찰하게 하였다. 때마침 고구려가 와서 침입하고 아울러 왜의 순찰병을 잡아 죽이니, 왜 왕은 곧 백제 사람의 말이 사실이라고 여겼다. 더구나 신라 왕이 미사흔과 제상의 집안사람들을 가두었다는 소식을 듣게 되니, 제상이 정말 신라를 배반한 것이라고 생각하였다. 이에 왜는 군사를 내 장차 신라를 습격하기로 하고, 제상과 미사흔을 장군으로 삼아 길잡이가 되게 하였다. 일행이 바다 가운데 섬에 이르자 왜의 여러 장수가 은밀히 의논하기를 ‘신라를 멸망시킨 다음에 제상과 미사흔의 처자식을 잡아 돌아오자’고 하였다. 제상이 그것을 알아차리고 미사흔과 더불어 배를 타고 노닐면서 마치 물고기와 오리를 잡는 것처럼 하였다. 왜인들은 그 모습을 보고 ‘아무 생각도 없구나!’ 하고 여겨 기뻐하였다. 이윽고 제상이 미사흔을 권해 몰래 본국으로 돌아가라 하니, 미사흔이 말하기를 “제가 장군님 받들기를 아버지처럼 하는데 어찌 혼자 돌아갈 수 있겠습니까”라고 하였다. 이에 제상이 말하기를 “만약 두 사람이 함께 출발했다가는 계획을 이루지 못할까 두렵습니다”라고 하니, 미사흔은 제상의 목을 끌어안고 울면서 작별하고 신라를 향해 돌아갔다.

제상은 방 안에서 혼자 자고 늦도록 일어나지 않아 미사흔으로 하여금 멀리 도망가도록 하였다. 여러 사람이 '장군께서 일어나시는 게 어찌 이리 늦으냐'고 물으면, "어제 뱃놀이로 노곤해 일찍 일어날 수 없다"라고 대답하였다. 제상이 방 밖으로 나와서야 왜인들은 미사흔이 도망한 것을 알고, 마침내 제상을 묶고 배를 달려 추격했으나 때마침 연무가 어두컴컴하게 끼어 시야가 미치지 못하였다. 제상을 왜 왕이 있는 곳에 되돌려보내니, 목도(木島)에 유배했다가 얼마 후 사람을 시켜 장작불로 몸을 태워 문드러지게 한 뒤 칼로 베었다.

대왕이 그 소식을 듣고 애통해하면서 대아찬을 추증하고 그 집에 후하게 상을 내렸으며, 미사흔에게 제상의 둘째 딸을 아내로 삼게 하여 제상의 은혜에 보답하였다.

왕은 처음 미사흔이 돌아올 때 6부에 명해 멀리 나가 맞이하게 하고, 만나게 되자 손을 붙잡고 서로 울었다. 형제를 모아 술자리를 마련하고 매우 즐기다가 왕이 몸소 노래부르고 춤을 추어 그 기쁜 뜻을 펴 보였으니, 오늘날 향악(鄉樂)의 우식곡(憂息曲)이 바로 그것이다.

귀산(貴山)은 사량부(沙梁部) 사람이다. 아버지는 무은(武殷) 아간이다.

귀산은 어려서부터 같은 부의 추항(箒項)과 벗이 되었는데, 두 사람이 서로 일러 말하기를 "우리가 사군자(士君子)와 더불어 노닐 것을 기약했거니와 먼저 마음을 바르게 하고 몸을 닦지 않는다면 욕됨을 면치 못할까 두려우니, 어찌 어진 이의 옆에서 도리를 듣지 않을 것인가!"라고 하였다. 이때 원광법사(圓光法師)가 수에 들어가서 두루 공부하고 돌아와 가실사(加悉寺)에 있었는데, 당시 사람들에게 높은 예우를 받고 있었다. 귀산 등이 가실사에 이르러 옷을 걷어 잡고 나와 아뢰었다.

"속세의 저희는 오로지 몽매하기만 하여 아는 것이 없사오니, 원컨대 한마디 말씀을 주시어 종신토록 계율로 삼게 해주소서."

원광법사가 말하였다.

"불가의 계율에는 보살계(菩薩戒)가 있고 그 세목 열 가지가 있거니와, 너희들은 속세의 신하요 자식이므로 감당할 수 없을까 두렵다. 지금 세속의 5계가 있는데, 첫째 임금을 섬기는 데는 충성으로 하고, 둘째 부모를 섬기는 데는 효도로써 하며, 셋째 벗을 사귀는 데는 믿음으로써 하고, 넷째 싸움에 임해서는 물러서지 않으며, 다섯째 살아 있는 것을 죽이는 데는 가림이 있어야 한다는 것이다. 너희는 계율을 지켜 소홀함이 없게 하라."

귀산 등이 듣고 말하였다.

"다른 것들은 충분히 분부를 받들겠사오나, 이른바 '살아 있는 것을 죽이는 데는 가림이 있어야 한다'는 것만은 깨닫지 못하겠나이다."

이에 법사가 말하였다.

"여섯 재일(六齋日)[11]과 봄·여름에는 죽이지 않는 것이니 이것은 때를 가리는 것이요, 또 부리는 가축을 죽이지 않는 것이니 말하자면 말·소·닭·개 등을 이르며, 작은 생물을 죽이지 않는 것이니 그 고기가 한 점도 안 되는 것들을 말하는바, 이것들은 생물을 가리는 것이다. 이와 같이 오직 그 쓰임에 따를 일이요 필요 이상으로 많이 죽이고자 해서는 안 되는 것이니, 이야말로 세속의 훌륭한 계율이라 할 만하다."[12]

귀산 등이 말하였다.

"지금부터 이후로는 말씀을 받들어 행동해서 감히 벗어나지 않겠나이다."

진평왕 건복 19년 임술(602) 가을 8월에 백제가 크게 군사를 일으켜 와서 아막성(阿莫城)〔'막'(莫)은 '모'(暮)로도 쓴다〕을 포위하였다. 왕은

---

11) 6재일은 불교 용어로, 한 달 가운데서 몸을 조심하고 마음을 깨끗이 하여 재계(齋戒)하는 여섯 날이니, 곧 음력 8·14·15·23·29·30일을 말한다. 이 6일은 사천왕(四天王)이 천하를 돌아다니면서 사람들의 선악을 살피고, 또 악귀가 사람들의 틈을 엿보는 날이라고 한다.

12) 이 '세속오계'와 관련한 내용은 『삼국유사』 의해(義解) 원광서학(圓光西學)조에 다시 인용되었다.

장군인 파진간 건품(乾品)·무리굴(武梨屈)·이리벌(伊梨伐)과 급간 무은(武殷)·비리야(比梨耶) 등에게 병사를 거느리고 막게 하였다. 귀산과 추항은 함께 소감(少監) 직으로 이에 참가하였다. 백제가 패해 천산(泉山)의 소택으로 물러나 군사를 숨겨두고 기다리니, 우리 군사가 나아가 공격하다 힘이 곤궁해 군사를 이끌고 돌아왔다. 이때 무은이 후미가 되어 군대의 꼬리에 있었는데, 복병이 나와 갈고리로 끌어내렸다. 귀산이 큰 소리로 말하기를 "내가 일찍이 스승에게 듣기를 '무사는 군인이 되어 물러섬이 없어야 한다'고 했으니 어찌 감히 달아나겠는가" 하고, 적군 수십 명을 쳐죽이고 자기 말로 아버지를 탈출하게 한 다음, 추항과 더불어 창을 휘두르며 힘껏 싸웠다. 여러 병사가 그 모습을 보고 떨쳐나가 공격하니, 넘어진 시체가 들을 가득 메우고 말 한 필이나 수레 한 대도 돌아간 것이 없었다.

귀산 등은 온몸에 창칼의 상처를 입고 도중에서 죽었다. 왕이 여러 신하와 함께 아나(阿那)의 들에서 맞이해 시체를 대하고 통곡한 다음 예를 갖추어 장사 지냈으며, 귀산에게는 나마의 관위를, 추항에게는 대사의 관위를 추증해주었다.

온달(溫達)은 고구려 평강왕(平岡王) 때 사람이다. 용모는 구부정하여 우스꽝스러웠지만, 속마음은 환하게 빛났다. 집이 매우 가난하매 늘 음식을 구걸해다 어머니를 봉양하였다. 찢어진 적삼과 해진 신발로 시정 사이를 왕래하니, 당시 사람들이 가리켜 '바보 온달'이라고 하였다.

평강왕의 어린 딸이 울기를 잘하니, 왕이 희롱해 말하기를 "네가 늘 울어 대서 내 귀를 시끄럽게 하니 자라면 반드시 사대부의 아내가 되지 못하고 마땅히 바보 온달에게나 시집가리라"라고 하였다. 왕이 매번 그렇게 말하더니, 딸의 나이 16세가 되자 상부(上部)의 고씨에게로 시집 보내고자 하였다. 이에 공주가 왕에게 말하였다.

"대왕께서 늘 말씀하시기를 '너는 반드시 바보 온달의 아내가 될 것이다'고 하시더니, 이제 무슨 까닭으로 전의 말씀을 바꾸십니까? 필부도 오히려 식언(食言)[13]하지 않으려 하거늘 하물며 지극히 존귀한 왕께서야 더 말할 나위가 있겠습니까? 그러므로 '임금에게는 농담이 없다'고 했습니다. 이제 대왕의 명령은 잘못이므로 저는 감히 받들어 따르지 못하겠나이다."

왕이 노하여 말하였다.

"네가 내 가르침을 따르지 않으니 진정 내 딸이 될 수 없도다. 어찌 함께 살겠느냐? 마땅히 네가 갈 데로 가거라."

이에 공주가 보석 팔찌 수십 매를 팔꿈치 뒤에 매고 궁궐을 나와 홀로 길을 떠났다. 길에서 한 사람을 만나 온달의 집을 물어보았다. 이윽고 그 집에 이르러 눈먼 늙은 어머니를 보고 가까이 다가가 인사하고 아들이 어디 있는가를 여쭈었다. 늙은 어머니가 대답하였다.

"내 아이는 가난하고 비루하여 귀한 분이 가까이할 수 있는 사람이 아닙니다. 지금 당신의 냄새를 맡아보니 향내가 특이하고 그대의 손을 만져보니 매끄럽기가 솜과 같으니, 필시 천하의 귀인일 것입니다. 누구의 속임수에 빠져 이곳까지 왔습니까? 내 아들은 배고픔을 참지 못해 산림 속으로 느릅나무 껍질을 벗기러 간 지가 오래인데도 아직 돌아오지 않고 있습니다."

공주가 집을 나와 걸어서 산 아래에 이르렀을 때 온달이 느릅나무 껍질을 메고 오는 것을 보았다. 공주가 그에게 자기 생각을 말하였다. 온달은 발끈해 말하기를 "이곳은 어린 여자가 다니기에는 적절하지 않으니 반드시 사람이 아니라 여우나 귀신이리라. 나에게 가까이 오지 말아라" 하고, 마침내 돌아보지도 않고 가버렸다. 공주는 혼자 돌아와 사립문 밖

---

13) '식언'이란 한번 입에서 나온 말을 다시 입으로 들여보낸다는 것이니, 거짓말을 하는 것을 말한다. 『서경』 탕서(湯誓)에는 탕왕이 걸왕을 칠 때 박(亳) 땅의 백성들에게 맹세하면서 "나는 식언하지 않는다"라고 한 용례가 있다. 한편 주 성왕(成王)이 오동잎을 어린 동생에게 주면서 장난으로 "이것으로 너를 후에 봉하리라"고 하매, 주공이 들어와 치하하니 성왕이 "장난이었다"고 하였지만, 주공은 "천자는 농담을 할 수 없다"라고 하여 끝내 어린 아우를 당(唐)에 봉해주었다고 한다. 『사기』 진세가(晉世家) 및 『설원』 군도(君道).

에서 밤을 새고, 다음 날 아침 다시 들어가 온달 모자에게 자세하게 갖추어 이야기하였다. 온달이 마음을 정하지 못하고 머뭇거리자 그 어머니가 말하였다.

"우리 아이는 지극히 비루하여 귀인의 배필이 되기에 부족하고, 우리 집은 지극히 가난하여 진실로 귀인이 살기에는 적당하지 않습니다."

공주가 대답하였다.

"옛사람의 말에 '한 말의 곡식이라도 방아 찧을 수 있으며, 한 척의 베라도 바느질할 수 있다'고 했으니, 진실로 마음을 같이한다면 어찌 반드시 부귀한 다음에라야 함께할 수 있는 것이겠습니까?"

이윽고 금팔찌를 팔아 밭과 집과 노비와 소와 말과 그릇을 사서 살림에 필요한 것들을 다 갖추었다. 처음 말을 살 때 공주가 온달에게 일러 말하기를 "삼가 시장 사람의 말을 사지 마시고, 모름지기 국마(國馬) 가운데 병들고 파리해져 쫓겨난 말을 골라 사십시오"라고 하였다. 온달이 그 말대로 하였다. 공주가 매우 부지런히 먹이고 기르니, 말이 날로 살찌고 늠름해졌다.

고구려에서는 항상 봄철 3월 3일이면 낙랑의 언덕에 모여 사냥해서, 그때 잡은 돼지와 사슴으로 하늘과 산천의 귀신에 제사하였다. 그날이 되어 왕이 사냥을 나가매, 여러 신하와 5부의 병사들이 모두 따라갔다. 이에 온달도 그동안 기른 말을 타고 행차를 따라갔는데, 그의 말 달리는 것이 늘 다른 사람보다 앞섰고, 잡은 짐승도 역시 많아서 견줄 사람이 없었다. 왕이 불러오게 하여 성명을 묻더니, 놀랍고도 기이한 일이라고 여겼다.

그즈음 후주(後周)의 무제(武帝)가 군사를 내 요동에 쳐들어오자, 왕이 군대를 거느리고 배산(拜山)의 들에서 막아 싸웠다. 온달이 선봉이 되어 날래게 싸워 수십여 명의 목을 베니, 여러 부대가 승세를 타고 맹렬히 싸워 크게 이겼다. 공로를 논할 때 온달을 제일로 치지 않는 이가 없었다. 이에 왕이 가상히 여겨 찬탄하면서 "이야말로 내 사위로다!" 하고 예를 갖추어 맞이했으며, 작위를 내려 대형(大兄)으로 삼았다. 이로 인해 총애와 영예가 더욱 높아지고 위세와 권위가 날로 융성해졌다.

양강왕(陽岡王)이 즉위하자[14] 온달이 아뢰기를 "생각건대 신라가 우리 한수 이북의 땅을 베어가서 군·현으로 삼으니 백성들이 통분하고 한스럽게 여겨 한번도 부모의 나라를 잊은 적이 없사옵니다. 원하오니 대왕께서는 저를 어리석고 어질지 못하다 하지 마시고 군사를 내주시어 한번 쳐들어가 반드시 우리 땅을 되돌려오게 하소서"라고 하니, 왕이 허락하였다. 출정에 임해 맹세하기를 "계립현(鷄立峴)과 죽령(竹嶺) 이서 지역을 우리에게 되돌려오지 못한다면 돌아오지 않으리라"라고 하였다.

마침내 떠나가 아단성(阿旦城) 아래에서 신라군과 싸웠으나 날아오는 화살에 맞아 넘어져 죽고 말았다. 장사를 치르고자 해도 관이 여간해서 움직이지 않았다. 공주가 와 관을 어루만지면서 "죽고 사는 것이 정해졌으니, 아아! 돌아가십시다"라고 해서야 마침내 들어서 하관하였다. 대왕이 듣고 비통해하였다.

• 삼국사기 권 제45

---

14) 고구려본기에 따르면 양원왕(陽原王)을 양강상호왕(陽崗上好王)이라고도 하였다 하므로, 여기 양강왕은 양원왕을 말한다. 그러나 양원왕은 평강왕, 즉 평원왕의 부왕이므로 왕계의 서차상 옳지 못하다. 평원왕의 아들로 평원왕을 계승한 영양왕을 잘못 기록한 것 같다.

삼국사기 권 제46

열전 제6
강수, 최치원, 설총

강수(强首)는 중원경(中原京) 사량(沙梁) 사람인데, 아버지는 석체(昔諦) 나마이다. 그의 어머니가 꿈에 뿔이 있는 사람을 보고 그를 임신했는데, 낳고 보니 머리 뒤쪽에 불거진 뼈가 있었다. 석체는 아이를 데리고서 그 당시에 이른바 현자라는 이에게 가서 물었다.

"이 아이의 두골이 이와 같은 것은 무슨 까닭입니까?"

현자가 대답하였다.

"내가 듣건대 복희씨(伏羲氏)는 범의 형상이었고, 여와씨(女媧氏)는 뱀의 몸을 가졌다 하며, 신농씨(神農氏)는 소의 머리 모양을 하였고, 고요(皐陶)는 말의 입을 가졌다 하니, 성현들은 다 같은 부류로서 그 생김새 또한 범상하지 않은 데가 있었던 것이다.[1] 또 아이의 머리를 보면 사

---

1) 복희씨와 여와씨에 대해서는 신라본기 선덕왕(善德王) 말년 사론을 참조할 것. 신농씨는 여와씨를 이어 일어난 염제(炎帝)로 사람의 몸에 소 머리를 하였다고 한다. 『사기』 삼황본기(三皇本紀). 고요는 순임금 때 형벌의 임무를 맡고 있으면서 훌륭한 덕을 백성들에게 베풀었던 인물이다. 『서경』 순전(舜典)·고요모(皐陶謨). 『논형』(論衡) 골상편(骨相篇)에는 '고요마구'(皐陶馬口)를 포함해 황제(黃帝) 이하 공자까지 열두 성인의 특이한 골상을 소개하였다.

마귀가 있는데, 관상법에 '얼굴의 사마귀는 좋지 않고 머리의 사마귀는 나쁘지 않다'고 했으니, 이 아이는 반드시 기이한 인물이 되겠구나!"

강수의 아버지가 돌아와 그 아내에게 일렀다.

"이 아이는 보통 아이가 아니니 잘 길러 장래 나라의 큰 인재로 만들어야 할 것입니다."

강수는 자라면서 스스로 책을 읽을 줄 알아 그 뜻을 환하게 통달하였다. 아버지가 그의 뜻을 알아보고자 하여 물었다.

"너는 불교를 공부하겠느냐, 유학을 공부하겠느냐?"

"제가 듣기로는 불교는 세속을 떠난 가르침이라 하니, 저와 같은 세속의 사람이 어찌 불교를 공부하겠습니까? 유학의 도를 배우고자 합니다."

"너 좋을 대로 하여라."

마침내 스승을 찾아 『효경』(孝經)·『곡례』(曲禮)·『이아』(爾雅)·『문선』(文選)을 읽었다. 배워 들은 바는 비록 얕고 가까운 것들이나, 스스로 깨닫는 바는 한층 높고 심원해서 우뚝 솟은 당대의 영걸이 되었다. 마침내 벼슬길에 들어가 관직을 두루 거쳐 당시의 유명한 인물이 되었다.

강수는 일찍이 부곡(釜谷)의 대장장이 집 딸과 정을 통해 좋아하는 마음이 자못 두터웠다. 나이 스무 살이 되자 부모가 읍내에서 용모와 행실이 좋은 여자를 중매해 장가들이려 하였다. 강수는 두 번 장가들 수 없다고 거절하였다. 이에 아버지가 노하여 말하였다.

"너는 일세의 명망이 있어 나라 사람들이 다 아는 인물인데 미천한 여자를 배우자로 삼는 것은 역시 부끄러워할 만한 일이 아니겠느냐?"

강수는 두 번 절을 드리고 말하였다.

"가난하거나 신분이 천한 것은 부끄러워할 바가 아닙니다. 도리를 배우고서도 행동하지 않는 것이야말로 진실로 부끄러워할 바인 것입니다. 제가 일찍이 옛사람의 말을 들었거니와 '고생을 같이하던 아내는 홀대하지 아니하고, 가난하고 비천하던 시절의 친구는 잊을 수 없다'[2]고 했

---

2) 원문에 "조강지처불하당(糟糠之妻不下堂) 빈천지교불가망(貧賤之交不可忘)"이라

습니다. 그러므로 미천한 아내를 차마 버리지 못하는 것입니다."

태종대왕이 왕위에 오른 뒤 당의 사자가 와서 조서를 전했는데, 그 가운데 해독하기가 어려운 곳이 있었다. 왕이 강수를 불러 물으니, 왕 앞에서 한번 보고는 풀어서 설명하는 데 의심나거나 막히는 곳이 없었다. 왕이 놀랍고도 기뻐 서로 만나게 된 것이 늦은 것을 한탄하고 그 성명을 물었다.

"저는 본래 임나가량(任那加良)³⁾ 사람입니다. 이름은 우두(牛頭)입니다."

"경의 두골을 보니 강수 선생이라고 부르는 게 좋겠다."

왕은 그로 하여금 당 황제의 조서에 감사하는 회신의 표문을 짓도록 했는데, 문장이 공교하면서도 뜻이 곡진하니, 왕이 더욱 기특하게 여겨 이름을 부르지 않고 임생(任生)이라고 할 뿐이었다. 강수는 일찍이 한번도 생계를 도모하지 않아서 집안이 가난했지만 만족하게 여겼다. 왕이 관련 부서에 명해 해마다 신성(新城)의 조(租) 1백 석을 주도록 하였다.

문무왕은 말하기를 "강수가 문장에 관한 일을 스스로 감당하여 서한으로 중국 및 고구려와 백제 두 나라에 우리 뜻을 잘 전할 수 있었으므로, 우호를 맺고 공을 이룰 수 있었다. 우리 선왕께서 당에 군사를 요청해 고구려와 백제를 평정한 것은 비록 군사적 공로라고는 하겠지만 역시 문장의 도움에서 말미암은 것이니, 강수의 공로를 어찌 홀시할 수 있겠는가"라고 하여, 사찬의 지위를 주고 녹봉을 높여서 해마다 조(租)세미 2백 석을 주었다.

고 하였는데, 이것은 후한 광무제가 홀로 된 누이 호양공주(湖陽公主)를 위해 대사공(大司空) 송홍(宋弘)에게 아내를 바꿀 의향이 없는가를 물었을 때, 송홍이 대답한 말이다. 조강은 술지게미와 쌀겨를 뜻하는 것이니, 몹시 거친 음식을 말한다. 그러므로 조강지처는 그와 같이 거친 음식을 나누어 먹으면서 온갖 고생을 함께한 아내를 이르는 말이다. 『후한서』 26 송홍전.

3) 「광개토왕비」의 영락 10년 군사 행동 가운데 '임나가라'(任那加羅)가 보이며, 경명왕 7년(923)에 입적한 진경대사(眞鏡大師)의 탑비에도 대사의 "선조는 임나의 왕족이다"라고 하였다.

신문대왕 때 와서 죽으니 장례에 드는 물자를 나라에서 제공하였다. 부의로 준 옷가지와 피륙은 더욱 많았으나 집안사람들이 사사로이 갖지 않고 모두 불공하는 데 드렸다. 강수의 아내가 먹을 것이 없어 고향으로 돌아가려 하자, 대신이 그 말을 듣고 왕에게 청해 조(租) 1백 석을 내려 주었다. 강수의 아내는 거절하며 말하기를 "제가 미천한 몸으로 먹고 입는 것을 남편을 따라 하다보니 나라의 은혜를 입은 것이 많습니다. 이제 홀로 된 마당에 어찌 감히 다시 두터운 대우를 받겠습니까" 하고, 끝내 받지 않고 고향으로 돌아갔다.

『신라고기』(新羅古記)에는 이르기를 "문장으로는 강수, 제문(帝文), 수진(守眞), 양도(良圖), 풍훈(風訓), 골답(骨沓)이었다"라고 했으나, 제문 이하는 그 사적이 전하지 않아 전기를 만들 수 없다.

최치원(崔致遠)의 자는 고운(孤雲)〔혹은 해운(海雲)이라고 한다〕이고, 왕경의 사량부(沙梁部) 사람이었다. 역사의 기록이 없어졌기 때문에 그 집안 내력은 알 수 없다.

치원은 어려서 침착하고 명민했으며 학문을 좋아하였다. 나이 열두 살이 되자 장차 바다의 배편으로 당에 들어가 유학하고자 하였다. 그의 아버지가 그에게 이르기를 "십 년 동안에 과거에 급제하지 못한다면 내 아들이 아니다. 가거든 힘써 하여라"라고 하였다. 치원이 당에 도착해 스승을 좇아 학문하는 데 게으르지 않더니, 건부(乾符) 원년 갑오(874)에 예부시랑 배찬(裴瓚)을 고시관으로 한 시험에서 단번에 급제해 선주(宣州) 율수현(溧水縣)의 현위(縣尉)에 임명되었다. 그 후 그의 공적을 고사(考査)하여 승무랑시어사내공봉(承務郞侍御史內供奉)을 삼고 자금어대(紫金魚袋)를 내려주었다.

당시에 황소(黃巢)가 반란을 일으켰다. 고변(高騈)이 제도행영병마도통(諸道行營兵馬都統)이 되어 그를 토벌하게 되었는데, 치원을 불러 종사관(從事官)으로 삼아 서기의 임무를 맡겼다. 그가 지은 표문(表文)·장계(狀啓)·서한(書翰)·계사(啓辭)들이 지금까지 전하고 있다.

스물여덟 살이 되자 부모를 뵈올 생각을 가졌더니, 희종(僖宗)이 그 뜻을 알아 광계(光啓) 원년(885)에 그로 하여금 조서를 가지고 신라에 사절로 방문하게 했는데, 신라에 머물러 시독겸한림학사수병부시랑지서서감(侍讀兼翰林學士守兵部侍郎知瑞書監)이 되었다. 치원은 중국에 유학한 이래 얻은 바가 많았으므로 신라에 돌아왔을 때 자기의 품은 뜻을 펴고자 했으나, 말세에 의심하고 꺼리는 게 많아 용납되지 못하고 외직으로 나가 대산군(大山郡) 태수가 되었다.

당 소종(昭宗) 경복(景福) 2년(893)에 납정절사(納旌節使) 병부시랑(兵部侍郎) 김처회(金處誨)가 바다에 빠져 죽었으므로 곧 추성군(橻城郡) 태수 김준(金峻)을 고주사(告奏使)로 삼아 보냈다. 이때 치원은 부성군(富城郡) 태수로 있다가 부름을 받고 하정사(賀正使)가 되었으나, 그즈음 해마다 흉년이 들고 그에 따라 도적이 사방에서 일어나 길이 막혀 가지 못하였다. 그 후에도 치원이 사신으로 당에 간 적이 있으나, 다만 어느 해였는지를 알 수 없을 뿐이다.

그의 문집을 보면 「상태사시중장」(上太師侍中狀)이 있는데, 이렇게 말하였다.

"삼가 듣건대 동해 밖에 세 나라가 있었으니 그 이름이 마한, 변한, 진한입니다. 마한은 고려요, 변한은 백제이며, 진한은 신라입니다. 고려와 백제의 전성기에는 강한 군사가 백만이어서 남쪽으로 오(吳)·월(越)을 침범하고 북쪽으로는 유(幽)·연(燕)·제(齊)·노(魯) 지역을 뒤흔들어 중국의 커다란 두통거리가 되었으며, 수 황제가 허물어진 것도 요동을 친 데 말미암았습니다.

정관(貞觀) 연간에 우리 당 태종황제께서 친히 6군을 통솔해 바다를 건너와 하늘의 징벌을 받들어 집행하니, 고려는 위세에 눌려 화친을 요청했고, 문황제께서는 항복을 받아주시고 되돌아갔습니다. 이때 우리 무열대왕이 온갖 정성을 다해 한 지방의 어려움을 평정하는 데 도와줄 것을 요청했으니, 당에 들어가 조알한 것이 이때부터 시작되었습니다. 그 뒤 고려와 백제가 이전처럼 악행을 계속하자 무열왕이 당에 가 군사의 길잡이가 될 것을 자청했습니다.

고종황제께서는 현경(顯慶) 5년(660)에 소정방에게 조칙을 내려 10도
의 강한 군사와 병선 1만 척을 거느려 백제를 크게 격파하고, 곧 그 땅에
부여도독부(扶餘都督府)를 두어 유민들을 불러 안착시키고 중국 관리로
서 다스리게 했으나, 생활 습속이 같지 않아 자주 이반한다는 말을 듣고
마침내 그 백성들을 중국 하남(河南)으로 옮겼습니다. 총장(摠章) 원년
(668)에는 영공(英公) 이적(李勣)을 시켜 고구려를 격파하고 안동도독부
(安東都督府)를 설치했으며, 의봉(儀鳳) 3년(678)에 와서 그 백성들을 하
남과 농우(隴右)에 옮겼습니다.

고구려의 남은 자손들은 끼리끼리 모여서 북쪽 태백산(太白山) 아래
에 발을 붙이고 나라 이름을 '발해'라 하더니,[4] 개원(開元) 20년(732)에
당에 원한을 품어 군사를 이끌고 갑자기 등주(登州)를 습격해 자사 위준
(韋俊)을 죽였습니다. 이에 명황제(明皇帝)께서 크게 노하여 내사(內史)
고품(高品)·하행성(何行成)과 태복경(太僕卿) 김사란(金思蘭) 등을 시켜
군사를 내 바다를 건너 토벌했습니다. 이와 함께 우리 왕 김모에게도 작
위를 더해 정대위지절충영해군사계림주대도독(正大尉持節充寧海軍事雞
林州大都督)으로 삼았는데, 깊은 겨울에 눈이 많이 쌓여 우리와 중국 군
사들이 추위를 이기지 못하므로 조칙을 내려 회군할 것을 명령했습니
다. 오늘날까지 3백여 년 동안 한 지방이 무사하고 동방이 평안했던 것

---

4) 발해에 관한 최치원의 인식을 보여주고 있는 것으로는 이 밖에도 「사불허북국거상
표」(謝不許北國居上表), 「견숙위학생수령등입조장」(遣宿衛學生首領等入朝狀), 「신
라왕여당강서고대부상장」(新羅王與唐江西高大夫湘狀), 「여예부배상서찬장」(與禮
部裵尙書瓚狀) 등이 있거니와, 이들을 통하여 발해의 연원에 대해 고구려와 말갈을
환기시키는 양면성을 발견할 수 있다. 이러한 양면성은 중국 사서의 경우에서도 다
르지 않으니, 『신당서』 219 열전 144 북적 발해조와 『구당서』 199 열전 149 북적 발
해말갈조의 상반된 서술을 대표적 사례로 들 수 있겠다. 또한 이 때문에 고려 이승
휴(李承休)의 『제왕운기』(帝王韻紀) 하 동국군왕개국연대(東國君王開國年代)에서
'고구려의 장수 대조영(大祚榮)'을 발해 건국 주체로 명기하면서도, 그 분주에는
"오대사(五代史)에는 '발해는 본래 속말말갈로 영주 동쪽에 있다' 하였다"라고 하
여 단정을 유보했다.

은 바로 우리 무열대왕의 공로입니다.

지금 저는 유가의 변변치 못한 후학이며 외국의 평범한 사람으로서 외람되게 국왕의 표장을 받들고 태평한 땅에 오게 되었으니, 무릇 제 정성과 간절함을 열어 진술하는 것이 예의에 옳을 것입니다. 삼가 보건대 원화(元和) 12년(817)에 본국의 왕자 김장렴(金張廉)이 풍랑을 만나 표류하다 명주(明州)에 이르러 해안에 내려서자 절동(浙東)의 어떤 관리가 호송해 서울에 들여보내주었고, 중화(中和) 2년(882)에는 조공 간 사신 김직량(金直諒)이 역적의 반역 때문에 길이 통하지 않자 마침내 초주(楚州)에 상륙해 미적미적 헤매다가 양주(揚州)에 이르러서야 황제께서 촉(蜀) 지방에 납신 것을 알게 되었는데, 이때 고태위(高太尉)가 도두(都頭) 장검(張儉)을 보내 호위해서 서천(西川)까지 보내주었습니다. 이처럼 이미 지난 사례가 분명하니 태사시중께서는 큰 은혜를 베풀어 특별히 뱃길과 육로의 통행권을 주시고, 경유하는 곳들에 명령하여 배편과 음식물 및 긴 여정에 필요한 마필과 말먹이를 공급하게 하며, 아울러 군장들을 보내 황제가 계신 곳까지 호송하도록 해주시기 바랍니다.”

여기에서 이른바 태사시중의 성명은 또한 알 수 없다.

치원은 서쪽으로 당에 가서 벼슬할 때나 동쪽으로 고국에 돌아왔을 때 모두 어지러운 시절을 만나 처신하기 어렵고 고단하여 움직이면 곧 잘 허물을 입었으므로, 스스로 때를 만나지 못한 것을 한탄하면서 다시는 벼슬길에 나갈 뜻이 없었다. 유유자적 노닐며 자유로운 몸이 되어 산림이나 강과 바닷가에 정자를 만들고 소나무와 대를 심으며, 서적을 쌓아 베고 역사를 쓰거나 자연을 노래하고 읊었으니, 경주의 남산(南山), 강주(剛州)의 빙산(氷山), 합주(陜州)의 청량사(淸涼寺), 지리산(智異山)의 쌍계사(雙溪寺), 합포현(合浦縣)의 별장 등과 같은 것들이 모두 그가 노닐던 곳이다. 마지막에는 식솔을 이끌고 가야산(伽耶山)의 해인사(海印寺)에 은둔해 친형인 승려 현준(賢俊) 및 정현(定玄) 대사와 더불어 도우(道友)를 맺고 은거생활을 하다가 여생을 마쳤다.[5]

처음 중국에 유학했을 때 강동(江東)의 시인 나은(羅隱)과 서로 친했는데, 나은은 자기 재주를 믿고 스스로를 높여 좀체 다른 사람을 인정하지 않았지만, 치원에게만은 자기가 지은 노래와 시 다섯 묶음을 보여주었다. 또 같은 해에 급제한 고운(顧雲)과도 친하게 지냈는데, 치원이 귀국할 때 고운이 시를 지어 송별하였다. 그 대략은 이러하다.

내 들건대 바다 위에 금자라 셋이 있어[6]
머리마다 높고 높은 산을 이었다
그 산 위에는 구슬·자개의 궁궐과 황금 전각이요
산 아래에는 천리 만리 가없는 넓은 바다로다
그 옆에 자리한 한 점 푸른 계림(雞林) 땅
자라산의 빼어난 정기 머금어 기이한 인재 태어났도다
열두 살에 배를 타고 바다를 건너오니
그의 문장 온 중국을 감동시켰다
열여덟에 과거장을 휩쓸고 다니더니
첫 화살로 금문(金門) 깨고 급제하였다

『신당서』 예문지(藝文志)에는 "최치원의 『사륙집』(四六集) 1권과 『계원필경』(桂苑筆耕) 20권이 있다" 하고, 주를 붙여 이르기를 "최치원은 고려 사람으로 빈공과(賓貢科)[7]에 급제해 고변의 종사관이 되었다"라고

---

5) 최치원은 많은 불교 관련 글을 남겼거니와, 그 가운데 「쌍계사진감선사탑비」(雙溪寺眞鑑禪師塔碑)·「성주사낭혜화상탑비」(聖住寺朗慧和尙碑)·「봉암사지증대사탑비」(鳳岩寺智證大師塔碑)·「대숭복사비」(大崇福寺碑) 등 이른바 '사산비명'(四山碑銘)과 「법장화상전」(法藏和尙傳)이 저명하다.

6) 금자라는 금빛의 큰 자라를 말하는데, 신선이 살고 있는 봉래전(蓬萊殿)을 아래에서 떠받치고 있다 한다. 신선이 살고 있다는 동해의 삼신산에 대해서는 신라본기 성덕왕 32년조 주석을 참조할 것.

7) 빈공과는 당나라 과거제의 한 과(科)로서, 외국인을 상대로 한 것이다. 당시 신라인들이 많이 응시하여 합격했으며, 한때 그 석차를 둘러싸고 발해와 갈등이 벌어지기도 하였다.

했으니, 그의 이름이 중국에까지 알려진 것이 이와 같았던 것이다. 또 그의 문집 30권이 세상에 유통되고 있다.

처음 우리 태조께서 나라를 일으키려 할 때, 치원은 태조가 범상하지 않은 사람으로서 반드시 천명을 받아 나라를 열 것을 알았던 까닭에 태조에게 글을 보내 문안했는데, 그 글에 "계림(雞林)은 누른 잎이요 곡령(鵠嶺)은 푸른 솔이로다"라는 구절이 있었다. 그의 문인들로서 고려 초에 조정에 찾아와 벼슬해 높은 관직에 이른 자가 적지 않았다.

현종(顯宗)께서 왕위에 있었을 때, 치원이 은밀히 태조의 창업을 도왔으니 그 공로를 잊을 수 없다 하여 교서를 내려 내사령(內史令)을 추증하고, 14년 태평(太平) 2년 임술(1022) 5월에 와서 문창후(文昌侯)라는 시호를 추증하였다.[8]

설총(薛聰)의 자는 총지(聰智)이다. 할아버지는 담날(談捺) 나마이다. 아버지 원효(元曉)는 처음에 승려가 되어 불경에 해박했으나, 이윽고 환속해서 스스로 소성거사(小性居士)라고 하였다.[9]

설총은 본성이 총명하고 예민해 나면서부터 도술을 알았으며, 방언으로 9경(九經)[10]을 읽어서 후학들을 가르쳤으니 지금까지도 배우는 이들이 그를 종주로 받들고 있다. 또 글을 잘 지었으나 세상에는 전하는 것이 없고, 다만 오늘날 남쪽 지방에 더러 설총이 지은 비명(碑銘)이 있지만

8) 『고려사』세가 4 현종 11년 8월 정해조에 최치원을 내사령으로 추증한 내용이 확인되며, 동왕 14년 2월 병오조에는 문창후로 추봉한 기사가 있다. 그런데 현종 14년은 요 성종 태평 3년 계해년(1023)이므로 본전의 연호와 간지, 그리고 월차는 『고려사』와 차이가 있다.

9) 원효의 생애와 설총의 출생에 관해서는 『삼국유사』 의해(義解) 원효불기(元曉不羈)조 및 「고선사서당화상탑비」(高仙寺誓幢和尙塔碑)에 자세하다.

10) 9경은 아홉 가지 경서를 말하는데 여기에는 시대와 사람에 따라 차이가 있다. 『한서』 30 예문지에는 이른바 '6예9종'(六藝九種)을 제시하여 『역경』·『서경』·『시경』·『예기』·『악기』(樂記)·『춘추』·『논어』·『효경』·『소학』을 들고 있으며, 그밖에도 『맹자』·『이아』(爾雅)·『주례』·『의례』(儀禮)·『좌전』·『공양전』·『곡량전』 등을 포함해 9경으로 헤아리기도 한다.

문자가 이지러지고 떨어져 읽을 수 없으니 종내 어떠했는지를 알 수 없게 되었다.

신문대왕이 한여름 5월에 높고 밝은 방에서 설총을 돌아보고 말하기를 "오늘 장마가 처음 개이고 향기로운 남풍이 약간 서늘하니, 비록 맛 좋은 음식과 듣기 좋은 음악이 있다 해도 고아한 이야기와 유쾌한 해학으로 울적한 마음을 푸는 것만은 못하리라. 그대는 반드시 색다른 이야기를 들었을 터이니 어디 한번 나를 위해 말해보지 않겠는가"라고 하였다. 이에 설총은 "알았습니다" 하고 이야기를 시작하였다.

"제가 들은 것은 옛날에 화왕(花王)[11]이 처음 왔을 때의 이야기입니다. 이를 향기로운 동산에 심고 푸른 장막으로 보호하니 봄철이 되자 예쁘게 피어나 온갖 꽃을 뛰어넘어 홀로 빼어났습니다. 그러자 가깝고 먼 데서 곱디곱고 아름다운 꽃의 정령들이 바삐 달려와 화왕을 알현하고자 하여 오로지 다른 이에게 뒤떨어지지 않을까 염려했습니다. 이때 홀연히 붉은 얼굴과 옥 같은 이에 곱게 화장하고 말쑥하게 차려입은 미인 하나가 간들간들 오더니 얌전한 자태로 다가서서 말하기를 '저는 눈처럼 흰 물가의 모래를 밟고, 거울처럼 맑은 바다를 마주 보며, 봄비에 목욕하여 때를 씻어내고, 맑은 바람을 쏘이면서 스스로 노닐거니와 이름은 장미라 합니다. 대왕의 밝은 덕망을 들었는지라 향기로운 휘장 속에서 잠자리를 받들고자 하오니 왕께서는 저를 받아주실는지요'라고 했습니다. 또 어떤 장부 하나가 베 옷에 가죽 띠를 매고 백발에다 지팡이를 짚은 채 비틀거리는 걸음으로 구부정하게 와서 말하기를 '저는 서울 바깥 큰길가에 자리잡아, 아래로는 넓고 먼 아득한 광야의 경치를 내려다보고 위로는 우뚝 솟은 산빛에 의지해 살거니와 이름은 백두옹(白頭翁)[12]이라 합니다. 가만히 생각해보건대 비록 좌우에서 받들어 올리는 것들이 넉

---

11) 화왕은 모란(牡丹)의 다른 이름이다.
12) 백두옹은 할미꽃을 말한다. 그 씨앗에 흰 털이 조밀하게 나서 할머니의 머리카락처럼 보인다고 하여 이렇게 이름한다.

넉하여 기름진 음식으로 배를 채우고 차와 술로 정신을 맑게 하며 의복이 장롱 속에 쟁여 있다 하더라도, 모름지기 좋은 약으로는 원기를 북돋우고 독한 침으로는 병독을 없애야 하는 것입니다. 그러므로 옛말에 이르기를, 실과 마로 짠 베가 있다 해도 거적이나 띠풀 같은 물건을 버리지 않나니, 무릇 모든 군자는 인재가 부족할 때 대신 쓰이지 못할 이 없으리라고 했던 것입니다.[13] 잘 모르겠습니다만 왕께서도 역시 이러한 생각이 있으신지요'라고 했습니다. 이때 어떤 이가 '두 사람이 왔으니 누구를 받아들이고 누구를 버릴 것입니까'라고 묻자, 화왕은 '장부의 말도 도리가 있지만 미인은 얻기 어려운 것이니 이 일을 어찌할꼬'라고 했습니다. 그러자 장부가 나와 말하기를 '저는 왕께서 총명하여 이치를 알리라고 생각해서 왔던 것인데, 지금 보니 그게 아닙니다. 무릇 임금된 사람치고 간사하고 아첨하는 사람을 가까이하고 정직한 사람을 멀리하지 않는 이가 드무나니, 이 때문에 맹가(孟軻)가 불우하게 일생을 마쳤고 풍당(馮唐)은 낭서(郎署) 따위로 썩어 흰머리가 되었던 것입니다.[14] 예부터 이러했거늘 전들 어찌하겠습니까!'라고 하니, 화왕이 '내가 잘못했다, 내가 잘못했다'라고 했다 합니다."

이야기를 듣고 왕이 서글픈 얼굴빛을 지어 말하기를, "그대의 우화에 실로 깊은 뜻이 있도다. 글로 써서 왕된 이들의 경계로 삼아야겠다" 하고는, 마침내 설총을 높은 관직에 발탁하였다.

---

13) 『좌전』 성공(成公) 9년조에 나오는 말로서, 거(莒)나라가 방비를 마련하지 않고 있다. 초나라에 망한 사실을 두고 한 평가의 일부이다. 그에 따르면 "비록 실과 마로 짠 베가 있다 해도 거적이나 띠풀 같은 물건을 버리지 말 것이며, 희성(姬姓)과 강성(姜姓) 같은 큰 나라의 미녀가 있다 할지라도 여위고 못생긴 이를 버리지 말 일이다. 무릇 모든 군자는 인재가 부족할 때 대신 쓰이지 못함이 없으리라"라고 했으니, 모두 예비함을 그만두어서는 안 된다는 것을 말한 것이다.

14) 풍당은 한나라 안릉(安陵) 사람으로, 문제(文帝) 때 효행으로 이름이 드러나 중랑서장(中郎署長)이 되었다. 흉노의 침탈에 대한 논의를 하면서 문제에게 군주의 올바른 형정(刑政)을 진언해 가납되기도 했으나, 좀체 승진하지 못하였다. 무제가 즉위한 뒤 현량(賢良)으로 천거되었지만 이미 나이가 90세를 넘겼기 때문에 대신 그의 아들 풍수(馮遂)가 낭(郎)으로 채용되었다. 『사기』 102 풍당전.

세상에 전하는 말로 일본국의 진인(眞人)[15]이 신라의 사신 설판관(薛
判官)[16]에게 주었다고 하는 시의 서문에는 "일찍이 원효거사(元曉居士)
가 지은『금강삼매론』(金剛三昧論)을 본 적이 있으나 그 지은이를 직접
만나보지 못한 것을 깊이 한스럽게 여겼는데, 신라 사신 설씨가 바로 원
효거사의 친손자라 하니 비록 그 할아버지를 보지는 못했지만 그 손자
라도 만난 것을 기쁘게 여겨 이에 시를 지어 드립니다"라는 말이 있다.
그 시가 지금까지 남아 있는데, 다만 그 자손의 이름을 알 수 없을 따름
이다.

우리 현종(顯宗) 임금께서 왕위에 있으신 지 13년, 즉 천희(天禧) 5년
신유(1021)에 설총에게 홍유후(弘儒侯)를 추증하였다.[17] 어떤 이는 설총
이 당에 유학한 일이 있다 하는데, 실제 그랬는지를 알 수가 없다.

최승우(崔承祐)는 당 소종(昭宗) 용기(龍紀) 2년(890)에 당에 들어가,
경복(景福) 2년(893)에 시랑(侍郎) 양섭(楊涉)을 고시관으로 한 시험에
서 급제하였다. 그의 문집으로는『사륙집』(四六集) 5권이 있는데, 스스
로 서문에『호본집』(餬本集)이라 하였다. 뒷날 견훤을 위해 격문을 지어
우리 태조께 보냈다.

최언위(崔彦撝)는 나이 열여덟에 당에 유학하여 예부시랑 설정규(薛廷
珪)를 고시관으로 한 시험에서 급제했다가, 마흔둘에 신라에 돌아와 집
사시랑서서원학사(執事侍郎瑞書院學士)가 되었다. 태조께서 나라를 여

---

15) 진인은 천무천황(天武天皇) 13년에 제정한 8색(八色)의 성(姓) 가운데 하나로서
    제1위에 속한다.『일본서기』29 천무천황 하 13년 10월조. 당 측에서는 진인이 중
    국의 상서(尙書)와 같은 것이라고 이해하였다.『신당서』120 일본전.
16) 설판관은『속일본기』(續日本紀) 36 광인천황(光仁天皇) 보귀(寶龜) 11년(780) 정
    월조에 신라의 사신 살찬(薩飡) 김난손(金蘭蓀), 부사 급찬 김암(金巖)과 함께 대
    판관(大判官) 한나마(韓奈麻) 살중업(薩仲業)을 이르는 것으로 보인다. 그렇다면
    「고선사서당화상탑비」에 보이는 한림(翰林) 설중업(薛仲業)과 동일 인물일 것이
    다.
17)『고려사』세가 4 현종 13년 정월 갑오조에서 이 사실이 확인된다. 그런데 현종 13
    년은 송 건흥(乾興) 원년 임술년(1022)이므로, 본전의 연대는『고려사』와 비교해
    1년 이르게 되어 있는 것이다.

시자 조정에 들어와 벼슬이 한림원대학사평장사(翰林院大學士平章事)에 이르렀다. 그가 죽으매 시호를 문영(文英)이라 하였다.[18]

김대문(金大問)은 본래 신라의 귀족 자제인데 성덕왕 3년(704)에 한산 주도독(漢山州都督)이 되었다. 전기(傳記) 몇 권을 지었는데 그 가운데 『고승전』(高僧傳), 『화랑세기』(花郎世記), 『악본』(樂本), 『한산기』(漢山記)가 아직도 전하고 있다.

박인범(朴仁範) · **원걸**(元傑) · **거인**(巨仁) · **김운경**(金雲卿) · **김수훈**(金垂訓) 등은 비록 그들의 저작 문자가 조금 전하고는 있지만, 역사 기록에 그들의 경력이 없으므로 전기를 만들지 못한다.

• 삼국사기 권 제46

18) 최언위는 혜종 원년(944)에 77세로 죽었으며, 정광(政匡)에 추증되고 시호를 문영이라 하였다. 『고려사』 92 최언위전.

삼국사기 권 제47

열전 제7
해론, 소나, 취도, 눌최, 설계두,
김영윤, 관창, 김흠운, 열기, 비령자,
죽죽, 필부, 계백

해론(奚論)은 모량(牟梁) 사람이다. 그의 아버지 **찬덕**(讚德)은 용맹한 뜻과 뛰어난 절개로 당시에 이름이 높았다.

건복(建福) 27년 경오(610)에 진평대왕이 찬덕을 발탁해 가잠성(椵岑城) 현령으로 삼았다.

이듬해 신미(611) 겨울 10월에 백제가 크게 군사를 동원해 와서 1백여 일 동안이나 가잠성을 공격하니, 진평왕이 장군들로 하여금 상주(上州)·하주(下州)·신주(新州)의 군사로 이를 구원하게 하였다. 드디어 가서 백제인들과 싸웠으나 이기지 못하고 군사를 이끌어 돌아왔다. 찬덕은 이를 분하고 한스럽게 여겨 사졸들에게 일러 말하였다.

"세 주의 장수들이 적군이 강한 것을 보고 나오지 않고, 성이 위급한데도 구원하지 않으니 이는 의리가 없는 것이다. 의리없이 살기보다는 의리를 지켜 죽는 것이 낫다."

이윽고 군사들을 격앙시키고 분발하게 하여 한편으로 싸우면서 또 한편으로는 지켰다. 먹을 것이 떨어지고 마실 물이 다하여 시체를 먹고 오줌을 마시는 데 이르기까지 힘껏 싸워 쉬지 않았다. 봄 정월이 되자 사람들은 이미 피로해졌고 성은 바야흐로 함락당하려 하므로 형세가 회복될 수 없었다. 이에 찬덕은 하늘을 우러러 크게 부르짖어 말하였다.

"우리 왕께서 나에게 성 하나를 맡겼는데 이를 보전하지 못하고 적에게 패하게 되었으니, 내가 죽으면 큰 악귀가 되어 백제 사람들을 다 잡아먹고 이 성을 회복하기를 발원한다."

드디어 팔을 걷어붙이고 눈을 부릅떠 회나무에 달려가 부딪혀 죽었다. 이에 성이 함락되고 군사들은 모두 항복하였다.

해론은 나이 20여 세에 아버지의 공로로 대나마가 되었다. 건복 35년 무인(618)에 왕이 해론을 금산당주(金山幢主)로 임명했는데, 한산주도독 변품(邊品)과 함께 가잠성을 쳐서 빼앗았다. 백제가 이를 듣고 군사를 일으켜 오니, 해론 등이 맞아 싸웠다. 이윽고 군사들이 서로 엉키자 해론이 여러 장수에게 말하였다.

"옛날 내 아버지께서 이곳에서 운명하시더니, 나 역시 오늘 백제인과 이곳에서 싸우게 되었으니 오늘이야말로 내가 죽을 날이다."

마침내 칼을 잡고 적에게로 달려가 여러 명을 죽이고 자신도 죽었다. 왕이 그 소식을 듣고 눈물을 흘렸으며, 그 집안을 매우 두텁게 돌보아주었다. 당시 사람들이 애도하지 않는 이가 없었으며, '장가'(長歌)를 지어 해론을 조상하였다.

소나(素那)〔혹은 금천(金川)이라고 한다〕는 백성군(白城郡) 사산(蛇山) 사람이다. 그의 아버지 **심나**(沈那)〔혹은 황천(煌川)이라고 한다〕는 힘이 출중하고 몸이 가볍고 날랬다. 사산 지역의 경계가 백제 땅과 서로 맞물려 있었으므로, 매달 서로들 노략하고 공격하기를 그치지 않았는데, 심나가 나가 싸울 때마다 그 앞을 막아설 적진이 없었다.

인평(仁平) 연간에 백성군에서 군사를 내 백제의 변경 읍락을 쳐들어갔는데, 백제가 정예병을 출동시켜 급히 치므로 우리 군사들이 어지럽게 물러섰다. 이때 심나가 홀로 서서 칼을 뽑아들고 부릅뜬 눈으로 크게 호통치면서 수십여 명을 베어 죽이니, 적들이 두려워 감히 맞서지 못하고 마침내 군사를 이끌고 달아났다. 백제인들은 심나를 가리켜 '신라의 나는 장수'라고 하였다. 이 때문에 서로들 말하기를 "심나가 아직 살아 있으니 백성(白城)을 가까이 하지 말라"고 하였다.

소나는 당당하고 호기로워 아버지의 풍모가 있었다. 백제가 멸망한 뒤 한주도독 도유공(都儒公)이 대왕에게 청하여 소나를 아달성(阿達城)으로 보내 북쪽 변경을 방어하게 하였다.

상원(上元) 2년 을해(675) 봄에 아달성 태수 급찬 한선(漢宣)이 백성들에게 지시해 아무 날에 일제히 나가 삼을 심으라 하고, 명령을 어기지 말도록 하였다. 말갈 첩자가 그것을 알고 돌아가 그들의 추장에게 알렸다. 그날이 되어 백성들이 모두 성을 나가 밭에 있었는데, 말갈이 몰래 군사를 몰아 갑자기 성에 들어와 온 성을 약탈하니 늙은이와 어린이들이 낭패해 어찌할 바를 몰랐다. 이때 소나가 칼을 휘두르며 적을 향해 크게 외쳐 말하였다.

"너희들은 신라에 심나의 아들 소나가 있는 것을 아느냐? 나는 죽음을 두려워해 살길을 찾는 사람이 아니다. 싸우고자 하는 놈들은 어찌 나오지 않느냐?"

드디어 소나가 분노해 적에게 달려들자 적들은 감히 접근하지 못하고 다만 그를 향해 활만 쏘았다. 소나 역시 활을 쏘았는데 날아오는 화살이 벌떼 같아 진시(辰時)부터 유시(酉時)가 될 때까지 소나의 몸에 고슴도치처럼 화살이 박혀 마침내 쓰러져 죽었다.

소나의 아내는 가림군(加林郡)의 양갓집 여자였다. 처음에 소나는 아달성이 적국에 인접해 있다 하여 홀로 떠나면서 아내를 집에 머물러 있게 하였다. 가림군 사람들이 소나가 죽었다는 소식을 듣고 조문하니 그 아내가 통곡하며 말하였다.

"내 남편은 늘 말하기를 '장부는 진실로 전장에서 죽어야 하는 것이니, 어찌 침석에 누워 집안사람의 손에서 죽겠는가!'라고 했습니다. 그분의 평소 말씀이 이와 같았으니 오늘의 죽음은 그분 뜻대로 된 것입니다."

대왕이 이 말을 듣고 눈물로 옷깃을 적시면서 말하기를 "아비와 아들이 나라의 일에 용감했으니, 대대로 충의를 이루었다 하겠구나!" 하고, 잡찬의 관위를 추증하였다.

취도(驟徒)는 사량(沙梁) 사람이다. 나마 취복(聚福)의 아들인데 그 성씨는 기록에 전하지 않는다. 형제가 셋인데 맏이가 **부과**(夫果)이고, 다음이 취도이며, 맨 끝이 **핍실**(逼實)이었다. 취도는 일찍이 출가해 법명을 도옥(道玉)이라 하고 실제사(實際寺)에 있었다.

태종대왕 때 백제가 와서 조천성(助川城)을 치자 대왕이 군사를 일으켜 나가 싸웠으나 승부를 가리지 못하였다. 이에 도옥이 자기 무리에게 말하였다.

"내가 듣건대 승려된 이의 본분은 위로는 술업(術業)을 정교히 해 본성을 회복하는 데 있고, 다음으로는 도용(道用)을 일으켜 다른 사람들을 이롭게 하는 데 있다 한다. 나는 모습만 승려와 같을 뿐 한 가지도 취할 만한 선행이 없으니 차라리 종군해 몸을 바쳐 나라의 은혜에 보답하는 것이 낫겠다."

곧이어 법의를 벗고 군복을 입었으며, 이름을 고쳐 취도라 하니 이것은 빨리 달려가 군졸이 되겠다는 뜻이다. 이윽고 병부(兵部)에 가서 삼천당(三千幢)에 소속할 것을 청하고 마침내 군대를 따라 적을 향해 나아갔다. 깃발과 북소리가 서로 부딪치게 되자 창칼을 집어들고 적진에 달려들어, 힘껏 싸워 적병 여러 명을 죽이고 자신도 죽었다.

그 후 함형(咸亨) 2년 신미(671)에 문무대왕이 군사를 발동해 백제 변경의 벼를 짓밟게 하고, 마침내 백제인들과 웅진(熊津) 남쪽에서 싸우게 되었다. 이때 부과는 당주(幢主)로서 싸우다가 죽었는데 공로를 논할 때 으뜸이었다.

문명(文明) 원년 갑신(684)에 고구려의 잔적들이 보덕성(報德城)에 웅거해 반란하니, 신문대왕이 장수에게 명해 치게 했는데 핍실을 귀당제감(貴幢弟監)으로 삼았다. 핍실은 떠나려 할 때 그 아내에게 일러 말하였다.

"나의 두 형이 이미 나라 일에 죽어서 그 이름이 영원히 시들지 않으니, 내가 비록 변변치 못하지만 어찌 죽는 것을 두려워하여 구차히 목숨을 보존할 수 있겠소? 오늘 당신과 살아서 헤어지거니와, 결국은 이것이 죽음의 이별이라. 마음 상하지 말고 잘 지내시오."

적진을 마주하게 되자 홀로 나가 맹렬하게 싸워 수십 명을 베어 죽이고 자신도 죽었다. 대왕이 소식을 듣고 눈물을 흘리면서 찬탄해 말하기를 "취도는 죽어야 할 자리를 알아 형과 아우의 마음을 격동하였고, 부과와 핍실 역시 의리에 용감할 수 있어 자기 몸을 돌아보지 않았으니 장하지 아니한가!"라고 하였으며, 그들 모두에게 사찬의 관위를 추증하였다.

눌최(訥催)는 사량(沙梁) 사람이다. 대나마 도비(都非)의 아들이다.

진평왕 건복(建福) 41년 갑신(624) 겨울 10월에 백제가 대거 침입해 와 군사를 나누어 속함(速含)·앵잠(櫻岑)·기잠(岐岑)·봉잠(烽岑)·기현(旗懸)·혈책(穴柵) 등 여섯 성을 포위하고 공격하였다. 왕이 상주(上州)·하주(下州)·귀당(貴幢)·법당(法幢)·서당(誓幢)의 다섯 부대에 명령해 가서 구원하게 하였다. 이윽고 원군이 도착했으나 백제의 군진이 당당하여 그 예봉을 당할 수가 없음을 보고 머뭇거리면서 나아가지 못하였다. 어떤 이가 의견을 내 말하였다.

"대왕께서 다섯 부대를 여러 장군에게 맡겼으니 나라의 존망이 이 싸움에 달렸다. 그런데 병가(兵家)의 말에 '싸울 만한가를 보아 나아가고, 어려울 것 같거든 물러나라'고 하였다. 지금 강력한 적을 앞에 두었으니 좋은 책략도 없이 곧바로 나갔다가 만일 뜻하지 않은 일이라도 생긴다면 후회해도 소용이 없을 것이다."

이에 장수들과 막료들이 모두 그렇겠다고 여겼지만, 이미 왕명을 받고 군사를 출동한 이상 헛되이 돌아갈 수는 없었다. 그런데 이보다 앞서 나라에서는 노진성(奴珍城) 등 여섯 성을 쌓고자 했으나 미처 겨를이 없었던바, 마침내 그곳에 성을 쌓는 일을 마치고 돌아왔다. 이에 백제의 침공이 더욱 빨라져 속함과 기잠과 혈책 세 성이 함락되거나 항복하였다. 눌최가 세 성을 굳게 지키고 있다가 다섯 부대가 구원하지도 않은 채 돌아갔다는 말을 듣게 되자, 의기가 북받치고 원통하여 눈물을 흘리면서 사졸들에게 일러 말하였다.

"따뜻한 봄의 맑은 기운에는 초목이 모두 꽃을 피우고, 추운 겨울이 되어서는 유독 소나무와 잣나무만이 맨 뒤에 시드는 것이다.[1] 지금 외로운 성에 원군마저 없어 날로 더욱 위태로우니, 이야말로 진정 뜻있는 인사와 의로운 장부가 절개를 다해 이름을 드날릴 때인 것이다. 그대들은 이제 어찌하려는가?"

사졸들이 눈물을 뿌리면서 말하였다.

"감히 죽음을 애석하게 여기지 않고 오직 명령을 따르겠나이다."

성이 바야흐로 함락되려 할 무렵, 군사들이 거의 다 죽고 몇 사람 남지 않았지만 모두 죽기로 싸워 구차스럽게 모면할 마음이 없었다. 눌최에게 노복 하나가 있었는데 힘이 세고 활을 잘 쏘았다. 어떤 이가 일찍이 눌최에게 말하기를 "소인이 특이한 재주를 가지게 되면 주인에게 해롭지 않은 경우가 드물다. 이 종을 멀리 해야 할 것이다"라고 했으나 눌최가 듣지 않았다. 그런데 이때 와서 성이 함락되고 적들이 들어오자 바로 그 종이 활을 당기고 화살을 끼워 눌최의 앞에서 쏘는데, 화살 하나도 빗나가는 것이 없으니 적들이 두려워 다가오지 못하였다. 그때 적병 하나가 뒤에서 나와 도끼로 눌최를 쳐서 쓰러뜨리자, 종이 뒤돌아 그와 싸우다가 눌최와 함께 죽었다. 왕이 소식을 듣고서 비통해하고, 눌최에게 급찬의 관직을 추증하였다.

---

1) 원문에 "지어세한 독송백후조"(至於歲寒 獨松栢後彫)라고 하였는데, 이것은 『논어』 자한(子罕)편에 "세한연후 지송백지후조야"(歲寒然後 知松栢之後彫也)라고 한 데서 연유한 것이다. 즉 "추운 겨울이 된 뒤에야 소나무와 잣나무가 더디 시드는 것을 알게 된다"는 것이니, 선비가 궁해져야 그 절의를 보게 되고, 세상이 어지러워져야 충신을 알게 된다는 의미이다.

설(薛)〔어떤 책에는 '살'(薩)이라고 썼다〕**계두**(罽頭) 역시 신라의 세력있는 집안 자손이었다. 일찍이 친한 벗 네 사람과 함께 한자리에 모여 주연을 즐기다가 각자 자신의 품은 뜻을 말하게 되었다. 계두가 말하였다.

"신라에서는 사람을 쓰는 데 골품을 논하여 진실로 그 족속이 아니면 비록 크나큰 재주와 걸출한 공로가 있다 할지라도 자기 신분의 한계를 뛰어넘을 수 없다. 나는 서쪽으로 중화국에 건너가 불세출의 지략을 떨치고 비상한 공로를 세워 스스로 영화로운 길에 들고자 하는바, 비녀와 갓끈을 갖추어 늘이고 검을 차고서 천자의 옆에 드나들면 만족하겠다."

무덕(武德) 4년 신사(621)에 계두가 몰래 배편을 따라 바다를 건너 당에 들어갔다. 마침 당 태종문황제가 친히 고구려를 치니, 그는 자원하여 좌무위과의(左武衛果毅)가 되었다. 요동에 이르러 주필산(駐蹕山) 아래에서 고구려 사람들과 싸웠는데, 적진에 깊숙이 들어가 맹렬하게 싸우다가 죽으니 그의 공로가 1등이었다. 황제가 그가 어떤 사람인가를 묻자 좌우의 신하들이 '신라 사람 설계두'라고 아뢰었다. 황제가 눈물을 흘리면서 말하기를 "내 백성도 오히려 죽음을 두려워해 주저하고 꺼리면서 앞으로 나가지 않는데, 외국 사람이 나를 위해 죽음으로 종사했으니 무엇으로 그의 공을 갚을 것인가!"라고 하였다. 이윽고 황제는 수행하는 이에게 물어 계두의 평생 소원을 듣고서, 어의를 벗어 그를 덮어주고 대장군 직을 내려주었으며, 그에 걸맞은 예우를 갖추어 장사 지내주었다.

김영윤(金令胤)은 사량(沙梁) 사람이다. 급찬 **반굴**(盤屈)의 아들이다. 할아버지는 **흠춘**(欽春)〔혹은 흠순(欽純)이라고 한다〕 각간으로 진평왕 때 화랑이 되었는데, 어진 마음이 깊고 신의가 두터워 많은 사람의 신망을 얻을 수 있었다. 장성해서는 문무대왕이 발탁해 총재(冢宰)로 삼았는데, 임금을 충성으로 섬기고 백성을 너그럽게 다스리니, 나라 사람들이 어진 재상이라고 칭송하였다.

태종대왕 7년 경신(660)에 당 고종이 대장군 소정방에게 명해 백제를 치게 했을 때, 흠춘이 왕명을 받고 장군 유신 등과 함께 정예병 5만을 이끌고 가 당나라 군대에 호응하였다. 가을 7월에 황산(黃山)의 들에 도착해 백제 장군 계백(階伯)과 맞닥뜨렸다. 전세가 불리해지자 흠춘은 아들 반굴을 불러 말하였다.

"신하된 이에게는 충성보다 귀중한 것이 없고, 자식의 도리로는 효도만한 것이 없다. 이 위기를 당해 목숨을 바친다면 충성과 효도가 함께 온전히 갖추어지리라."

이에 반굴이 "알았습니다" 하고, 곧 적진에 들어가 힘껏 싸우다 죽었다.

영윤은 명문가에서 나고 자라 명예와 절개를 자부하였다. 신문대왕 때 고구려의 잔적 실복(悉伏)이 보덕성(報德城)을 근거로 반란하니, 왕이 토벌할 것을 명령하고 영윤을 황금서당(黃衿誓幢)의 보기감(步騎監)으로 삼았다. 영윤이 떠날 때 사람들에게 말하기를 "내가 이번 길에서 우리 가문과 벗들에게 좋지 못한 소문이 들리지 않도록 하겠다"라고 하였다. 이윽고 가서 보니 실복은 가잠성(椵岑城) 남쪽 7리까지 나와 진을 치고서 기다리고 있었다. 어떤 이가 영윤에게 제안하였다.

"오늘의 이 흉악한 무리는 비유하자면 '제비가 장막 위에 둥지를 틀고 물고기가 솥 가운데서 노는 것'[2]과 같아서 만 번 죽을 곳에서 나와 하루의 목숨을 위해 싸울 뿐입니다. 옛말에 '궁지에 몰린 도적을 쫓지 말라'[3]고 했으니 마땅히 사이를 두고 머물러 그들이 극도로 피로해지기를 기다려 친다면 칼에 피를 묻히지 않고 사로잡을 수 있을 것입니다."

여러 장군은 그 말에 공감해 잠시 물러나는데 유독 영윤만이 수긍하

---

2) 이 말은 매우 위험한 상태에 있거나, 살 날이 얼마 남지 않았는데도 그 위험이 목전에 다가오는 것을 모르고 있는 것을 비유한 것이다. 『좌전』 양공 29년 및 『후한서』 56 장강전(張綱傳).
3) 원문에 '궁구물박'(窮寇勿迫)이라고 하였는데, 이것은 『손자』(孫子) 군쟁(軍爭)편에서 인용한 것이다. 신라본기 눌지왕 28년 주석을 참조할 것.

지 않고 싸우려 하니, 영윤의 종자가 여쭈었다.

"지금 여러 장군이 어찌 다 같이 구차하게 살기를 탐하고 목숨을 아끼는 무리들이겠습니까? 그럼에도 불구하고 아까 그이의 말을 그럴듯하다고 여기는 것은, 장차 적들의 틈을 엿보아 편리한 길을 얻으려는 것입니다. 그런데도 당신께서 홀로 곧장 나간다는 것은 옳지 않은 듯합니다."

영윤이 말하였다.

"싸움터에 나와 용기가 없는 것은 『예경』에서 경계한 바이고,⁴⁾ 전진이 있을 뿐 후퇴가 없는 것은 사졸의 떳떳한 본분이다. 장부가 일을 함에 스스로 결단할 것이거늘 어찌 반드시 무리의 의견을 좇아야만 하겠는가!"

마침내 적진에 달려가 힘껏 싸우다 죽었다. 왕이 소식을 듣고 매우 슬퍼하고 눈물을 흘리면서 말하기를 "그런 아버지가 없었다면 이런 아들도 없었을 것이다. 그의 의리와 장렬함이야말로 기릴 만하도다" 하고, 작위와 상을 추증하는 데 특히 후하게 하였다.

관창(官昌)〔관장(官狀)이라고도 한다〕은 신라 장군 품일(品日)의 아들이다. 위의와 풍채가 우아하여 소년 시절에 화랑이 되었는데, 사람들과 잘 어울리더니 나이 열여섯에 말 타고 활쏘기에 능숙하였다. 어느 대감이 그를 태종대왕에게 추천하였다.

당 현경(顯慶) 5년 경신(660)에 왕이 군사를 출동해 당나라 장군과 함께 백제를 칠 때 관창을 부장으로 삼았다. 황산(黃山)의 들에 이르러 양국 군사가 서로 맞서게 되자, 아버지 품일이 그에게 일렀다.

"네가 비록 나이 어리나 큰 뜻과 기개가 있으니, 오늘이야말로 공명을 세우고 부귀를 차지할 때이거늘 어찌 용맹함이 없을 수 있겠느냐?"

---

4) 『예기』 곡례(曲禮) 상에 '임난무구면'(臨難毋苟免)이라고 한 대목을 이른 듯하니, 곧 "어려운 일을 당해 구차스럽게 모면하려 들지 말라"라는 뜻이다.

관창이 "그렇사옵니다" 하고 곧 말에 올라 창을 비껴들고 바로 적진에 쳐들어가 말을 달리면서 몇 사람을 죽였으나, 상대편은 수가 많고 우리는 적어 적들에게 사로잡혀 백제 원수 계백(階伯) 앞에 끌려갔다. 계백이 투구를 벗기게 하더니 그가 어린 나이에도 용맹한 것을 아깝게 여겨 차마 해치지 못하고 탄식해 말하였다.

"신라에 빼어난 인물이 많구나. 소년조차 이러하거늘 하물며 장사들이야 어떠하겠는가!"

이윽고 관창을 살려보내도록 하였다. 관창이 돌아와서 말하였다.

"아까 내가 적진에 들어가 적장을 베지 못하고 깃발을 뽑아오지 못한 것이 몹시 한스럽도다. 다시 가면 반드시 공을 이룰 수 있으리라."

말을 마치자 손으로 우물물을 움켜 마신 다음 다시 적진에 달려들어 매섭게 싸우니, 계백이 잡아 베어 죽이고 그 목을 말안장에 매어 돌려보냈다. 품일은 아들의 머리를 집어들고 소매로 피를 닦아주며 말하였다.

"내 아들 얼굴 모습이 살아 있는 듯하구나. 나라의 일에 훌륭하게 죽었으니 후회할 것이 없다."

3군이 그 광경을 보고 의기가 끓어올라 마음을 떨쳐 일으켜 북을 울리고 함성을 지르면서 나가 쳐부수니 백제군이 크게 패하였다. 대왕이 관창에게 급찬의 관위를 추증하고 그에 따른 예를 갖추어 장사 지내주었다. 또 그의 집안에는 당나라 비단 30필과 20승포 30필, 그리고 곡식 100석을 부의로 내려주었다.

김흠운(金歆運)은 내밀왕(奈密王)의 8세손이다. 아버지는 달복(達福) 잡찬이다.

흠운은 어려서 화랑 문노(文努)의 문하에 드나들었다. 때로 낭도들의 이야기가 '아무개가 전쟁터에서 죽어 지금까지도 이름을 남기고 있다'라는 데 이르게 되면, 흠운은 감개무량하여 눈물을 흘리면서 마음과 기운을 북돋아 흠모해 본받으려는 얼굴빛을 보이곤 하였다. 같은 문하에 있던 승려 전밀(轉密)이 말하기를 "이 사람은 만약 전쟁에 나가게 되면 반드시 돌아오지 않을 사람이다"라고 하였다.

영휘(永徽) 6년(655)에 태종대왕이 백제와 고구려가 변경을 막고 있는 것을 분하게 여겨 그들을 치고자 계획했는데, 군사를 내보낼 때 흠운을 낭당대감(郎幢大監)으로 삼았다. 이에 흠운은 집 안에서 자지 않고 비와 바람을 다 받으면서 사졸들과 함께 고락을 같이하였다. 백제 땅에 다다라 양산(陽山) 아래 군영을 세우고 조천성(助川城)으로 나가 치고자 했는데, 백제 사람들이 밤을 타고 빠르게 달려와 동틀 무렵 보루를 기어올라 들어왔다. 우리 군사들은 깜짝 놀라 엎어지고 자빠져 진정시킬 수가 없었다. 적들은 이 어지러운 틈을 타고 급히 쳐들어오니 날아오는 화살이 빗발처럼 쏟아졌다. 흠운이 말을 비껴 타고 창을 잡고서 적을 기다리니, 대사(大舍) 전지(詮知)가 그를 설득해 말하였다.

"지금 적들이 어둠 속에서 공격해 와 지척에서도 서로를 분간할 수 없으니, 비록 공께서 죽는다 할지라도 아무도 그것을 알지 못할 것입니다. 하물며 공께서는 신라의 존귀한 골족이고 대왕의 사위인지라, 만약 적병의 손에 죽는다면 백제에게는 큰 자랑거리요 우리에게는 크나큰 수치가 될 것입니다."

흠운이 말하였다.

"대장부가 이미 나라에 몸을 바친 이상 다른 사람들이야 알거나 모르거나 매한가지이거늘 어찌 감히 명예를 바랄 것인가!"

흠운이 굳건히 서서 움직이지 않자 휘하가 말 고삐를 잡아쥐고서 돌아갈 것을 권하였다. 흠운은 칼을 빼들어 휘둘러 뿌리치고 적들과 싸워 몇 사람을 죽이고 자신도 죽었다. 여기에서 대감(大監) 예파(穢破)와 소감(少監) 적득(狄得)도 함께 싸우다 죽었다.

이때 보기당주(步騎幢主) 보용나(寶用那)는 흠운이 죽었다는 말을 듣고 말하였다.

"그는 혈통이 귀족이고 가세가 영화로워 사람들이 사랑하고 아끼는 처지에 있으면서도 오히려 절개를 지켜 죽었거늘, 하물며 이 보용나는 살아도 이익 되는 것이 없고 죽는다 해도 손해날 바가 없다."

　말을 마치자 드디어 적들에게 달려들어 서너 명을 죽이고 자신도 죽었다. 대왕이 그 말을 듣고 깊이 애통해하였으며, 흠운과 예파에게 일길찬의 관위를 추증하고 보용나와 적득에게는 대나마의 관위를 추증하였다. 그 당시 사람들이 이 소문을 듣고 '양산가'(陽山歌)를 지어 그들을 애도하였다.

　편찬자는 논평하여 말한다. 신라인들이 인재를 알아볼 방법이 없음을 염려하여 무리지어 함께 노닐도록 하여 그 행동거지와 뜻한 바를 살핀 다음 등용하고자 하였다. 드디어 용모가 뛰어난 남자를 뽑아 장식해 화랑이라 이름하고 그를 받들게 하니 낭도의 무리가 구름처럼 모여들었다. 그들은 서로 도의(道義)로 연마하고, 혹은 노래와 음악을 서로 즐기며, 산과 강을 찾아 노닐어 멀리까지 이르지 않은 곳이 없었다. 이로 인해 그 간사하고 정직함을 알아가려 조정에 천거하였다. 그러므로 김대문(金大問)이 "어진 재상과 충성스러운 신하가 이로부터 나왔고, 훌륭한 장수와 용맹한 병사가 여기에서 생겨났다"라고 한 것이 바로 이것이다. 3대 동안의 화랑이 무려 2백여 명으로 그 꽃다운 이름과 아름다운 사적들은 모두 전기(傳記)에 실려 있는 바와 같다.[5] 흠운 같은 이도 역시 낭도로서 나라 일에 목숨을 바칠 수 있었으니, 가히 그 이름을 욕되지 않게 했다고 이를 만하다.

　열기(裂起)는 그 집안의 성씨가 기록에 전하지 않는다.

---

5) 이곳의 사론은 신라본기 진흥왕 37년조 화랑 관련 기사를 거의 전재한 듯 서로 방불하다. 다만 이른바 '전기'(傳記)가 지시하는 바가 무엇인가에 대해 김대문의 『화랑세기』를 지칭한 것으로 보기도 하나, 그보다는 열전 7에 분재된 해론(奚論) 이하 신라인들의 전기 자체이거나 혹은 구체적으로 이 사론에 바로 앞서 서술된 김영윤, 관창, 김흠운 등 화랑정신을 구현한 대표적 인물들의 전기를 가리키는 것으로 판단한다.

문무대왕 원년(661)에 당 황제가 소정방을 보내 고구려를 치게 하여 평양성을 에워싸고, 함자도총관(含資道摠管) 유덕민(劉德敏)이 우리 왕에게 황제의 뜻을 전해 군수물자를 평양으로 보내라 하였다. 왕은 대각간 김유신을 시켜 쌀 4천 석과 조(租) 2만 2천 2백 50석을 수송하게 하였다. 우리 군사가 장새(獐塞)에 이르렀을 때 바람과 눈이 매섭게 차서 사람과 말이 많이 얼어 죽었다. 고구려 사람들은 우리 군사들이 지쳤음을 알고 우리를 요격하려 하였다. 당나라 군영을 3만여 보 남겨두고 더 이상 전진할 수 없었다. 글을 보내고자 해도 그 일을 감당할 만한 사람을 고르기가 어려웠다. 이때 열기는 보기감(步騎監)으로 수송을 돕고 있었는데 앞에 나와 말하였다.

"제가 비록 노둔하고 굼뜨기는 하나 심부름하는 사람들에 넣어주시기 바랍니다."

마침내 군사(軍師) **구근**(仇近) 등 열다섯 사람과 함께 활과 칼을 지니고 말을 달려가니, 고구려 사람들이 그 모습을 보고도 가로막지 못하였다. 이틀 만에 소장군에게 기별을 전하니 당나라 사람들이 듣고 기뻐하며 위로하고 회답의 글을 주었다. 열기가 다시 이틀을 걸려 돌아오자 유신이 그 용기를 치하하고 급찬의 관위를 주었다. 우리 군대가 돌아오게 되자 유신이 왕에게 아뢰었다.

"열기와 구근은 천하의 용사입니다. 제가 편의대로 급찬의 관위를 주었사오나 그들의 공로에 부응하기에는 부족하오니 사찬의 관위를 더해 주시기 바랍니다."

"사찬의 품질은 너무 지나치지 않은가?"

유신이 두 번 절하고 말하였다.

"관작과 봉록은 공평무사한 그릇이니 공로를 세운 이에게 보수로 그것을 주는 것을 어찌 지나치다 이르십니까?"

그러자 왕이 윤허하였다. 뒷날 유신의 아들 삼광(三光)이 정권을 잡았을 때 열기가 찾아와 군수 자리를 구했으나 삼광이 허락하지 않았다. 열기가 지원사(祇園寺)의 승려 순경(順憬)에게 그 일을 말하였다.

"나의 공로가 큰데도 군수를 요청했다가 얻지 못하니, 삼광이 아마 제 아버지가 죽었기 때문에 나를 잊었나 보다."

순경이 삼광에게 그 이야기를 하자, 삼광이 삼년산군(三年山郡) 태수 직을 열기에게 주었다.

구근은 원정공(元貞公) 휘하에서 서원술성(西原述城)을 쌓았는데, 원 정공이 다른 사람 말을 듣고 일을 태만히 한다고 여겨 그에게 매질을 하였다. 이에 구근이 말하였다.

"내가 일찍이 열기와 함께 예측할 수 없는 위험한 곳에 들어가 대각간 의 명령을 욕되게 하지 않았으므로 대각간도 나를 무능하다 하지 않고 나라의 뛰어난 인물로 대우했거늘, 이제 뜬소문을 가지고 나에게 죄를 씌우니 내 평생 이보다 더한 치욕이 없도다."

원정공이 그 말을 듣고 죽는 날까지 후회하고 부끄러워하였다.

비령자(丕寧子)는 그의 고향과 집안의 성씨를 알 수 없다.

진덕왕 원년 정미(647)에 백제가 대군을 거느리고 쳐들어와 무산(茂 山)·감물(甘勿)·동잠(桐岑) 등의 성을 공격하였다. 유신이 보병과 기병 1만 명을 거느리고 그를 막았으나, 백제 군사들이 매우 날카로워 힘겹 게 싸우다 이기지 못해 사기가 다하고 힘은 떨어져갔다. 유신은 비령자 에게 힘껏 싸워 적진 깊숙이 들어갈 뜻이 있는 것을 알고 그를 불러 일 렀다.

"추운 겨울이 된 후에야 소나무와 잣나무가 맨 나중에 시드는 것을 안 다 한다. 오늘 사태가 위급하니 그대가 아니면 누가 힘을 떨치고 기묘한 계책을 내서 여러 사람의 마음을 격동시킬 수 있겠는가?"

이 같은 말과 함께 더불어 술을 마시면서 은근함을 보이니, 비령자가 두 번 절하고 아뢰었다.

"지금 하고많은 사람들 가운데 유독 일을 저에게 부탁하시니 저를 알 아주심이라 하겠나이다. 진실로 죽음으로 보답하겠나이다."

비령자가 밖으로 나와 종 **합절**(合節)에게 말하였다.

"나는 오늘 위로는 나라를 위하고 아래로는 나를 알아주는 이를 위해 죽으려 한다. 내 아들 거진(擧眞)이 비록 어리지만 장렬한 뜻이 있으니 반드시 나와 함께 죽으려 할 것이다. 만약 아비와 아들이 함께 목숨을 버리면 집안사람이 장차 누구를 의지하겠느냐? 네가 거진과 함께 내 해골을 잘 거두어 돌아가서 제 어미의 마음을 위로하게 하여라."

부탁을 마치자 곧 말을 채찍질하여 창을 비껴들고 적진에 달려들어 몇 사람을 쳐죽이고 자신도 죽었다. 거진이 그 모습을 보고 달려가고자 하니 합절이 간청하였다.

"대인께서 말씀하시기를 저보고 도련님과 함께 집에 돌아가 부인마님을 편안히 위로하라고 하셨습니다. 이제 자식이 아버지의 명을 어기고 어머니의 사랑을 저버린다면 효라고 할 수 있겠습니까?"

이처럼 말고삐를 붙들고 놓아주지 않으니 거진이 말하였다.

"아버지가 죽는 것을 보면서도 구차하게 사는 것이 어찌 효자라 하겠느냐?"

곧바로 칼로 합절의 팔을 쳐 자르고 적들 가운데로 말을 달려들어가 싸우다 죽었다. 합절은 "나의 주인들이 다 돌아가셨는데 나 혼자 살아서 무엇을 하겠는가"라고 하더니, 역시 칼을 맞부딪치다가 죽었다. 우리 군사들이 그들 세 사람의 죽음을 보고 감격해 다투어 달려나가서 향하는 곳마다 적의 예봉을 꺾고 적진을 함락시켰으며, 적군을 크게 깨뜨려 3천여 명의 목을 베었다. 유신이 세 사람의 시신을 거두어 옷을 벗어 덮어주고 매우 서럽게 통곡하였다. 대왕이 소식을 듣고 눈물을 흘리면서 예를 갖추어 반지산(反知山)에 합장하고, 처자와 9족에게 은혜로운 상을 더욱 넉넉하게 내려주었다.

죽죽(竹竹)은 대야주(大耶州) 사람이다. 아버지 학열(郝熱)은 찬간(撰干)이 되었다. 죽죽은 선덕왕 때 사지(舍知)가 되어 대야성(大耶城) 도독 김품석(金品釋)의 군대 휘하에서 그를 보좌하였다.

선덕왕 11년 임인(642) 가을 8월에 백제 장군 윤충(允忠)이 군사를 거느리고 와 대야성을 공격하였다. 이보다 앞서 도독 품석이 그의 막료인 사지 검일(黔日)의 아내가 아름다운 것을 보고 빼앗았으므로 검일이 원한을 품고 있더니, 이때 이르러 백제군에 내응해 창고를 불살랐다. 그러므로 온 성안이 흉흉하고 두려워해 굳게 지킬 수 없을 것만 같았다. 품석의 보좌관인 아찬 서천(西川)〔사찬 지지나(祗之那)라고도 한다〕이 성 위에 올라 윤충을 보고 말하였다.

"만약 장군께서 우리를 죽이지 않는다면 성을 들어 항복하고자 합니다."

윤충이 말하였다.

"만약 그렇게만 한다면 그대와 더불어 다 같이 좋은 방향으로 할 것인바, 그렇지 않을 경우 저 밝은 해를 두고 맹세하겠다."

서천이 권고해 품석과 여러 장사가 성을 나서려 하자, 죽죽이 만류하면서 말하였다.

"백제는 늘 뒤집어 배신하는 나라인지라 믿을 수 없습니다. 그런데도 윤충의 말이 달콤한 것은 반드시 우리를 유혹하려는 것입니다. 만약 성을 나가면 틀림없이 적들에게 잡힐 것이니, 달아나 엎드려 삶을 구걸하기보다는 용감하게 싸워 죽음에 이르는 것이 낫습니다."

품석이 그의 말을 듣지 않고 성문을 열었다. 사졸들이 먼저 나가니 백제가 복병을 내보내서 다 죽여버렸다. 품석이 바야흐로 나가려다 장수와 사졸들이 죽었다는 말을 듣고, 먼저 처와 자식을 죽인 다음 스스로 자결하였다. 죽죽은 남은 군졸을 거두어 성문을 닫고 적들을 막았는데, 사지 용석(龍石)이 죽죽에게 일러 말하였다.

"지금 전세가 이와 같으니 반드시 온전할 수 없겠다. 차라리 살아 항복해 뒷날의 성공을 도모하는 것만 못하다."

죽죽이 대답하였다.

"그대 말이 마땅하다. 그러나 내 아버지께서 나를 죽죽이라고 이름지은 것은, 추운 겨울이 되어도 시들지 말며 꺾일지언정 굽히지 말라는 뜻이었거늘, 어찌 죽음을 두려워해 산 채로 항복할 수 있겠는가?"

마침내 성이 함락될 때까지 힘껏 싸우다 용석과 함께 죽었다. 왕이 그 소식을 듣고 애통해하고, 죽죽에게 급찬을 추증하고 용석에게는 대나마를 추증했으며, 그들의 처자에게 상을 내려주고 수도로 옮겨 살게 하였다.

필부(匹夫)는 사량(沙梁) 사람이다. 아버지는 존대(尊臺) 아찬이다.

태종대왕은 백제와 고구려와 말갈이 서로 가까이 지내면서 입술과 이와 같은 관계가 되어 함께 우리나라를 침탈하고자 계획하고 있다고 생각했으므로, 충성스럽고 용맹한 인재로서 그들에 대한 방어를 감당할 만한 사람을 구하던 나머지, 필부를 칠중성(七重城) 관하의 현령으로 삼았다.

그 이듬해 경신(660) 가을 7월에 왕이 당나라 군사와 함께 백제를 멸망시켰다. 그러자 고구려가 우리를 미워해, 겨울 10월에 군사를 몰아와 칠중성을 에워쌌다. 필부는 한편 지키고 한편 나가 싸우기를 20여 일 동안이나 하였다. 적장은 우리 사졸들이 모두 열심히 싸워 자기 일신을 돌아보지 않는 것을 보고, 손쉽게 함락시킬 수 없겠다고 여겨 문득 군사를 이끌고 돌아가고자 하였다. 이때 역적 대나마 비삽(比歃)이 몰래 사람을 보내 적들에게 알리기를 성안에 먹을 것이 떨어지고 힘이 다했으니 만약 공격하기만 하면 틀림없이 항복할 것이라 하니, 적들이 드디어 다시 공격하였다. 필부가 그 사실을 알고 칼을 빼서 비삽의 목을 베어 성 밖으로 던지고, 곧 군사들에게 포고해 말하였다.

"충신과 열사는 죽을지언정 굽히지 않는 것이니 힘써 노력할 일이다. 우리 성의 존망이 이 한 번 싸움에 달렸다."

곧이어 주먹을 휘두르며 한 번 호통하니, 병든 이들까지 모두 일어나 앞을 다투어 성 위에 올라갔으나 사기가 꺾이고 다해 죽고 다친 이가 반절이 넘었다. 적들은 바람을 이용해 불을 지르고 성을 공격하면서 들이 닥쳤다. 필부가 상간(上干) 본숙(本宿)·모지(謨支)·미제(美齊) 등과 함께 적을 향해 맞서 활을 쏘았지만 날아오는 화살이 빗발 같아 온몸이 뚫리고 터졌으며, 피가 흘러 발꿈치까지 적시니 그만 쓰러져 죽었다. 대왕이 소식을 듣고 매우 비통하게 통곡했으며, 그에게 급찬의 관위를 추증해주었다.

계백(階伯)은 백제 사람이다. 벼슬해 달솔(達率)이 되었다.

당 현경(顯慶) 5년 경신(660)에 당 고종이 소정방을 신구도대총관(神丘道大摠管)으로 삼아 군사를 거느리고 바다를 건너 신라와 함께 백제를 치게 하였다. 계백은 장군이 되어 결사대 5천 명을 뽑아 이를 막게 되었다. 그가 말하였다.

"한 나라의 백성으로 당과 신라의 대군을 맞이했으니, 이 나라의 존망을 알 수 없도다. 내 처자식이 적들에게 잡혀 노비가 될까 두려운바, 살아서 욕을 당하느니 차라리 장쾌하게 죽는 편이 나으리라."

마침내 처자식을 다 죽였다. 계백이 황산(黃山)의 들에 이르러 세 곳에 진영을 치다가 신라 군사를 맞닥뜨려 싸우게 되었을 때 군사들에게 맹세해 말하였다.

"옛날 월(越) 왕 구천(句踐)은 5천 명의 군사로 오(吳)의 70만 병력을 쳐부수었다. 오늘 우리는 마땅히 각각 힘껏 용기를 다해 승리를 쟁취하여 나라의 은혜에 보답하리라."

마침내 치열하게 싸워 한 사람이 천 명을 당해내지 못하는 이가 없을 정도이니, 신라군이 그만 퇴각하였다. 이와 같이 맞붙어 싸우고 물러나기를 네 번이나 하더니, 힘이 다해 죽었다.

• 삼국사기 권 제47

삼국사기 권 제48

열전 제8
향덕, 성각, 실혜, 물계자, 백결선생,
검군, 김생, 솔거, 효녀 지은, 설씨, 도미

향덕(向德)은 웅천주(熊川州) 판적향(板積鄕) 사람이다. 아버지는 이름
이 선(善)이요 자는 반길(潘吉)인데, 타고난 천성이 온화하고 선량하여
향리에서 그의 품행을 칭송하였다. 어머니는 그 이름이 전하지 않는다.
향덕 역시 효성스럽고 공순하기로 당시에 자자하였다.

천보(天寶) 14년 을미(755)에 흉년이 들어 백성들이 굶주리는데다 전
염병마저 덮쳤다. 향덕의 부모도 주리고 병들었으며, 어머니는 게다가
등창마저 나서 모두 죽을 지경에 이르렀다. 향덕은 밤낮으로 옷을 벗지
않고 정성을 다해 간호를 했지만 부모님을 봉양할 먹을거리가 없는지라
그만 자신의 넙적다리 살을 베어 먹였고, 또 어머니의 등창 고름을 입으
로 빨아내서 모두 평안하게 되었다. 그 마을 관리가 이 일을 주에 보고하
고 주에서는 왕에게 아뢰니, 왕은 교서를 내려 조(租) 3백 곡(斛)과 집 한
채와 구분전(口分田)[1] 약간을 내려주고, 해당 관리를 시켜 비를 세우고

---

1) 구분전은 북위(北魏)에서 비롯해 북조 및 수·당대에 시행된 토지제도인 균전제(均
田制)에서 정남(丁男)에게 지급된 공전(公田)의 명칭이다. 당의 경우 정남 외에도
독질(篤疾)·폐질(廢疾)·과부 등에게도 구분전을 차등있게 지급하였다. 후대 고려
에서도 전사한 군인의 처, 연로한 군인, 관리의 유자녀 등 생활 능력이 없는 이들에

그 일을 기록해 높이 기리도록 하였다. 지금도 사람들이 그곳을 이름하여 효자 마을이라고 한다.[2]

성각(聖覺)은 청주(菁州) 사람이다. 그의 성씨와 집안은 기록에 전하지 않는다. 세속의 명예와 벼슬을 달갑게 여기지 않고 스스로 거사를 자처하여 일리현(一利縣)의 법정사(法定寺)에 의탁해 머물다가, 뒤에 집으로 돌아와 어머니를 봉양하게 되었다. 어머니가 늙고 병들어 채소 음식을 못마땅해 하므로 자기의 다리 살을 베어 먹였다. 어머니가 죽자 이제 지극한 정성으로 불공과 시주를 하였다. 대신 각간 경신(敬信)과 이찬 주원(周元) 등이 그 이야기를 국왕에게 아뢰어 웅천주 사람 향덕의 선례와 같이 인근 현의 조(租) 3백 석을 상으로 주었다.

편찬자는 논평하여 말한다. 송기(宋祁)의 『당서』에 이르기를 "한유(韓愈)의 논의가 옳다. 그가 말하기를 '부모의 병환에 약을 달여 드리는 것은 효이나, 제 살을 베어 먹여 몸을 훼상하는 것을 효라 하는 것은 듣지 못하였다. 만일 이것이 의리를 손상하지 않는 것이라면 성현들께서 다른 사람보다 먼저 그렇게 했을 것이다. 이것이 잘못되어 그 때문에 또 죽게 된다면 부모로부터 받은 몸을 훼상하고 후손이 절멸되는 죄가 그에게 돌아올 것이거늘, 어찌 그 가문을 표창해 기리겠는가!'라고 하였다. 비록 그러나 항간의 고루한 자로서 학술이나 예의의 소양은 갖지 못하면서도 능히 자기 몸을 희생해 부모에게 바친 것은 정성의 마음에서 나온 것이니, 역시 칭찬할 만하므로 기록해 둔다"[3]라고 했으니, 향덕과

게 토지를 지급해 구분전이라고 하였다.

2) 향덕에 관한 고사는 『삼국유사』 효선(孝善) 향득사지할고공친(向得舍知割股供親) 조에도 다루어졌다.

3) 한유의 이 말은 『신당서』 195 열전 120 효우열전(孝友列傳)의 서부에 인용된 것을 재인용한 것이다. 『신당서』에 따르면 당시에 인육으로 병을 고친다는 진장기(陳藏器)의 『본초습유』(本草拾遺)로 말미암아 민간에서 부모의 질병을 당해 자식들이 자신의 살을 베어드리는 일이 많았다 하며, 이에 대해 찬자 송기는 한유의 말을 인용

같은 이 역시 적어둘 만한 사람이겠다.

　실혜(實兮)는 대사(大舍) 순덕(純德)의 아들이다. 성품이 강직하여 의롭지 않은 일로 그를 굴복시킬 수 없었다.

　진평왕 때 상사인(上舍人)이 되었다. 이때 하사인(下舍人) 진제(珍堤)는 그 사람됨이 아첨을 잘해 왕의 사랑을 받았다. 비록 실혜와 같은 직분의 신료였지만 일을 처리함에 서로 옳네 그르네 하여 의견이 맞지 않았다. 실혜는 바른 길을 지켜 군색하고 구차스럽지 않으니, 진제가 시기하고 원한을 품어 여러 번 왕에게 참소해 말하였다.

　"실혜는 지혜가 없고 배포만 많은지라 걸핏하면 기뻐하고 화를 내서 비록 대왕의 말씀이라 해도 자기 뜻에 맞지 않으면 분하게 여겨 마지않으니, 만약 징계해 다스리지 않는다면 장차 화란이 될 것이온데, 어찌 그를 내쫓아 물리치지 않으십니까? 그가 굴복하기를 기다린 다음에 쓰셔도 늦지 않을 것입니다."

　왕은 그렇겠다고 생각해 실혜를 영림(泠林)의 관리로 좌천하였다. 어떤 이가 실혜에게 일러 말하였다.

　"당신은 할아버지대부터 충성과 밝은 재질로 세상에 이름이 있었는데, 지금 간사한 신하의 참소와 훼방을 입어 멀리 죽령 바깥 황량한 벽지에 임관하게 되었으니 원통하지 않은가? 어찌하여 사실대로 아뢰어 스스로 변명하지 않는가?"

　그러자 실혜가 대답하였다.

　"옛날 굴원(屈原)은 홀로 정직하다가 초(楚)에서 물리쳐져 내쫓기고,[4]

────────────

　　하면서 그 잘못됨을 논하는 동시에, 그럼에도 불구하고 그러한 효자들을 입전하는
　　연유를 밝히고 있다.

4) 굴원은 전국시대 초의 충신으로 이름은 평(平)이다. 회왕(懷王)의 신임을 받았으나
　　참소를 입어 축출되자 「이소」(離騷)를 지었다. 그 후 회왕은 진(秦)의 장의(張儀)에
　　게 농락당해 죽고 말았다. 굴원은 다시 경양왕(頃襄王) 때에도 멀리 쫓겨났으며, 초
　　가 멸망하기에 이르자 스스로 돌을 안고 멱라수(汨羅水)에 몸을 던져 죽었다. 『초
　　사』(楚辭)에 있는 그의 작품들에는 임금과 나라를 사랑하는 마음과 세상에 대한 울

이사(李斯)는 충성을 다했으나 진(秦)에서 극형을 받았다.[5] 그러므로 간사한 신하가 임금을 현혹해 어지럽히면 충성스러운 이가 배척을 당하는 것은 옛날에도 역시 그러했던 것을 알 수 있거늘, 무엇이 그리 슬프겠는가?"

마침내 더 이상 말하지 않고 떠나면서 '장가'(長歌)를 지어 자기 뜻을 보였다.

물계자(勿稽子)는 내해 이사금(奈解尼師今) 때 사람이다. 집안은 평범하고 한미했지만 사람됨이 기개가 있었으며 어려서부터 장한 뜻을 품고 있었다.

당시에 포상(浦上)의 여덟 나라가 함께 모의해 아라국(阿羅國)을 치자, 아라국은 우리에게 사신을 보내와 구원을 요청하였다. 이사금이 왕손 내음(㮈音)을 시켜 인근의 군 및 6부의 군사를 이끌고 가서 아라국을 구하게 하였다. 이리하여 마침내 여덟 나라의 군사를 물리쳤다. 이 싸움에서 물계자가 큰 공로를 세웠는데 왕손에게 미움을 샀기 때문에 그의 전공이 기록되지 않았다. 어떤 이가 물계자에게 일러 말하였다.

"그대의 공이 가장 큰데도 등록되지 못했으니 원망스럽지 않은가?"

"무슨 원망이 있겠는가?"

다시 그가 물었다.

"어찌하여 왕께는 아뢰지 않는가?"

물계자가 말하였다.

"공을 자랑하고 이름을 구하는 것은 뜻있는 이가 할 바가 아니다. 다만

___

분이나 자신의 불우함을 슬퍼하는 격정이 보인다. 전통시대 중국에서는 충군애국의 대표적 인물로 간주되었다. 『사기』 84 굴원전.

5) 이사는 전국시대 초나라 상채(上蔡) 사람으로 진(秦)에 들어가 객경(客卿)이 되었으며, 시황이 천하를 평정하자 승상(丞相)이 되었다. 군현제를 제정하고 분서령(焚書令)을 내리게 하는 등 시황을 도왔으나, 조고(趙高)와 함께 2세(二世)를 황제로 옹립한 뒤, 조고의 음해로 2세의 미움을 받아 함양(咸陽)의 저자에서 허리를 잘려 죽었다. 『사기』 87 이사전.

마땅히 스스로의 뜻을 가다듬어 후일을 기다릴 따름이다."

3년 뒤 골포(骨浦), 칠포(柒浦), 고사포(古史浦)의 세 나라 사람들이 갈화성(竭火城)에 쳐들어오니, 왕이 군사를 거느리고 나가 구원해 세 나라의 군사를 크게 깨뜨렸는데 물계자가 수십여 명을 잡아 죽였다. 전공을 논할 때 역시 아무런 소득이 없자, 이제 물계자가 그의 아내에게 말하였다.

"일찍이 내가 듣건대 '신하가 된 이의 도리는 나라가 위급한 것을 보면 목숨을 바치고, 어려운 지경을 당해서는 자기 몸을 잊어야 한다'고 했소. 지난날 포상국이나 갈화성의 싸움은 위급하고도 어려운 지경이었다고 할 만하거니와, 나는 목숨과 몸을 바치는 일로 세상 사람들에게 알려지지 못했으니 장차 무슨 낯으로 거리에 나다니리오?"

마침내 머리를 풀어헤치고 거문고를 가지고서 사체산(師彘山)에 들어가 돌아오지 않았다.

백결선생(百結先生)은 어떠한 이인지 내력을 알 수 없다. 그는 낭산(狼山) 아래에 살았는데 집안이 매우 가난하여 옷을 백 군데나 기워 마치 메추라기를 매단 것 같았으므로, 당시 사람들이 동쪽 마을의 백결선생이라고 불렀다. 그는 일찍이 영계기(榮啓期)의 사람됨을 흠모하여, 거문고를 가지고 다니면서 무릇 기쁘거나 성나거나 슬프거나 즐겁거나 불만스러운 일이거나 모두 거문고로 그 뜻을 표현하였다.

한 해가 저물 무렵 이웃 마을에서 곡식을 찧었는데, 그의 아내가 그 방아 소리를 듣고 말하였다.

"남들은 다들 곡식이 있어 방아 찧는데 우리만 홀로 찧을 곡식이 없구나! 무엇으로 한 해를 마쳐 설을 쇨 것인가?"

백결선생이 하늘을 우러러 탄식하며 말하였다.

"대저 죽고 사는 데는 운명이 있고 부귀는 하늘에 달린지라, 그것이 오는 것을 막을 수 없으며 그것이 가는 것도 좇을 수 없거늘, 당신은 어찌하여 마음 상해 하시는가? 내가 당신을 위해 방아 소리를 지어 위로하리다."

이윽고 거문고를 두드려 방아 찧는 소리를 지어냈으니, 세상에 그 곡이 전해져서 이름을 대악(碓樂)이라 하였다.

검군(劍君)은 구문(仇文) 대사(大舍)의 아들인데, 사량궁(沙梁宮)의 사인(舍人)으로 있었다.

건복(建福) 44년 정해(627) 가을 8월에 서리가 내려 여러 곡식을 죽이더니, 이듬해 봄과 여름에 크게 기근이 들어 사람들이 자식을 팔아먹을 지경이었다. 이에 궁중의 여러 사인이 함께 모의해 창예창(唱翳倉)의 곡식을 훔쳐 나누었는데, 검군만이 홀로 받지 않았다. 모든 사인이 말하였다.

"여러 사람이 모두 받는데 그대만이 유독 물리치니 무슨 까닭인가? 만약 양이 적어 꺼린다면 다시 더해주리라."

검군이 웃으면서 말하였다.

"나는 근랑(近郎)의 낭도로 이름이 편성되어 있어 풍월도(風月道)의 뜰 안에서 행실을 닦았으므로, 진실로 의로운 일이 아니거든 비록 천금의 이익이 있다 해도 마음이 흔들리지 않는다."

그 당시 대일(大日) 이찬의 아들이 화랑이 되어 근랑이라고 불렸으므로 이렇게 말한 것이다. 검군이 궁을 나와 근랑의 집으로 가니, 사인들은 은밀히 의논하기를 '이 사람을 죽이지 않으면 반드시 말이 새어나갈 것이다'고 하여 마침내 검군을 불렀다. 검군은 그들이 죽이려 하는 줄을 알고 근랑에게 작별해 말하였다.

"오늘 이후로는 다시 서로 만나지 못하겠습니다."

근랑이 까닭을 물었으나 검군은 말하지 않았다. 두번 세번 물어서야 간단하게 그 연유를 이야기하니, 근랑이 듣고 말하였다.

"어째서 관가에 말하지 않는가?"

"자신이 죽는 것을 두려워해 여러 사람으로 하여금 죄에 걸려들게 하는 것은 인정상 차마 할 수 없습니다."

"그렇다면 왜 도망가지 않는가?"

"저들은 굽어 있고 나는 곧거니와, 그런데도 도리어 나 스스로 도망한다는 것은 장부답지 못합니다."

드디어 사인들에게 가니 그들은 술자리를 벌여놓고 베풀면서 은밀하게 음식에 약을 넣었다. 검군은 그것을 알면서도 억지로 먹고 그만 죽었다.

군자(君子)가 말하기를 "검군은 죽을 자리가 아닌 데서 죽었으니 태산같이 중한 목숨을 새털보다 가벼이 여긴 이라고 하겠다"라고 하였다.

김생(金生)은 부모가 한미하여 그 집안 내력을 알 수 없다. 경운(景雲) 2년(711)에 태어나 어려서부터 글씨를 잘 쓰더니, 평생 다른 기예를 익히지 않았다. 나이 80이 넘어서도 여전히 붓을 잡고 쉬지 않아 예서와 행·초 모두가 신묘한 경지에 들어갔다. 지금도 이따금 그의 친필을 볼 수 있는데, 배우는 이들이 전해오면서 보물로 여긴다.

숭령(崇寧) 연간에 학사 홍관(洪灌)이 진봉사(進奉使)를 따라 송에 들어가 변경(汴京)의 객관에 들렀는데, 마침 송나라 한림대조(翰林待詔) 양구(楊球)와 이혁(李革)이 황제의 조칙을 받들고 객관에 와서 족자에 글씨를 쓰고 있었다. 홍관이 김생의 행초 한 권을 보이니, 두 사람이 크게 놀라 말하였다.

"오늘 왕우군(王右軍)의 친필을 보게 될 줄은 생각하지 못하였다!"

홍관이 말하였다.

"그게 아니라 이것은 바로 신라 사람 김생이 쓴 것이다."

그러나 두 사람은 웃으며 말하였다.

"천하에 왕우군이 아니고서야 어찌 이와 같은 신묘한 필법이 있겠는가?"

그들은 홍관이 여러 번 말해도 끝내 믿지 않았다.[6]

---

6) 고려는 숙종 9년(1104) 즉 숭령 3년에 사신을 송에 보낸 바 있거니와, 홍관은 이 사

또 **요극일**(姚克一)이란 이가 있었는데 벼슬이 시중겸시서학사(侍中兼侍書學士)에 이르렀다. 필력이 힘차고 단단했으며, 구양순(歐陽詢)체를 체득하였다. 그의 글씨는 비록 김생에 미치지는 못했지만 역시 빼어난 솜씨였다.[7]

솔거(率居)는 신라 사람이다. 출신이 한미하여 그 집안 내력이 전해지지 않는다.

솔거는 태어나면서부터 그림을 잘 그렸다. 일찍이 황룡사(皇龍寺) 벽에 늙은 소나무를 그렸는데 나무의 몸통과 굵은 줄기는 비늘처럼 우툴두툴 주름지고 터졌으며, 가지와 잎은 얼기설기 굽어서 까마귀·소리개·제비·참새 등이 이따금 나무를 보고 날아들다 벽화 앞에 와서는 발디디고 앉을 곳이 없어 떨어지곤 하였다. 세월이 오래되매 색깔이 빛을 잃어 절의 승려들이 단청으로 덧칠했더니, 까마귀나 참새가 다시는 날아오지 않았다.

또 경주 분황사(芬皇寺) 관음보살과 진주 단속사(斷俗寺) 유마상(維摩像)이 모두 그가 남긴 작품인데, 세상에서 전하기를 신화(神畫)라고들 하였다.

효녀 지은(知恩)은 한기부(韓歧部) 백성 연권(連權)의 딸이다. 성품이

행을 수행한 듯하다. 왜냐하면 숭령 연간에 고려에서 송에 사신을 파견한 것은 최홍사(崔弘詞)를 정사로 한 이때의 교섭 외에는 없을 뿐 아니라, 홍관은 숙종 7·8년에 춘추관(春秋館)의 직사관(直史館) 직에 있으면서 왕명을 받아 집상전(集祥殿)의 현판을 쓰거나, 회경전(會慶殿) 병풍에 『서경』의 무일편(無逸篇)을 쓴 바 있기 때문이다. 또한 실제 당시 고려 내에서도 홍관은 김생의 필법을 본받았다고 평가되고 있었다. 『고려사』세가 12 숙종 9년 7월 및 『고려사』121 열전 34 홍관.

7) 본서 백제본기 말미 사론 분주에 「삼랑사비문」(三郎寺碑文)은 요극일이 썼다고 했으며, 「대안사적인선사탑비」(大安寺寂忍禪師塔碑)·「황룡사구층목탑찰주본기」(皇龍寺九層木塔刹柱本記)·「취서사석탑사리함기」(鷲棲寺石塔舍利函記) 등도 그의 글씨로 전해진다.

지극히 효성스러웠다. 어려서 아버지를 여의고 홀로 어머니를 봉양했는데, 나이 서른둘이 되어서도 여전히 시집가지 않고 아침저녁으로 늘 옆에서 떠나지 않았다. 그러나 봉양할 것이 없어, 혹은 품을 팔기도 하고 혹은 동냥을 하여 음식을 얻어다 어머니를 모셨다. 그런 날이 오래되자 피곤하고 고달픈 것을 이기지 못하여, 부잣집에 찾아가 자기 몸을 팔아 그 집 종이 되고자 청해 쌀 10여 석을 얻게 되었다. 하루 종일 그 집에 가서 일을 해주고 날이 저물면 밥을 지어 돌아와 어머니를 봉양하였다. 이렇게 하기를 삼사일 만에, 그 어머니가 딸에게 일러 말하였다.

"이전에는 음식이 거칠어도 맛이 달았는데 이즈음에는 음식은 비록 좋으나 맛이 예전 같지 않고 오히려 뱃속을 마치 칼날로 찌르는 듯하니, 이것이 무슨 까닭일까?"

딸이 사실대로 고하자 어머니는 말하기를 "나 때문에 네가 종이 되었으니 차라리 내가 빨리 죽는 것이 낫겠다"하고 목을 놓아 크게 통곡하니, 딸도 역시 울어 길가는 사람들이 애처로워하였다.

이때 효종랑(孝宗郞)이 나다니다 그 광경을 보고 돌아와서 부모에게 청해 집안의 벼 1백 석과 옷가지들을 실어다주고, 또 그녀를 종으로 산 주인에게 몸값을 치러 양민으로 환원해주었다. 효종랑의 낭도들 수천 명도 각각 벼를 1석씩 내서 기증하였다. 대왕 역시 그 말을 듣자 조(租) 5백 석과 집 한 채를 내려주고 일체의 부역을 면제해주었으며, 곡식이 많아서 그것을 노략질하고 훔치려는 자들이 있을까 염려해 관련 부서를 시켜 병사를 보내 번갈아 지키게 하였다. 그 마을을 널리 알리고 표창하여 '효양방'(孝養坊)이라고 했으며, 아울러 표문을 받들어 그 미담을 당 황실에 알렸다.

효종은 당시 셋째 재상인 서발한(舒發翰) 인경(仁慶)의 아들로서 어릴 때 이름은 화달(化達)이었다. 왕은 효종이 비록 나이는 어리나 문득 노성한 면모를 보인다고 생각해, 곧 왕의 형인 헌강왕의 딸을 아내로 삼아주었다.[8]

설씨(薛氏) 여자는 율리(栗里) 백성의 딸이다. 비록 한미한 가문에 단출한 집안이었지만 얼굴빛이 단정하고 뜻과 행실을 가다듬고 바로하여, 그녀를 보는 이마다 그 어여쁨을 흠모하면서도 감히 범접하지 못하였다. 진평왕 때 연로한 그녀의 아버지가 정곡(正谷) 땅에서 북적(北狄)을 방비할 순번이 되었다. 딸은 쇠약하고 병든 아버지를 차마 멀리 떠나게 할 수 없었고, 또 여자 몸인지라 자기가 대신 갈 수도 없는 것을 한스러워하여, 헛되이 혼자 근심하고 괴로워하였다.

사량부(沙梁部)의 젊은이 가실(嘉實)은 비록 가난하고 군색했지만 자신의 뜻을 위해 끊임없이 노력하는 남자였다. 그는 일찍부터 설씨를 사모했으나 감히 말하지는 못하고 있더니, 아버지가 늙은 몸으로 종군하게 된 것을 설씨가 근심한다는 말을 듣고 마침내 설씨에게 찾아와 말하였다.

"내 비록 일개 나약한 사나이이지만 일찍부터 지조와 기개를 자부하는 터이니, 이 보잘것없는 몸으로 그대 아버님의 군역을 대신하고자 합니다."

설씨는 매우 기뻐하여 들어가 아버지에게 말하였다. 그녀의 아버지가 가실을 불러 보고 말하였다.

"들자하니 그대가 늙은이의 걸음을 대신하고자 한다 하니 기쁘고도 송구한 마음을 이길 수 없어 그 은혜에 보답할 바를 생각하건대, 만약 그대가 어리석고 비루하다 하여 버리지만 않는다면 어린 딸아이를 드려 그대의 아내로 삼고자 한다."

가실이 두 번 절하고 말하기를 "감히 바랄 수는 없는 일이지만, 이야말로 제가 원하는 바입니다"라고 하였다. 이윽고 가실이 물러나와 혼인 날을 청하자 설씨가 말하였다.

"혼인은 인륜의 큰일이므로 갑자기 할 일이 아닙니다. 제가 이미 마음을 허락했으므로 죽는다 해도 변함없을 것이니, 당신은 군역에 나갔다가 교대해 돌아오시기 바랍니다. 그런 다음에 길일을 택해 혼례를 치러

---

8) 『삼국유사』 효선(孝善) 빈녀양모(貧女養母)조 역시 같은 예화를 소개하고 있다.

도 늦지 않을 것입니다."

곧이어 거울을 가져다 반으로 쪼개서 각각 한 쪽씩 간직하고 이르기를 "이것을 신표로 삼아 뒷날 맞추게 될 것입니다"라고 하였다. 가실에게는 말 한 마리가 있었는데 설씨에게 그 말을 두고 일러 말하였다.

"이 말은 천하에 좋은 말인데 뒤에 반드시 쓰임이 있을 것입니다. 지금 나는 걸어서 떠나는 터라 말을 길러줄 사람이 없으니, 여기 남겨두어 부리기를 바랄 뿐입니다."

드디어 작별하고 길을 떠났다. 그 뒤 때마침 나라에 변고가 있어 사람들을 교대해주지 못하니, 가실은 6년을 채우고도 돌아오지 못하였다. 아버지가 딸을 타일러 말하였다.

"처음에 3년을 기한으로 했는데 이제 이미 그 기간이 지났으니 다른 집으로 시집을 가도 좋을 것이다."

"지난날 아버님을 편안하게 하기 위해 어쩔 수 없이 가실과 혼약을 했으며, 가실도 이를 믿었기 때문에 여러 해 동안 군복무를 하면서 굶주림과 추위로 고통받고 있는 것입니다. 더구나 그는 적국 땅 가까이에서 손에 무기를 떼놓지 못하고 있으니, 이는 호랑이 아가리 앞에 있는 것과 같은지라 늘 물리지나 않을까 걱정입니다. 그런데 제가 그의 믿음을 저버리고 약속을 지키지 않는다면 그것이 어찌 사람이 할 도리이겠습니까? 아무래도 저는 감히 아버님의 명을 따르지 못하겠사오니 더 이상 그런 말씀을 마시기 바랍니다."

그녀의 아버지는 자기는 늙어만 가는데 딸은 장성하고서도 배필이 없다 하여, 억지로 시집보내고자 몰래 한 마을에 사는 사람과 약혼을 하고 말았다. 이윽고 혼인 날을 정해 그 사람을 맞아들이니, 설씨는 굳게 거절하고 은밀히 달아날 생각을 했으나 미처 가지 못하고 있었다. 마구간에 가서 가실이 남겨두고 간 말을 보고 크게 탄식하면서 눈물을 흘렸다. 이때 가실이 교대되어 돌아왔는데 형용이 비쩍 말라 수척하고 의복은 남루하여, 집안사람들도 알아차리지 못하고 다른 사람으로 여겼다. 가실이 곧장 앞으로 내달아 깨진 거울 한 쪽을 던지니 설씨가 이를 받아들고 흐느껴 울었다. 그녀의 아버지와 집안사람들은 너무 기뻐 어찌할 줄을 몰랐다. 마침내 다른 날을 잡아 혼례를 치르고 가실과 더불어 해로하였다.

도미(都彌)는 백제 사람이다. 그는 비록 범속한 평민이었지만 자못 의리를 알았으며, 그의 아내도 아름답고 고왔을 뿐만 아니라 행실에 절조가 있어 당시 사람들에게 칭송을 받았다.

개루왕(蓋婁王)[9]이 이를 듣고 도미를 불러 말하였다.

"무릇 부인네의 덕성으로는 비록 정조가 곧고 깨끗한 것을 으뜸으로 삼는다고 하지만, 만약 아무도 없는 으슥하고 어두운 곳에서 달콤한 말로 유혹하면 마음이 흔들리지 않을 수 있는 여자는 드물 거야."

도미가 대답하였다.

"사람의 마음이란 알 수 없는 것이지만, 제 아내 같은 이는 비록 죽더라도 변함없을 사람입니다."

왕이 시험해보고자 하여 도미에게 일을 주어 머물러 두고, 가까운 한 신하를 시켜서 거짓으로 왕의 옷과 말과 시종을 갖추어 밤에 도미의 집으로 가게 했으며, 미리 사람을 보내 왕이 온다고 알렸다. 왕으로 가장한 이가 도미의 아내를 보고 말하였다.

"내가 오랫동안 너의 아리따움을 듣고 도미와 내기를 해 너를 차지하게 되었다. 내일 너를 들여 궁녀로 삼을 것인즉, 지금부터 너의 몸은 나의 것이다."

드디어 음행하려 덤벼들자 도미의 아내가 말하였다.

"국왕께서 망령된 말을 하실 리 없으니 제가 감히 순종하지 않겠나이까? 청컨대 대왕께서는 먼저 방에 드소서. 저는 옷을 갈아입고 나서 모

---

9) 개루왕의 재위 시기는 2세기 초가 되므로 고구려와 관련된 내용에 비추어 자연스럽게 부합되지 않는다. 백제본기를 고려할 때 현저한 실정을 범한 인물로 5세기 후반의 개로왕이 주목되고, 또한 그는 '근개루'(近蓋婁)로도 불렸다고 하니, 그에 관련한 설화로 간주하는 경향이 일반적이다.

시겠습니다."

그녀는 물러나와 여종 하나를 갖가지로 꾸며 들여보냈다. 왕이 뒤에 속은 것을 알고 크게 노하여 도미에게 죄를 들씌워 두 눈동자를 뽑아버리고 사람을 시켜 끌어내 작은 배에 실어 강물에 띄워버린 다음, 마침내 그의 아내를 이끌어 강제로 음행하려 하였다. 그녀가 왕에게 말하였다.

"지금 저는 이미 남편을 잃고 혈혈단신으로 혼자 살아갈 수 없는데다가, 하물며 왕의 사랑을 입게 되었으니 어찌 감히 말씀을 어기리이까? 그러나 지금은 월경 때문에 온몸이 더러워져 있으니, 다른 날을 기다려 깨끗이 목욕한 뒤에 오고자 합니다."

왕이 그 말을 믿고 허락하였다. 그녀는 곧바로 달아나 강 어귀에 이르렀으나 건널 수가 없어 하늘을 우러러 통곡하자, 홀연히 배 한 척이 물결을 따라 이르는 것이었다. 그녀가 이를 잡아 타고 천성도(泉城島)에 도착해 남편을 만났는데, 그는 아직 죽지 않고 풀뿌리를 캐먹고 있었다. 마침내 두 사람이 한 배에 올라 고구려의 산산(蒜山) 아래 이르니, 고구려 사람들이 불쌍히 여겨 옷과 먹을 것을 주었다. 그들은 종내 구차스럽게 생활하면서 나그네로 떠돌다가 일생을 마쳤다.

• 삼국사기 권 제48

삼국사기 권 제49

열전 제9
창조리, 개소문

창조리(倉助利)는 고구려 사람인데, 봉상왕(烽上王) 때 국상(國相)이 되었다. 당시에 모용외(慕容廆)가 고구려 변경의 우환거리였다.

왕이 여러 신하에게 일러 말하였다.

"모용씨의 군사가 강성하여 자주 우리 영토를 침범하니 어찌해야겠는가?"

창조리가 대답하였다.

"북부(北部)의 대형(大兄) 고노자(高奴子)가 어질고도 용맹하니, 대왕께서 모용씨가 침구해오는 것을 막고 백성을 평안히 하고자 하신다면 이 고노자가 아니고는 쓸 만한 이가 없을 것입니다."

왕이 고노자를 신성태수(新城太守)로 삼자 모용외가 다시 오지 않았다.

9년(300) 가을 8월에 왕이 나라 안의 15세 이상 되는 장정들을 징발해 궁실을 수리하였다. 백성들은 먹을 것이 없는데다 부역에 시달리게 되니, 이로 말미암아 정처없이 떠돌아다녔다. 창조리가 왕에게 간하여 말하였다.

"하늘의 재앙이 거듭되고 올해 농사가 잘되지 않아 백성들이 어찌할 바를 몰라 젊은이들은 사방으로 흩어져 떠돌고 늙은이와 어린이들은 구덩이와 도랑에 뒹굴고 있습니다. 이는 진실로 하늘을 두려워하고 백성을 염려하여 몹시 조심하고 스스로 몸가짐을 살펴 반성해야 할 때이거늘, 대왕께서는 일찍이 한 번도 이를 생각하지 않으시고 굶주린 백성들을 내몰아 토목공사의 부역에 시달리게 하시니, 백성의 부모가 되신 본뜻에 크게 어그러지는 것입니다. 더군다나 가까운 이웃에 억센 적이 있는 터에, 그들이 만약 우리가 피폐한 틈을 타서 쳐들어온다면 사직과 백성들이 어떻게 되겠습니까? 바라옵건대 대왕께서는 이 점을 깊이 헤아려주소서."

왕이 듣고 노여움을 품어 말하였다.

"임금이란 백성이 우러러보는 바이므로 궁실을 웅장하고 화려하게 하지 않으면 위엄과 무게를 나타내 보일 방법이 없는 것이다. 지금 국상은 아마 과인을 비방해 백성들의 칭송을 구하려는 것이로다!"

"임금이 백성을 보살피지 않으면 어질지 못한 것이고, 그런데도 신하가 임금에게 간하지 않는다면 충성이 아닙니다. 제가 이미 분에 넘치는 국상의 자리를 채우고 있는 이상 감히 말씀드리지 않을 수가 없어서이지, 어찌 감히 칭송을 구해서이겠나이까?"

왕이 웃으며 말하였다.

"국상은 백성을 위해 죽고 싶은가? 뒤에 다시 말하지 않기를 바란다."

창조리는 왕이 허물을 고치지 않을 것을 알고 물러나와 여러 신하와 함께 왕을 폐위시켰다. 왕은 죽음을 면하지 못할 것을 알고 스스로 목을 매 죽었다.

개소문(蓋蘇文)〔혹은 개금(蓋金)이라고 한다〕은 성이 천씨(泉氏)인데, 스스로 물속에서 태어났다고 하여 사람들을 현혹하였다. 그는 풍채가 걸출했고 뜻과 기세가 호방하였다. 그의 아버지 동부(東部)〔혹은 서부(西部)라고 한다〕 대인(大人) 대대로(大對盧)가 죽자 개소문이 의당 아버지의 지위를 이어받아야 했으나, 나라 사람들이 그의 성품이 잔인하고 모질다 하여 미워했으므로 그 자리에 오르지 못하였다. 개소문은 머리를 조아려 여러 사람에게 사죄하고 간청하기를, 그 직책을 맡겨보았다가 만약 옳지 못한 일이 있을 경우에는 직위에서 폐하더라도 후회하지 않겠노라고 하였다. 여러 사람이 가엾게 여겨 마침내 그의 간청을 들어주었다.

개소문은 아버지의 직위를 잇게 되자 흉포하고 잔인하기가 말로 할 수 없을 정도이므로, 여러 대인이 왕과 은밀히 의논해 죽이고자 했는데 그 일이 누설되었다. 소문이 동부의 군사를 모두 모아 마치 장차 사열을 할 것처럼 하면서, 아울러 성 남쪽에 술과 음식을 성대하게 벌여놓고 여러 대신을 초대해 함께 보자고 하였다. 손님들이 이르자 다 죽여버렸는데 무릇 1백여 명이었다. 다시 말을 달려 궁궐에 들어가 왕을 시해하고 그 몸을 몇 동강으로 잘라 도랑 가운데 던져버렸다. 그리고 왕의 아우의 아들 장(臧)을 세워 왕으로 삼고 스스로 막리지(莫離支)가 되었으니, 그 관직은 당의 병부상서겸중서령(兵部尙書兼中書令)의 직위와 같은 것이다.

이에 전국을 호령하고 나라의 일을 오로지해 마음대로 결정하니 그 위엄이 대단하였다. 몸에는 다섯 자루의 칼을 차고 다니니 좌우에서 감히 쳐다보지도 못하였다. 매번 말을 오르내릴 때는 늘 귀족이나 무장을 땅에 엎드리게 하여 그를 발판으로 삼아 밟고 다녔다. 나다닐 때는 반드시 대오를 벌려 세우는데 선도하는 사람이 크게 소리치면 사람들이 모두 구렁텅이나 골짜기를 가리지 않고 혼비백산하여 달아났으니, 나라 사람들이 몹시 괴롭게 여겼다.

당 태종은 개소문이 임금을 시해하고 나라를 멋대로 한다는 말을 듣고 고구려를 치려 하였다. 이때 장손무기(長孫無忌)가 말하였다.

"소문은 자기 죄가 큰 줄을 알고, 또 그 때문에 우리나라가 토벌해 올까 두려워 수비할 태세를 갖추고 있을 것입니다. 폐하께서는 아직은 참고 계시다가 그가 마음놓고 더욱 악행을 방자히 하게 한 다음에 고구려를 빼앗아도 늦지 않을 것입니다."

황제가 그 말을 따랐다.

소문이 왕에게 고하기를 "듣자옵건대 중국에는 세 가지 교가 함께 시행된다고 합니다. 그런데 우리나라에는 도교가 아직 빠져 있으니 사신을 당에 보내 구하시기 바랍니다"라고 하였다. 왕이 마침내 글을 보내 요청하자 당에서 도사(道士) 숙달(叔達) 등 여덟 사람을 보내고 이와 함께 『도덕경』을 보내주었다. 이에 불교 사찰을 빼앗아 그들에게 도관(道觀)으로 쓰게 하였다.

이때 신라가 당에 가서 말하기를 "백제가 우리의 40여 성을 쳐서 탈취하고 다시 고구려와 군사를 연합해 중국으로 들어가는 길을 끊으려 합니다. 우리나라는 부득이해 군사를 낼 수밖에 없으니, 천자의 군사가 구원해주기를 엎드려 바랍니다"라고 하였다. 이에 태종이 사농승(司農丞) 상리현장(相里玄奬)에게 명해 황제의 조서를 가지고 와 고구려 왕에게 칙명을 전하게 하였다.

"신라는 우리나라에 믿음을 쌓고 조공을 빠뜨리지 않으니, 너희는 백제와 함께 마땅히 각각 군사를 거둘 일이다. 만약 다시 신라를 친다면 내년에 군사를 내서 너희 나라를 토벌할 것이다."

처음 현장이 고구려 국경에 들어왔을 때 소문은 이미 군사를 거느리고 신라를 치고 있었으므로, 왕이 사람을 보내 그를 불러서야 돌아왔다. 현장이 황제의 칙지를 밝혀 보이자 소문이 말하였다.

"지난날 수나라 군사가 우리나라를 침략했을 때, 신라가 그 틈을 타 우리 성읍 5백 리를 탈취해 갔다. 이로부터 원수로 틈이 벌어진 것이 이미 오래되었으니, 만약 우리에게 침탈해 간 땅을 돌려주지 않는다면 전쟁을 그만둘 수 없다."

이에 현장이 말하기를 "이미 지나간 일을 어찌 추궁해 이야기할 것인가? 지금의 요동이 본래는 모두 중국의 군·현들이었지만 중국에서도 오히려 이를 말하지 않는데, 어찌하여 고구려만이 반드시 옛 땅을 찾으려들 수 있겠는가"라고 했으나, 소문은 그의 말을 듣지 않았다. 현장이 돌아와 갖추어 보고하자 태종이 말하기를 "개소문이 자기 임금을 시해하고 제 나라 대신들을 살육했으며 제 백성을 가혹하게 다루더니, 이제 또 나의 명령마저 어기니 그를 토벌하지 않을 수 없겠다"라고 하였다.

그 후 다시 사신 장엄(蔣儼)을 보내 황제의 뜻을 타일러 알렸으나 소문은 끝내 조서를 받들지 않고, 급기야 무기로 위협하였다. 장엄이 굴복하지 않자 드디어 그를 굴속에 가두었다. 이에 당 태종이 크게 군사를 일으켜 직접 고구려를 정벌했는데, 그 일은 고구려본기에 갖추어 실려 있다.

소문은 건봉(乾封) 원년(666)에 죽었다.[1] 아들 **남생**(男生)은 자가 원덕(元德)이다. 아홉 살 때 아버지를 배경으로 선인(先人)에 임명되었다가 중리소형(中裏小兄)으로 옮기니, 이는 당의 알자(謁者)와 같은 벼슬이다. 다시 중리대형(中裏大兄)이 되어 국정을 맡으니, 뭇 관직 임명을 모두 남생이 주관하였다. 다시 중리위두대형(中裏位頭大兄)으로 승진해 오래 지난 뒤 막리지가 되었고, 삼군대장군(三軍大將軍)을 겸하여 대막리지(大莫離支)의 관위를 더하게 되었다. 그가 여러 부(部)에 나가 민정을 살피매, 그의 아우 **남건**(男建)과 **남산**(男産)이 국사를 맡아보게 되었다.

어떤 이가 말하기를 "남생은 당신들이 자기 자리에 바짝 다가드는 것을 꺼려 장차 당신들을 없애려고 합니다"라고 했으나, 남건과 남산은 믿지 않았다. 또 어떤 이가 남생에게 이르기를 "아우들이 당신을 받아들이지 않을 것입니다"라고 하였다. 이에 남생이 첩자를 보냈는데 남건이 그를 체포하고 곧 거짓으로 왕명을 사칭해 남생을 소환하였다. 남생이 두려워 감히 수도에 들어오지 못하자, 남건이 남생의 아들 헌충(獻忠)을 죽였다. 남생은 달아나 국내성(國內城)에 의지해 자기의 휘하와 거란 및 말갈 병사들을 거느려 당에 붙고, 아들 헌성(獻誠)을 보내 하소연하

---

1) 이해는 보장왕 25년으로 본서 고구려본기 및 『신·구당서』와 『자치통감』의 기사와도 일치한다. 그러나 그의 사후 뒤를 이어 대막리지가 된 천남생의 묘지명에 따른다면 665년, 즉 인덕(麟德) 2년의 일로 보는 것이 옳다.

였다.

당 고종이 헌성을 우무위장군(右武衛將軍)으로 임명하고 황제의 수레와 말, 그리고 황제의 신절과 비단과 보도(寶刀)를 내려주어 돌아가 보고하게 하였다. 또 계필하력(契苾何力)에게 조서를 내려 군사를 거느리고 가서 그를 구원하게 하니, 남생이 그제야 죽음을 모면해 평양도행군대총관겸지절안무대사(平壤道行軍大摠管兼持節安撫大使)의 관위를 수여받고, 가물(哥勿)·남소(南蘇)·창암(倉巖) 등의 성을 들어 항복하였다. 황제는 또 서대사인(西臺舍人) 이건역(李虔繹)에게 명해 남생의 군영에 가 위로하게 하고, 도포와 띠와 금 테두리를 두른 그릇 등 일곱 가지 물건을 내려주었다. 이듬해에 남생을 불러 입조하게 하여 요동대도독현도군공(遼東大都督玄菟郡公)으로 관직을 옮겨주고 당나라 수도에 집을 내려주었다. 이어 조칙으로 군사를 되돌려 이적(李勣)과 함께 평양을 치게 하니, 들어가 고구려 왕을 사로잡았다. 황제가 황자를 보내 요수까지 나와 위로하고 상을 내려주었으며, 남생이 돌아오자 우위대장군변국공(右衛大將軍卞國公)으로 올려주었다.

남생은 나이 마흔여섯에 죽었다. 남생은 성품이 순수하고 너그러우며 예의가 있었고, 윗사람과 대화할 때는 민첩하면서도 말을 잘했으며, 활 쏘는 솜씨가 훌륭하였다. 그가 처음 당에 왔을 때 도끼 아래 엎드리어 처형을 기다렸던바, 세상에서는 이 일을 가지고 그를 칭송하였다.

헌성(獻誠)은 천수(天授) 연간에 우위대장군(右衛大將軍)으로 우림위(羽林衛)를 겸하고 있었다. 무후(武后)가 한번은 황금을 내걸고 문무 관료 가운데 활을 잘 쏘는 사람 다섯 명을 가려 맞히는 이에게 주기로 하였다. 내사(內史) 장광보(張光輔)가 먼저 헌성에게 양보해 첫 번째로 쏘라 하니, 헌성은 다시 우왕검위대장군(右王鈐衛大將軍) 설토마지(薛吐摩支)에게 양보했고, 마지가 또 헌성에게 양보하였다. 이윽고 헌성이 아뢰기를 "폐하께서 활 잘 쏘는 이를 가리려 하시오나 대부분 중국 사람이 아닙니다. 저는 당나라 관료들이 활솜씨로 수치를 당할까 염려되오니, 그만두는 것이 좋을 듯합니다"라고 하였다. 무후가 그 말을 옳게 여겨 받아들였다.

그 뒤 내준신(來俊臣)이 뇌물을 요구했다가 헌성이 응대하지 않자, 반역을 꾀한다고 무고해 목을 매달아 죽이고 말았다. 무후가 뒷날 헌성의 원통함을 알고서 그에게 우우림위대장군(右羽林衛大將軍)을 추증하고, 예를 갖추어 다시 장사 지내주었다.

편찬자는 논평하여 말한다. 송의 신종(神宗)이 왕개보(王介甫)와 정사를 의논하면서 말하기를 "태종이 고구려를 치다가 어찌하여 이기지 못했는가"라고 하자, 개보가 대답하여 "개소문이 비상한 사람이었기 때문입니다"라고 했으니, 소문은 역시 재주있는 인물이었다. 그러나 곧은 도리로 나라를 받들지 못하고 잔인함과 포학함을 멋대로 하다가 큰 역적이 되기에 이르렀다. 『춘추』에 "군주가 시해당했는데도 역적을 토벌하지 않는다면 그 나라에 사람다운 사람이 없다 할 것이다"[2]라고 했거늘, 소문은 일신을 보전해 집에서 죽으니 요행으로 모면한 것이라 할 것이다. 또한 남생과 헌성은 비록 당에서 이름을 날렸으나,[3] 본국의 처지에서 말한다면 반역자가 되지 않을 수 없을 것이다.

• 삼국사기 권 제49

---

2) 『공양전』 은공(隱公) 11년 11월조에서 인용한 것으로 백제본기 삼근왕 2년조에 붙인 사론에서도 같은 내용을 인용하였다. 그곳의 주석을 참조할 것. 또 노 은공은 대부 우보(羽父)의 계략으로 시해당했으니, 그에 대한 전말은 신라본기 신무왕 즉위년조에 붙인 사론의 주석을 참조할 것.

3) 남생과 헌성은 모두 당에서 죽었다. 「천남생묘지」(泉男生墓誌)는 의봉(儀鳳) 4년 (679) 왕덕진(王德眞)이, 「천헌성묘지」(泉獻誠墓誌)는 대족(大足) 원년(701) 양유충(梁惟忠)이 찬했으며, 『신당서』 110 열전 35에 천남생전과 그에 붙인 헌성전이 있다.

삼국사기 권 제50

열전 제10
궁예, 견훤

궁예(弓裔)는 신라 사람으로, 성은 김씨이다. 아버지는 제47대 헌안왕 의정(誼靖)이고, 어머니는 헌안왕의 후궁이었는데 그 성명이 전하지 않는다. 혹은 48대 경문왕 응렴(膺廉)의 아들이라고 한다. 5월 5일에 외가에서 태어났는데, 그때 지붕 위에 흰빛이 마치 긴 무지개처럼 위로 하늘에 닿아 있었다.

일관(日官)[1]이 왕에게 아뢰었다.

"이 아이는 중오일(重午日)에 태어났고, 나면서부터 이가 있으며, 게다가 세찬 빛무리가 범상하지 않았으니 장래 나라에 이롭지 못할까 염려되온바, 기르지 말아야 할 것입니다."

이에 왕은 궁중의 사자를 시켜 그 집에 가서 아이를 죽이게 하였다. 사자가 포대기 속에서 아이를 꺼내 다락 아래로 던졌는데, 젖먹이는 종이 몰래 받다 잘못하여 손으로 눈을 찔러 한쪽 눈이 멀게 되었다. 그 종은

---

1) 일관은 본래 천자에 속해 역수와 간지를 관장하는 천문의 관리를 말한다. 그러나 우리 고대사회의 일관은 점성(占星)과 점복(占卜)을 담당한 이른바 '기후샤먼' (weather shaman)의 성격을 보이고 있다.

아이를 안고 달아나 숨어서 고생스럽게 길렀다. 나이 10여 세가 되도록 장난을 그치지 않자 그 종이 그에게 일러 말하였다.

"네가 태어나 나라에서 버림을 받았던 것을 내가 차마 지나칠 수 없어 몰래 길러 오늘에 이르렀는데, 너의 미친 짓이 이와 같으니 반드시 다른 사람들에게 알려질 것이다. 그렇게 되면 나와 너는 함께 화를 면하지 못할 것이니 이를 어찌해야겠느냐?"

궁예가 울면서 말하였다.

"만약 그렇다면 제가 떠나가서 어머니의 근심이 되지 않겠습니다."

이리하여 곧바로 세달사(世達寺)로 가니, 바로 지금의 흥교사(興教寺)이다. 머리를 깎고 승려가 되어 스스로 선종(善宗)이라 하였다. 장성하매 승려의 계율에 구애받지 않고 종잡을 수 없었으며 담력이 있었다. 한번은 재(齋)를 올리러 가는 길에 까마귀가 웬 물건을 물고 와서 그의 바리때에 떨어뜨렸다. 궁예가 그것을 보니 상아 조각에 '왕'(王)자가 쓰여 있는지라 비밀에 부쳐 말하지 않고 자못 자부심을 가졌다.

신라 말기에 정치가 황폐하고 백성이 흩어져 왕기(王畿) 밖의 주·현들 가운데 등을 돌리거나 붙좇는 경우가 반반이었으며, 멀고 가까이에서 뭇 도적들이 벌떼처럼 일어나고 개미떼처럼 모여들었다. 선종이 이를 보고 이 어지러운 때를 타고 무리를 끌어모으면 자기 뜻대로 할 수 있으리라고 생각하여 진성왕 즉위 5년, 즉 대순(大順) 2년 신해(891)에 죽주(竹州)의 도적 우두머리 기훤(箕萱)에게 투신하였다. 기훤이 오만무례하자 선종은 마음이 답답하여 안정하지 못하고 몰래 기훤의 휘하인 원회(元會)·신훤(申煊) 등과 결탁해 벗을 삼았다가, 경복(景福) 원년 임자(892)에 북원(北原)의 적도 양길(梁吉)에게 투신하였다. 양길은 그를 좋게 대우하고 일을 맡겼으며, 드디어 군사를 나누어주어 그로 하여금 동쪽으로 땅을 경략하게 하였다. 이에 치악산(雉岳山) 석남사(石南寺)에 나와 묵으면서 주천(酒泉)·나성(奈城)·울오(鬱烏)·어진(御珍) 등 현을 습격해 모두 항복받았다.

건녕(乾寧) 원년(894)에 명주(溟州)에 들어가 무리 3천 5백 명을 거느

려 14개 대오로 나누었다. 금대(金大)·검모(黔毛)·흔장(昕長)·귀평(貴
平)·장일(張一) 등을 사상(舍上)[사상은 부장(部長)을 이른다]으로 삼
고, 사졸들과 더불어 달고 쓰고 수고로움과 편안함을 같이하며, 주고 빼
앗는 데 이르기까지 공평하여 사사로이 하지 않았다. 이 때문에 여러 사
람이 그를 마음으로 두려워하고 사랑하여 장군으로 추대하였다. 이리하
여 저족(猪足)·성천(狌川)·부약(夫若)·금성(金城)·철원(鐵圓) 등의 성
을 쳐부수어 군사의 성세가 대단했으며, 패서(浿西)의 적도들 가운데 찾
아와 항복하는 이들이 많았다. 선종이 생각하기를 무리가 많아졌으니
나라를 열어 임금을 일컬을 만하다고 여겨 비로소 안팎의 관직을 설치
하였다. 우리 태조께서 송악군(松岳郡)으로부터 와서 투신하자 곧바로
철원군(鐵圓郡) 태수 자리를 수여하였다.

3년 병진(896)에 승령(僧嶺)과 임강(臨江)의 두 현을 쳐서 빼앗았다.

4년 정사에는 인물현(仁物縣)이 항복하였다. 선종은 송악군이 한수 북
쪽의 명망 있는 군이고 산수가 빼어나다고 생각해 마침내 그곳에 도읍
을 정하고, 공암(孔巖)·검포(黔浦)·혈구(穴口) 등의 성을 쳐부수었다.
이때 양길은 여전히 북원에 있으면서 국원(國原) 등 30여 성을 빼앗아
차지하고 있었는데, 선종의 땅이 넓고 백성들이 많다는 말을 듣고 크게
노하여 30여 성의 강병으로 습격하려 하였다. 선종이 이를 알아차리고
양길을 선제 공격해 크게 깨뜨렸다.

광화(光化) 원년 무오(898) 봄 2월에 송악성을 수리하고, 우리 태조를
정기대감(精騎大監)으로 삼아 양주(楊州)와 견주(見州)를 치게 하였다.
겨울 11월에 처음으로 팔관회(八關會)를 열었다.

3년 경신에 또 태조에게 명해 광주(廣州)·충주(忠州)·당성(唐城)·청
주(靑州)[혹은 청천(靑川)이라고 한다]·괴양(槐壤) 등을 치게 하여 모두
평정하였다. 이 공로로 태조에게 아찬(阿湌)의 직위를 주었다.

천복(天復) 원년 신유(901)에 선종이 스스로 왕을 일컫고 사람들에게
이르기를, "지난날 신라가 당에 군사를 요청해 고구려를 깨뜨렸던 까닭
에 평양의 옛 도읍이 피폐해 풀만 무성하게 되었으니, 내가 반드시 그 원

수를 갚으리라"라고 하였다. 대개 그가 태어났을 때 버림받았던 것을 원망했던 까닭에 이런 말을 했던 것이다. 한번은 남쪽을 돌아다니다 흥주(興州)의 부석사(浮石寺)에 이르렀을 때 벽에 신라 왕의 모습이 그려져 있는 것을 보고 칼을 뽑아 쳤는데, 그 칼자국이 아직도 남아 있다.

천우(天祐) 원년 갑자(904)에 나라를 세우고 국호를 '마진'(摩震)이라 하였으며, 연호를 '무태'(武泰)라고 하였다. 이때 비로소 광평성(廣評省)을 두고 관원으로 광치나(匡治奈)〔지금의 시중(侍中)이다〕, 서사(徐事)〔지금의 시랑(侍郎)이다〕, 외서(外書)〔지금의 원외랑(員外郎)이다〕를 갖추었다. 또 병부(兵部), 대룡부(大龍部)〔창부(倉部)를 이른다〕, 수춘부(壽春部)〔지금의 예부(禮部)이다〕, 봉빈부(奉賓部)〔지금의 예빈성(禮賓省)이다〕, 의형대(義刑臺)〔지금의 형부(刑部)이다〕, 납화부(納貨府)〔지금의 대부시(大府寺)이다〕, 조위부(調位府)〔지금의 삼사(三司)이다〕, 내봉성(內奉省)〔지금의 도성(都省)이다〕, 금서성(禁書省)〔지금의 비서성(秘書省)이다〕, 남상단(南廂壇)〔지금의 장작감(將作監)이다〕, 수단(水壇)〔지금의 수부(水部)이다〕, 원봉성(元鳳省)〔지금의 한림원(翰林院)이다〕, 비룡성(飛龍省)〔지금의 천복시(天僕寺)이다〕, 물장성(物藏省)〔지금의 소부감(少府監)이다〕을 설치하였다. 또 사대(史臺)〔여러 외국어 통역의 학습을 맡는다〕, 식화부(植貨府)〔과수 재배를 맡는다〕, 장선부(障繕府)〔성황(城隍)의 수리를 맡는다〕, 주도성(珠淘省)〔기물의 제조를 맡는다〕을 두었다. 또 정광(正匡), 원보(元輔), 대상(大相), 원윤(元尹), 좌윤(佐尹), 정조(正朝), 보윤(甫尹), 군윤(軍尹), 중윤(中尹) 등의 품직을 설치하였다. 가을 7월에 청주(靑州)의 민호 1천을 옮겨 철원성(鐵圓城)에 입주시키고 이를 수도로 삼았다. 상주(尙州) 등 30여 주·현을 쳐서 빼앗았다. 공주장군(公州將軍) 홍기(弘奇)가 와서 항복하였다.

천우 2년 을축(905)에 새 수도로 들어가 관궐(觀闕)과 누대를 수축하는 데 한껏 사치를 다하였다. 연호 '무태'를 고쳐 '성책(聖冊) 원년'이라고 하였다. 패서 지역에 13개 진(鎭)을 나누어 정하였다. 평양성주장군(平壤城主將軍) 검용(黔用)이 항복했으며, 증성(甑城)의 적의적(赤衣賊)·

황의적(黃衣賊)·명귀(明貴) 등이 좇아 항복하였다. 선종은 세력이 강성함을 스스로 자만했으며, 아울러 집어삼키려는 뜻으로 나라 사람들에게 신라를 '멸도'(滅都)라 부르게 하고, 무릇 신라에서 오는 이들은 모조리 죽여버렸다.

주씨(朱氏)의 후량(後梁) 건화(乾化) 원년 신미(911)에 연호 '성책'을 고쳐 '수덕만세(水德萬歲) 원년'이라 하고, 국호를 '태봉'(泰封)으로 고쳤다. 태조를 보내 군사를 거느리고 금성(錦城) 등지를 치게 하여 금성을 나주(羅州)로 고쳤다. 이 공로를 논정해 태조를 대아찬장군(大阿湌將軍)으로 삼았다. 선종은 스스로 미륵부처라고 일컬어 머리에는 금 고깔을 쓰고 몸에는 방포(方袍)를 둘렀으며, 맏아들을 청광보살(靑光菩薩), 막내아들을 신광보살(神光菩薩)이라고 하였다. 밖에 나갈 때는 늘 흰 말을 탔는데 비단으로 말갈기와 꼬리를 꾸미고, 소년 소녀들로 하여금 나부끼는 일산과 향과 꽃을 받들고 앞에서 인도하게 했으며, 또 비구 2백여 명을 시켜 찬불가를 부르면서 뒤따르게 하였다. 또한 그는 직접 불경 20여 권을 지었는데, 그 내용이 요망하여 하나같이 바른 도리에 어긋나는 것들이었다. 때로는 단정하게 앉아서 이를 강설하니 승려 석총(釋聰)이 이르기를 "모두 요사스러운 말이요 괴이한 이야기로 가르침받을 만한 것이 못 된다"라고 하였다. 선종이 이 말을 듣고 노하여 쇠몽둥이로 쳐죽였다.

3년 계유(913)에 태조를 파진찬시중(波珍湌侍中)으로 삼았다.

4년 갑술에 연호 '수덕만세'를 고쳐 '정개(政開) 원년'이라고 하였다. 태조를 백선장군(百船將軍)으로 삼았다.

정명(貞明) 원년(915)에 부인 강씨(康氏)가 왕이 그릇된 일을 많이 하는지라 정색을 하고 간하자, 왕이 미워해 말하기를 "네가 다른 사람과 간통을 하니 웬일이냐"라고 하였다. 강씨가 "어찌 그와 같은 일이 있겠습니까"라고 말하자, 왕은 "내가 신통력으로 보았다"고 하면서 뜨거운 불로 쇠방망이를 달구어 음부에 쳐넣어 죽였으며, 그녀의 두 아들에게까지 화가 미쳤다. 이후로는 의심이 많아지고 급작스럽게 분노하니, 여러 벼슬아치와 장수들이나 아래로 일반 백성에 이르기까지 무고하게 도륙을 당하는 일이 자주 일어나, 부양(斧壤)과 철원의 사람들이 그 고충을 견디지 못하였다.

이에 앞서 행상하는 왕창근(王昌瑾)이라는 이가 당에서 와서 철원의 저잣거리에 붙어 살고 있었다. 정명 4년 무인(918)에 그가 장에서 한 사람을 만났는데, 생김새가 헌칠하게 크고 머리카락은 온통 희게 세었으며, 옛날 의관을 입은 채 왼손에는 오지그릇 주발을 들고 오른손에는 오래된 거울을 들고 있었다. 그가 창근에게 이르기를 "내 거울을 사겠는가" 하므로, 창근이 즉시 쌀을 주고 거울을 샀다. 그 사람은 쌀을 거리의 거지아이들에게 나누어주고는 그 뒤로 간 곳을 알 수 없었다. 창근이 그 거울을 벽 위에 걸어두었는데, 햇빛이 거울 면을 비추자 가느다랗게 쓴 글자가 나타났다. 이를 읽어보니 옛날 시와 같았는데, 그 대략이 이러하였다.[2]

상제(上帝)께서 아들을 진마(辰馬)에 내리시어
먼저 닭을 잡고 뒤에 오리를 치리로다
사(巳)년 중에 두 마리 용이 나타나니
한 마리는 푸른 나무 가운데 몸을 숨기고
한 마리는 검은 쇠 동쪽에 모습을 드러낸다

창근이 처음에는 글이 있는 것을 몰랐다가 이 글을 보게 되자 범상한 것이 아니라고 여겨 마침내 왕에게 아뢰게 되었다. 왕이 관련 부서에 명해 창근과 함께 물색하여 그 거울 주인을 찾게 했으나 찾지 못하고, 다만 발삽사(敎颯寺) 불당에 있는 진성(鎭星)의 소조상 모습이 그 사람과 같았다. 왕이 오래도록 탄식하고 기이해하다가, 문인 송함홍(宋含弘)·백탁(白卓)·허원(許原) 등에게 명해 그 뜻을 풀이하게 하였다. 함홍 등이

---

2) 『고려사』 1 태조세가에는 모두 145자의 참문(讖文)이 실려 있다.

서로 일러 말하였다.

"상제가 진마에 아들을 내려보냈다는 구절에서 '진마'는 진한과 마한을 이르는 것이고, 두 마리 용이 나타나 한 마리는 푸른 나무에 몸을 숨기고 한 마리는 검은 쇠에 모습을 드러낸다는 것에서, '푸른 나무'란 소나무인지라 송악군 사람 가운데 용(龍)으로 이름을 삼은 이의 자손일 것이니 지금 파진찬시중을 이르는 것이겠고, '검은 쇠'란 철(鐵)이니 지금 도읍하고 있는 철원을 이르는 것이리라. 그렇다면 지금 주상이 처음 이곳에서 일어났다가 결국 이곳에서 멸망할 조짐인 것이다. 먼저 닭을 잡고 뒤에 오리를 친다는 것은 파진찬시중이 먼저 계림(雞林)을 얻고 뒤에 압록(鴨綠)을 거두어들인다는 뜻이다."

이어 송함홍 등이 서로들에게 이르기를 "지금 주상이 이토록 포악하고 어지러우니 만약 사실대로 말한다면 우리들이 살육을 당할 뿐만 아니라 파진찬 또한 반드시 해를 입을 것이다" 하고, 이내 말을 꾸며서 보고하였다. 왕이 흉포와 잔학을 제멋대로 하니 신료들이 두려워 떨면서 몸둘 바를 몰랐다.

여름 6월이었다. 장군 홍술(弘述)·백옥(白玉)·삼능산(三能山)·복사귀(卜沙貴) 등은 바로 홍유(洪儒)·배현경(裴玄慶)·신숭겸(申崇謙)·복지겸(卜知謙)의 젊었을 때 이름인데, 이들 네 사람이 은밀히 모의해 밤에 태조의 사저에 와서 말하였다.

"지금 주상이 부당한 형벌을 거리낌없이 자행하여 처자를 살육하고 신료를 주륙하니, 백성은 도탄에 빠져 어디 의지해 살아갈 데가 없습니다. 예부터 어두운 임금을 폐출하고 명철한 임금을 세우는 것은 천하의 크나큰 의리였으니, 청컨대 공께서는 은나라 탕왕과 주나라 무왕의 사업을 실천하시기 바랍니다."

태조가 얼굴빛이 변해 거절하였다.

"나는 충성과 순직으로 자처하거니와 지금 왕이 비록 사납고 나라가 어지러우나 감히 두 마음을 가질 수는 없다. 대저 신하로서 임금 자리에 갈마드는 것은 이야말로 혁명일 것인바, 나에게 실로 그런 덕이 없는 터에 감히 은나라 탕왕과 주나라 무왕의 일을 본받겠는가?"

여러 장수가 말하였다.

"기회는 다시 오지 않으리니, 만나기는 어려우나 잃기는 쉬운 것입니다. 하늘이 주시는 것을 받아들이지 않으면 도리어 그 재앙을 받게 될 것입니다. 지금 정치가 어지럽고 나라가 위태로워 백성들이 모두 자기 임금을 원수처럼 흘겨보고 있습니다. 그런데 이제 덕망이 공보다 나은 사람이 없습니다. 더군다나 왕창근이 얻은 거울의 글이 저러한데, 어찌 줏대없이 휘둘리다가 모든 사람이 등 돌린 위정자 손에 죽어야 하겠습니까?"

이때 부인 유씨(柳氏)가 여러 장수가 의논하는 것을 듣고 태조에게 말하였다.

"어진 이가 어질지 못한 이를 치는 것은 예부터 그리하여 왔습니다. 지금 여러분의 의논을 들어보니 저조차도 오히려 분이 치밀어오르거늘, 하물며 대장부로서야 이를 나위가 있겠습니까? 이제 여러 사람의 마음이 홀연히 변한 것은 천명이 돌아왔기 때문입니다."

부인이 손수 갑옷 깃을 들어올려 태조에게 드렸다. 여러 장수가 태조를 붙들어 옹위하고 문을 나서면서, 앞서 인도하는 이에게 "왕공께서 이윽고 정의의 깃발을 들었다"라고 외치게 하였다. 이리하여 앞뒤에서 분주히 달려나와 따르는 이들이 그 얼마인지 알 수가 없었으며, 게다가 먼저 궁성 문 밖에 도착해 북을 두드리고 떠들어대면서 기다리는 사람들 역시 1만여 명이었다. 왕이 이 말을 듣고 어찌할 바를 모르다가 급기야 변장을 하고 산림 속으로 도망해 들어갔는데, 얼마 안 있어 부양(斧壤)의 주민들에게 살해되었다.

궁예는 당 대순 2년(891)에 일어나 주씨의 후량(後梁) 정명 4년(918)에 이르기까지 무릇 28년 만에 멸망하였다.

견훤(甄萱)은 상주(尙州) 가은현(加恩縣) 사람이다. 본래 성은 이씨였는데 나중에 견(甄)으로 성씨를 삼았다. 아버지 아자개(阿慈介)는 농사를 지어 자력으로 살아가다, 뒤에 집안을 일으켜 장군이 되었다.

처음에 견훤이 태어나 젖먹이로 포대기에 싸여 있을 때, 아버지가 들에서 밭갈이를 하매 어머니가 밥을 나르느라 아이를 숲속에 두었더니, 호랑이가 와서 아이에게 젖을 먹였다. 이 말을 들은 그 고장 사람들이 그를 기이하게 여겼다. 그가 장성하자 체격과 용모가 걸출하고 빼어났으며, 품은 뜻과 기개가 활달하여 범상하지 않았다. 견훤은 종군하여 왕경에 들어갔다가 서남쪽 해변을 수비하게 되었는데, 자면서도 창을 베고 적에 대비했으며 그의 용맹스러운 기개가 항상 사졸들의 선봉이 되었으므로, 이러한 공로로 비장(裨將)이 되었다.

당 소종(昭宗) 경복(景福) 원년(892)은 바로 신라 진성왕이 왕위에 있은 지 6년째 되는 해이다. 왕의 총애를 받는 소인배들이 왕 가까이 있으면서 정권을 도둑질하고 농락하니 기강이 문란하고 해이해진데다, 기근마저 덮쳐 백성들은 정처없이 흩어지고 도둑의 무리가 벌떼처럼 일어났다. 이때 견훤은 자못 분수에 넘치는 야심을 지니고 동료들을 불러모아 수도의 서남쪽 주·현들을 지나면서 치니, 이르는 곳마다 즉각 호응해 한 달 사이에 무리가 5천 명에 달하였다. 마침내 무진주(武珍州)를 습격해 스스로 왕이 되었으나 아직은 감히 공공연히 왕을 일컫지는 못하고, 직접 서명하기를 '신라서면도통지휘병마제치지절도독전·무·공등주군사행전주자사겸어사중승상주국한남군개국공식읍이천호'(新羅西面都統指揮兵馬制置持節都督全武公等州軍事行全州刺史兼御史中丞上柱國漢南郡開國公食邑二千戶)라고 하였다. 이때 북원의 적도 양길(良吉)의 세력이 강성했으므로 궁예가 스스로 투신해 그의 휘하가 되었다. 견훤이 이를 듣고 멀리 양길에게 벼슬을 주어 비장으로 삼았다. 견훤이 서쪽을 휘돌아 완산주(完山州)에 이르니, 완산주 사람들이 맞이해 위로하였다. 견훤이 인심을 얻은 것에 흡족해 좌우의 사람들에게 말하였다.

"내가 삼국의 시초를 상고해보건대 마한이 먼저 일어나고 그 뒤에 혁거세가 발흥했으므로, 진한과 변한은 그를 따라 일어났던 것이다. 이렇듯 백제는 금마산(金馬山)에 나라를 연 지 6백여 년이 되었는데, 총장(摠

章) 연간에 당 고종(高宗)이 신라의 요청으로 장군 소정방을 보내 수군 13만 명을 거느리고 바다를 건너오게 하고, 신라의 김유신이 다시 세력을 회복하고 전력을 기울여 황산(黃山)을 지나 사비(泗沘)에 이르러 당나라 군사와 합세해 백제를 쳐 없앴다. 이제 내가 어찌 감히 완산에 도읍을 세워 의자왕의 오랜 분원(憤怨)을 씻지 않으랴!"

이리하여 마침내 스스로 후백제(後百濟) 왕을 일컫고 관부를 설치하며 관직을 나누어 두었으니, 이때가 당 광화(光化) 3년, 즉 신라 효공왕 4년(900)이다. 사신을 오월(吳越)에 보내 조알하자, 오월 왕이 답례 사절을 보내면서 견훤에게 검교태보(檢校太保)를 더해주고 나머지는 예전과 같게 하였다.

천복(天復) 원년(901)에 견훤이 대야성(大耶城)을 쳤으나 함락시키지 못하였다.

개평(開平) 4년(910)에 견훤은 금성(錦城)이 궁예에게 투항한 것에 분노하여 보병과 기병 3천 명으로 금성을 에워싸고 공격했으나, 열흘이 지나도록 결말이 나지 않았다.

건화(乾化) 2년(912)에 견훤이 궁예와 더불어 덕진포(德津浦)에서 싸웠다.

정명(貞明) 4년 무인(918)에 철원경(鐵圓京) 사람들의 마음이 홀연히 변해 우리 태조를 추대해 왕위에 오르게 하였다. 견훤이 이 말을 듣고는 가을 8월에 일길찬 민합(閔郃)을 보내 축하를 표하고, 이어 공작선(孔雀扇)과 지리산의 대나무 화살을 바쳤다. 또 사신을 오월에 들여보내 말을 진상하자, 오월 왕이 답례사절을 보내 중대부(中大夫)를 더하여 수여하고 나머지는 예전과 같게 하였다.

6년(920)에 견훤이 보병과 기병 1만 명을 거느리고 대야성을 쳐서 함락시키고, 군사를 진례성(進禮城)으로 옮겼다. 신라 왕은 아찬 김률(金律)을 보내 태조에게 구원을 요청하였다. 태조가 군사를 출동시키자, 견훤이 이를 듣고 군사를 이끌어 물러났다. 견훤은 우리 태조와 더불어 겉으로는 화친하는 듯하면서도 속으로는 맞겨루어 화합하지 못하였다.

동광(同光) 2년(924) 가을 7월에 아들 수미강(須彌强)을 보내, 대야와 문소(聞韶) 두 성의 군사를 동원해 조물성(曹物城)을 쳤다. 조물성의 사람들은 태조를 위해 굳게 지키면서 한편으로 싸우니 수미강이 불리하게 돌아갔다. 8월에 사신을 보내 태조에게 푸른빛이 도는 흰 말을 바쳤다.

3년 겨울 10월에 견훤이 3천 명의 기병을 거느리고 조물성에 이르자, 태조 역시 정예병을 데리고 와 서로 어우러져 겨루었는데, 당시 견훤 군사의 예봉이 날카로워 미처 승부를 가르지 못하였다. 태조는 일단 화평을 모색하여 그들의 군사를 피로하게 하고자 글을 보내 화친을 청하고 당제 왕신(王信)을 볼모로 삼아 보냈더니, 견훤 역시 사위 진호(眞虎)를 보내 볼모로 교환하였다. 12월에 견훤이 거창(居昌) 등 20여 성을 쳐서 빼앗았다. 견훤이 사신을 후당(後唐)에 들여보내 번국(藩國)이라 일컬으니 후당에서는 그를 책봉해 검교태위겸시중판백제군사(檢校太尉兼侍中判百濟軍事)를 수여하고, 이전의 지절도독전·무·공등주군사행전주자사해동사면도통지휘병마제치등사백제왕식읍이천오백호(持節都督全武公等州軍事行全州刺史海東四面都統指揮兵馬制置等事百濟王食邑二千五百戶)는 예전대로 두었다.

4년에 진호가 갑작스레 죽었다. 견훤은 이를 듣자 일부러 죽인 것이라고 의심하여 곧바로 왕신을 옥에 가두고, 또 사람을 시켜 지난해에 보냈던 푸른빛 도는 흰 말을 돌려달라고 청하므로, 태조가 웃으면서 돌려주었다.

천성(天成) 2년(927) 가을 9월에 견훤이 근품성(近品城)을 쳐서 빼앗아 불사르고 신라의 고울부(高鬱府)로 나와 습격했으며, 신라 도성 밖의 가까운 지경까지 접근하였다. 신라 왕이 태조에게 구원을 청하므로 겨울 10월에 태조가 장차 군사를 내어 원조해주려고 했는데, 견훤이 갑자기 신라 왕도에 들이닥쳤다. 이때 신라 왕은 부인과 궁녀들을 데리고 포석정에 나들이하여 술을 벌여놓고 즐거이 놀던 터에 적들이 닥치자 허둥지둥 어찌할 바를 모르다 부인과 함께 궁성 남쪽의 이궁으로 가고, 시종하던 신료들과 궁녀·악공들은 모두 날뛰는 병사들에게 죽음을 당하였다. 견훤은 병사들을 풀어 닥치는 대로 약탈하고, 사람을 시켜 왕을 잡아다 앞에 끌어내 죽여버렸다. 이어 곧바로 궁중에 들어가 억지로 왕비를 끌어다 강간하고, 왕의 족제(族弟) 김부(金傅)에게 왕위를 잇게 한 다음, 왕의 아우 효렴(孝廉)과 재상 영경(英景)을 사로잡고, 또 나라의 보물 창고에 있는 진귀한 재보와 병장기와 왕실의 자녀와 온갖 솜씨있는 기술자들을 빼앗아 데리고 돌아왔다. 태조가 정예 기병 5천 명을 데리고 공산(公山) 아래에서 견훤을 요격해 크게 싸웠는데, 태조의 장수 김락(金樂)과 숭겸(崇謙)이 죽고 전군이 패배하여 태조는 겨우 몸만 빠져나왔다. 견훤이 승세를 타고 대목군(大木郡)을 빼앗았다.

거란의 사신 사고(裟姑)와 마돌(麻咄) 등 35명이 방문해 왔다. 견훤이 장군 최견(崔堅)을 보내 마돌 등을 동반해 전송하게 했는데, 그들이 배를 타고 바다를 건너 북쪽으로 가다가 폭풍을 만나 당의 등주(登州)에 이르게 되어 모두 처형되었다. 이때 신라의 임금과 신하들은 쇠락해가는 형편을 다시 일으키기 어렵다 하여, 우리 태조를 끌어들여 우호를 맺어 도움받을 수 있는 길을 모색하고 있었다. 그런데 견훤은 나라를 도둑질할 마음을 가지고 있었던지라 태조가 선수를 칠까 염려했으므로, 군사를 이끌고 왕도에 들어가 악행을 부렸던 것이다. 이리하여 견훤은 12월 중에 태조에게 글을 부쳐 말하였다.

"지난번 국상(國相) 김웅렴(金雄廉) 등이 귀하를 수도에 불러들이려 한 것은 마치 임금과 신하가 서로 마음이 통하는 것과 같음이 있는 듯하나,[3] 실로 이것은 메추라기가 송골매의 깃속에 파고드는 격인지라 반드시 백성을 도탄에 빠뜨리고 종묘사직을 폐허로 만들 것이기 때문에, 내

---

3) 원문에 '별응원성'(鱉應黿聲)이라고 한 것인데, 이는 '원명별응'(黿鳴鱉應)이라고도 하며, 큰 자라가 울면 보통의 작은 자라가 따라서 운다는 뜻으로, 임금과 신하가 서로 상응하는 것을 비유한 말이다.

가 먼저 일을 착수하여[4] 홀로 한금호(韓擒虎)의 도끼[5]를 휘둘렀으며, 백
관들에게 밝은 해를 두고 맹세하고 6부를 의로운 가르침으로 타일렀거
늘, 뜻밖에도 간신들은 도망하고 나라의 임금이 돌아가시는 변이 생겼
다. 그리하여 경명왕의 외사촌 아우요 헌강왕의 외손자인 이를 받들어
왕위에 오르도록 했으니, 나의 뜻은 위태로운 나라를 바로잡고 잃었던
임금을 다시 세우는 데 있었던 것이다.

그런데 귀하는 나의 꾸밈없는 충정은 자세히 알려 하지 않고 한갓 흘
러다니는 말만을 들어 온갖 계략으로 틈을 타 기회를 노리고 여러 곳으
로 침범해 소요를 일으켰으나, 오히려 내가 탄 말머리조차 보지 못하고
나의 쇠털 하나 뽑지 못하였다. 겨울 초입에 도두(都頭) 색상(索湘)이 성
산(星山)의 진영 아래에서 저항하지 않고 귀순했고, 한 달도 못 되어 좌
장(左將) 김락은 미리사(美理寺) 앞에서 해골을 드러내고 죽었으니, 이
처럼 대부분이 죽거나 잡혔고 추격해 사로잡은 것도 적지 않았다. 강하
고 약한 것이 이와 같으니 이기고 지는 것이야 충분히 알 만한 일이고,
나의 기대라면 평양성 문루에 활을 걸어두고 말에게 패강의 물을 먹이
는 것이다.

그러나 지난달 7일에 오월국의 사신 반상서(班尙書)가 와서 오월국 왕
의 조서를 전하였는바, '그대는 고려와 더불어 오랫동안 우호를 통하고
함께 이웃 나라의 맹약을 맺더니, 근자에 볼모로 보낸 아들들이 양쪽에

---

4) 원문에는 '선착조편'(先着祖鞭), 즉 먼저 조편을 잡는다고 하였다. 조편은 진(晉)의
   맹장 조생(祖生)의 채찍을 이르는데, 다른 사람에 앞서 일에 착수하는 것을 의미하
   는 말로 쓰인다. 즉 『진서』 32 유곤전(劉琨傳)에 유곤이 그의 친구 조적(祖逖)이 등
   용되었다는 말을 듣고, "항상 조생이 나보다 먼저 채찍을 잡을까 두려워했다"라고
   말한 데서 유래한 것이다.
5) 원문에 '한월'(韓鉞)이라고 하였는데, 이것은 한금호(韓擒虎)의 도끼를 말하는 듯
   하다. 한금호는 처음 북주(北周)에서 벼슬하다가 개황(開皇) 초 수 고조(高祖)로부
   터 여주총관(廬州總管)에 임명되어 진(陳) 정벌의 임무를 부여받았다. 이에 선봉장
   이 되어 정예 기병 5백 명을 이끌고 금릉(金陵)으로 진격해 후주(後主) 숙보(叔寶)
   를 잡고 진을 평정하였다. 『수서』 52 한금호전.

서 죽은 데 연유하여 끝내는 화친하던 예전의 우호를 잃고 서로가 강토를 침범해 전쟁이 그치지 않는 것을 내가 알고 있다. 이제 오로지 이를 위해 특별히 사신을 보내 그대에게 가게 하고 또한 고려에도 글을 보내니 마땅히 서로 친밀하게 지내 길이 복을 누리라'라고 하였다. 나는 의리를 돈독히 하여 왕실을 높이고 마음 깊이 큰 나라를 섬기는지라, 이 조칙의 권유를 듣게 되자 곧장 삼가 받들어 행하고자 하거니와, 그대가 그만두고 싶어도 그만두지 못하고 곤경에 처해 있으면서도 여전히 싸우려 하는 점이 늘상 걱정이다. 이제 오월 왕의 조서를 베껴 보내드릴 터이니 유념해 자세히 살펴보기 바란다. 또한 교활한 토끼와 날랜 개가 서로 싸워 피곤해지면 종내는 반드시 남의 조롱을 받을 것이요,[6] 조개와 도요새가 서로 버티다가는 역시 남의 웃음거리가 되고 말 것이니,[7] 마땅히 미혹하여 잘못을 거듭하는 일이 없도록 경계하고 후회를 자초하는 일이 없어야 할 것이다."[8]

3년(928) 정월에 태조가 회답하였다.

"삼가 오월국의 통화사(通和使) 반상서가 가져온 조서 한 통을 받았으며, 겸하여 귀하가 보내주신 장문의 전말도 잘 받았다. 중화의 높은 사신이 가져온 조서와 간단한 편지의 좋은 소식을 받아들고 겸하여 가르침도 받았던 것이다. 오월 왕의 조서를 받들어 읽으니 비록 감격은 더하였

---

6) 전국시대 제(齊)가 위(魏)를 치고자 할 때 순우곤(淳于髡)이 만류하면서 한 말이다. 즉 천하에 날랜 개와 교활하기로 이름난 토끼가 산을 세 바퀴나 돌고 다섯 번이나 오르내리면서 쫓고 쫓기다가, 결국 앞뒤로 나란히 쓰러져 죽게 되자 농부가 힘 안 들이고 둘을 다 차지했다는 예화를 들어, 진(秦)이나 초(楚)가 그 농부와 같은 이익을 챙길 것을 경계한 것이다. 여기에서 '견토지쟁'(犬兔之爭)의 고사가 생겼다. 전한(前漢) 유향(劉向)의『전국책』(戰國策) 제책(齊策).

7) 전국시대의 유명한 책사 소진(蘇秦)의 아우 소대(蘇代)가 조(趙) 혜왕(惠王)과 대화하는 가운데, 큰 조개와 도요새가 서로 다투다 모두 어부의 차지가 되고 마는 형국을 예로 들어 연(燕)과 조(趙)의 갈등이 자칫 진(秦)에게만 유리하게 될 것을 경계한 데서 유래한 말이다. 여기에서 '방휼지세'(蚌鷸之勢)와 '어부지리'(漁父之利)의 고사가 나왔다.『전국책』(戰國策) 연책(燕策).

8) 본서 46 설총전에 붙인 최승우전에 따르면 그가 이 격서(檄書)를 지었다고 하였다.

지만 귀하의 편지를 열어보고는 혐의를 떨치기 어려운지라, 이제 돌아
가는 편에 이 글을 부쳐 조목조목 진상을 펴 보이고자 한다.

　나는 위로는 하늘의 도우심을 받들고 아래로는 사람들의 추대에 못이
겨, 외람되이 장수의 직권을 감당해 세상을 경륜할 자리에 나가게 되었
다. 근자에 삼한에 액운이 닥치고 온 나라에 흉년이 들어, 백성들은 황건
적(黃巾賊)[9]에 붙고 전답은 텅 비어 황폐해지지 않은 곳이 없게 되었다.
이에 행여 병란을 종식하고 나라의 재난을 구제할 방법이 없을까 하여
스스로 선린하여 우호를 맺게 되면서부터 과연 수천 리가 농사와 양잠
을 기꺼이 일삼고 7~8년 동안 사졸들이 한가로이 쉬는 것을 보았더니,
을유년(925) 10월에 느닷없이 사단이 생겨 서로 군사를 동원하기에 이
르렀던 것이다. 귀하가 처음에는 상대를 가벼이 보고 곧바로 나아오는
것이 마치 사마귀가 수레바퀴를 막아서듯 제 힘을 헤아리지 않더니, 끝
내는 어려울 줄을 알고 용기있게 물러나는 것이 마치 모기 새끼가 무거
운 산을 짊어진 듯하였음이라.[10] 결국 손을 모아 공손히 사죄하고 하늘
을 두고 맹세하기를 ‘오늘 이후로는 영원토록 화목할 것이며, 만일 맹세
를 어기는 경우에는 신령의 벌을 받으리다’고 했던 것이다. 나 역시 무기
를 거두는 무용을 숭상하고[11] 사람을 죽이지 않는 어짐을 바라는 터라

---

9) 후한 말 태평도(太平道)의 교주 장각(張角)이 이끈 종교·정치 폭동에 가담한 농민
　　반란군들이 황색 두건을 둘러 스스로 표지를 삼았으므로 ‘황건적’, 혹은 ‘황건군’
　　이라고 한다. 뒤에 동탁(董卓) 등의 토벌군에게 궤멸당했으나, 이로 말미암아 후한
　　의 정체(政體)는 흔들리고 군벌이 난립하여, 마침내 후한은 멸망하고 삼국시대가
　　열리게 되었다. 찬자는 신라 말 농민군들을 후한 멸망의 한 원인이 되었던 황건적
　　에 비유한 것이다.
10) 모두 『장자』에 나오는 말로 약소한 이가 자기 역량을 생각하지 않고 강적을 상대
　　하거나, 역시 힘이 미약해 무거운 임무를 감당할 수 없는 것을 비유한 것이다.
11) 이른바 ‘지과위무’(止戈爲武)라는 것이니, 『설문해자』(說文解字) 12편에 따르면
　　무(武)자는 지과(止戈)의 두 글자를 합한 형태로서 간과(干戈)의 힘으로 병란이
　　일어나지 않도록 억지한다는 의미를 가진다. 『좌전』 선공(宣公) 12년에도 초(楚)
　　장왕(莊王)의 말로 “창 쓰는 것을 중지한다는 뜻이 무(武)자인 것”이라고 하여 그
　　일곱 가지 덕을 설파한 바 있다. 이에 대해서는 신라본기 문무왕 11년조 「답설인

888　삼국사기 권 제50

마침내 겹겹이 둘렀던 포위를 풀어 지친 군사를 쉬게 했던 것이며, 볼모를 교환하는 것도 마다하지 않고 오직 백성만을 평안하게 하고자 했을 뿐이니, 이는 내가 남쪽의 백성들에게 큰 은덕을 베푼 것이리라.

그런데 맹약의 피가 마르기도 전에 흉악한 위세를 다시 부리고 벌과 전갈의 독해가 생민을 침해하며, 미친 이리와 호랑이가 경기의 땅을 가로막아 금성이 절멸할 위기에 빠지고 왕궁이 크게 놀라게 될 줄을 어찌 생각이나 했으리오. 대의에 입각해 왕실을 높이는 일[12]에서 그 누가 제(齊) 환공(桓公)이나 진(晉) 문공(文公)의 패업(覇業)에 가까웠던가! 기회를 엿보아 왕실을 뒤엎으려 하매 오직 왕망(王莽)과 동탁(董卓)의 간계만을 볼 뿐이로다![13] 지극히 존귀한 왕으로 하여금 몸을 굽혀 귀하 앞에 아들이라 일컫게 하여 임금과 신하의 높고 낮은 질서마저 잃게 되니, 위아래가 모두 근심하기를 '큰 재상의 꾸밈없는 충성이 아니고야 이제 어찌 사직을 다시금 편안하게 할 수 있으랴' 하고는, 내가 마음에 악한 것을 숨겨두지 않고 왕실을 높이려는 뜻이 간절하다 하여, 장차 조정에 있어 달라고 매달려서 나로 하여금 나라를 위기에서 구해내게 하고자 했던 것이다. 그런데 귀하는 터럭같이 작은 이익만 보고 천지의 두터

      귀서」의 '7덕'(七德)에 관한 주석을 참조할 것.
12) 원문에 '존주'(尊周)라고 한 것으로, 주를 높인다는 것은 신라를 주왕실(周王室)로 비유해 스스로를 패자(覇者)로 자처한 것이다. 『곡량전』 장공(莊公) 16년조에 제후(齊侯)·송공(宋公)·진후(陳侯)·위후(衛侯)·정백(鄭伯)·허남(許男)·조백(曹伯)·활백(滑伯)·등자(滕子)가 유(幽)에 모여 동맹하고 함께 주왕실을 높였다고 하였다.
13) 왕망은 한 효원황후(孝元皇后)의 생질로 신도후(新都侯)에 봉해졌으며 대사마(大司馬)를 지내면서 선정을 베풀어 인망이 높았으나, 평제(平帝)를 죽이고 유영(劉嬰)을 세워 섭정하다가 마침내 찬탈해 신(新)이라고 하더니, 재위 15년 만에 후한 광무제에게 패하였다. 『한서』 99 상 왕망전. 동탁은 후한 말 강족(羌族) 토벌로 군세를 키운 군웅의 하나로, 영제(靈帝) 사후 혼란기에 폐제(廢帝) 유변(劉辯)을 죽인 데 이어 헌제(獻帝)를 세우고 정권을 장악하였다. 그 후 장안으로 천도를 강행하고 태사(太師)의 지위에 올랐으나, 192년에 사도(司徒) 왕윤(王允)에게 참살당하였다. 그는 사실상 후한 멸망을 재촉하고 군웅할거 시대를 연 장본인이었다. 『후한서』 102 동탁전.

운 은혜를 저버려서, 임금을 베어 죽이고 궁궐을 불살랐으며 대신들을 살육하고 상하 백성들을 도륙하였다. 궁녀들은 잡아다 수레에 실어가고 진귀한 보물들은 빼앗아 가득 묶어 실어갔으니, 그 흉포함이 걸왕(桀王)이나 주왕(紂王)보다도 더하며, 어질지 못함이 제 아비 어미를 잡아먹는 길짐승이나 날짐승14)보다도 심하였다.

나는 임금이 붕어하심에 사무치는 원한과 태양을 되돌리려는 깊은 정성으로 간사한 무리를 엄혹하게 처단하는 데 이 보잘것없는 힘이나마 다해 보이리라 맹세하고 다시 무기를 들어 두 해를 지냈던바, 육전에서는 우레같이 내달려 번개처럼 몰아치며 수전에서는 호랑이가 움켜쥐고 용이 뛰어오르듯 했으니, 움직이면 반드시 공을 이루고 거사해 실패한 적이 없었다. 윤빈(尹邠)을 바닷가에서 쫓으매 쌓인 갑옷이 산더미 같았고, 추조(鄒造)를 성 옆에서 사로잡으매 쓰러진 시체가 들을 뒤덮었으며, 연산군(燕山郡) 지경에서는 길환(吉奐)을 군문 앞에서 베었고, 마리성(馬利城) 부근에서는 수오(隨晤)를 대장기 밑에서 죽였다. 임존성(任存城)을 함락시키던 날 형적(邢積) 등 수백 명이 목숨을 잃었고, 청주(淸州)를 깨뜨릴 때 직심(直心) 등 너댓 명이 머리를 바쳤다. 동수(桐藪)의 군사는 멀리 깃발만 바라보고도 무너져 흩어졌고, 경산(京山)의 군사는 손을 묶고 옥을 입에 머금은 채15) 항복했으며, 강주(康州) 땅은 남쪽에서 귀순해 오고, 나부(羅府) 지역은 서쪽에서 옮겨 붙었다.

---

14) 원문에 '경효'(獍梟)라고 한 것인데, '경'은 '파경'(破鏡)이라고도 쓴다.『한서』교사지(郊祀志) 25 상 및 『술이기』(述異記) 상 참조.

15) 원문에 '함벽'(銜璧)이라고 하였는데,『좌전』희공(僖公) 6년조의 '함벽여친'(銜璧舁櫬)에서 유래한 것이다. 즉 허(許)의 희공(僖公)이 초에 갈 때 두 손을 뒤로 묶고 입에는 구슬을 물었으며, 그의 대부는 상복을 입고 사(士)는 관을 메고 있었다 한다. 이것은 항복의 예로서 손을 묶었기 때문에 진상하는 구슬을 입에 문 것이고, 죽을 죄로 처분한다 해도 이의가 없다는 마음을 표현하기 위해 관을 메고 상복을 입은 것이다. 구슬의 경우 혹은 시체의 입에 물리는 용도로 쓰인 까닭에 이미 죽을 몸임을 표현한 것으로 해석하기도 한다. 즉 천자의 경우는 주(珠), 제후는 옥, 대부는 기(璣), 사(士)는 패(貝), 서인은 곡식의 낱알을 입에 물렸다고 한다.『설원』수문(修文).

치고 빼앗는 것이 이와 같거늘 국토를 회복할 날이 어찌 멀겠는가! 저수(泜水)의 군영에서 장이(張耳)가 쌓인 원한을 씻고,[16] 오강(烏江) 기슭에서 한왕(漢王)이 최후 일전에 승리를 이루었던 것[17]과 같은 일은 반드시 오고야 말리라. 풍파를 종식하고 길이 천하를 맑게 하려 함에 하늘이 돕고 있거늘 천명이 어디로 돌아가겠는가? 하물며 오월 왕 전하의 덕화는 멀리 거친 이곳에까지 미쳐 감싸고, 어진 마음이 깊어 이 백성까지도 사랑으로 길러서 특별히 대궐에서 말씀을 내어 동방의 전란을 그치라 일렀으니, 이미 이러한 가르침을 받은 다음에야 어찌 감히 높이 받들어 행하지 않겠는가? 만약 귀하가 이 조서의 뜻을 삼가 받들어 흉악한 책략을 모두 거둔다면 상국의 어진 은덕에 보답할 뿐만 아니라 또한 해동의 끊어진 왕통을 다시 이을 수 있을 것이나, 만일 허물을 고치지 못한다면 후회해도 소용이 없으리라.”

여름 5월에 견훤이 몰래 군사를 내어 강주를 습격해 3백여 명을 죽였으며, 장군 유문(有文)이 잡혀 항복하였다. 가을 8월에 견훤이 장군 관흔(官昕)에게 명하여 군사를 거느리고 양산(陽山)에 성을 쌓게 하자, 태조가 명지성장군(命旨城將軍) 왕충(王忠)을 시켜 이를 치게 하였다. 이에 관흔이 물러나 대야성을 확보하였다. 겨울 11월에 견훤이 날랜 군사를 뽑아 부곡성(缶谷城)을 쳐서 함락시키고 성을 지키고 있던 병졸 1천여 명을 죽였다. 장군 양지(楊志)와 명식(明式) 등이 잡혀 항복하였다.

---

16) 장이는 진여(陳餘)와 동향인으로, 생사를 함께할 만큼 친한 친구였다. 진(秦) 말 진섭(陳涉)의 휘하에서 같이 일했고 또 조(趙) 왕 무신(武臣)을 함께 도왔으나, 뒤에 오해와 불신이 깊어져 실력 대결로 치닫더니, 장이는 패해 한(漢)으로 가고 말았다. 뒷날 장이는 한신(韓信)과 함께 조(趙)를 격파하고 저수(泜水) 가에서 진여를 죽여 울분을 풀었으며, 조 왕이 되었다.『사기』89 장이 · 진여전.

17) 오강은 안휘성 화현(和縣) 동북에 있는 강으로 초(楚) 왕 항우가 자결한 곳이라고 한다. 항우가 한의 추격군에 쫓겨 오강포(烏江浦)에 이르렀을 때 오강의 정장(亭長)이 배를 타고 강동(江東)으로 가서 재기할 것을 권했으나, 항우는 강동의 젊은이 8천 명을 다 잃었으니 그 부형들을 볼 낯이 없다 하여 거절하고, 백병전을 벌이다가 자결하였다.『사기』7 항우본기.

4년(929) 가을 7월에 견훤이 갑옷을 갖춘 군사 5천 명을 동원해 의성부(義城府)를 공격하였다. 성주인 장군 홍술(洪術)이 전사하였다. 태조가 슬프게 울면서 말하기를 "내가 두 팔을 잃었도다"라고 하였다. 견훤이 크게 군사를 일으켜 고창군(古昌郡)의 병산(瓶山) 아래에 진영을 두고 태조와 더불어 싸웠으나 이기지 못하고 죽은 이가 8천여 명이었다. 다음 날 견훤은 남은 군사를 거두어 순주성(順州城)을 습격해 깨뜨렸다. 장군 원봉(元逢)은 막아내지 못하고 성을 버려둔 채 밤에 도망하였다. 견훤은 백성들을 사로잡아 전주로 이주시켰다. 태조는 원봉에게 예전에 세운 공로가 있다 하여 용서하고, 순주를 고쳐 하지현(下枝縣)이라고 하였다.

장흥(長興) 3년(932), 견훤의 신하 공직(龔直)은 용맹하고 지략이 있었는데, 태조에게 찾아와 항복하였다. 견훤이 공직의 두 아들과 한 딸을 데려다 다리 힘줄을 불로 지져 끊어버렸다. 가을 9월에 견훤이 일길찬 상귀(相貴)를 보내 수군을 동원해 고려의 예성강에 들어와 3일 동안 머물면서 염주(鹽州)·백주(白州)·정주(貞州) 등 세 주의 배 1백 척을 빼앗아 불사르고, 저산도(猪山島)에서 기르던 말 3백 필을 잡아가지고 돌아갔다.

청태(清泰) 원년(934) 봄 정월에 견훤은 태조가 운주(運州)에 주둔하고 있다는 말을 듣고, 드디어 갑옷을 두른 군사 5천 명을 가려뽑아 내달려왔다. 장군 금필(黔弼)이 그가 미처 진을 치지 못한 틈에 날랜 기병 수천 명으로 돌격해 3천여 명을 목베고 잡으니, 웅진 이북의 30여 성이 이 소문을 듣고 제 발로 항복했으며, 견훤의 휘하 술사(術士)인 종훈(宗訓)과 의원 훈겸(訓謙), 용맹한 장수 상달(尙達)과 최필(崔弼) 등도 태조에게 항복하였다.

견훤은 아내를 많이 얻어 아들 십여 명이 있었는데,[18] 넷째 아들 **금강**

---

18) 『삼국유사』 기이 2 후백제 견훤조에는 「이제가기」(李磾家記)를 인용하여 아홉 명의 자녀 이름을 열기했는데, 이 책의 열전과는 일치하지 않는다. 「이제가기」는

(金剛)이 키가 크고 지략이 많았다. 견훤이 그를 특별히 사랑하여 자기 자리를 그에게 전하려 하자, 그의 형 **신검**(神劍)·**양검**(良劍)·**용검**(龍劍) 등이 이를 알고 번민하였다. 이때 양검은 강주도독(康州都督)으로 있었고, 용검은 무주도독(武州都督)이었으므로 홀로 신검만이 견훤 곁에 있었다. 이찬 능환(能奐)이 강주와 무주에 사람을 보내 양검 등과 함께 음모를 꾸미다가, 청태 2년(935) 봄 3월이 되자 파진찬 신덕(新德)·영순(英順) 등과 함께 신검에게 권하여 견훤을 금산(金山) 불당에 가두고 사람을 보내 금강을 죽였다. 신검은 대왕을 자칭하고 나라 안의 죄수를 크게 사면했으며, 교서를 내려 말하였다.

"한나라 여의(如意)가 특별한 총애를 입었지만 혜제(惠帝)가 임금이 된 바 있고,[19] 당나라 건성(建成)이 참람하게도 태자의 자리에 있었으나 태종(太宗)이 일어나 제위에 올랐으니,[20] 천명이란 바꿀 수 없는 것이고 임금의 자리는 돌아갈 바가 있는 것이다. 삼가 생각건대 대왕께서는 신묘한 무예가 보통을 뛰어넘고 영특한 지모는 만고에 으뜸이시라, 말세에 나시어 천하를 건지는 일을 자임해 빠짐없이 삼한 땅을 돌아다니면서 백제의 옛 나라를 회복하셨다. 괴로움과 더러움을 시원하게 쓸어버

「이비가기」(李碑家記)로 인용되기도 했거니와, 아마 견훤가의 왕통을 체계화한 일종의 '종족기'(宗族記)로 생각되나, 그 사료적 신빙성에 대해서는 단정하기 어렵다.

19) 조은왕(趙隱王) 여의는 한 고조의 넷째 아들로 척부인(戚夫人)의 소생이었는데, 고조가 죽은 후 여후(呂后)의 소생 영(盈)이 혜제로 즉위하자 여후에 의해 독살되었다. 혜제는 어려서부터 유약했으므로 고조도 한때 다른 아들로 태자를 바꾸려고 생각했던바, 여후는 다른 부인의 소생들을 대단히 경계했으며, 고조 사후 태자의 물망에 있었던 여의를 포함해 네 명의 왕자를 주살하였다. 『한서』 고제기(高帝紀) 및 고오왕전(高五王傳).

20) 건성(589~626)은 당 고조 이연(李淵)의 장자로 태종 이세민(李世民)의 형이며, 시호는 은(隱)이다. 당이 건국된 후 황태자가 되어 군웅들을 평정하는 데 활약했으나, 이세민의 명망이 높아가는 것에 불안을 느끼고 이원길(李元吉)과 함께 그를 없애려고 책동하다가, 무덕(武德) 9년 현무문(玄武門)의 변란에서 오히려 이세민 등에게 살해되었다. 이세민은 즉위한 뒤 그를 식왕(息王)으로 추봉하였다. 『신당서』 79 은태자건성전(隱太子建成傳).

려 백성들이 편안히 살게 되고, 바람과 우레처럼 북을 울리며 치달리니 가는 곳마다 달려와 붙좇았다. 공적이 거의 중흥하려 할 새 슬기로운 사려가 문득 한번 잘못되자, 어린 아들이 사랑을 독차지하고 간신이 권세를 농단하여 군주를 진(晉) 혜제(惠帝)의 어리석음으로 인도하고[21] 인자한 아버지를 헌공(獻公)의 미혹한 길에 빠뜨려 왕위를 철모르는 아이에게 줄 뻔했으나,[22] 다행히 하늘이 굽어 살피사 군자께서 허물을 고치시고 만아들인 나로 하여금 이 한 나라를 다스려 바로잡게 하였다. 돌아보매 나는 위엄있는 만아들의 자질조차 없었거늘, 어찌 임금의 자리에 나아갈 지혜가 있으랴! 조심스럽고 두려워 마치 얼음을 딛고 깊은 못을 건너는 듯하니, 마땅히 특별한 은혜를 베풀어 낡은 것을 쇄신하고 새로운 정치를 보여야 할 것인지라 온 나라의 죄수를 크게 사면하는도다. 청태 2년 10월 17일 동트기 이전을 기해 이미 드러났거나 아직 드러나지 않았거나, 그리고 이미 매듭을 지은 것이거나 아직 매듭지어지지 않은 것이거나를 막론하고 사형죄 이하를 모두 사면해 말끔히 할지니, 주관하는 이는 이를 시행하라.”

견훤이 금산에서 석 달 동안 있다가 6월에 막내 아들 능예(能乂)와 딸 애복(哀福), 애첩 고비(姑比) 등과 함께 금성(錦城)으로 달아나서 태조에게 사람을 보내 만나기를 청하였다. 태조는 기뻐하여 장군 금필(黔弼)과

---

21) 진의 2대 황제 혜제(259~306)는 무제의 다섯째 아들이다. 즉위 직후부터 가황후 (賈皇后) 일파의 정변을 비롯해, 이른바 8왕의 난이 일어나고, 잦은 천재지변과 기근이 이어졌으며, 북방 흉노·저(氐)·강(羌)족의 침략을 되풀이 받는 등 내우외환에 시달렸다. 그러므로 그의 재위 기간에 기강은 문란하고 뇌물이 공공연히 행해졌으며, 권세가는 사리를 채우고 정치 도의가 땅에 떨어졌다.『진서』4 효혜제기.

22) 춘추시대 진 헌공에게는 여러 부인의 소생이 있었는데, 여희(驪姬)가 그의 소생 해제(奚齊)를 태자로 책립하고자 제강(齊姜)의 소생 신생(申生)을 모함해 죽게 하고, 중이(重耳)와 이오(夷吾)마저 내쫓게 하였다. 그러나 헌공 사후 이극(里克)이 해제를 죽이고, 다시 그 자신도 죽음을 당하는 등 진나라가 크게 어지러워졌다. 결국 이오가 혜공(惠公)이 되고, 중이는 문공(文公)이 되었다.『좌전』희공(僖公) 4· 9·10·24년 및 본서 고구려본기 대무신왕 15년조 사론의 주석을 참조할 것.

만세(萬歲) 등을 보내 뱃길로 가서 그를 위로해 데려오게 했으며, 그가 도착하자 두터운 예로 대접하였다. 견훤의 나이가 10년 위이므로 높여 상보(尙父)[23]로 삼고 머물 곳으로 남궁(南宮)을 주니, 그 지위가 백관의 윗자리에 있게 되었다. 양주(楊州)를 식읍으로 삼아주고 겸하여 황금·비단·병풍·금침과 남녀 종 각 40명 및 궁중의 말 10필을 내려주었다.

견훤의 사위인 장군 **영규**(英規)가 그의 아내에게 은밀하게 말하였다.

"대왕께서 애쓰신 지 40여 년에 공적이 거의 이루어지려 했는데, 하루아침에 집안사람의 화란으로 인해 나라를 잃고 고려에 투신하셨소. 대저 정조가 굳은 여인은 두 남편을 섬기지 않고 충성스러운 신하는 두 임금을 모시지 않거늘, 만일 제 임금을 버리고 패역한 아들을 섬긴다면 무슨 낯으로 천하의 의로운 인사들을 볼 것이오? 하물며 듣자 하니 고려의 왕공은 어질고 너그러우며 근검하여 민심을 얻고 있다 하니, 이는 아마도 하늘이 인도하고 열어주어 삼한의 주인이 되고 말 터인지라, 어찌 글을 올려 우리 임금을 위안해 드리고 겸하여 왕공에게 공손히 하여 장래의 복락을 도모하지 않으리오!"

그의 아내는 "당신 말씀이 바로 제 뜻입니다"라고 하였다. 이리하여 영규는 천복(天福) 원년(936) 2월에 사람을 보내 자기의 뜻을 전하고, 마침내 태조에게 고하기를 "만약 의로운 기치를 들어올리신다면 청컨대 내응해 왕의 군사를 맞이하고자 합니다"라고 하였다. 태조는 크게 기뻐하여 그의 사자에게 후하게 상을 내려주어 보내면서 겸하여 영규에게 사례하기를 "만일 그대 덕택을 입어 하나로 힘을 합쳐 길을 막는 장애가 없어진다면, 내가 먼저 장군을 찾아뵌온 뒤 마루에 올라 부인께 절하여, 형으로 섬기고 누님으로 존대할 것이며 반드시 끝까지 후하게 보답하리다. 내 이 말은 천지신명이 모두 듣고 있음이오"라고 하였다.

여름 6월에 견훤이 태조에게 고하기를 "늙은 제가 전하께 몸을 던져온

---

23) 존숭하여 아버지와 같이 대우할 만한 사람에 대한 존칭이니, 예를 들면 주 무왕이 태공망(太公望) 여상(呂尙)을 상보로 존칭한 것과 같은 것이다.

것은 전하의 위엄과 서슬에 의지해 패역한 아들을 죽이고자 했던 것일 뿐입니다. 엎드려 바라옵건대 대왕께서는 신묘한 군사를 빌려주시어 저 난신적자를 죽여주십시오. 그리하면 저는 죽어도 유감이 없으리다"라고 하였다. 태조가 그 말을 좇아 먼저 태자 무(武)와 장군 술희(述希)를 보내 보병과 기병 1만 명을 거느리고 천안부(天安府)로 나가게 하였다.

가을 9월에 태조가 3군을 거느리고 천안에 이르러 병력을 합쳐 일선(一善)으로 진주하자, 신검이 군사를 동원해 막았다. 갑오일에 일리천(一利川)을 사이에 두고 서로 마주해 진을 벌였다. 태조는 상보 견훤과 함께 군대를 사열하고서 대상(大相) 견권(堅權)·술희·금산(金山)과 장군 용길(龍吉)·기언(奇彦) 등에게 보병과 기병 3만 명을 거느리게 하여 좌익으로 삼고, 대상 금철(金鐵)·홍유(洪儒)·수향(守鄕)과 장군 왕순(王順)·준량(俊良) 등에게 보병과 기병 3만 명을 거느리게 하여 우익으로 삼고, 대광(大匡) 순식(順式)과 대상 긍준(兢俊)·왕겸(王謙)·왕예(王乂)·금필(黔弼)과 장군 정순(貞順)·종희(宗熙) 등에게 정예 기병 2만 명과 보병 3천 명 및 흑수(黑水)·철리(鐵利) 등 여러 방면의 날랜 기병 9천 5백 명을 거느리게 하여 중군(中軍)으로 삼았으며, 대장군 공훤(公萱)과 장군 왕함윤(王含允)에게 군사 1만 5천 명을 거느리게 하여 선봉으로 삼아 북을 울리며 진격하였다. 백제의 장군 효봉(孝奉)·덕술(德述)·명길(明吉) 등은 진격해 오는 군사들의 기세가 크고 정연한 것을 보고는 무기를 버리고 진영 앞에서 항복하였다. 태조가 그들을 위로하고 백제군의 우두머리가 있는 곳을 물으니, 효봉 등이 말하기를 "원수 신검은 중군에 있습니다"라고 하였다. 태조가 장군 공훤을 시켜 곧바로 중군을 치라 하고, 전군이 일제히 진격해 양쪽에서 협공하니 백제군이 무너져 달아났다. 신검은 두 아우 및 장군 부달(富達)·소달(小達)·능환 등 40여 명과 함께 항복하였다.

태조는 항복을 받고, 능환을 제외한 나머지는 모두 위로해 처자와 함께 서울로 올라오게 하였다. 태조가 능환에게 묻기를 "처음에 양검 등과 함께 비밀히 모의해 대왕을 가두고 그 아들을 왕으로 세운 것이 너의 소행이렷다. 신하된 도리가 이래야 마땅한 것인가"라고 하니, 능환이 머리를 숙이고 말을 하지 못하였다. 마침내 그의 목을 베라 명령하였다. 신검이 참람하게 왕위를 빼앗은 것은 다른 사람의 협박에서이지 그의 본심에서가 아니리라 여기고, 게다가 귀순해 죄를 청한다 하여 특별히 그의 죽을 죄를 용서하였다〔세 형제가 모두 죽음을 당하였다고도 한다〕.

견훤은 근심과 번민으로 등창이 나서 며칠 만에 황산(黃山)의 불당에서 죽었다. 태조는 군령을 엄정하고 밝게 하여 사졸들이 털끝만치도 침범하지 않으므로 주·현들이 안도하고 늙은이나 어린이들조차 모두 만세를 불렀다. 이에 장수와 사졸들을 위로해주고 재주를 헤아려 임용했으며, 아래 백성들은 각각 자신의 생업에 안착하게 하였다. 신검의 죄는 앞에 말한 바와 같이 처리하고 이내 관위를 내려주었으며, 그의 두 아우는 능환의 죄와 같다 하여 마침내 진주(眞州)로 유배했다가 얼마 후 죽여버렸다. 영규에게는 이르기를 "전 임금이 나라를 잃은 뒤에 그의 신하 가운데 한 사람도 위로하는 이가 없었는데, 유독 그대 부부가 천리 밖에서 소식을 전하여 성의를 다했으며 겸하여 나에게 귀순했으니, 그 의리를 잊을 수 없다" 하고, 아울러 좌승(左丞)의 직위를 수여하고 밭 1천 경(頃)을 내려주었다. 또 역마 35필을 빌려주어 집안사람을 데려오게 하고, 그의 두 아들에게도 관직을 내려주었다.

견훤은 당 경복 원년(892)에 일어나 후진(後晋) 천복 원년(936)에 이르기까지 모두 45년 만에 멸망하였다.

편찬자는 논평하여 말한다. 신라의 운수가 다하고 도의가 상실되니 하늘이 돕지 않고 백성은 돌아갈 바를 몰랐다. 이에 뭇 도적들이 틈을 타고 일어나 마치 고슴도치 털과 같았거니와, 그 가운데 심한 자는 궁예와 견훤 두 사람뿐이었다. 궁예는 본래 신라의 왕자이면서도 반란하여 종주(宗主)의 나라를 원수로 삼아 멸망시킬 것을 도모해 선조의 화상을 베기에 이르렀으니, 그 어질지 못함이 심하였다. 견훤은 신라의 백성으로서 일어나 신라의 녹을 먹으면서도 모반의 마음을 품고 나라의 위난을 요

행으로 여겨 도읍을 침노하고 임금과 신하 베기를 마치 짐승 죽이듯 풀
베듯 했으니, 실로 천하의 극악한 사람이었다. 그러므로 궁예는 그 신하
에게 버림당했고 견훤은 화가 그 아들에게서 일어났으니, 이는 모두 스
스로 자초한 것들인지라 다른 누구를 허물할 것인가. 비록 항우(項羽)나
이밀(李密)²⁴⁾과 같은 뛰어난 재주를 가지고도 한나라와 당나라의 흥기
를 대적하지 못했거늘, 하물며 궁예나 견훤과 같은 흉악한 이들이야 어
찌 우리 태조를 상대해 항거할 수 있겠는가? 그들은 단지 태조를 위해
백성을 몰아다준 이들이었을 뿐이다.²⁵⁾

• 삼국사기 권 제50

---

24) 이밀(582~618)은 수나라 말기의 군웅으로 요동 양평(襄平)사람이다. 양현감(楊
玄感)이 거병했을 때 그의 참모가 되었는데, 양현감이 패사하자 탈출해 동군(東
郡)의 적양(翟讓)에게 투신했다가, 세력을 키워 617년에는 위공(魏公)이라 일컫
고 영평(永平)으로 건원하였다. 한때 산동으로부터 강회(江淮)에 이르는 반란 세
력들을 장악했으나, 618년 왕세충(王世充)에게 대패하고 당에 귀순하였다. 광록
경(光祿卿)·형국공(邢國公)을 제수받았으나, 이에 불만을 가지고 재기를 도모하
다 처단되었다. 『당서』 53 및 『신당서』 84 이밀전.
25) 『맹자』 이루(離婁) 상에 "탕임금과 무왕을 위해 백성을 몰아다 준 이는 걸(桀)과
주(紂)였다"라고 하였다.

참고(參考) 보문각수교문림랑예빈승동정(寶文閣修校文林郞禮賓丞同正)

신 김영온(金永溫)

참고 서재장판관유림랑상의직장동정(西材場判官儒林郞尙衣直長同正)

신 최우보(崔祐甫)

참고 문림랑국학학유예빈승동정(文林郞國學學諭禮賓丞同正)

신 이황중(李黃中)

참고 유림랑전국학학정(儒林郞前國學學正) 신 박동주(朴東柱)

참고 유림랑금오위녹사참군사(儒林郞金吾衛錄事參軍事) 신 서안정(徐安貞)

참고 문림랑수궁서령겸직사관(文林郞守宮署令兼直史館) 신 허홍재(許洪材)

참고 장사랑분사사재주부(將仕郞分司司宰注簿) 신 이온문(李溫文)

참고 문림랑시장야서령겸보문각교감(文林郞試掌冶署令兼寶文閣校勘)

신 최산보(崔山甫)

편수(編修)

수충정난정국찬화동덕공신개부의동삼사검교태사수태보문하시중판상서이예
부사집현전대학사감수국사상주국치사(輸忠定難靖國贊化同德功臣開府儀同三司
檢校太師守太保門下侍中判尙書吏禮部事集賢殿大學士監修國史上柱國致仕)

신 김부식(金富軾)

동관구(同管句)

내시보문각교감장사랑상식직장동정(內侍寶文閣校勘將仕郞尙食直長同正)

신 김충효(金忠孝)

관구(管句) 우승선상서공부시랑한림시강학사지제고
(右承宣尙書工部侍郞翰林侍講學士知制誥)

신 정습명(鄭襲明)

발문 1

　경주에 있던 『삼국사』의 인본(印本)이 세월이 오래되어 없어지고 세간에는 그 사본(寫本)이 유행하고 있었는데, 안렴사(按廉使) 심효생(沈孝生)이 인본 한 권을 구해 전 부사 진의귀(陳義貴)와 함께 이를 간행하고자 계획하였다. 계유년(1393) 7월에 경주부에 공문을 내리고 8월에 처음으로 판각에 착수했으나, 얼마 안 있어 두 분이 임직이 갈려 떠나고, 내가 그해 10월에 경주부에 부임해 관찰사(觀察使) 민상공(閔相公)의 명을 받들어 두 분의 뜻을 이어 진행을 도와 일을 쉬지 않게 했던바, 이듬해 갑술년 여름 4월에 와서 판각을 완성하게 되었다. 아! 일이 잘 이루어지도록 지휘해 마무리에 이르게 된 것은 오로지 위 세 분 덕택이니, 나에게야 무슨 힘이 있었으리오. 다만 사업의 전말을 갖추어 여기 권말(卷末)에 적어둘 따름이다.

　부사(府使) 가선대부(嘉善大夫) 김거두(金居斗)가 발문(跋文)을 쓴다.

부사가선대부겸관내권농방어사(府使嘉善大夫兼管內勸農防禦使)

신 김거두(金居斗)

권지경력전봉정대부삼사좌자의(權知經歷前奉正大夫三司左咨議)

신 최득형(崔得冏)

가정대부경상도도관찰출척사겸

감창안집전수권농관학사제조형옥병마공사동지중추원사

(嘉靖大夫慶尙道都觀察黜陟使兼

監倉安集轉輸勸農管學事提調刑獄兵馬公事同知中樞院事)

신 민개(閔開)

발문 2

　우리 동방 삼국의 '본사'(本史)와 '유사'(遺事) 두 책은 다른 곳에서 간행된 적이 없고 단지 본부(本府)에만 있었는데, 세월이 오래되매 낡고 닳아 없어져 한 줄 가운데 알아볼 수 있는 것이 겨우 너댓 자밖에 되지 않았다. 내가 생각하건대 선비가 이 세상에 태어나 여러 역사책을 두루 보아 천하의 치란(治亂)과 흥망, 그리고 온갖 신이한 사적에 대해서조차 오히려 식견을 넓히고자 하거늘, 하물며 이 나라에 살면서 이 나라 사적을 몰라서야 되겠는가! 이에 이들 책을 다시 간행하고자 널리 완본(完本)을 구했으나 여러 해를 지내면서도 뜻을 이루지 못하였다. 이는 일찍이 이 책들이 세상에 드물게 유포되어 사람들이 쉽사리 볼 수 없었던 터이니, 만약 지금 다시 간행하지 않는다면 앞으로 아주 없어지고 말아 우리 동방의 지난일들을 후학들이 끝내 들어 알 길이 없을 것인지라 실로 개탄스러운 일이겠다. 다행히 나의 동학(同學) 성주목사(星州牧使) 권주(權輳)가 내가 이들 책을 구한다는 말을 듣고 완본을 구해 나에게 보냈으므로, 기쁘게 받아 감사(監司) 안상국(安相國) 당(瑭)과 도사(都事) 박후(朴侯) 전(佺)에게 자세히 알렸더니, 다들 '좋다'고 하였다. 이에 간행 작업을 여러 고을에 나누어 시키고, 본부에 되돌려와 보관하게 하였다. 아! 사물이 오래되면 반드시 폐해지고, 폐해지면 반드시 일어나게 마련이니, 생겼다가 없어지고 없어졌다가 생겨나는 것이야 변함없는 이치인 바, 이 이치의 떳떳함을 알고 때때로 다시 일으켜 영원히 전해갈 것을 후세의 슬기로운 학자들에게도 바라는 것이다.

　명(明) 정덕(正德) 임신년(1512) 12월에 부윤(府尹) 추성정난공신가선대부경주진병마절제사(推誠定難功臣嘉善大夫慶州鎭兵馬節制使) 전평군(全平君) 이계복(李繼福)이 삼가 발문(跋文)을 쓴다.

생원(生員) 이산보(李山甫)

교정(校正) 생원 최기동(崔起潼)

중훈대부경주부판관경주진병마절제도위

(中訓大夫慶州府判官慶州鎭兵馬節制都尉)

이류(李瑠)

봉직랑수경상도도사(奉直郞守慶尙道都事)

박전(朴佺)

추성정난공신가정대부경상도관찰사겸병마수군절도사

(推誠定難功臣嘉靖大夫慶尙道觀察使兼兵馬水軍節度使)

안당(安瑭)

옮긴이의 말

　그 사람의 '고전'에 대한 기준과 개념이 어떠하든, 우리나라의 '고전'
을 들라 할 때 『삼국사기』를 꼽는 데 주저할 이는 그다지 없는 줄로 안
다. 그러나 곧 그에게 그 빈약한 『삼국사기』를 읽었는가 묻는다면 선뜻
응대할 이 역시 매우 드물다는 것도 새삼스러운 사실이 아니다. 그들 가
운데 어떤 이는 자못 진지하게 『삼국사기』의 '사대성'을 안타까워할지
도 모른다. 이것은 읽히지 않은 고전에 들씌워진 일방적이고도 통속적
인 평가가 세대를 거듭하면서 두껍게 각질화되어 위력을 더해가는 한
사례에 불과하다. 혹은 기억 속에 너무 오래전부터, 그리고 너무 익숙한
이름으로 자리한 까닭에, 미처 읽을 생각조차 할 겨를이 없었다고 변명
할 수도 있겠다. 그러나 이 또한 차라리 '도대체 우리가 그 책을 왜 읽어
야 하는가'를 반문하는 태도보다 나을 게 없을 것 같다. 이 공세적 질문
은 적극적 관심의 다른 모습일 수 있으며, 관심이란 대상에 대한 애정의
출발임을 믿기 때문이다.
　10년 전 어느 일본 학자의 논문을 읽다가 우연히 오사카(大阪) 시민들
의 『삼국사기』를 공부하는 모임'이 있다는 것을 알게 되었다. 약간의 현
시욕도 엿보이는 문맥이었다고 기억한다. 그렇지만 한국의 고대사 연구

자에게 던져진 충격은 이미 그 일본 학자가 겨냥한 것에 비할 바가 아니었다. 물론 외국의 시민들이 우리의 『삼국사기』를 공부한다는 사실에 넉넉히 즐거워하지 못하는 속좁음이야 그저 『삼국사기』를 맴도는 '뒤처진 연구자'에게나 해당되는 사항이라고 해도 굳이 항변할 생각은 없다. 어쨌든 나로서는 개운치 못한 경험이었다.

우리 고대사를 복원하는 데 『삼국사기』의 비중을 대신할 어떤 무엇을 나는 알지 못한다. 이것은 연구자들이 가지고 있는 사관이나 『삼국사기』 편찬자들의 관점이 어떠한 것인가와는 다른 영역의 문제이다. 게다가 『삼국사기』가 포괄하고 있는 고대사회의 정보란 얼마나 불친절하고 불완전한가 하는 문제와도 마땅히 구별되어야 할 사항이다. 아마 연구를 목적으로 하지 않는 일반인들이 『삼국사기』에서 발견할 수 있는 '의미'의 맥락도 크게 다르지 않을 것으로 본다. 독자들은 『삼국사기』의 세계에서 그들만의 독특한 방법으로 서로 다른 창을 분방하게 열어제칠 것이다. 그리고 다른 창을 통해 목도한 고대의 여러 가지 모습은 그들만의 해석을 거쳐 하나의 심상으로 자리하게 될 것이다.

나는 『삼국사기』를 옮기면서 전문 연구자가 아닌 일반 독자들을 늘상 염두에 두었다. 그러면서도 한편으로는 결국 기존의 번역서들과 다를 게 없지 않은가라거나, 혹은 제 역량을 헤아리지 못하는 무모함이지는 않은가 따위의 망설임에 의욕을 잃기도 했을 것이다. 특히 이 작업을 위해 이병도 선생의 역주본을 다시 살피면서 그 박학함과 정밀함에 새롭게 감복한 적이 매우 많았음을 고백한다. 더구나 올 1998년 초 정신문화연구원에서는 여러 역량 있는 연구자들이 수년 동안 힘들여 방대한 감교와 주석을 아우른 역주서를 발간한 바 있다. 그러므로 연구자들을 위한 지침서로서 이번 번역이 새로 기여할 대목은 문득 스스로 떠올리기가 어렵다. 다만 일반 독자들에게 가장 가깝게 다가설 수 있는 번역서를 만들자는 다짐을 작업 도중 내내 거듭하였다고 가만히 자부할 따름이다.

크게 보면 여느 글인들 다르랴마는, 특히 역사 연구의 재료가 되는 사료의 경우 접하는 이의 자유로운 손길과 제한 없는 재해석의 폭을 허용하게 마련이다. 그러나 열려 있는 재해석의 여지가 곧 그 글을 쓴 이의 의도나 그 글의 본래 의미조차 외면하는 무절제한 독선마저 용납하는 장치일 수는 없겠다. 그러므로 광범한 독서 계층에 걸맞은 평이한 번역문을 기도하는 동시에 조금이라도 원문의 본뜻이 다치지 않기를 희망하였다. 작업을 거들어주던 한 학생은 이 곤혹스러운 희망을 일러 '두 마리 토끼를 쫓는 격'이라고 한다. 설득력 있는 비유일지 모르겠다. 그러나 '두 마리 토끼'는 나 자신의 호흡으로 읽은 『삼국사기』를 가지고 싶었던 오랜 소망 속에서는 결국 하나로 용해되는 것이기도 하다.

너무 진부한 말이지만 인문학을 공부하는 이들에게 오늘날의 이른바 '인문학의 위상'은 깊은 열패감을 강요하고 있는 듯하다. 횡행하는 경제제일주의적 가치 기준은 여전히 위력을 잃지 않고 있다. 더구나 만약 이 시대 우리 사회에서 정의로운 사회 이념이 몰각되고 건강한 인간 관계가 실종되었다고 보는 일부의 진단을 고려한다면, 팽만한 경제주의의 폐해는 단순히 학문으로서의 인문학의 소외나 퇴조에 그치는 것만은 아닐 것이다.

특히 우리 사회의 실용주의 일변의 학문관은 순수과학과 응용과학에 대한 사회적 투자의 양태를 통해 그 구체적 위력을 발휘한다. 두 학문 영역을 대하는 그들의 관점은 결국, 투자에 상응하는 가시적이고도 물량적인 성과를 얼마나 빠른 시간 안에 회수할 수 있는가에 있다. 이 단호한 논리는 사회 구성원들이나 집단 사이의 인격적·윤리적 관계가 파탄된 채, 오직 제한된 자원에 대한 독점적 향유와, 인권이 재산권에 종속되는 것을 당연한 것으로 받아들이는 가치관을 탈각하지 못한 조건에서는 실제 상당한 설득력을 지닌 것이기도 하다.

그러나 다시 생각해 보면 오늘날 '인문학의 위기'라는 다소 절박한 진단에서 우리가 발견하는 것은 역설적인 의미에서의 '인문학의 가능성'일 것이다. 많은 이는 현상의 폐해를 바로잡고 건강한 인간 관계의 회복을 위해서는 정작 위기에 처한 이 인문정신의 힘찬 발양이야말로 가장

적실한 대안이 되리라는 자각을 공유하고 있다. 우리 사회는 이제 우리들 삶의 질적인 고양을 희구하는 인문정신의 회복을, 삶의 양적인 풍요 못지않게, 혹은 오히려 그보다도 더 절실하고 갈급하게 요청하고 있는지도 모른다. '한길그레이트북스'가 내건 '인문학의 부활과 사상의 대중화'는 그 요청에 대한 구체적 대답일 수 있다. 감히 이 책을 그 반열에 넣고자 하면서 교차하는 두려움과 자기 위안에서 비롯한 생각들이다.

이 작업을 진행하는 데 기여해 주신 분들이 적지 않다. 길성운과 김경윤이 옆에서 베풀어 준 도움을 오래 기억하려 한다. 특히 한길사 윤양미 씨는 적절하고 세련된 조언을 아끼지 않았다. 그밖에도 일일이 들기 어려울 정도로 많은 이가 지루한 원고를 읽어주고 찾아보기 항목을 살펴주었다. 다들 고마운 배려가 아닐 수 없다. 또한 아내 이애영과 남의, 상재, 청재 등 가족들도 내 감사의 말을 공유할 권리가 있다. 그들은 언제나 나의 '일' 때문에 생기는 갖가지 공백을 꾸준히 참아주었을 뿐만 아니라, 가장 두렵고도 진지한 예비 독자들이기 때문이다.

1998년 봄
옮긴이 이강래

찾아보기

옮긴이 이강래

옮긴이 이강래(李康來)는 고려대학교 문과대학 사학과를 졸업했고 같은 대학교에서
한국고대사를 전공해 박사학위를 받았다. 한국고대사학회 회장을 지냈으며,
현재 전남대학교 사학과 명예교수로 있다. 한국 고대사 관련 기본 자료의 성격 및
형성 과정, 그리고 그를 통해 본 한국 고대인들의 사유방식 등 주로 사학사적 맥락과
지성사적 관점에서 고대 문헌 연구에 집중하고 있다.
대표적 저술로는 『삼국사기 전거론』 『삼국사기 형성론』 『삼국사기 인식론』 등
『삼국사기』에 대한 점층적 문헌 연구성과 3부작과 『고대의 풍경과 사유』
『한국 고대의 경험과 사유방식』 『한국 고대의 시선과 시각』 등이 있다.

HANGIL GREAT BOOKS 28

삼국사기 II

지은이 김부식
옮긴이 이강래
펴낸이 김언호

펴낸곳 (주)도서출판 한길사
등록 1976년 12월 24일
주소 10881 경기도 파주시 광인사길 37
홈페이지 www.hangilsa.co.kr
전자우편 hangilsa@hangilsa.co.kr
전화 031-955-2000~3 **팩스** 031-955-2005

인쇄 오색프린팅 **제본** 경일제책사

제1판 제 1 쇄 1998년 11월 15일
제1판 제17쇄 2023년 8월 21일

값 30,000원

ISBN 978-89-356-5171-9 94910
ISBN 978-89-356-5172-6 (전2권)

• 잘못 만들어진 책은 구입하신 서점에서 바꿔드립니다.

한길그레이트북스 인류의 위대한 지적 유산을 집대성한다

●한길그레이트북스는 계속 간행됩니다.